제2판

NCS 직무능력 수행준거에 의한

관광학개론

김도영 김한주 김영미 김종은 공저

이프레스

머리말

이 책은 관광에 대한 학문적 특성과 관광지식을 철저히 교육하여 NCS 직무수행능력을 위한 공통교육과정의 관광입문서로 엮어졌다.

관광을 학문적으로 이해하기 위해서는 무엇보다도 자연과학, 인문과학, 사회과학 등의 모든 전문분야를 개념적으로 파악하고 상호관련성과 이들에 대한 종합적 체계를 잘 이해해야 한다. 또한 관광학의 성격과 체계를 정확히 파악하고 모든 전문분야에서의 접근방법도 터득해야 한다.

현대사회에 있어서의 관광은 일부 부유층의 전유물이 아니라 일반 국민의 웰니스 및 보건적 의의를 포함한 생활에 필수불가결한 요소로 정착되었다. 따라서 관광은 여행으로 해석하는 협의의 사고방식과 여행을 수반하는 레크리에이션과 산업까지도 포함하는 광의의 개념으로 정의되고 있다. 이와 같이 관광 레크리에이션을 관광현상 측면에서 해석한다면 현대사회를 상징하는 사회현상의 하나이다. 즉, 국민의 소득증대, 여가시간 증대, 개인정보 축적 및 인터넷 발달, 교통기관 발달, 관광 레크리에이션에 대한 관심과 욕구 증대 등으로 인하여 더욱 더 널리 확산되고 있다.

우리나라의 관광은 1960년대부터 본격적 국제관광으로 진흥되기 시작하였으며, 1970년대 이후부터는 국내관광도 크게 성장하게 되었다. 따라서 정부에서는 관광기본법을 제정하여 국제관광에만 힘써 오던 것을 건전한 국민관광의 육성 · 발전에도 적극적으로 대처해 나가고 있다. 특히 정부가 발표한 관광의 현대적 의의와 전략산업으로서의 관광육성방안에 대하여 다방면으로 논의하고 있는 사항은 주목할 만한 일이다.

그러나 관광에 대한 개념은 아직도 충분하지 못한 것이 현실이다. 오히려 관광의 양적 측면의 강조와 질적 측면의 미흡한 문제점은 관광공해가 되고 있다. 관광종사원을 비롯한 관광기업인의 경영 자세나 관광객의 매너는 비판의 대상이 되고 있으며, 무질서한 관광개발은 사회적 문제가 되고 있다. 이러한 원인은 관광이 급속히 보급되는 데 대비한 연구와 관광교육이 미처 따라주지 못한 점에 그 책임이 있다고 본다.

관광은 여러 가지 요소를 내포하고 있는 종합사회과학적 성격을 띤 실용학문으로, 그것을 어떤 방법으로 접근하여 체계화해야 할 것인가 하는 것이 연구의 큰 과제 중의 하나라고 할 수 있다. 그리고 관광학자들에 의해 관광 교재가 출간되어 있으나 이론체계가 정확히 정립되어 있지 못한 점도 문제의 여지가 있다고 본다.

이 책은 NCS 기반 교육과정의 관광직무수행능력 제고를 위한 전공공통과목에 대한 연구의 실마리를 제공해 주고, 교육을 통한 관광의 이해를 돕는 데 목적을 두고 집필하였다. 관광학을 전공하는 학생들과 일반독자들은 물론 관광통역안내사자격증 취득을 준비하는 분들에게도 이해하기 쉬운 관광학 입문서로 자리매김할 수 있도록 노력하였다. 특히 NCS 교육과정의 환경 및 요구분석에 의한 수행준거와 평가를 고려하여, 자료를 수정하고 보완하여 제2판을 출간하게 되었다.

또한 책의 내용에 있어서도 전체 편수를 3편 14개장으로 편성하여 가급적 관광의 모든 영역에 걸쳐 강의식으로 설명함으로써, 읽는 사람들로 하여금 쉽게 이해할 수 있도록 재정리하였으며 대학의 중간고사, 기말고사를 포함한 강의교재로서 많은 도움이 될 수 있도록 노력하였다. 특히 각 장마다 학습문제를 추가하여 관광통역안내사 자격시험 대비서로서도 도움을 주고자 노력하였다.

여러 가지 미숙한 점이 많은 것으로 사료되나, 앞으로 계속 보완하여 명실공히 우리나라 최고의 관광학 입문서가 되도록 노력할 것이다.

끝으로 이 책이 출간되기까지 출판을 맡아 협력해 주신 도서출판 이프레스 최용구 사장님께 감사드리고 편집을 맡아 애써준 편집부 여러분께도 감사드린다.

2020년 1월

저자 씀

차례

PART 01 관광의 기초이론

CHAPTER

01 관광의 기초 개념

1절 관광의 어원과 어의

1. 동양에서의 관광용어의 어원

관광은 요양, 유람 등의 위락적 목적을 가지고 여행하는 것을 뜻하는데, 이 말이 처음 등장한 것은 2천 년 전 중국의 주(周)나라 때부터이다.

동양에서 사용되는 관광이라는 용어의 어원은 가장 전통적인 수양서이고 유교의 중요한 경전의 하나로 알려져 있는 《주역(周易)》의 상경(上經), 관괘(觀卦) 중에서 찾아볼 수 있다.

《주역》이란 태고 이래로 중국인의 사상적 배경을 이루어 온 음양소장(陰陽消長)의 이치를 설파한 '역(易)'이라는 것으로, 이것이 주나라시대에 경전(經典)으로 집대성됨으로써 주대 역경(易經)[1] 또는 주역(周易)이라는 이름으로 오늘날까지 전해지고 있다.

《주역》은 운세를 판단하는 점궤(占卦)의 교서로 현재까지도 널리 활용되고 있으나

1) 고대중국 주대의 점서이다. 점(占)이란 인생의 미래를 예언하는 것이므로 사람이면 누구나 이것을 원하고 있다. 그러나 역경의 원리는 우리가 흔히 말하는 사주팔자라는 결정적인 운명을 알려주는 것이 아니라 인간으로 하여금 적극적으로 운명에 참여할 것을 요구하고 있다. 역경의 원래의 이름은 역이었고 주나라에서 이것을 점서로 삼아왔기 때문에 주역이라고 부른다. 역에서 말하는 태극음양 사상은 우주의 생성 과정과 발전 법칙을 말해주고 있으며, 음양이 사상(四象)으로 변하고, 사상이 팔괘(八卦)로 변하고, 팔괘가 다시 64괘로 변하고, 그 64괘가 다시 6으로 곱한 384효(爻)로 변하고, 그 384효가 다시 이중 삼중으로 얽히고설키게 되어 있는데 이것은 모두 수 철학에서 나온 것이다.

그것은 점괘의 교서일 뿐만 아니라 동시에 동양최고의 철학이요, 동양인에게 가장 전통 있고 무게 있는 수양서이기도 하다.

주역에 특히 '관찰'이라는 문제를 논하여 "觀國之光利用賓于王"[2)]이라는 풍지관괘의 조가 있고, 또한 중국의 후세에 나온《상전(像傳)》에서도 "觀國之光尙賓也"라는 어구가 있다. 즉, 나라(封建諸侯 · 魯 · 燕 · 齊 등)의 빛, 즉 발전상을 본다는 것은 그 당시의 치자계급이 타국의 문물제도와 치국대도(治國大道)의 웅략(나라의 큰 일을 능률적으로 통치하기 위한 것) 등 뛰어난 성과를 참고하기 위하여 각국의 풍습을 관찰하고, 견문을 확대시키기 위해 대현 · 양재로 하여금 제국을 순회 여행하도록 했다.

제국의 왕들은 이 만유수행(慢遊巡行)하는 대현 · 양재 · 제자백가를 영빈 환대하였으니, 당시의 이러한 정경을 간결하게 설파한 절구가 곧 "觀國之光利用賓于王"의 9자인 것이다. 관국지광이라는 4자 중에서 채두미하여 관광이라는 2자로 사용하게 되었으니, 결국 오늘날 동양에서 사용하는 관광이라는 용어의 어원은 실로 수천 년 이전 기원전 2, 3세기 중국 주대로부터 비롯된 것이라 하겠다. 그 발생 당시의 어의는 ① 타국의 광화를 보기 위해 여러 나라를 순회 여행하는 이동이라는 개념과, ② 타국을 순방하여 그 나라의 토지, 풍속, 제도, 문물의 관찰이라는 견문의 확대, ③ 치국대도의 설계라는 국가 PR을 위한 행정목적 등의 3개 요소를 내포하고 있다는 뜻을 나타내고 있다.

---

2) "觀國之光利用賓于王"의 뜻을 풀이해 보면 다음과 같다 ① '觀'은 '본다, 관찰, 과시'의 뜻이 있으나 그 외에도 중국의 문물, 제도, 문화, 풍속, 관습, 국정, 산업 등의 뜻을 내포하고 있다. ② '國'은 수신제가 치국평천하(당시 140개 소국, 즉 지역적인 제소국가이며 결코 근대적 국가는 아니었다고 한다.), ③ '光'은 光華, 風光明媚(빛나고 찬란한 문물과 자랑스러운 제도 또는 아름다운 풍경의 뜻), ④ '王'은 그 지방의 실력자, 권력자이지 결코 왕이나 천자는 아니었다. ⑤ '賓'은 내빈, 빈객, 영빈(오는 손님, 손님, 맞이하는 손님)(2500년 전의 주역(The Great Changing Book)에서 유래됨). 이상 전체를 해석하면 '그 지역과 그 나라의 실력자(권력자)가 이용하여 그 당시(제국)의 자기 나라의 빛나고, 찬란한 문물, 제도를 견문케 하고 식견을 넓히게 하여 자국의 국위를 선양했다는 뜻'이다.

한국에서도 신라말 학자인 최치원(崔致遠) 선생의《계원필경집서(桂苑筆耕集序)》의 한 구절에서 "人百己千之觀光六年銘尾", 즉 "남이 백 번 하면 나는 천 번 해서 관광 6년만에 과거급제자 명단에 내 이름이 오르게 되었다"라고 하였다. 여기서 관광은 "중국의 빛나는 선진문화를 보는 것"이라고 해석할 수 있어 역경의 관국지광(觀國之光)과 비슷한 뜻으로 풀이된다(관광의 이념은 자유와 평화이다).

또 1876년에 부산포를 떠난 김기수(金綺秀) 수신사 일행의 일본여행이 한국의 국제관광의 '효시'라고 하겠다. 당시 일본산업 시찰후 김기수가 쓴《관광일기》에서 알 수 있다. 한국에서 사용된 '관광'이란 용어의 어원 중 가장 오래된 것은 ① '관광집(觀光集)'(1385년 정도전의 상봉집에서 사용했음)이며, ② '관광방(觀光房)'(1396년 한성 북부의 한 지명 이름), ③ '관광환(觀光丸)'(1855년 네덜란드 정부가 일본에 보낸 배의 이름. 이것이 일본에서는 가장 오래된 관광 어원이다.) 등도 있다.

2. 서양에서의 관광용어의 어원

인간의 이동은 그 목적에 따라 이주(Imigration)와 여행(Tour)으로 대별할 수 있다. 외국에서의 이입민(Immigrant)이든, 다른 나라로의 이출민(Emigrant)이든 간에 여행자(Tourist)와는 확실히 구별되지 않으면 안 된다. 이주는 다시 일상생활권으로 돌아온다는 보장이 없고, 여행은 출발지인 일상생활권으로 반드시 돌아온다는 전제하에 이동을 하는 것이다. 이 점이 이주와 여행의 명확한 차이점이다.

영국에서는 일찍부터 정주지를 떠나 장소의 이동을 갖는 개념으로 영어의 Travelling이라는 용어를 사용하였다.

① Travel은 Travail(고행 · 노고)에서의 파생어로 일을 하다라는 일상성의 뜻을 내포하고 있다. 또한 Trave1은 실로 Trouble(걱정 · 노고), Toil(고통 · 힘든 일)과 같은 어원에서도 파생되기도 했다. 그 예로 세계여행의 시조라고도 하는 침례교의 전도사인 Thomas Cook(1808~1892) 목사의 묘비에도 "He made the world Travel easy"(그는 세계여행을 용이하게 했다)라고 기록되어 있다.

② Tour라는 단어는 1643년에 Tower라는 단어로 표현되었으며, 그 뜻은 Tour(관광)의 의미도 내포하고 있었다. 이같은 Tour라는 스펠링(spelling)의 등장은 1652년이다(OED Vol. XI).

③ Tour의 파생어로 Tourism 또는 Tourist라는 말이 1811년에 처음으로 영국 잡지의 하나인 《Sporting Magazine》(Oxford English Dictionary에서 나오는 잡지명)에서 소개되고 있다. 독일에서는 Tourism과 유사한 개념으로 Fremdenverkehr라는 용어가 등장했는데, 'Fremden'는 낯선 외국인(손님)이라는 뜻이고, 'Verkehr'는 왕래 · 교제 · 거래라는 뜻으로 결국 관광여행을 의미하는 합성어이다.

④ 여행이라는 뜻이 담긴 단어 중에 Voyage는 원래 항해한다는 뜻이었지만, 현재는 일반여행 또는 우주여행까지도 포함시키고 있다. 군대에서는 원정(遠征)의 뜻으로도 쓰인다. 그리고 프랑스어의 'Voyage'라는 단어는 Journey, Travel, Trip, Tour, Excursion이라는 뜻을 내포한 여행에 관한 폭넓은 의미를 지니고 있다(Concise Oxford French Dictionary).

⑤ 언어학적인 면에서 Tour의 어원은 희랍어의 rópvos(tornos), 라틴어의

Tornus(회전)에서 유래된 것으로서, 이는 여러 나라를 순회여행하는 것을 가리키고 있다. 이 밖에도 여러 나라에서 사용하는 관광이란 말은 "즐거움을 위한 여행"이라는 의미가 가장 보편적이다. 즉, "여행이란 자기의 일상생활권을 떠나서 다시 돌아올 예정으로 일시적으로 타국·타지에 원칙적으로 체재를 목적으로 행하는 이동행위와 견문확대"라고 말할 수 있다.

Tourist(관광객)라는 용어는 이 여행이 기호적인 유락(愉樂)을 목적으로 행해졌을 때 여객이란 뜻으로 사용되었다. 또한 이에 관계되는 사업활동을 총칭하는 개념으로 관광사업(Tourism)이라는 말이 사용되었다.

독일어의 'Fremdenverkehr'나 영어의 'Tourism'의 광의의 개념으로는 두 단어가 모두 "정주지(定住地)의 거주지를 떠나서 일시적으로 타지 혹은 타국에서의 체재를 목적으로 이동하는 행위의 총칭"을 뜻하고 있다. 또한 협의의 개념으로는 생존적·문학적 욕망(見聞擴大經驗欲求) 또는 각종의 개인적 욕망(嗜好的愉樂欲求)을 충족시키기 위해 단순히 경제행위 및 문화활동의 소비자로서의 체재 목적으로 일시적으로 안주지를 떠나 돌아온다는 인간의 왕래를 뜻한다.

이같이 협의의 개념은 관광여행(觀光旅行)을 의미한다고 할 수 있다. 동·서양의 어원을 살펴본 바와 같이 용어상으로 영어의 Tour는 행동의 형태를 의미하며, 독일어의 Fremdenverkehr는 외국인의 왕래라는 행동상태를 나타내고 있다. 그리고 동양에서 중국과 우리나라의 관광은 문물, 풍광을 유람하고 "타국의 광화를 본다"라는 행동의 목적을 표현하고 있다.

이와 같이 세 나라 국어의 그 표현은 각각 다르지만 내용상으로는 같다고 볼 수 있다. 다시 정리하면 동양의 관광은 정적이고 내용적인데 비해, 서양의 관광은 동적이며 구체적인 소비적·경제적 행위를 나타내고 있다.

또한 타국이나 타 지방의 문물을 관찰하거나 풍광을 유람하기 위한 왕래 내지 여행이라는 점에서 같은 내용을 내포하고 있으므로 공간적인 이동이라는 것이 관광의 본질을 이루고 있다고 할 수 있다. 그렇기 때문에 19세기 이후 새롭게 만들어진 Tourist(관광객), Tourism(관광사업)이라는 용어의 현대적 개념을 종합하면 크게 다음 두 가지로 구분할 수가 있다.

첫째, 견문확대[3](Expansion of Knowledge)를 위해 여러 곳을 순회여행하는 이동(Movement)이라는 개념이고, 둘째, 기호적 위락욕구의 충족[4](Preference Amusement)이라는 목적을 위해 여러 곳을 순회여행하는 이동 개념이다.

3. 아시아의 Tourism 용어의 전래

19세기 중엽 영 · 불 · 독 등 제국주의 국가가 아프리카와 태평양 방면으로 식민지 진출에 진력할 무렵 영국은 재빨리 아시아 경영에 기선을 제압하고, 1842년 아편전쟁으로 홍콩을 탈취하는가 하면, 싱가포르, 말라카 해협까지 점유하여 식민지를 확장하였다.

또한 프랑스의 아시아 진출이 급격히 촉진됨에 따라 서양의 문물이 아시아에 급속히 유입되었고, 당시 구미대륙에서 유행했던 Tourist, Tourism이라는 새 용어도 이때 비로소 아시아에 도입되었다. 중국 사람들은 기호적 위락을 위한 여행이란 뜻을 가진 Tour, Tourism이라는 새로운 용어에 가장 알맞은 관광이라는 단어를 사용하게 됨으로써, 비로소 'Tour=관광'이라는 용어가 아시아에서 처음 사용하게 되었다.

3) 새로운 견식을 넓히고 견문을 증대시키는 행위적 개념으로 일상의 시야에서 벗어나는 방법으로 이루어지는 것만을 지칭한다. 단, 일상의 시야인 자택 내나 인근 시계인 거주지역의 외계 등은 관광의 대상이 아니며, 그 범위 내의 이동은 비록 그 이동에 의하여 견문이 확대되었다 하더라도 관광이 아니다.

4) 타인의 권유나 외계에 지배되지 아니하고, 자발적으로 발생되는 욕망을 실현하고자 하는 개개인 특유의 심리적 동향을 말하고, 유락은 그 욕망의 실현으로 심신의 위안이 만족되는 상태를 말한다. 그런데 기호적 위락욕구(嗜好的慰樂欲求)의 충족이 곧 관광은 아니다. 기호적 위락욕구가 이동이라는 방법에 의해서의 견문의 확대에서 즉흥적으로 유발되거나, 또는 기호적 위락 그 자체가 목적이 되어 그 욕구를 충족하기 위하여 이동을 하게 된다. 즉, 일상생활을 떠나서 충족이 이루어질 때에 비로소 관광의 개념이 충족되는 것이다.

2절 관광 개념과 인접 개념

1. 관광의 개념

'관광'이란 "즐거움을 목적으로 하는 여행"이라고 하는 인간의 사회적 행동의 가르침을 뜻한다. 이것은 관광이 기본적으로 여행의 일종임을 명백히 하고 있다.

여행이란 인간이 공간적으로 이동하는 것을 뜻한다. 그러나 타국이나 타지로 이동해서 그곳에 정주하기 위한 이민이나 이주는 여행이라고는 할 수 없다. 즉 정주지 혹은 일상생활권에서 일시적으로 타국 또는 타지로 이동하여 귀환할 예정으로 이동하는 행위를 여행이라 할 수 있다.

그러므로 '관광'이란 "자기의 자유시간(여가) 중에 감상, 지식, 체험, 활동, 휴양, 참가, 정신적 고무 등, 생활의 변화를 추구하는 인간의 기본적 욕구를 충족시키기 위한 행위(Recreation) 중 일상생활권을 떠나서 미지의 자연, 문화 등의 환경 속에서 행해지는 일련의 활동"을 말한다(일본의 관광정책심의회의 정의).

협의의 '관광'이란 인간이 일상생활을 떠나서 다시 돌아올 예정으로 이동하고 영리를 목적으로 하지 않고 타국 또는 미지 세계의 풍물 등을 견문, 체험하면서 친숙하게 된다는 뜻을 내포하고 있다. 따라서 관광 개념의 정의에 수반된 관광목적은 다음과 같다.

첫째, 관광의 제1목적(교양목적)은 "자기의 지식을 넓히고 교양을 쌓으면서 자기의 인생관과 인생의 실제 경험과 체험을 풍부하게 하는 것"이다.

둘째, 관광의 제2목적(위락목적)은 "타국의 풍물, 풍속, 사회, 문화, 정치, 경제, 교육, 건조물, 생활행사, 명승고적 등을 감상(Appreciation), 유람(Sightseeing), 즐거움 · 유쾌(Enjoyment, Pleasure) 등을 목적으로 하는 행위"이다.

광의의 '관광'이란 국제평화와 국민생활의 안정을 상징하는 것으로 그의 발달도 항구적 평화와 국제사회에서의 상호이해 증진을 염원하고, 건강과 문화적 생활을 향유하고자 하는 우리들의 이상을 실현시키는 데 있다. 따라서 관광의 기본은 '문화'이며 문화는 관광의 '본질'인 것이다. 특히, 관광이념은 어디까지나 국제평화와 국민생활의 안전을 도모하는 데 있다.

2. 여러 학자들의 관광 개념 정의

1) 1960년 이전 학자들의 정설

관광을 간단명료하게 정의한다는 것은 그리 용이한 일은 아니다. 왜냐하면 관광에는 하나의 정의로 집약할 수 없는 여러 가지 복합적인 요소가 내포되어 있기 때문이다. 또한 관광학자 또는 관광전문가들의 견해마다 각각 다소의 차이점이 있음을 발견할 수 있다. 다음은 1960년 이전의 외국의 저명한 관광학자들이 주장한 관광 개념의 일반적 정의를 살펴본다.

(1) Schülern(독일)

관광 개념을 정의한 여러 학자 중 1911년에 발표한 H. Schülern은 "관광이란 일정한 지구(地區) · 주(州) 혹은 타국에 들어가 체재하고, 다시 되돌아가는 외객의 유입, 체재라고 하는 형태를 취하는 모든 관광현상과 그 현상에 직접 결부되어 있는 모든 사상, 그 가운데에서도 특히 경제적인 모든 사상을 표현한 개념을 뜻한다"라고 했다.

그리고 유럽 제국의 여러 학자들이 정의하고 있는 대부분의 관광 개념 정의가 H. Schülern의 것과 대동소이함을 다른 학자들의 예시에서도 알 수 있다.

(2) Börmann(독일)

현재 구미의 가장 대표적인 관광 정의는 독일인 교수 Artur Börmann의 정의이다. Börmann은 관광이론의 권위자로 그의 책 《관광론(Die Lehre vorn Fremdenverkehr)》(1931)에서 "견문 · 휴양 · 유람 · 상용 등의 목적을 갖거나 혹은 그밖의 이유인 특수한 사정에 의하여 정주지에서 일시적으로 떠나는 여행은 모두 관광이라고 할 수 있다"라는 소위 일시여행설을 주장했다. 다시 말하면 관광이란 "정착하지 않는 지역에서 일시적 체재를 목적으로 그 지역까지의 거리를 이동하는 인간의 활동"이라고 정의하면서 '일시적 체재'와 '이동(Movement)'을 강조하고 있다. 이 정의를 분석해 보면 관광은 일시적 여행이고, 여행은 정주지에서 떠나는 행위이며, 근무처에서 정기적으로 떠나는 것이 아닌 한 목적 여하를 불문하고 모두 여행이 되어 관광이라는 관념에 포함시키고 있다.

(3) Glücksmann(독일)

전쟁 전 베를린 상과대학 내에 설치되었던 관광사업연구소의 소장으로 재직하였던 Robert Glücksmann는 저서인 《일반관광론(Allgemeine Fremdenverkehrskunde)》(1935)에서 "관광이란 어떤 지역에 있어서의 일시적인 체재와 그 지역주민들과의 모든 관계의 총화이다"라고 정의하고 있다. Glücksmann도 역시 일시적 체재를 강조하고 있으며, 나아가서 그곳 주민과의 관계를 발전시키는 행위로 정의하고 있다.

(4) Oglivie(영국)

F. W. Oglivie는 《관광이동론(The Tourist Movement)》(1993)에서 관광객(Tourist)의 요건을 다음과 같이 정의하였다.

① 복귀할 의사를 가지고 거주지를 일시적으로 떠날 것

② 1년을 초과하지 않는 기간만 거주지를 떠날 것

③ 여행 중 소비되는 돈은 반드시 그의 거주지에서 취득한 것이어야 하고, 여행 중에 취득한 것이 아닐 것

이상의 세 가지를 주장한 이 정의는 '귀환예정 소비설'이라고 명명할 수 있다. 그런데 그가 주장하는 3개 요건 중 ②항에서 그는 1년을 초과하는 것은 이주자로 간주하여 관광과 이주를 구분하고 있다.

또한 ③항의 소비설에 있어서는 외관상으로는 일리가 있는 듯하나 인간의 이동행위 중에 관광인가 아닌가를 사용 화폐의 출처에 따라 정의하는 것은 아무래도 찬성할 수가 없다.

그 이유는 관광의 주체로서 관광객의 이동에는 항상 소비행위가 뒤따르기 마련이기 때문에, 관광의 소비성 역시 중요한 의의를 갖는다. 그러나 무전여행 등의 실례로 보아서는 그 소비성이 관광의 절대적 요건은 아니라고 보아야 하기 때문이다.

(5) Pöschel(독일)

A. E. Pöschel은 《관광과 관광정책(Fremdenverkehr und Politica der Turismo, Berlin)》(1962) 중에서는 관광의 정의를 밝히지 않고 있으며, 일반적인 여행과도 구별하지 않

고 인류의 이동현상으로부터 관광을 설명하고 있다.

(6) 이노우에(일본)

일본의 관광학자인 이노우에(井上萬壽藏)[5]는 그의 저서 《관광교실》에서 "관광이란 인간이 일상생활에서 떠나 다시 돌아올 예정으로 이동하여 정신적 위안을 얻는 것"이라고 정의하고 있다. 또한 "정신적 위안이 바로 관광의 본질이며, 관광의욕이란 것은 정신적 위안을 구하는 마음이다"라고 설명하고 있다.

(7) Hunziker와 Krapf(스위스)

스위스 카렌대학의 W. Hunziker와 K. Krapf 교수가 공저로 발간한 《일반관광론 개요(Grundriss der Allgemeinen Fremdenver-kehrs Lehre)》(1942)를 중심으로 한 그들의 주론 중에서의 관광 개념 규정을 요약해 보면 다음과 같다.

"관광은 광의나 가장 본질적인 의미로는 외래 관광객이 그곳에 체재기간 중 계속적이든 혹은 일시적이든 간에 추호도 영리활동을 실행할 목적으로 정주하지 않는 한, 체재로 인하여 발생하는 모든 관계 또는 모든 현상의 총체적 개념이다"라고 정의하고 있다.[6]

(8) Bernecker(오스트리아)

Bernecker는 《관광원론(Grundlagenlehre des Fremdenverkehrs)》(1962)에서 관광 개념을 다음과 같이 서술하고 있다. "우리들은 상용상 혹은 직업상의 여러 이유로서 이동하는 것이 아니라 일시적 또는 개인의 자유의사에 의해서 타지로 이동한다는 사실과 결부된 모든 관계 또는 모든 결과를 관광이라고 명명할 수 있다".

2) 1960년 이후 학자들의 정설

1960년 이전 유럽의 학자들의 관광 개념 정의는 시대의 변천화와 함께 그 개념도

5) 일본의 내각 관광사업심의회 전문위원이었고, 관광사업연구회 회원이었다. 《관광독본》, 《관광교실》, 《관광경제》 등의 저자로서 일본 관광사업의 개척자인 동시에 관광평론가이다.

6) W. Hunziker: Le Turismo Caracteristiques Prinzip, al. p. 25.

조금 달라졌다. 프랑스의 J. Médecin은 1966년에 가장 현대적인 학설로 인정받은 관광 정의를 발표하였다.[7] 그는 "관광이란 인간이 기분전환을 위해 휴식을 취하며 인간 활동의 새로운 미지의 자연풍경을 감상하는 것과 아울러 풍부한 경험과 교양을 쌓는 기회가 된다. 따라서 이는 곧 정주지를 떠나서 체재함으로써 성립되는 여가활동의 일종이다"라고 정의하고 있다.

이상과 같이 여러 학자들의 학설들을 비교해 볼 때, Médecin 이전의 학자들은 대부분 관광을 이민과 구별하기 위해 이동, 체재, 정주지 귀환을 강조하였으며, 경제적 측면으로서의 소비를 중요시하였다.

Médecin은 오히려 관광을 경제적 행위보다 광범위한 문화적 활동면에서 보려 했다는 점이 다르다. 또한 관광을 도피 욕구라든가, 인간성 회복 욕구를 충족하기 위한 수단으로 강조하고 있어 가장 현대적인 새로운 학설이라고 볼 수 있다.

3. 관광객의 개념 정의

세계관광기구 UNWTO(World Tourism Organization)의 전신인 IUOTO(International Union of Official Travel Organization)에 따르면 "관광을 목적으로 하는 여행자"라고 해석하고 있으며, 관광객의 개념 정의를 다음과 같이 규정하고 있다.

1) 관광객으로 볼 수 있는 자

① 위안(慰安), 가정 사정, 건강상의 이유로 해외에 여행하는 자

② 회의에 출석하기 위해 또는 과학 · 행정 · 외교 · 종교 · 스포츠 등의 대표자 또는 수행원의 자격으로 회의 겸 여행하는 자

③ 상용목적으로 한 상담 여행자

④ 호화선박으로 각지를 유람하면서 중 입국하는 자

⑤ 일국의 교육기관을 견학 및 시찰 목적으로 입국하는 자 등이다.

---

7) The Tourist Review (1972). p.12.

2) 관광객으로 볼 수 없는 자

① 계약 유무에 불구하고 취직 또는 영업을 하기 위해 입국하는 자

② 일국에 거주할 목적으로 입국하는 자

③ 국경지대에 거주하면서 인접국에 수시로 출입국하는 자

④ 24시간을 경과할지라도 일국에 체재하지 않고 공항 내에서 통과하는 여행자 등이다.

국제관광객(International Tourist)은 관광객의 이동, 왕래가 국경을 넘어서 이루어지는 데 반해서, 국내관광객(Domestic Tourist)은 내국인이 국내를 여행하는 것으로 이 둘은 엄연히 구분되고 있다.

3) 관광객의 개념 변화와 가치관의 변화

관광객의 개념 변화와 가치관의 변화는 시대에 따른 사회변화의 영향을 받아 변화하게 된다. 그 내용을 보면 휴가여행으로는 ① 레크리에이션, 건강, 연구, 종교, 스포츠 등이고, ② 상업, 가족방문, 시찰, 회의(Meeting) 등으로 분류하고 있다. 또한 관광객은 사회 변화에 의하여 그 심리적 욕구가 끊임없이 변화한다는 측면에서 분석되고 있다. 사회 변화란 경제적 · 사회적 · 문화적 · 정치적으로 모든 요소가 변화를 주도하는 가운데 새로운 형태의 가치 질서로 변화됨을 의미한다. 즉 관광객 심리 변화에 영향을 주는 배경적 측면에서 분석한 관광개념 정의를 살펴보면 다음과 같다.

① 경제발전, 기술발전, 노동시간 단축에 따른 소득 수준의 향상에 따른 소득의 증대

② 도시화 진행에 따른 위락공간 감소 해소를 위한 위락공간 개발 확보와 지방자치시대의 관광진흥정책 형성

③ 사회여건 개선에 따른 인간의 기본 욕구인 행복한 삶의 추구와 정신적 · 문화적 생활 충족을 위한 여가선용 추구

④ 번잡한 도시를 떠나 타지와 타국의 자연과 문화환경을 체험하거나 휴양을 취하고자 하는 충족욕구

⑤ 여가문화발달로 사회규범의 변화와 즐거움을 추구하기 위한 가치관의 침투

⑥ 여성의 사회참여 및 여권신장, 가사의 자동화

⑦ 매스컴의 발달과 관광정보의 신속화와 세계화

⑧ 가치관 및 인식체계의 변화로 해외여행의 활성화

이상은 관광객의 개념 변화에 매우 중요한 요소이다. 왜냐하면 현대사회는 여가시간의 확대 및 다양화로 생산적인 여가활동이 늘어나고 있기 때문이다. 즉 관광객의 개념은 관광객과 사회 변화에 따라서 그 주체가 점차 확대되었고, 이와 같은 현상은 현대인들의 노동행위의 증가만큼 여가활용과 충분한 휴식을 위한 여가공간도 필요해졌음을 의미한다.

현대인들은 내일의 노동을 위해 레크리에이션(Recreation)을 필요로 한다. 인간이 기본적 생활요건 충족 이후 나타나는 행복한 삶 추구, 인간다운 생활 희망, 정신적 · 문화적 욕구를 충족시키기 위해서이다. 이를 위해 인간은 반드시 여가 시간이 필요하며, 이것을 위해 최소한의 비용을 부담하게 된다.

4) 관광객의 기본 개념과 자유권으로서의 여가

인류는 고대문명의 개화와 더불어 위험하고 매우 고생스러운 여행을 시작하게 되었다. 그러던 것이 산업혁명 이후 육 · 해 · 공의 교통기관의 획기적인 발전으로 여행은 오늘날과 같은 안전하고 명랑한 여가(Leisure) 산업으로 변모하게 되었다.

또한 현대에 들어 인간성의 회복과 보다 나은 사회건설 및 문화의 창조수단으로써 여가가 생활 전체에서 차지하는 비중이 날로 높아지고 있다. 미국이나 유럽에서는 1950년대 후반에 주휴 2일제와 장기간의 연속휴가제도가 급속하게 도입되었다. 그리고 선진국은 이미 여가문제를 국민복지 차원에서 다루어 왔으며, 그 결과 여가는 산업화에 따른 반대급부라는 인식에서 산업사회를 유지하는 바탕으로까지 여겨지고 있다.

오늘날 과학문명의 발달과 산업구조의 발전, 사회적 · 정치적 갈등 속에서 인간생활은 철저하게 기능화되고 있다. 그리고 인간은 인간이 이룩한 문명의 산물인 도시화와 인구과밀 및 산업공해 등으로부터 스스로를 보호해야 하는 상황에 놓이게 되었다.

그에 따라 관광이 현대생활의 필수적인 생활의 한 분야로 자리잡게 되었으며 '내일의 활동(노동)을 위한 오늘의 휴식'으로 대중의 생활 속에 일반화되었다. 이와 같이 오늘의 관광은 사치나 부유층의 향락을 위한 전유물이 아닌 생활의 연장으로서 중요한 필수존재가 된 것이다.

세계 레저 · 레크리에이션협회(World Leisure and Recreation Association: WLRA)는 "여가는 개인의 자질을 계발하고, 자신의 관심사항을 추구하며, 생활의 질을 향상하고 수많은 기회 가운데 개인이 원하는 것을 선택하여 자신의 주관과 경험을 넓혀주는 것이라고 하였다. 또한 여가는 인간의 기본권이므로 정부는 이 권리를 인정, 보호하는 것이 의무이며 국민의 여가를 존중해야 하고, 궁극적으로 이를 관철하는 데 필요한 서비스를 제공하는 것이 기본적 임무"라고 규정하고 있다.

세계의 모든 평화애호국가는 국제관광기념행사에 평화를 상징하는 통일된 마크를 사용하고 있다. 또한 "관광은 평화를 상징하는 여권"이라는 표어를 설정하여 관광에 대한 인식을 널리 보급시키고 있다. 그리고 국제연합에서도 "모든 사람은 합리적인 노동시간의 단축과 정기 유급휴가를 포함하여 휴식과 여가의 권리를 가진다"라고 선언(UN 인권선언, 1948. 12. 10)했다. 또한, 휴가권리, 즉 관광권리를 인간의 기본적 권리로 선언한 세계관광기구(UNWTO)의 "세계관광에 관한 마닐라선언"(1980. 9)을 통하여 관광활동은 과거 일부 특수계층이나 유한계층이 즐기던 문턱 높은 영역을 벗어나 이제는 모든 사람들이 누릴 수 있는 자유권이나 기본권 의미로 발전되고 있다. 따라서 관광과 여가선용문제는 인간생활의 기본 요소인 의 · 식 · 주와 같이 인간의 근본문제로 대두되고 있다.

4. 관광의 인접개념

1) Leisure와 Recreation

(1) Leisure의 정의

Leisure는 이미 우리들의 일상생활에 깊숙이 스며들어 널리 사용되고 있는 말이다. 한국에서 사용되고 있는 '레저'란 '여가'라는 말에 해당되는데, Leisure의 어원과 어의를 설명하면 다음과 같다.

① Leisure의 어원

영어의 Leisure(여가)는 프랑스어의 Loisir, 라틴어의 Licere 또는 Otim과 희랍어의 Schole(라틴어 Scole) 등에서 어원을 찾을 수 있다. 이상의 어원은 거의 같은 의미를 지니고 있으며 특히 "자유, 허가, 가능성"의 의미을 내포하고 있지만 자유정신(Free Spirit)의 뜻에 가깝다.

그 중에서도 희랍어의 'Schole'는 "국정에의 참가, 학문투자, 음악과 예술을 즐김으로써 선인이 되기 위한 덕을 쌓는다" 등의 내용을 내포하고 있는 활동의 총칭이기도 하다.

프랑스의 사회학자 J. Dumazedier(1974)는 Leisure를 '휴식', '기분풀이', '자기계발'이라는 세 가지 기능을 갖는 활동의 총칭이라고 했다. 또한 그는 Leisure란 개인이 직장이나 가정, 사회로부터 부과된 의무로부터 해방되었을 때 '휴식'을 위해, '기분풀이' 혹은 '이득과는 무관한 지식이나 능력의 육성', '자발적인 사회참가', '자유로운 창조의 발휘'를 위해 전적으로 자기 스스로 행하는 활동의 총체라고 정의했다.

Leisure의 어원에는 다음 두 가지 뜻이 내포되어 있다. 첫째는 여분(잉여)시간이란 뜻으로 인간의 전체 시간에서 생활에 필요한 시간을 뺀 나머지 시간(일반적으로 여가시간이라 함)을 뜻한다. 둘째는 자기만이 가질 수 있는 자유시간을 뜻한다. 따라서 Leisure는 '나머지 시간', 특히 의미 · 내용이 없는 시간이란 의미 때문인지 한국의 경우 여가를 놀이나 오락의 뉘앙스가 짙은 뜻으로 사용하고 있다.

Schole(School의 기원)는 학교, 연구, 학습, 연습, 유희 등이라고 하는 뜻이 있으므로 단순한 한가 · 태만이란 뜻은 아니다. 그러므로 이 두 가지 뜻을 종합하여 다음과 같이 풀이할 수 있다.

② Leisure의 어의

Leisure(여가)는 생계를 위한 모든 활동으로부터의 자유, 즉 노동을 떠났을 때의 인간 존재의 상태를 본래 여가라고 한다. 이는 곧 자기 재량으로써 자발적으로 자기가 하고 싶어 하는 것을 자유로이 처분하고, 자기 향상을 도모하기 위한 자유시간이라는 보다 적극적이고 전진적인 개념을 내포하고 있다.

이상과 같은 Leisure의 오늘날 뜻은 역사적으로 혹은 특정 사회계층에 따라 끊임없이 변천되어 왔다. 예컨대, 고대 희랍의 철학자들은 노예제도 하에서도 충분한 자유 시간을 가지고 학문과 예술에 몰두할 수 있었다.

Aristoteles는 이지(理智)와 행복과 레저(Leisure), 이 세 가지가 인생의 궁극적 목표라 하여 여가는 행복과 이지를 얻기 위한 수단이 아니라 동시에 병행해서 추구되어야 한다는 보다 강한 뜻을 내포하고 있다고 했다. 이때의 여가는 희랍어의 School의 의미를 포함하고 있다. 따라서 여가는 "필요한 활동으로부터 해방된 시간"이라는 적극적인 정의와 함께 "스스로 무엇이라도 할 수 있는 자유"라는 적극적인 뜻도 지니고 있다.

③ 여가시간과 여가활동의 정의

여가시간은 하루 24시간이라는 절대적인 한계를 가진 인간의 생활시간에서 노동시간이라는 구속시간과 생리적인 필수시간을 제외한 잔여시간으로 정의된다. 즉, "여가시간 = 이용가능시간 – 생존필요시간 – 노동시간"을 뺀 여유 있는 자기만이 갖는 자유시간이다. 이러한 시간은 자유로이 사용할 수 있는 시간, 즉 개인의 주체적인 선택이 부여된 시간으로서 적극적인 가치부여적 의미를 가지고 있다.

여가활동은 "인간생활의 내용에 대한 객관적인 정의이며 인간의 생활을 구성하는 여러 가지 행동 중 여가시간 영역에서 활동하는 제 활동의 집합체"라고 할 수 있다.

여가의 본질은 무엇인가에 대한 문제를 생각하면 여가활동의 내용, 여가활동을 구성하는 여러 가지 활동이 공통으로 갖는 요소를 깊이 연구할 필요가 있다. 이런 경우 시간적인 정의의 방향이 여가시간을 자유시간으로 보는 것이 옳다고 보며, 여가의 본질과 불가분의 관계가 된다.

그리고 여가가 산업사회로 돌입하면서 기술혁신과 중화학공업의 성장에 따라 일반 소비자물가의 상승과 환경오염, 식품공해, 교통사고의 심각화, 인간의 신경노동과 심리적 피로, 공공시설이나 서비스의 부족, 사회보장의 지연 등 제반 문제가 표면화되어 복지시책의 필요성을 요구받고 있다.

④ 근로자의 여가활동

현대는 '매스 레저(Mass Leisure)'의 시대(대중여가의 시대 또는 여가의 대중화 시대)라 부를 만큼 국민 각층이 쓸 수 있는 여가시간이 과거와는 비교도 할 수 없을 정도로 늘어났고, 관광을 비롯한 다양한 여가활동에 일반대중이 참가하고 있다.

최근에 와서 노동은 상당히 경감되기는 했으나 노동밀도의 증가, 생산공정의 복잡화, 대도시 지역에서 통근거리의 장거리화 때문에 근로자는 아무 일도 하지 않고 조용히 휴식을 취해야 할 필요성이 점차 절실해지고 있다. 이는 경영관리층은 물론 기업의 최고경영자에게도 마찬가지이다.

이 분야의 새로운 접근을 시도한 사람은 Metz인데, 그는 노동의 리듬과 여가의 리듬과의 관계를 의료사회학적 관점에서 연구하였다. Metz는 이 같은 연구를 더욱 진전시키려면 산업심리학과 여가사회심리학 전문가의 공동작업이 이루어지지 않으면 안 된다고 했다.

미국이나 유럽에서는 1950년대 후반에 주휴 2일제와 장기간의 연속된 휴가제도가 급속하게 전진되었고, 다른 나라에서도 1970년대에 들어 이 같은 제도가 채용되기 시작했다. 이같은 노동시간의 단축과 함께 경제적 조건 및 사회적 조건의 변화와 밀접한 관계를 가진 다음과 같은 사항이 근로자의 여가활동을 증대시켰다.

첫째, 고학력 사회의 출현을 들 수 있는데 자유시간을 가진 젊은층이 대량으로 발생하였다.

둘째, 여성의 직장 진출을 들 수 있다.

셋째, 가정가전화 등에 따른 가사노동시간의 단축과 주부의 사회적 제활동(여가활동을 포함하여)에의 적극적 참가 등을 들 수 있다.

넷째, 생활을 적극적으로 즐기려는 가치관의 침투 내지는 보급으로 여가에 대한 관심이 높아졌다.

프랑스의 경제학자 Fourastie는《4만 시간-미래의 노동을 예측한다》에서 미래사회에서 인간의 평생 노동시간을 4만 시간으로 계산해 놓고, 그 시대의 사회 실상을 분석하고 있다. 즉, 그는 장래의 주당 노동시간을 30시간으로 예상하고, 연간의 노동주는 40주로 단축된다고 보았다. 여기에 한 사람의 노동 연수는 35년 정도가 될 것으로 가정할 때 사람의 평생 노동시간수는 약 4만 시간(41,000시간)으로 계산해 낼 수 있다고 하였다.

노동시간의 단축과 여가시간의 증대는 오늘날 많은 미래학자와 여가사회학자들이 앞다투어 예측하고 있다. 이같은 장래의 전망 가운데서 어떤 학자는 '노동의 시대'는 이미 막을 내렸고, '여가의 시대'가 시작되었다고 주저 없이 표현하기도 한다.

(2) Recreation의 정의

Recreation과 관계가 깊은 것은 Leisure이다. 즉 Recreation의 개념을 노동과 체력, 정신력의 유지, 회복이라는 시각에서 보면 Leisure 활동과 같은 뜻을 내포하고 있다. Leisure 개념으로는 협의의 개념으로 간주할 수 있으며 Recreation은 여가선용, 기분전환, 위안, 오락, 취미 등의 뜻을 갖고 있다. 즉, 즐거운 목적을 가지고 행하는 활동, 재충전 역할을 하는 활동이라 할 수 있다.

미래학자 Herman Kohn은 Recreation은 "여가 동안 참여하는 활동, 즐거움과 기쁨, 혹은 인간의 보람된 삶을 살찌우게 하는 활동"이라고 표현했다. 'Recreation'은 인간의 생명력을 재차(re), 창조(create)하는 것, 즉 재창조(再創造)하는 것이며, 인간이 적극적인 여가시간을 보내면서 생활을 적극적으로 즐기려는 방법을 지칭하는 것이다. 다시 말하면 생활의 변화를 추구하는 인간의 기본적 욕구를 충족시키는 행위, 즉 수면, 휴양, 사색 등의 정적인 행위와 체육, 오락, 소풍, 신앙, 교제 등의 동적인 행위라고 하겠다.

인간의 생활은 분업화의 진전으로 개인의 정신적 · 육체적인 기능을 불균형하게 만들 뿐만 아니라 단순 반복되는 인간의 생활이 마음의 반응력을 마비시켜 울분을 축적하게 한다. 현대 사회의 복잡함이 심리적 중압감을 주며, 개인의 불안한 마음이 권태감 · 무력감 · 쇠약감 등 현대인의 공통된 피로를 느끼게 해준다.

Recreation은 "각자가 선택한 제 활동에 보수를 바라지 않고 스스로 자진 참여하여 욕구충족과 정서함양 등으로 작업능률을 향상시켜 명랑한 사회건설에 만족을 느끼며, 이와 동시에 문화적으로나 사회적으로 받아들일 수 있는 건설적, 창조적 여가의 선용이면서, 삶을 즐겁게 하는 자기표현의 활동이며, 내일을 위한 준비과정"이라고 정의할 수 있다.

Anderson은 Recreation을 "원기회복, 인생을 풍부하게 하는 활동코스로 밝고 즐겁고 아름답고 풍요롭고 건설적으로 보내는 것"이라고 했다. 이와 같이 Recreation은 그 시간, 그 기회를 통한 새 삶의 생산적인 취미, 영구성이 있고 흥미가 있는 활동, 놀이를 찾아서, 궁극적으로는 자기발전으로 이어져 나가는 것이다. Sarman은 여가를 현명하게 활용하는 것 등으로 정의하고 있으며, Recreation 활동은 단순한 기분풀이나 놀이를 비롯, 게임, 스포츠, 오락, 취미, 봉사 등 그 종류와 범위도 다양하다고 정의한다.

관광의 목적은 생활의 변화를 추구하는 Recreation을 즐기는 데 있기 때문에 "관광은 잠시 일상생활을 떠나서 Recreation을 즐기는 여행"이라는 전형적인 표현의 일종이라고도 할 수 있다. 따라서 Recreation은 관광을 포함한 개념이라 할 수 있다. 여기에서 둘 사이의 본질적인 차이점은 관광이 일상의 생활권을 떠나는, 이동을 본질로 하는 행동이라는 점이다.

2) 스포츠와 놀이

(1) 스포츠(Sports)

스포츠(Sports)는 라틴어의 'disport'가 어원이며 '가지고 가버리다', 즉 'carry away', '피로를 가지고 가버리다' 등 기분전환의 의미에서 출발되었다. 순수 스포츠는 기록 · 상 · 명예 등을 위한 육체발전, 심신단련을 주목적으로 한다.

따라서 레크리에이션 측면에서의 스포츠는 경기 외적 의도에서 원래의 뜻에 부합되는 활동이 된다. 그러므로 스포츠보다는 레저나 레크리에이션적 요소가 강하게 작용한다.

한편 올림픽 정신은 스포츠를 통한 국제적 친선과 세계평화에 이바지하려는 노력으로써 인종, 국가, 종교, 정치를 초월한 전 세계의 친선을 통해서 인류공동의 번영과 행복을 추구하려는 것이다. 곧 진정한 의미에서의 스포츠는 프로세계가 아닌 아마추어 정신이다.

(2) 놀이(Play)

놀이(Play)는 즐거움을 추구하는 것으로 자유의사에 의한 활동이며 질서 · 규칙 · 전통이 있다. Huizinga는 인간은 놀이하는 존재이며 놀이는 인간의 본질이고 문화의 근원이라고 하고 있다.

여기서 우리는 인간을 여러 가지로 규정하고 있음을 알 수 있다. 어떤 사람은 인간을 지혜를 가진 자(Homo sapiens)라고 하고, 어떤 사람은 도구를 사용하는 인간(Homo faber), 또 어떤 사람은 종교적 인간(Homo religiosus) 등 인간을 어느 한 측면으로 규정하기 어려운 전체성을 지니고 있다는 말이 되기도 한다. 그러나 여기서 다루고자 하는 것은 신이 인간을 창조한 중요한 목적 중의 하나가 될 것이 틀림없는 '놀이하는 인간

(Homo ludens)' 혹은 '축제하는 인간(Homo festivus)'의 측면에 대해서이다.

일상적으로 우리는 '논다'의 행위보다 '일하라, 일하라!' 하는 소리를 귀가 따갑도록 들어왔기 때문에 인간의 노역(勞役)이 귀중하게 여겨진 문화 속에서 살아왔다. 그것은 부정할 수 없는 사실이다. 먹고 노는 삶보다 삶의 귀중한 요소를 낭비하는 것은 없기 때문이다. 그래서 우리말의 '놀이'라는 개념 가운데에는 부정적인 뉘앙스를 풍기는 뜻이 많이 들어 있다. '논다'는 말 가운데에는 게으르고 나태하다는 뜻이 들어 있고 부도덕한 이성관계를 맺고 있는 행위를 가리켜 '놀아난다'고 말한다. 화투놀이 · 마작놀이에서처럼 도박을 하는 행위를 지칭하여 '놀이'라고 말하기도 한다.

그러나 일반적으로 '축제하는 인간'은 '놀이하는 인간'의 한 형태라는 것을 이야기해 보면 생의 충만 속에서 환희와 긍정 속에서 억압되었던 사회적 감정을 폭발하는 사람의 다이내믹한 충동에서 인간은 생존의 따분한 한계상황을 극복해 간다. 놀이하는 인간, 축제하는 인간의 삶의 본 모습을 방해하는 것은 마치 도도히 흐르는 큰 강물을 막겠다는 것보다도 어리석은 일이 될 것이다.

'놀이하는 인간'의 본 모습은 마치 새가 둥지를 틀고 새끼와 어미가 어울려 놀며, 짐승들이 몸에 근육을 세우고 질주하고, 토끼가 깡충깡충 뛰는 행위와 마찬가지로 자연스럽고도 본성적인 것이다. 놀이란 종교적 행위의 방식이나 세시풍속에서 비롯되어 오락성 · 참여성 · 일괄성의 세 가지 요소를 갖춘 행위로서 문화보다 오래 전에 형성된 것으로, 즉 문화 이전의 발생양식이라고 할 수 있다.

3) 여행(Travel)

여행(Travel)은 의미 그대로 어떤 수송수단을 통해서 한 장소에서 다른 장소로 이동하는 행위로서 목적 · 동기에 관계없이 모든 이동행위를 총칭한다.

여행은 본질이 이동이라는 측면에서 관광과 밀접한 관계를 갖는다. 초기의 관광산업이 주로 이동을 위주로 한 정적활동을 대상으로 삼아왔기 때문에 '여행산업은 관광교통업으로 인식되고 관광산업 그 자체'라는 인식은 관광현상을 너무 이동이라는 측면만 강조한 데서 나오는 잘못된 인식이다. 이런 식의 견해는 특히 우리나라에서 더욱 만연되고 있다.

오늘날 관광의 개념을 막연하고 모호하게 만드는 것은 이 여행이라는 용어라 해도 과언이 아닐 것이다. 여행 그 자체는 관광이라는 현상의 일부이거나 한 수단에 불과하다. Clawson이 지적하듯, 여행 그 자체가 관광위락 경험의 한 국면이 된다거나 목적 그 자체가 되었을 때 관광에 있어서 여행의 중요성이 부각된다.

5. Social Tourism과 Mass Tourism

1) Social Tourism의 등장

(1) Social Tourism의 유래와 개념

Social Tourism(대중관광)이 시작된 것은 제2차 세계대전 이후부터이다. 제2차 세계대전 후 '스위스 여행금고(Schweizer Reise Kasse)'에서 Social Tourism이라는 이름으로 짧은 여행 시 나라의 재정적 원조를 바탕으로 30여 년간을 통해 할인된 여행용 스탬프(오늘의 크레디트 카드)를 발매하였고 국민들은 이것을 구입하여 여름 바캉스 시즌에 현금 대신에 이를 사용하게 된 데서 유래되었다.

특히 여행 시 차표나 호텔 · 여관비용은 물론 큰 공장의 종업원이나, 5인 이상의 어린이를 데리고 바캉스를 떠나는 영세 주민의 가족여행 비용을 50% 할인 내지 전액 부담하여 관광을 대중화한 데서 Social Tourism의 유래를 찾아볼 수 있다.

즉, Social Tourism이란 사회현상에 따른 온 국민이 참여하는 대중관광 현상을 의미한다.

(2) Social Tourism의 조성요인과 발전단계

인간의 생활공간은 과학문명의 발달과 함께 꾸준히 확대되어 왔다. 이러한 확대는 지역과 공간 양면에서 이루어졌으며, 지역적으로는 교통기관의 발달로 인해 지구 위에서의 이동시간이 획기적으로 단축되었고, 공간적으로는 지표면에서의 생활로부터 해중이나 지하 및 공중으로까지 확대되고 있다.

이러한 지역적 · 공간적 면에서의 변화는 결과적으로 국민관광, 또는 대중관광의 기반을 조성하는 사회적 유인기능으로서의 역할을 하게 되었다. 인간생활에서 기본적으로 요구되는 것은 안전과 건강이며, 문화적 조건이다. 문화적 조건은 현대 도시뿐만 아니라 농촌에서도 보다 더 능률적이고(Efficiency), 편리하며(Convenience), 안락하고

(Comfort), 적응적인(Accommo-dation) 조건들이 요구되고 있으며, 이에 따른 직접적인 인간생활을 지원하고 있다. 따라서 복지시설은 사회적 · 문화적 생활 조건에 부합될 수 있어야 한다.

Social Tourism의 구체적인 조치는 유급휴가제도, 여행구매력의 증강방안, 여행비의 경감, 여행 계절 연장 등의 4종류를 들 수 있다. 특히 1956년에 스위스에서 열린 제1회 국제 Social Tourism 대회의 결의는 ① 휴가규제(노동시간 단축, 유급 휴가제도), ② 여행자금의 염출 문제, ③ 수송수단에 관한 문제, ④ 관광객 이용시설(Youth Hostel을 포함한 숙박시설, 음식점, 사회적 · 문화적 시설, 요양시설), ⑤ 여행기간, 휴가에 관한 조언, ⑥ 선전 등의 6항목에 관해서 검토결과를 결의했다.

또한 social tourism의 발전단계[그림 1-1]를 살펴보면 19세기 이후 자연발생적 관광사업으로부터 시작되어 서비스관광사업으로 발전하고, 제2차 세계대전 후부터는 노동연령층을 대상으로 정부 · 지자체, 기업 등의 주도로 제도적 · 정책적 요소가 가미되면서 개발조직적 관광사업시대로 발전하였다.

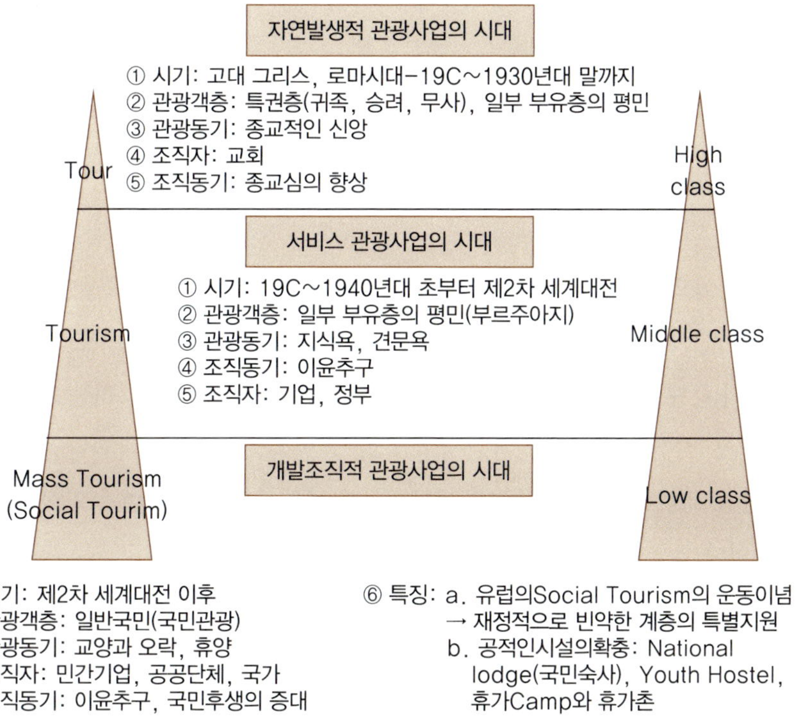

그림 1-1 • Social Tourism의 발전단계

2) Mass Tourism의 등장

현대사회는 국민 각 계층 누구나 관광을 할 수 있는 대량 관광시대로 접어들었으며, 보다 많은 일반대중, 즉 온 국민이 참가하고 있다. 일반대중으로서의 온 국민이 참가하는 대중관광을 'Mass Tourism'이라 한다. 즉 자발적으로 자의에 의해 관광에 참여하는 다량관광의 대중관광을 Mass Tourism이라 한다. 따라서 현대관광은 복지사회요건에 따라 국민생활에서 큰 위치를 차지하게 되었다.

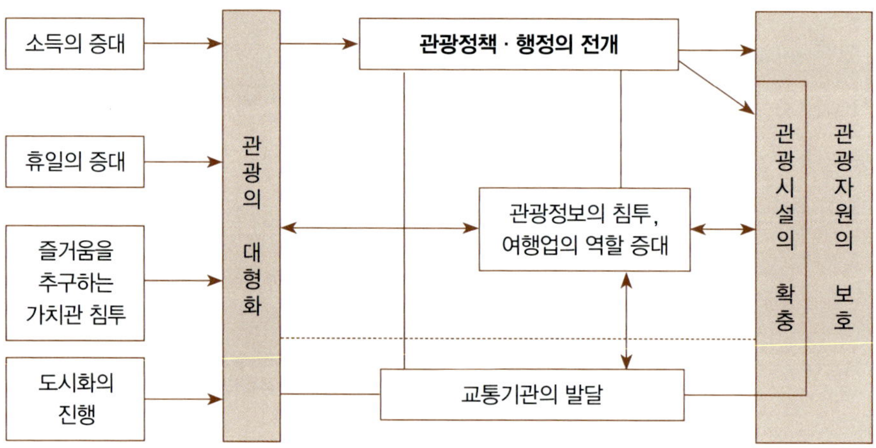

그림 1-2 • 현대관광의 구조

오늘날 이와 같은 Mass Tourism 등장에 대한 관광 대중화의 배경으로는 다음과 같은 현대관광의 구조 [그림 1-2]에서도 찾아볼 수 있다. 즉 ① 가처분 소득의 증대, ② 여가시간의 증대(연휴이용의 여가증대), ③ 생활을 적극적으로 즐기려는 가치관의 침투, ④ 인구도시집중에 의한 생활환경의 악화 및 변화, ⑤ 쾌적한 국민관광지 개발 및 저렴한 관광시설 보급 확충, ⑥ 교통기관의 발달, ⑦ 여행 성향과 여가 의식의 변화 등을 들 수 있다.

따라서 Mass Tourism과 Social Tourism의 역사적 배경, 대상, 주도 의식, 발생과정 등을 비교하면 〈표 1-1〉과 같이 요약할 수 있다.

표 1-1 • Mass Tourism과 Social Tourism의 비교

구분	Mass Tourism	Social Tourism
역사적 배경	태고시대	제2차 세계대전 후
대상	국민 전체(전 계층)	노동연령층 위주
주도	자발적	정부와 지방자치단체 공 · 사 기업의 경영자
발생과정	자연발생적(인간의 기본적 삶의 추구과정에서 생성)	인위적 · 제도적 · 정책적 · 요소 가미
미래상	국민소득의 증대와 여가시간의 증가, 교통 및 제반시설의 고급화 · 다양화로 점차 동질화	

Chapter 01 학습문제

01. 일상적 용어로 사용되고 있는 관광의 어원이라고 할 수 있는 유래는?

① 정도전의 삼봉집 ② 최치원의 계원필경

③ 주역의 관국지광 ④ 신라의 화랑도 정신

02. 다음 중 관광의 전제조건으로서 여행의 목적성이라 볼 수 없는 것은?

① 견문확대 목적 ② 유람활동 목적

③ 위락활동 목적 ④ 사업성취 목적

03. 다음 중 관광의 용어에서 광(光)자가 의미하는 내용으로 잘못 표현된 것은?

① 문물제도 ② 역사의식

③ 발전상 ④ 풍속, 관습

04. 내국인이 자국 내를 방문하여 관광하는 국내관광을 무엇이라고 하는가?

① domestic tourism ② internal tourism

③ inbound tourism ④ outbound tourism

05. 내국인이 외국을 방문하여 관광하는 내국인 국외관광을 무엇이라고 하는가?

① outbound tourism ② international tourism

③ inbound tourism ④ national tourism

06. 다음 중 UNWTO(세계관광기구) 분류 기준에 의한 순관광객으로 볼 수 있는 사람은?

① 위안이나 건강상의 이유로 해외에 여행하는 자

② 업무상 영업을 위해 해외에 여행하는 자

③ 거주할 목적으로 해외에 여행하는 자

④ 국경 거주자가 인접국가에 수시로 여행하는 자

07. 다음 중 관광의 유사개념이라고 할 수 없는 것은?

① Leisure ② Recreation

③ Travel ④ Resort

08. 다음 관광 개념 중 광의의 개념이라고 할 수 있는 것은?

① 일시적 이동현상 ② 유람 목적 여행

③ 견문 확대 여행 ④ 문화생활 관광

09. 다음 중 관광 개념을 가장 잘 표현한 것은?

① 유람 ② 구경

③ 관찰 ④ 놀이

10. 다음 중 Social Tourism에 대하여 잘못 설명한 것은?

① 제2차 세계대전 이후 스위스의 여행금고에서 시작되었다.

② 사회현상에 따른 대중관광현상을 의미한다.

③ 자발적으로 참여하는 다량관광의 대중관광현상을 의미한다.

④ 인위적, 제도적 요소가 가미된 대량관광의 대중관광현상을 의미한다.

11. 다음 중 세계관광의 발전단계를 바르게 설명한 것은?

① Tourism → Tour → Social Tourism → Mass Tourism

② Tour → Tourism → Mass Tourism → Social Tourism

③ Travel → Tourism → Tour → Social Tourism

④ Social Tourism → Mass Tourism → Tour → Tourism

정답

01. ③ **02.** ④ **03.** ② **04.** ① **05.** ① **06.** ① **07.** ④ **08.** ④ **09.** ③ **10.** ③ **11.** ②

CHAPTER 02

관광의 구조와 구성요소

1절 관광의 구조(관광시스템)

1. 관광구조의 개념

관광구조란 관광을 구성하는 관광조직으로서의 시스템을 의미한다. 시스템이란 상호작용으로 일으키는 일련의 하위부분들로 구성된 실체로서 각 요소들은 시스템 전체의 고유한 특성에 영향을 미치게 된다(그림 2-1).

Fink에 의하면 인간은 하나의 시스템으로서 어떤 행동을 수행하기 위해 설계된 기능과 부분이 상호관련된 하나의 네트워크라고 주장한다. 그리고 육체적인 과정과 정신적인 과정을 포함하는 전체적이고 통합된 인간시스템은 생존과 성장을 보장받기 위해 환경을 극복하고 적응하며 통제하려고 한다고 지적하고 있다.

인간의 삶이 살아 움직이는 하나의 시스템이듯이 관광도 하나의 시스템으로서 존재하고 적응해야 하는데, 이러한 관광시스템의 특징을 살펴보면 미시적 시스템과 거시적 시스템으로 구성되어 있다.

첫째, 관광은 미시적 개념으로서의 하위시스템(Sub-system)들로 구성되어 있다. 즉 관광주체와 관광객체 그리고 이를 연결해 주는 관광매체로 구성되어 있다.

둘째, 관광시스템은 공통적인 두 가지 성질을 지니고 있다. 즉 관광시스템(Tourism System)과 관광환경 간에는 자원과 정보의 계속적인 교환이 있다는 점에서 보면 거시적 개념으로서의 개방형 시스템과 관광시스템의 산출물과 투입물 간에 정보가 지속적으로 피드백되는 폐쇄형 시스템으로 구성되어 있다.

셋째, 관광시스템은 개념상 상호의존성과 전체성, 그리고 시너지 효과와 같은 성격을 지니고 있다.

넷째, 시스템적 접근방법에서는 전체를 구성하는 부분만이 아니라 상호작용하는 변환과정이 중시된다.

다섯째, 폐쇄형 시스템과 개방형 시스템은 연속체 선상의 양극단의 것을 말하는 것으로 실제로 양자의 성질을 모두 함유하고 있다.

그림 2-1 • 시스템의 일반모형

2. 관광시스템의 구조

시스템의 일반적 논리[그림 2-1]에 의하면 관광조직은 외부환경으로부터 정보, 자본 및 인적 · 물적자원을 투입하여 변환과정을 거쳐 유 · 무형의 서비스로 변형되며, 이는 다시 개인과 조직의 만족 또는 사회적 기여라는 부가가치를 창출하게 된다. 이와 같은 관광시스템 구조를 거시적인 측면에서 살펴보면 [그림 2-2]와 같다.

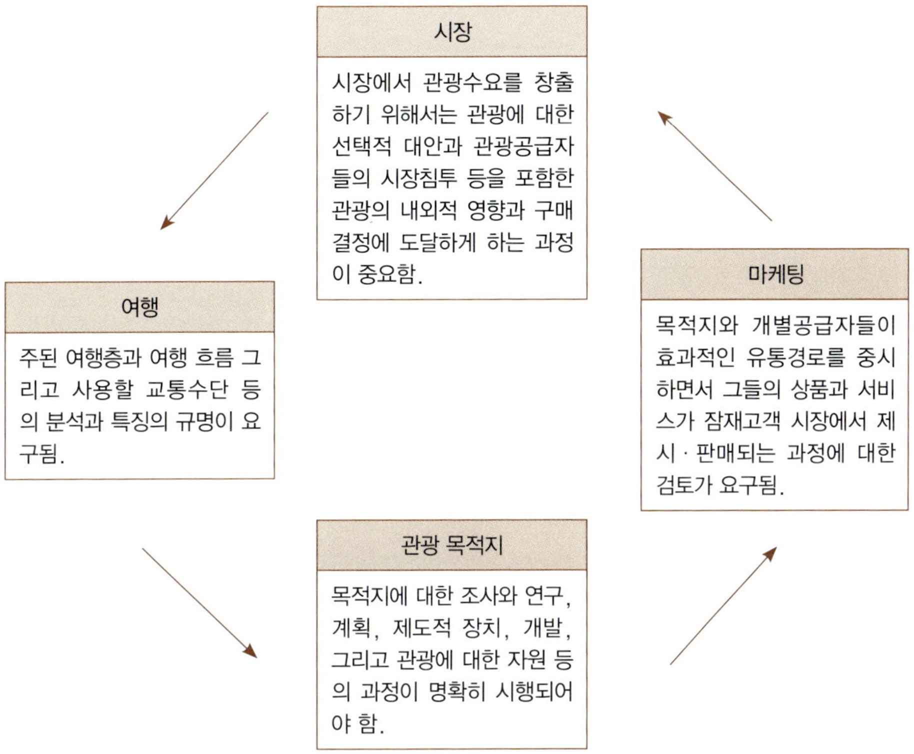

그림 2-2 • 관광시스템

2절 관광의 구성요소

1. 관광의 구성요소와 개념

관광구성요소란 관광을 구성하고 있는 요소를 말하는데 이는 관광의 3대 구성요소와 관광관리자로 구성된다. 관광의 3대 구성요소는 관광주체 · 관광객체 · 관광매체이다. 이 삼자는 서로 독립되어 있으면서도 상호협조작용이 없으면 관광사업이 성립될 수 없고, 또 상호불균형 상태일 때도 관광사업은 발전할 수 없다. 이와 같이 관광의 3대 구성요소는 모든 관광의 기본 골격이라고 할 수 있다. 특히 이들은 시스템적인 성격을 갖고 있기 때문에 서로 독립적이면서도 상호작용적 특성을 지니고 있다.

1) 관광주체

관광주체는 관광객이다. 관광객은 관광을 하겠다는 욕구를 가진 사람으로, 순관광객과 겸관광객으로 나누어진다. 이들 관광객은 관광동기와 관광욕구를 갖고 관광의 수요자 내지 소비자로서 관광수요와 시장을 형성하는 요소가 된다.

2) 관광객체

관광객체는 관광객의 관광대상인 자연, 풍속, 문화, 유적, 건축물, 산업시설 등의 관광자원을 말하고, 관광자원은 관광공급시장의 일부를 형성한다.

3) 관광매체

관광매체는 관광의 주체와 객체를 연결시켜 주는 역할을 하며, 관광의 매체는 시간적 매체인 숙박시설, 관광객 이용시설, 관광편의시설과 공간적 매체인 교통기관, 도로, 운수시설과 기능적 매체인 여행업, 통역안내업, 관광기념품판매업, 관광정보와 선전물 등으로 구성된다.

관광매체는 기본적으로 이동수단과 정보이다. 또 그 구성은 관광시설과 관광 편의시설로 구성되어 있고, 이들 매체를 제공하는 것은 관광사업이며, 관광객을 상대로 직접 · 간접으로 재화 및 Service를 제공하는 사업이다. 여기서 관광객과 관광시장을 포함하는 하나의 산업으로서 관광산업이 형성된다.

관광사업에는 영리를 목적으로 하는 사업체(여행업, 숙박업, 관광객 이용시설, 관광객 편의시설업, 국제회의용역업)와 관광 관계행정기관 및 관광 관련업체, 한국관광공사나 한국관광협회와 같은 비영리사업체로 나눌 수 있다.

관광사업은 관광의 공급자인 동시에 생산자이며, 관광소비자로서의 관광객을 상대로 관광자원과 함께 관광공급시장을 형성한다. 이와 같이 관광을 구성하고 있는 구조적인 여러 요소에는 관광행위를 하는 주체와 그의 대상이 되는 객체를 적절히 연결시켜 주고 관광활동을 관리 · 조정하는 매체 등이 있다.

4) 관광관리자

관광관리자란 크게 자연공원 · 국유림 · 문화재 · 박물관 · 미술관 등을 관리하는 국가 또는 지방자치단체와, 숙박시설 · 오락시설 등을 운영하는 민간인 기업체장을 말한다. 이와같이 관광관리자는 크게 둘로 분류되는데, 양자 간에는 기본적인 차이점이 있다. 국가 또는 지자체 단체는 관광객을 비롯하여 모든 관광사업자, 관광대상을 포함한 국가적인 차원에서 관리하는 공공적 사명을 띠고서 관광자원의 보호, 관광사업자의 감독 및 관광객의 지도에 임하며, 국가 전체로서의 관광진흥에 전념한다. 반면에 민간인 기업체장은 그 대부분이 이윤추구의 기업경영형태를 취하고 있다. 이와 같은 사례로 도로의 경우를 보면 민간기업이 관리운영하는 유료관광도로를 제외하면 공공시설에 속하는 도로는 관광진흥이라는 차원에서 이를 어떻게 정비할 것인가 하는 것이 관광사업의 커다란 과제가 된다.

이상의 내용을 요약하면 관광의 구조를 설명할 때 세 가지 요소를 동일 차원의 것으로 평가하는 것은 적절하지 못하다. 왜냐하면 관광 그 자체의 본래의 요소는 오히려 두 요소만을 가지고 생각해도 충분하기 때문이다. 그리고 관광사업 이전에도 관광의 현상은 존재했으며, 그 같은 경우에도 두 요소는 자주적으로 결합하고 있었다.

2. 관광 구성요소의 변화

관광활동의 성립을 위한 일차적 조건은 관광객체의 존재와 관광주체의 행동의욕이라고 할 수 있다. 이 행동의욕의 강약이나 내용은 다음과 같이 여러 가지 요소에 따라 변화한다.

1) 관광주체의 능력

주체의 지적 수준, 건강, 경제력 등과 관계되는 제반 요소들이 포함된다. 이러한 능력이 증가될수록 관광의 내용이 다양화되고 관광활동이 질적 · 양적으로 활발해진다.

2) 관광주체의 생활환경

오염된 대기, 각종 공해, 스트레스로 인한 정서의 불안정, 대도시의 인구 밀집화로 인한 주택사정 등 생활환경의 악화가 관광의욕을 증가시킨다.

3) 여가의 양과 질

여가는 관광활동의 주요한 발생 요인이다. 여가에 대한 의식구조의 변화, 산업의 기계화, 노동조건 등은 여가의 양과 질을 결정짓고, 여가의 양과 질은 관광활동의 한계량을 결정짓는 요인이 된다.

4) 주체로서의 관광정보

현대사회는 정보사회라고 할만큼 매스미디어의 발달로 인한 정보량의 과다로 관광주체의 정확한 정보 판단이 더욱 어려워졌다. 따라서 관광을 위한 교육과 충분하고도 정확한 정보의 제공만이 관광주체인 관광객이 보다 효과적인 관광활동을 수행하게 할 수 있다.

5) 객체의 역할

관광대상인 관광자원과 관광시설(서비스 포함) 등으로 구성되어 있다고 할 수 있다. 관광자원의 종류는 다음과 같다.

(1) 자연적 관광자원

기후, 산악, 해양, 하천, 호수, 삼림, 동물, 온천 등

(2) 문화적 관광자원

유형문화재, 무형문화재, 민속자료, 기념물, 박물관 등

(3) 사회적 관광자원

생활, 풍속, 행사, 국민성, 사회제도 등의 사회형태와 생활형태 등

(4) 산업적 관광자원

상업, 농림업, 어업, 공업, 관광관련 산업 등이다. 따라서 관광자원의 개발과 그에 따른 훼손 및 보호 · 보존의 문제는 현재의 우리 사회와 후손을 위하여 관광주체와 매체의 공동책임문제로 등장하고 있다.

(5) 위락적 관광자원

인공시설을 포함한 각종 관광위락활동 대상으로서의 성격을 띠고 있는 레크리에이션적 자원

이상과 같은 현대 관광구조와 구성요소에 대한 설명은 관광을 이해하기 위한 기본이며, 여러 가지 다양한 문제를 정리하기 위한 수단이다.

6) 매체의 역할

영리사업인 관광사업체와 비영리사업체인 관광행정기관 및 한국관광공사나 한국관광협회는 관광의 공급자 내지 관리자로서 관광주체의 관광의욕을 충족시켜 준다. 그리고 관광활동을 원활히 하기 위하여 여론조사, 관광정보 제공 등 기초자료를 토대로 바람직한 관광계획을 수립하고 관리해 나가는 것이 중요한 임무 중의 하나라고 할 수 있다.

Chapter 02 학습문제

01. 다음 중 관광의 3대 구성요소로 볼 수 없는 것은?

① 관광 주체 ② 관광 환경
③ 관광 객체 ④ 관광 매체

02. 다음 중 관광 객체에 해당하는 것은?

① 관광객 ② 관광자원
③ 관광사업 ④ 교통수단

03. 다음 중 관광 구성요소로서의 관광 매체와 관계 없는 것은?

① 여행사업 ② 숙박시설
③ 관광명소 ④ 교통수단

04. 다음 중 관광객은 어디에 해당하는가?

① 관광 주체 ② 관광 객체
③ 관광 매체 ④ 관광 환경

05. 다음 중 관광 주체에 대한 설명으로 가장 올바른 것은?

① 관광 수요시장 형성 ② 관광 공급시장 형성
③ 관광 수요공급시장 형성 ④ 관광 편의시설 제공

06. 다음 중 관광 매체로서의 기능적 매체에 해당되는 것은?

① 교통기관 ② 도로운송시설
③ 관광정보선전 ④ 숙박시설

07. 다음 중 관광 객체에 해당하는 것은?

① 여행업 ② 숙박업
③ 통역안내업 ④ 산업시설업

08. 다음 중 관광 구성요소의 변화를 잘못 설명한 것은?

① 관광객의 생활환경에 따른 관광 의욕 증가
② 여가의 의식구조 변화
③ 관광정보의 다량화
④ 관광의 영리사업 활성화

정답

01. ② **02.** ② **03.** ③ **04.** ① **05.** ① **06.** ③ **07.** ④ **08.** ④

CHAPTER 03

관광의 역사

1절 세계의 관광 역사

1. 세계관광의 발전단계

일반적으로 세계사적 시대구분을 적용시켜 세계관광의 발전단계를 구분해 보면 다음과 같이 나눌 수 있다.

① 역사 이전 시대(원시적 물물교환의 여행시대)

② 역사시대(고대 이집트, 그리스, 로마에서 십자군까지)

③ 대항해시대(15~16세기경 세계에서 지리 발견이 성행하던 중세유럽시대)

④ 그랜드 투어시대(18세기 후반부터 19세기 전반에 걸쳐 유럽의 귀족, 작가, 시인 등의 견문여행시대인 근대유럽시대)

⑤ 유럽으로부터의 여행시대(북미로부터 여행자 급증시대인 근대아메리카시대)

⑥ 현대 관광시대(제2차 세계대전 이후부터 현재까지의 관광시대)

이상의 구분에서 ⑤의 단계 이후는 그 이전 단계와 성격상 상이하므로 이때부터 근대관광이 성립된 시대라고 하겠다.

따라서 ⑥의 단계까지를 관광발전사라고 부른다. 관광발전사는 고대 중세시대의 관광에서부터 시작되었다고 볼 수 있으며, 근대 관광사는 영국인 Thomas Cook 목사가 여행알선업을 시작한 것이 세계여행업의 시초가 되었다. 따라서 Thomas Cook은 여행업의 창시자이자 시조라고도 할 수 있다. 그리고 현대관광은 관광사업이 본격화된 제2차 세계대전 이후 현재까지 관광이 대중화되면서 Mass Tourism과 Social Tourism이 등장되는 시대라고 할 수 있다.

2. 고대시대의 관광

1) 고대 이집트시대의 관광

고대 이집트시대에 신전 순례의 형태를 한 관광이 존재했다는 사실이 고문서의 기록으로 전해오고 있다. 기원전 5세기경 그리스의 지리학자이자 역사가인 Herodotus도 이집트인의 관광에 대하여 상세히 기술하고 있으며, 흑해 연안, 이집트, 바빌론 등을 여행한 견문기를 역사 9권에 기술했다. 그 이후 유럽에서 관광이 본격적인 형태로 나타난 것은 그리스시대였다.

2) 고대 그리스시대의 관광

그리스시대의 관광은 당시의 시대적 배경에서 보면 체육 · 요양 · 종교 등의 세 가지 동기 내지는 형태로 이루어진 것으로 파악된다.

기원전 776년 이후 아테네에서 행해진 올림픽경기 대회에는 각 지역에서 많은 사람들이 참가하여 이를 즐겼다고 한다. 그리고 에게 해의 수많은 섬 중 델로스(Delos) 섬에서는 발칸반도로부터 온 많은 사람들이 요양을 위해 체재한 것으로 전해지고 있다.

또한 그리스의 여러 신들의 신전이 각지에 건축되어 많은 참배자가 찾아온 것도 잘 알려져 있다. 특히 델피아에 있는 아폴론(Apollon)신전과 아테네(Athenai)의 제우스(Zeus)신전이 관광명소로 유명하였다. 이 시대에는 민박하는 외래 여행자를 모두 제우스(Zeus)의 보호를 받는 '신성한 사람'으로 생각하던 관습이 있었다.

이같은 환대정신을 당시는 호스피탈리타스(Hospitalitas)라 하여 최고의 미덕 중 하나로 여겼다. 역사가 A. J. Toynbee는 "그리스시대 가운데서도 기원전 4세기 중엽 이후의 소위 헬레니즘(Hellenism)시대는 '인간존중'의 정신이 지배하고 있었는데, 이때부터 환대(Hospitalitas)가 여행자를 접대하는 최고의 미덕의 하나인 기본정신으로 생각되었다"고 하였다.

3) 고대 로마시대의 관광

로마시대에는 공화제와 제정 두 시대를 거치며 관광이 한층 번성했던 것을 기록으로 알 수 있다. 고대 로마시대의 관광동기 내지 목적은 종교 · 요양 · 식도락 · 예술 · 등산이었다.

로마신화의 여러 신들의 신전은 본토는 물론 여러 섬 곳곳에 세워졌고, 사람들은 각자의 목적에 따라서 대신(大神) 주피터(Jupiter), 미의 여신 비너스(Venus), 농업의 신 사트르누스(Saturnus) 등의 신전을 참배하였다.

로마 사람들은 그리스 사람들보다는 훨씬 미식가였으며, 그 내용은 당시의 조리 교본인 《조리의 왕(De re coquinaria)》의 기술에서도 알 수 있다. 그 때문에 당시 각지의 포도주를 마시며 식사를 즐기는 식도락을 '가스트로노미아(Gastronomia)'라 불렀고, 이는 곧 관광 형태의 일종에 속했다. 따라서 이러한 미식으로 인해 비만에 걸린 사람들이 많이 생겨났고, 그와 함께 온천요양을 필요로 하는 병자가 늘어났으며, 이것이 오늘날의 요양관광이라는 형태를 낳게 하였다. 남 이탈리아의 바이아(Baia)는 이런 유형의 요양관광지의 중심이 되었으며, 그에 따라 요양객을 위한 연극공연과 카지노 등이 설치되었다고 한다.

예술관광으로는 주로 각지의 명소 · 고적을 탐방하였는데, 가까이는 카프리 섬의 티베리우스 황제의 별장으로부터 멀리는 이집트의 피라미드 등이 그 대상이었다. 이것이 오늘날의 관광여행과 유사한 관광이었다. 또 제정로마시대에는 기독교 12사도의 묘도 중요한 관광자원에 포함되었다. 오늘날 초기 기독교 신자들의 묘지인 성칼리스토의 카타콤베(Catacombe di sen cal1isto)와 바티칸시티의 성베드로 대성당은 중요한 관광자원으로 각광받고 있다.

등산은 종교적 동기로 인한 것과 과학적 동기로 인한 것으로 분류할 수 있는데, 전자의 예를 들면 알프스의 산베르나디노(San Bernardino)에 있는 주피터 신전 참배, 후자는 시칠리아 섬의 에트나(Etrna) 화산을 찾는 등산객 등이 알려져 있었다.

로마시대에 와서 이같은 관광이 가능했던 배경으로는 교통수단의 정비를 들 수 있다. 로마에는 기원전 4세기에 건설되었다는 비아아피아(Via Appia) 가도를 비롯하여 로마의 중심 대광장(Foro)으로부터 7개의 가도(Foro Road)가 동서남북으로 이어져 있었고, 남쪽으로는 멀리 그리스에 이르는 해상교통로와도 연결되어 있었다.

고대 로마의 도로 정비는 주로 전략상의 이유 때문이었으나 그것이 관광 발전에 기여했다는 것은 명백한 사실이다.

숙박시설도 처음에는 민박 및 민가를 개조한 여인숙 정도의 것이었으나, 관광이 번창해감에 따라 오스티아(Ostia) 등지에 내부에는 리셉션 데스크, 소규모의 아케이드 상점까지 설비한 4층 건물로 지어진 여관이 만들어졌다. 이 흔적은 오늘날 오스티아(Ostia)의 유적에서도 찾아볼 수 있다. 이밖에 그리스에 있었던 것과 같은 간이식당인 타베르나(Taberna), 또는 식당 겸 숙박시설인 포피나(Popina)가 각지에 건설되어 영업을 하고 있었다.

당시의 관광은 극히 소수의 상류계급에만 한정되어 있었지만 그것이 발달한 이유로 다음과 같은 점을 지적할 수 있다. ① 치안 유지가 잘 되어 있어서 안심하고 관광여행을 할 수 있었다. ② 화폐경제가 보급되어 있어서 물물교환용 짐을 가져가야 하는 번거로움을 피할 수 있어 행동반경이 커졌다. ③ 학문의 발달로 인해 지식수준이 높고, 미지의 세계에 대한 동경이 증대되어 있었다.

그러나 기원전 5세기에 이르러 로마제국이 붕괴되면서 치안은 문란해졌고, 도로는 황폐해졌으며, 화폐경제로부터 실물경제로의 역행이 발생하는 등 관광에 있어 악조건이 겹쳤기 때문에 오랫동안 관광의 공백이 계속된 관광 암흑시대가 시작되었다.

3. 중세 유럽시대의 관광

중세 유럽시대의 관광이 부활된 원인은 1096년부터 1270년까지 계속된 십자군 전쟁에서 연유된다. 십자군이 열광적인 신앙심과 함께 호기심과 모험심의 산물이었다는 것은 일반적으로 널리 알려진 사실이다. 그리고 귀국한 병사들이 들려주는 동방의 풍물에 관한 소개나 제노바의 선주들이 병단수송에서 가지고 돌아온 인도의 향료나 페르시아 양탄자 등의 매력은 한층 더 동방여행 꿈을 불러일으켰다. Marco Polo(1254~1324)의 《동방견문록》을 통해서도 당시의 모습을 엿볼 수 있다.

특히 중세의 성지 예루살렘은 기독교도들의 종교관광의 최고 목적지가 되기도 했다. 따라서 중세 유럽의 관광은 로마 교황을 중심으로 한 기독교 문화공동체였기 때문에 종교관광이 성황을 이루게 되었다.

예루살렘에 이어 중세의 두 번째 순례지는 교황이 앉은 자리와 사도 바울(Paul) 및 베드로(Peter) 등의 순교의 땅이기도 한 로마였다.

그리고 중세 유럽의 세 번째 순례지가 된 곳은 스페인의 산티아고 데 콤포스텔라(Santiago de Compostela)였다. 이곳은 11세기경 12사도의 한 사람인 야곱(Jacob)의 유골이 발견되어 1082년에 대성당이 건립되었으며, 성지로 지정된 이후 프랑스와 스페인 각지로부터 많은 순례자가 모여 제3의 관광성지가 되었다.

이와 같이 중세 유럽의 관광은 성지순례여행(pilgrimage)의 형태를 취하였는데 그들은 수도원이나 교회에서 숙박하고, 관광을 통하여 신앙심을 높이면서 가족단위의 종교관광을 즐겼다.

4. 근대 유럽시대와 아메리카시대의 관광

1) 근대 유럽시대의 관광

15~16세기는 세계적으로 지리상의 발견이 유행한 대항해시대와 T. Cook의 등장 시대였다. 이때는 스페인, 포르투갈, 영국 사람들이 항해의 주도권을 잡고 있었다. 그러나 근대에 와서도 유럽의 종교관광의 기조는 크게 달라지지 않았다.

1492년 제노아 사람인 Columbus(1451~1506)의 서인도제도 발견을 비롯해서 포르투갈은 Vascodama(1460~1514)의 희망봉 주항으로 인도양을 횡단하였다. 그리고 1519년 포르투갈의 Magellan이 대서양을 횡단하여 마젤란해협을 발견하였다. 그리고 희망봉을 경유하여 1522년 최초의 세계일주를 완주하고 본국에 귀환하였다. G. Vancouver(1771)의 아메리카 북서안 조사와 Tasman의 호주 다스마니아섬 발견 등은 대항해시대의 대표적인 사례이다. 이같은 지리상의 발견으로 18세기에 이르기까지 신대륙의 발견과 함께 Mercator(1512~1594)의 항해용 지도에 의한 신시장의 개척, J. R. Forster(1754~1794)의 세계주항 견문록 등이 등장하며 유럽인의 이동은 곧 장거리 여행을 수반하게 되었다. 이 시대에는 이미 중세 말기에 생긴 여관 · 길드(Inn · Guild)가 발전하여 여관의 수도 많아졌고, 관광여행이 용이해졌으며, 한편으로는 문예부흥기를 맞아 Goethe, Shelley, Byron 등 저명한 작가와 사상가 등이 대륙을 여행하였다. 그리고 그들의 작품은 관광여행의 자극제가 되었다. 역사가들은 이 시대를 가리켜 '교양관광의 시대' 또는 '그랜드 투어(Grand Tour)의 시대'라고 부른다.

1825년에 이르러 기술혁신의 일환인 영국에서의 철도 탄생은 육상교통을 크게 변화시켰고, 1764년에 영국에서 시작된 산업혁명(Industry Revolution)은 기계화로 인한 여가의 출현과 해외 식민지정책에 따른 장거리 국제여행을 유발시키게 되었다. 더욱이 Jon Murray(1778~1843)의 《여행편람》과 Karl Bedeker(1801~1859)의 《여행안내서》(1839) 출판은 그 당시 상당한 인기를 끌며 국제여행에 박차를 가하는 자극제가 되었다.

1850년에는 영국의 주요 철도망이 거의 완성되고 있었다. 이와 같은 상황에 착안한 Thomas Cook 목사는 1841년 금주동맹의 대회에 참가하는 신도들을 모아 라푸보로(Loughborough)-레세스타(Leicester) 간에 단체 전세열차의 운행을 시도하여 성공시켰다. 그후 Cook 목사는 아들과 함께 'Thomas Cook and Son Ltd.'라는 여행사를 창설하여 영국 내는 물론, 미국에서까지 단체유람객을 모집하기도 하였다. 또한 관광안내를 위한 서적과 정기잡지를 간행하기도 하였다. 이는 역사상 최초로 영리를 목적으로 단체관광을 조직했다는 점에서 오늘날의 관광산업의 시초가 되었다. Cook 목사는 '근대관광사업의 아버지'라고 불린다. 한편 숙박시설면에서도 19세기에 들어 온천지를 중심으로 호화로운 객실과 유흥오락시설을 갖춘 곳이 나타나 '호텔'이라고 부르기 시작했다. 독일 남부에 있는 바덴바덴(Baden-Baden)의 'Der Badische Hof', 하이델베르크(Heidelberg)의 'Der Europaische Hof', 파리의 'Grand Hof' 등이 있다.

이와 같이 근대 유럽관광은 중세의 종교적인 관광에서 탈피하여 미지의 신세계에 대한 호기심과 견문 확대 및 새로운 지식에 대한 호기심이 주 동기가 되어 유럽과 미주대륙 간의 왕래가 점차적으로 활성화되었다.

2) 근대 아메리카시대의 관광과 호텔경영자의 등장

19세기 말부터는 유럽과 미국 간의 왕래가 활발해졌고, 20세기 전반에 걸쳐 대서양에는 호화유람선시대가 출현하게 되었다. 이와 때를 같이하여 미국에서 Statler와 Boomer, Hilton 등의 호텔경영자가 나타나 미국의 호텔이 대형화 · 대중화한 Commercial Hotel의 시대로 접어들게 되었다.

근대 관광은 고대나 중세와는 달리 종교적 동기보다는 지식욕이나 호기심이 주된 동기로 작용하였고, 유럽과 미대륙의 왕래도 신세계에 대하여 호기심을 가진 유럽인들과 선조들의 고향에 대한 동경을 가진 미국인들의 교류였다고 말할 수 있다.

그리고 교회가 관광단체를 조직하고 신앙심의 향상을 목적으로 순례를 했던 중세와는 달리 근대의 관광은 Cook 목사와 같은 소위 여행업자가 영리를 목적으로 단체관광을 추진한 점에서 커다란 차이점을 찾아볼 수가 있다.

근대 관광의 특색을 요약하면, 근대 이전에는 ① Tourism 이념의 확립, ② 관광기회의 광역화, ③ 관광시설의 완비이고, 근대 이후는 ① 교통의 비약적 발달, ② 관광조직의 확립, ③ 관광의 대중화라고 할 수 있을 것이다.

5. 현대관광과 Social Tourism 시대의 등장

19세기 말에는 범선에 이어서 기선이 전반적으로 진출하였고, 그것도 목조에서 강철로 개조되어 거대, 쾌속, 안전, 호화 등의 여러 조건을 구비하게 되면서 20세기 초에 이르기까지 세계의 관광왕래는 비약적으로 성장하게 되었다.

국가적 차원에서 외국인 관광객을 유치하기 위하여 중앙기관을 최초로 설립한 것은 이탈리아였다. 이탈리아는 제1차 세계대전 종료 후인 1919년 10월에 정부관광국(Ente Nationale Peril Turismo)을 설립하였다. 명칭에 산업(Industria)이라는 말이 포함되어 있는 것에서 그 설립의 의도를 엿볼 수 있다. 이것이 단서가 되어 유럽 각국은 앞다투어 관광객 유치에 노력하였다. 이와 함께 국내관광에도 적극적인 노력을 하게 됨으로써 오늘날 국제관광의 반대 개념인 국내관광이라는 명칭이 대두되었다.

그러나 제2차 세계대전 이전에는 뚜렷한 관광발전의 목적의식이라기보다는 철도사업경영의 합리화를 위한 전제로 관광사업이 출발한 사실을 찾아볼 수 있다. 그 예로 오늘날 세계의 주요 관광국으로 꼽히는 영국, 프랑스, 스위스, 스페인 등에서는 특별한 국가적 관광기관을 찾지 못했으며, 해외홍보사무소의 운영도 주로 철도회사에 의해 행해졌다. 또, 독일에서는 1920년에 독일 국유철도에 관광홍보국이 설치되어 외래관광객 유치사업을 한층 강화시켰다.

이 시기를 전후하여 세계 각국의 관광사업은 그 성격이 대폭 변화되었다. 즉, 그 이전의 관광사업은 인류의 발생 이래 장구한 역사를 통하여 국가의 입장에서는 단지 수용면의 정비에 국한되어 있었던 것이 이 시기에 들어 종래의 민간활동에서 국가사업으로 편입됨에 따라 비로소 대부분의 나라에서 현재 볼 수 있는 것과 같이 전폭적이고 다양한 내용을 국제차원의 사업으로 정비하게 된 것이다.

그리고 제1차 세계대전 후에 이르러 성격을 근본적으로 변화시켜 근대사업의 하나로 인식하게 된 관광사업은 새로운 산업으로 발전하였다. 특히 외객 유치에 중점을 둔, 이른바 무형의 수출(Invisible Trade)이라는 인식으로 추진되었다. 그리고 그와 같은 노력의 효과로 인하여 1920년대는 국제관광 왕래가 성황을 이루게 되어 수용태세국에게 커다란 실리를 가져다주었다.

그러나 1929년에 미국에서부터 시작된 세계경제불황은 사정을 급변시켰고, 1930년대 초는 그와 같은 영향을 받아 관광사업의 일시적 감퇴를 초래하게 되었다. 그런데 영국에서는 1930년 세계공황이 발발한 그 해에 영국 · 아일랜드여행협회(Great Britain and Ireland Travel Association)가 설립되었고, 1932년 영국 · 아일랜드관광사업협회(Great Britain and Ireland Travel and Industrial Development Association)로 개칭하게 되었다. 이러한 사실은 영국도 뒤늦기는 했으나 관광사업을 경제적으로 경시할 수 없음을 인식하게 된 것이다. 제2차 세계대전 후 아일랜드는 영국으로부터 독립하였고, 이 협회는 영국여행협회(British Travel Association)로 고쳤다가 1950년에 와서 영국여행휴가협회(British Travel and Holidays Association)로 개칭되었다.

프랑스에서는 대혁명이 일어나 절대주의 왕정이 몰락하게 되었다. 자유, 평등, 기회균등 정신을 근간으로 하는 이 혁명은 19세기 가장 위대한 사상인 자유주의의 원천이 되었다. 그 후 프랑스는 남부의 니스 · 칸느를 중심으로 한 지중해 연안에 대규모 관광단지를 개발시켜 지상낙원을 만들기도 하였다.

1936년 ILO에서 채택된 유급휴가제, 1948년의 UN인권선언(Humen Right declaration) 제24항 선포 등, 모든 사람은 합리적인 근로시간의 단축과 정기유급휴가를 포함하여 휴식과 여가의 권리를 갖게 됨으로써 관광은 새로운 시대를 맞이하게 되었다.

제2차 세계대전 후에는 민간항공, 관광용 대형버스, 택시, 렌터카가 등장하고 기존의 교통기관들도 정비되었으며, 기동력 또한 대폭적으로 개량되어 대량수송의 조건이 갖추어졌다. 또한 전쟁으로 파괴된 국가의 경제력도 회복되어 국민의 가처분소득이 증가하였고, 이에 수반하여 여가도 증대되며, 매스커뮤니케이션(Mass Communication)의 발달은 모든 사람들에게 미지의 세계에 대한 여행정보를 가득 알려주었다.

이상과 같은 배경에서 제2차 세계대전 후의 선진국에서는 관광의 저변 확대와 함께 대중에 의한 관광의 시대, 이른바 매스투어리즘(Mass Tourism 또는 Mass Movement)의 시대를 맞이하게 된 것이다. 국제적인 측면에서 보면 각국은 경제력의 회복을 위한 외화획득의 수단으로서 국제관광을 중요시하였고, 각국이 모두 관광전용호텔의 건설과 대외관광선전에 힘을 기울이게 되었다. 그리고 세계 전체의 국제관광수입은 석유품목을 제외했을 때 다른 무역품목에 비하여 국제 거래 1위를 차지하는 정도가 되었다. 따라서 각국은 관광이 갖는 국내적 효과, 즉 국민후생의 증대와 지역개발의 촉진은 물론, 경제적 · 사회적 · 문화적 의의의 중요성을 인식하고 적극적으로 관광을 국가전략사업으로 육성하는 방안을 취하게 되었다. 그리고 현대관광의 최대 특징인 '대중화'는 고차원적 소비사회의 성립을 촉진시켰다. 이같은 관광의 흐름을 'Social Tourism'으로 칭하고 있다.

세계는 닫힌 세계(Closed World)에서 열린 세계(Opened World)로, 닫힌 마음에서 열린 마음으로 변화된 자세를 요구하고 있다. 범 세계주의(globalism)라는 무국경시대(borderless age)를 맞아 이제 전 세계가 하나의 도시국가로 변하여 상호작용과 상호소통이 가속적으로 일어나고 있으며, 국경 없는 지구촌 시대를 맞아 시야를 넓혀 올바른 여가생활문화를 정립해 나가야 할 시점이다. 이상과 같이 세계의 발전단계를 요약해 보면 다음 〈표 3-1〉과 같다.

표 3-1 • 세계관광의 발전단계 요약

단계구분	시기	관광객층	관광동기	조직자	조직동기
Tour의 시대 (T. Cook 목사 이전)	고대에서 19세기의 1930년대 말까지	특권계급(귀족, 승려, 무사)과 일부 평민 부유층	신앙심	교회	신앙심의 향상
Tourism의 시대 (T. Cook 목사 이후)	1940년대 초부터 제2차 대전까지	특권층과 평민 부유층(부르주아지)	지식욕	기업	이윤의 추구
Mass Tourism의 시대 혹은 Social Tourism시대	제2차 세계대전 이후 현재까지	일반대중을 포함한 전 국민(국민 관광으로 발전됨)	보양과 오락	민간기업 · 공공단체 및 국가	이윤의 추구와 국민후생의 증대

출처: 監田正志 (2017). 現代の觀光論.

2절 한국의 관광 역사

1. 한국관광의 발전단계 구분

세계 모든 개도국의 정치, 경제, 문화 등 다양한 부문에 대한 발전은 그 나라 정부의 지원하에서 시작되는 것과 같이, 한국의 관광사업 발전도 정부의 강력한 정책지원과 관련하여 시작되고 성장되었다.

역사적 사실에 바탕을 둔 한국관광의 발전을 효과적으로 분석할 때는 반드시 발전의 시대 구분이 명확해야 하고, 각 시대별로 발전상의 배경과 중요한 연표 및 정부의 주요 관광시책의 추이와 관광관련 국내 · 외의 역사적 사건, 그리고 이에 영향을 미친 요인들을 살펴보아야 한다. 따라서 한국관광사의 발전단계를 분석해 볼 때 대체로 다음과 같이 분류해 볼 수 있다.

1. 한국관광의 태동기
   (1) 맹아기(1847~1910): 대한제국시대(1847년까지는 한국관광의 발원점임을 암시하는 호칭)
   (2) 개화기(1910~1945): 일본제국 침략시대(일제강점기)
2. 한국관광의 요람기
   (1) 과도기(1945~1960): 제1공화국, 과도정부시대, 조국광복과 6 · 25전쟁, 복구시대(1960년도 관광객 유치 1만 명 미만에 43만 달러 외화획득)
   (2) 발아기(1960~1970): 제2, 3공화국 시대, 5 · 16과 제1, 2차 경제개발5개년계획기간(1968년도 관광객 10만명 유치로 3,545만 달러 외화획득)
3. 한국관광의 발전기
   (1) 육성 · 도약기(1971~1980): 제4공화국시대, 제3~4차 경제개발5개년계획기간(1978년도 관광객 100만 명 유치 돌파로 4억 8백만 달러 외화획득)
   (2) 제2도약기(1981~1991): 제5, 6공화국시대 제5~6차 경제사회발전5개년계획기간, 86아시안대회와 88올림픽대회 성공(1988년도 관광객 200만 명 유치 돌파로 32억 6천5백만 달러 외화획득)
   (3) 1989.1.1: 해외여행자유화 실시
4. 한국관광의 성숙기
   (1) 관광성숙기(1992~2005)
      ① 1995년에는 관광객 375만 명 돌파로 56억 달러 획득
      ② 21세기 관광전망(1996~2005) 외래관광객 550~800만 명 유치, 외화수입 100~200억 달러 획득
   (2) 제2의 관광성숙기(2005년) 내 · 외국민 1,000만 명 시대로 세계 10대 관광국으로 부상

5. 2000년대의 한국관광 정착기
 (1) 후기전략산업으로서의 정착기(2006~2013): 인바운드관광객 1,200만명, 아웃바운드관광객 1,400만명 시대 돌입
 (2) 제3차 산업 및 제4차 산업으로서의 정착기(2014~현재)

위의 1~5와 같은 발전단계 구분방법에 의거해서 한국관광의 발전사를 요약해 볼 수 있다. 특히 한국관광은 상기의 한국관광의 태동기와 과도기를 제외하고는 대개 10년의 기간을 전후해서 관광객 유치 수가 변모되어 왔다는 것을 발견할 수 있다.

이것은 반세기의 우리 역사가 대개 10년을 주기로 큰 시대적 · 역사적 변모를 겪은 것과 거의 일치되고 있다. 즉, 갑오개혁(1894), 경술국치(1910), 3 · 1운동(1919), 만주사변(1931) 같은 대사건이 거의 10년의 간격을 두고 발생했다. 이러한 대사건을 전후해서 시대적 · 역사적 전환과 변천이 일어나는 것과 같이 한국의 관광도 그와 같은 변화와 전환을 보여주고 있다. 한국 관광사의 발전단계는 교통발달과 함께 여행이 병행되었기 때문에 이를 좀 더 구체적으로 살펴보면 다음과 같다.

2. 한국관광의 태동기

1) 초창기의 교통발달과 관광 개화기

(1) 맹아기(1847~1910)의 철도교통과 관광

철도의 현실적인 기원은 동력차의 발명에 있다. 인력 · 마력으로부터 증기력으로 전환됨으로써 현대적인 철도로 발전된 것이다. 특히 영국의 Stephenson이 1814년 기관차를 발명하고, 철도를 고안해서 1825년 영국이 세계 최초로 스톡톤에서 달링턴 사이 19km 거리에 철로를 건설하였다.

한국도 1847년(헌종 때) 서독의 묄렌도르프(목린덕, 최초의 공무로 내한한 서양인)가 한국교통구조 개혁을 주장하여 한국 철도 건설의 필연성을 피력했다. 이를 계기로 1892년에 미국의 Morse가 한국 철도 건설을 위하여 당시 미국 주재 한국대리공사인 이하영을 통해 요청했다. 이하영은 귀국할 때 정교한 철도모형을 가져와 선진국의 교통기관 중 철도의 중요성을 당시 고종 황제에게 설명하고 설득시켜 모어스(Morse)가

철도건설권을 획득하여 1897년 3월에 우각현(牛角峴)에서 경인철도공사의 기공식을 가졌다. 그러나 동년 5월에 Morse는 일본의 강압으로 5만 달러의 교부금을 받고 1898년 5월 완전히 경인철도 부설 특허권을 일본인 경인철도인수조합에 양도하였다. 이를 양수받은 동 조합은 본 공사를 인수받아 1899년(광무 3년) 9월 18일에 비로소 노량진-제물포까지 33.2km의 철도를 완공시켜(증기기관차 4대, 객차 6량, 화차 28량 보유) 운송영업을 개시하였다. 이것이 한국 최초의 철도이다.

교통기구면으로는 1894년 7월 농공상부 공무위문(公務衛門)에 철도국을 설치한 것이 한국 철도업무의 공식수행을 위한 최초의 기구였다. 그 후 1910년에는 조선총독부 철도국이 되었다. 1899년 경인철도 개통을 시초로 1905년의 경부선 개통, 1906년의 경의선 개통, 1914년에 호남선이 개통됐다. 1908년에는 부산-신의주 간 직통 급행열차(隆熙號)가 운행되기 시작하면서 차내 음식물 판매 영업인을 승무시키는 등 이때를 전후로 국내의 철도여행이 비로소 활발해지기 시작했다.

한국 최초의 전철은 1899년에 미국의 '콜브렌'과 '보스트리크'가 서대문-청량리 간 전차궤도를 완공한 것이 시초이다. 이런 전차와 기차는 당시 서울 시민의 발이 되어 편리한 여행수단이 되었다.

(2) 맹아기의 근대 도로교통과 여행

철도가 생기기 전의 한국 고대 도로는 1770년(영조 46년) 신경준의 저서《도로고(道路考)》(국사대사전) 1권에 의하면 신의주, 경흥, 평해, 동래, 제물포, 강화 등으로 통하는 6개의 길과, 또 3권에 수록된 3연해로(백두산로, 압록강로, 두만강로)와 팔도연해로가 있었다. 고대 도로는 교통기관이 우마차에 의지하고 있었기 때문에 장거리여행에는 불편했다고 본다.

한국 근대 도로의 시초는 1896년 서울의 황토현광장(현 광화문)에서 동대문 간 도로와 대광통교(현 광교)에서 남대문까지의 십자형 도로이다.

그리고 오늘의 도로와 직접적인 연관성을 지닌 도로는 1906년 일제의 침략과정에서 치도국(治道局)이 설치되면서부터 국권피탈 이후 인천, 강화도, 해주, 진남포, 의주, 경흥, 나주 등 주요 도시를 연결하는 9개의 간선도로가 생긴 것이 한국의 고대 도로(1906년)라고 할 수 있다. 또 한국 최초의 자동차는 1903년 고종 황제가 외국 공관을 통해 승용차 1대를 구입하여 어차(御車)로 사용한 때부터이다.

1900년 이전의 관광은 불교문화가 전래되어 사찰이 창건되고 종교양식 및 사찰행사에의 참가하기 시작하던 삼국시대로부터 관광의 형태가 생성된 것으로 볼 수 있다. 그리고 신라시대로부터 원, 객사, 주막 등 숙박시설과 역참, 조운 등 초기 수송체제가 마련되었던 이조시대까지를 관광의 발원기로 분류할 수도 있다.

(3) 맹아기의 근대 해운교통과 여행

1891년 독일로부터 철조선(鐵造船)인 청룡호, 현익호, 해룡호 등 3척을 도입하고 해운국을 설치한 것이 한국 근대 해운업의 효시이다. 이와 같은 철도의 개통이나 근대도로 및 근대 해운은 수송을 위한 필수적인 교통수단이었으며, 이는 오늘의 관광과도 밀접한 관계를 가지고 있다.

이상과 같이 한국관광의 태동기는 우마차 이용 시대 이후 기차와 자동차 및 선박 등의 교통수단에 의해 여행이 시작되었음을 알 수 있다.

2) 관광의 개화기: 일본인 단체여행객 내한시대

(1) 일제강점기(1910~1945) 최초의 관광산업 태동

1849년 갑오경장을 거쳐 1910년 국권피탈 이후 정치제도가 근대적으로 개혁되면서 일본이 침략의 발판으로 삼았던 철도 노선의 확장과 동시에 철도 부대사업의 일환으로 이루어진 철도호텔의 개관이 한국 관광사업의 첫 출발이라고 보고 이때를 개화기로 칭한다. 따라서 1847~1945년까지를 한국관광의 태동기라고 할 수 있다.

이 시기에는 철도 개통, 철도호텔의 출현 등으로 국민 여행의 활동 여건이 마련되었다. 물론 보편화된 대중관광의 시대가 되지는 못했으나 현대적 개념의 여행, 관광이 차츰 싹트기 시작하였고, 관광지가 특정화되어 갔다. 시대적 여건으로는 국민들의 관광에 대한 의식과 관광발전에 큰 계기가 마련되었던 시기이다.

한국 최초의 관광형태(현대적 의미의 상대적 개념)는 서구문물을 일본을 통해 받아들이고자 했던 1894년 갑오경장 이후의 개화기인데, 이때 일본으로부터 관광단 일행이 한국 문물을 관람코자 단체여행을 했던 기록에서 그 기원을 찾아볼 수 있다.

(2) 근대식 호텔의 효시인 손탁호텔 출현

맹아기의 관광사업 중 최초의 숙박시설은 방한여행객을 위해 1889년에 인천 서림동에 위치한 중화루(3층 벽돌 건물로 객실 11개)를 대불호텔[1)](일본인 掘久大郎가 세움)로 개칭 이용한 것이 최초이다. 또한 [그림 3-1], 〈표 3-2〉에서 보는 바와 같이 1902년 손탁호텔[2)](Sontag은 당시 러시아의 Wäber 공사의 처제)이 정동(현 이화여고 자리)에서 개업하여 프랑스 요리를 제공한 것이 한국 근대호텔의 효시라고 하겠다. 손탁호텔은 한국 최초의 근대식 호텔로서 당시 주한 외국인들과 한국인 개화 인사들의 사교장이었다.

그림 3-1 • 1902년 한국 최초의 손탁호텔

출처: architecture.kunsan.ac.kr

표 3-2 • 최초의 숙박시설현황

名稱		館主	室數	宿泊料			設立年度
				上等	中等	下等	
洋風	大佛호텔	掘久大郎	11	2圓50錢	2圓	1圓50錢	* 明治維新22년 (서기 1889년 해당)
	怡泰호텔	怡泰	8	2圓			미상

1) 文一平月岩全集에 의하면 1981년 호텔 개업 30년 만에 중국인에게 매각되어 清料理業의 中華樓로 바뀌었다.

2) 손탁호텔의 이용객 중에는 1905년 일본 특파 대사 伊藤博文이 광무제에게 공문 통첩 및 을미보호조약건을 제출했다가 광무제에게 거절당하자 새로운 간책을 꾸미기 위해 잠시 손탁호텔을 그의 숙소로 정한 일도 있다.(대한민국 건국 십년사, p. 85 참조)

또 1909년에는 고종 황제로부터 프랑스 여인이 하남(何南)호텔(현 이화여고 정문 앞)을 희사받아 개업하였다.

(3) 초기의 왕실 승용차와 일본인의 운수업 및 여행사 출현

1896년의 근대 도로의 출현과 1903년의 고종 황제의 승용어차의 출현을 효시로 1911년에는 황실용으로 영국제 리무진 1대와 조선총독부용으로 리무진 11대를 구입 사용하게 되었다. 또 1913년에는 순종이 캐딜락을 타기 시작했다. 1921년에는 일본인 곤도(近藤)가 포드T형 1대로(시간당 임대용) 승용 자동차 운수사업을 시작하였다. 또한 일본인(大塚金次郎)이 대구-경주-포항 간을 부정기로 운행한 것이 버스 영업의 시초가 되었다.

또한, 1910년 일본이 압록강 철교 공사준공개통과 동시에 만주 및 중국대륙 침략을 시도하면서 한국을 강점했다. 이때 철도 이용객들이 증가됨에 따라 1912년 처음으로 일본여행협회(현 일본교통공사) 조선지사(현 대한여행사의 전신)가 설립되어 비로소 관광사업의 원시적 형태가 시작되었다.

일본은 식민지정책의 일환으로 일본 국내거주자의 한국여행 유치를 위해 일본 국내에 〈한국의 저녁〉이란 프로그램을 마련하고 주요 도시의 각 극장에서 이를 상영하면서 한국여행의 안내 홍보활동을 하였다.

(4) 철도호텔과 항공기의 출현(관광사업체의 효시)

1912년 일본의 대륙침략의 기본 전략에서 비롯된 것이라고 할 수 있으나, 최초의 관광사업체로는 부산 철도호텔(1912.7.15. 벽돌2층 개관)과 신의주 철도호텔(1912. 8. 15. 개관)이 서구식 숙박시설로 첫 모습을 선보였다. 이어 1914년 9월에는 Deluxe형의 구미식 유흥연회시설을 갖춘 조선호텔(4층 69실: 건평2,123평)이 현대식 관광호텔로 개관되어 도심에서 선을 보이게 되었다. 또 1915년 8월에는 금강산 온정리에 금강호텔이 영업을 개시했고, 1918년 2월에는 장안사호텔(내금강의 장안사 부근)이 영업을 개시했다. 그리고 1922년 12월에는 평양 류옥여관을 매수하여 호텔로 영업을 개시했다(1925년에 평양 철도호텔로 개칭됨). 이와 함께 한국 관광사업 발전에 큰 몫을 이바지한 철도식당(서울역 구내식당)이 1925년에 개장하여 당시의 화제가 되었다.

국제관광에 가장 중추적 역할을 담당하고 있는 항공기의 출현은 1921년 12월에 조인이라고도 불리는 안창남이 최초로 고국방문비행을 단행하여 세상을 깜짝 놀라게 한 데서 시작되었다. 이후 일본인에 의해 1929년 4월에는 여의도와 울산 간에 처음 정기 항공이 운행 개시되었다. 이것은 일본항공회사의 대륙을 연결하는 중간기항지의 역할을 담당하였고, 1931년 12월에는 여의도-의주 항공노선이 개설되었다.

최초의 한국인 소유 항공회사는 일본의 일등비행사면허 소지자인 신용욱이 설립한 조선항공회사(KNC)였으며, 1936년에 처녀 운항을 시작했다.

(5) 부 · 관 연락선과 반도호텔 · 조선호텔 출현

1936년의 부 · 관 대형연락선인 '금강환'호의 취항은 한 · 일 양국 국민의 여행을 가속화시키는 계기가 되었다.

1936년에는 미국의 상용호텔인 '스타틀러(Bufalou Statler)'의 양식을 모방 도입한 반도호텔(8층 111실 : 현 롯데호텔 자리)을 일본인 노구치(野口)가 세워 문을 열게 됨으로써 한국 최초의 서구식 숙박시설(당시 국내 최대 고층건물)이 완비되었다. 따라서 조선호텔이 Deluxe호텔의 상징이라고 한다면 반도호텔은 대표적인 Commercial Hotel이라고 할 수 있어 이때부터 한국 관광사업의 실체를 구축하게 된 셈이다.

그리고 일제 말기에는 일본인의 기호에 맞는 온천지 및 유흥지 개발에 적합한 사설철도(관광 및 산업 겸용의 이용 철도)가 부설되었다. 이는 조선(연안, 배천 온천지역), 경남(온양 온천지역), 경춘(서울근교의 퇴계원지역), 신흥(함경도지역의 산장) 등 각 명칭의 사설 철도주식회사의 개발운영 사례이다.

3. 해방 이후 한국관광의 요람기

1) 과도기의 관광(1945~1960)

일제강점기를 벗어나 광복 이후 새 시대를 맞는 과도기로서 15년간을 다음과 같이 5기로 구분할 수 있다.

① 해방의 혼란기(1945~1948)

② 대한민국 수립의 안정기(1948~1950)

③ 6 · 25 한국전쟁의 전란기(1950~1953)

④ 휴전과 환도 때의 전쟁피해 조정기(1953~1954)

⑤ 한국 재건을 위한 재발족기(1955~1960)

이 시기에는 1954년에 교통부 육운국에 관광과가 처음 설치되고 중앙과 지방에 관광자문을 위한 관광위원회가 신설되었으며, 교통부가 IUOTO[International Union of Official Travel Organization(현 WTO 전신 : World Tourism Organization)]와 PATA(Pacific Area Travel Association) 등 국제기구에 가입하였다. 또 같은 기간(15년간) 총 4만 명의 외래관광객이 한국을 찾았고, 관광외화 획득은 150만 달러에 불과했다. 그러나 이 시기는 한국의 관광사업 성장을 위한 기초를 닦는 시기라고 할 수 있다.

제 I 단계에 해당하는 태동기와 제 II 단계 해당의 요람기에 속하는 과도기는 관광 · 교통시설이라든가, 숙박시설 등의 선행 조건들이 8 · 15 광복으로 연유된 역사적인 혼란기와 함께 관광은 초보단계로 보잘 것 없는 시기였다.

2) 발아기의 관광(1960~1970)

1960년대에 들어 우리나라는 경제발전계획과 함께 관광사업에서도 괄목할 만한 성장을 하였다. 이 시기의 관광은 이론적 · 조직적 · 구체적 측면에서도 정립이 시작되었으며, 방한 외래관광객은 총 81만 명이었고, 총 2억 8천 달러의 외화를 획득한 시대였다. 따라서 한국 관광사업은 1960년대에 본격화되면서 1970년대의 발전기를 뒷받침하는, 소위 수목에 싹이 트는 것과 같은 현상을 나타낸 시기라고 보아야 한다.

우리는 1960년대 관광에서 잊을 수 없는 특기사항 중 1965년과 1970년을 빼놓을 수 없다. 1965년에는 한국과 일본의 국교정상화로 많은 일본인이 방한하면서 한국 관광시장의 국적별 구성을 바꾸어 놓은 근원이 되었다. 1970년에는 일본 오사카에서 개최된 〈EXPO'70〉을 계기로 한국의 홍보, PR효과에 힘입어 많은 외래관광객이 한국을 찾게 된 해이다. 그밖에도 1960년 초에는 관광사업진흥법과 관광공사법이 제정 공포됨으로써 관광사업의 근간을 이룬 시기이기도 하다. 바야흐로 관광사업이 외부로 나타나기 시작했고, 체계적인 발전의 초석을 닦은 시대이므로 이때를 관광의 발아기라고 할 수 있겠다.

이상 두 시기에 한국관광은 정부의 강력한 행정적 뒷받침과 함께 관광진흥을 위한 기반을 구축하는 시기에 해당되므로 1970년대 이전을 요람기라고 통칭한 것이다.

4. 한국관광의 발전기

1) 관광 육성 · 도약기(1971~1991)

1970년대 전반기는 관광을 길러내는 육성기라 할 수 있고, 1970년대와 1980년대는 관광이 상당히 발전된 도약기라고 할 수 있다. 1970년대 10년간의 관광객 유치 수는 총 930만 명, 관광외화 획득은 31억 달러로 1960년대에 유치한 관광객 수의 11배, 관광외화 획득액은 10배라는 놀라운 발전을 보였다.

이렇듯 1970~1980년대는 한국경제의 눈부신 발전과 함께 관광산업도 국가전략산업으로 지정되어 획기적인 발전의 전기를 맞이한 시기로 한국관광의 발전기라고 할 수 있을 것이다.

(1) 관광 육성기(1971~1980)

1970년대 전반의 육성기는 한국 관광사업을 전략산업으로 규정하였고, 관광객 시장점유율이 미국인 관광객의 주도형에서 일본인 관광객의 주도형으로 그 양상이 변화되면서 발전의 전환점이 된 시기였다.

특히 1973년에는 외래관광객 68만 명을 유치했고, 관광외화 획득은 2억 7천만 달러라는 놀라운 기록을 남기기도 했다. 1975년에는 관광사업진흥을 위한 국가시책의 기본방향을 설정하는 관광기본법과 관광사업법이 제정되었고, 체계적인 관광지 개발을 위하여 관광단지촉진법이 제정되었다. 그리고 1979년에는 국제적 수준의 종합관광위락 단지로서 경주보문단지를 개장하는 등 정부의 적극적인 국제관광시책에 힘입어 1978년에는 외래관광객 100만 명을 돌파하며 선진관광국 대열에 뛰어오르는 도약기 현상을 보였다.

이와 같이 1970년대 초부터 시작된 제3, 4차 경제개발5개년계획 중의 발전기에는 성장 · 안정 · 균형을 추구하면서 국민의 소득증대에 힘입어 국민관광의 발판을 마련하게 되었다. 이 시기는 정부의 보다 더 적극적인 관광진흥정책과 민간 관광기업인의 대대적인 참여로 한국관광이 대단한 도약의 발전기를 맞게 된 것이다.

(2) 제2도약기(1981~1991)

1980년대는 국민관광과 국제관광의 조화발전, 서비스 수준의 적극적 향상, 건전관광유치 기반확립, 국제회의의 국내유치 촉진, 86아시안게임과 88서울올림픽 개최를 통한 효율적인 관광진흥책에 힘입어 관광객 200만 명 돌파라는 제2의 관광도약의 계기를 확립하였다. 이 기간 동안 외래관광객 유치는 9.5% 증가하였다.

특히 1980년대는 국민복지관광을 추구하면서 86아시안게임과 88서울올림픽 개최로 한국의 국위를 세계에 선양하고, 새로운 한국의 이미지를 부각시켰다. 이 시기에 관광한국은 올림픽 효과를 관광부문에 최대한 응용하여 국제관광을 지속적으로 발전시켜 나가고, 국민관광 대중화에 따른 건전한 국민관광의 정착을 도모하는 시기였다.

또한 1989년 1월 1일부터 국민들의 해외관광 완전자유화와 아울러 미수교국가와의 관광교류의 발전 및 한국관광기업의 해외진출로 한국관광산업의 개방화, 세계화 시대를 맞이하게 되었다.

5. 한국관광의 성숙기(1992~2005)

1996년에는 관광객 368만 명 유치에 54억 달러 획득과 아울러 해외출국 내국인 465만 명으로 70억 달러를 지출함으로써 관광수지는 15억 달러의 적자를 기록하였다.

특히 2000년에는 외국인 관광객 550만 명 유치에 100억 달러 외화수입을 달성하였고, 2005년에는 외래관광객 800만 명 유치에 200억 달러 외화수입을 올렸다. 2000년과 2005년의 국민해외여행은 540만 명에서 750만 명으로 크게 증가되었으며, 외화지출은 85억 달러에서 150억 달러로 지출되었다. 그리고 2005년에는 내외국인 관광객 1,000만 명 이상의 관광 시대를 맞이하게 되어 세계 10대 관광국으로 진입하였다.

6. 2000년대의 한국관광(2006~현재)

한국의 관광환경은 2010년대에 들어서면서 지난 20년간 보지 못했던 현상이 속속 등장하여 급변하는 추세를 보이고 있다.

이같은 현실적 상황과 문제는 시대적 현상이 아니라 한국관광의 제반여건과 사정이 선진화되는 과정에서 나타난 정치 · 경제 · 사회 · 문화, 의식구조와 생활양식의 변화, 전통적 가치관보다 물질문명에 우선적 가치를 부여한 현상이기 때문이라고 할 수 있다.

우리나라에서도 고도산업사회가 정착되면서 선진국의 경우처럼 후기 산업사회에 나타나는 각종 긍정적 현상과 동시에 사회적 불이익을 수반하는 사회병리현상과 증후군이 나타나고 있다.

특히 관광과 관련한 최근 볼 수 있는 현상은 과거에 비해 큰 차이를 보이고 있으며 급속도로 서구화하는 경향을 띠고 있다는 점이다.

한국 경제가 발전하면 국민생활이 윤택해지고 문화생활을 영위할 수 있는 단계에 이름에 따라 종전보다 생활개선, 인간다운 생활추구, 여가선용에 많은 투자를 하고 깊은 관심을 보이고 있다.

경제적 풍요와 시간적 여유가 보장될수록 관광 · 여가산업의 확산과 발전이 이루어지고 있다. 그리고 선진국 초기형태의 관광산업, 여가산업의 유형이 나타나고 있다. 생활수준 향상과 소비구조 변화에 따라 다양한 여가활동, 관광, 레크리에이션, 취미활동이 발달하고 있으며 대량소비에 비유되는 대량관광 시대로 정착되고 있다. 2000년대 한국 관광부문에 나타난 현상과 시대적 환경변화를 다음과 같이 여덟 가지로 요약할 수 있다.

첫째, 관광과 여가활동에 대한 인식과 행위가 건전한 여가문화로 정착되고 있다.

둘째, 관광산업은 여가산업의 한 부문에서 독자적 위치와 전문성을 띠게 되었다.

셋째, 여행의 시간적 · 공간적 범위가 넓어졌다.

넷째, 국내여행과 국제여행은 지구촌화되었다.

다섯째, 자발적, 독자적, 개성적 여행이 보편화되었다.

여섯째, 전문여행사의 출현만이 여행사의 경쟁력과 수익성을 보장받고 소비자를 만족시킬 수 있게 되었다.

일곱째, 정보통신 사이버시스템이 관광업계 유통구조에 새로운 자극과 촉매로 작용하게 되었다.

여덟째, 타 업종의 여행업 참여로 기존 여행업과의 새로운 경쟁환경이 조성되고 있다.

Chapter 03 학습문제

01. 다음 중 고대 이집트 시대에 존재했던 관광의 형태는?

① 신전 순례 형태의 관광

② 호스피탈리타스(Hospitalitas) 형태의 관광

③ 식도락 형태의 관광

④ 견문확대 형태의 관광

02. 다음 중 고대 그리스 시대 관광의 대상이 되었던 신전과 관계 깊은 것은?

① 비너스신전 ② 제우스신전

③ 주피터신전 ④ 사트르누스신전

03. 다음 중 고대 로마시대에 참배했던 신전 중 미의 여신으로 알려진 신전은?

① 사트르누스신전 ② 비너스신전

③ 주피터신전 ④ 아폴론신전

04. 다음 중 고대 로마시대에 관광 발전 배경인 교통수단으로써 기원전 4세기경에 건설되었다는 가도(도로)는?

① 경인가도 ② 아우토반가도

③ 비아아피아가도 ④ 실크로드가도

05. 다음 중 가스트로노미아(Gastronomia)란 무엇인가?

① 고대 로마시대의 요양관광
② 근대 유럽시대의 교양관광
③ 그리스시대의 종교관광
④ 고대 로마시대의 식도락관광

06. 다음 중 여인숙 형태와 비슷하게 등장한 세계 최초의 관광 숙박시설은?

① Motel ② Inn
③ Hotel ④ Youth Hostel

07. 다음 중 여행업의 창시자는?

① Hilton ② Marco Polo
③ Thomas Cook ④ Columbus

08. 다음 중 근대 유럽시대 문예부흥기를 맞아 견문 확대를 위한 교양관광을 무엇이라고 하나?

① Grand Tour ② Inbound Tour
③ Outbound Tour ④ Fam Tour

09. 다음 중 근대 유럽시대의 관광 특징과 관계 없는 것은?

① 콜럼버스의 서인도제도 발견
② 마젤란의 대서양 횡단
③ 대서양의 호화유람선 등장
④ 소셜투어리즘 시대 등장

10. 다음 중 세계 최초로 등장한 근대식 호텔이라고 할 수 없는 것은?

① 쉐라톤 워커힐 호텔 ② 힐튼 호텔
③ 스타틀러 호텔 ④ 부머 호텔

11. 다음 중 그 당시 주한외국인과 한국인 개화인사들과의 사교장으로 이용되었던 한국 최초의 근대식 호텔은?

① 조선호텔 ② 반도호텔

③ 손탁호텔 ④ 롯데호텔

12. 다음 중 현재까지 운영되고 있는 한국 최초(1912년)로 설립된 여행사는?

① 롯데여행사 ② 대한여행사

③ 한진여행사 ④ 하나여행사

13. 다음 중 1989년 1월 1일 이후 한국의 관광진흥에 획기적 영향을 준 계기와 관계 깊은 것은?

① 관광가이드 자격증제도 철폐

② 전 국민의 해외관광 완전 자유화

③ 외래관광객 일천만 명 유치 달성

④ 스탬프 제도에 의한 대중관광화

14. 다음 중 한국의 관광 발전에 대하여 잘못 설명한 것은?

① 1975년 관광기본법과 관광사업법 제정

② 1986년 아시안게임과 1988년 서울올림픽 개최로 관광올림픽 효과 극대화

③ 2005년 외래 관광객 천만시대 달성

④ 1988년 외국인 국내관광 완전 자유화

정답

01. ① 02. ② 03. ② 04. ③ 05. ④ 06. ② 07. ③ 08. ① 09. ④ 10. ① 11. ③ 12. ② 13. ② 14. ④

CHAPTER

04 관광의 학문적 성립

1절 관광론 연구의 성립

1. 초기의 관광론 연구

관광(Tourism, Fremdenverkehr) 연구는 복잡하고 다양한 다채로운 인간활동을 이론적 · 체계적으로 연구하기 위해 무엇보다도 먼저 해결하지 않으면 안 되는 것이 있다. 그것은 관광의 연구대상과 그의 범위 및 내용, 학문의 전 영역과 역할 등의 성격론(Charakteristik) 구명으로, 관광 연구의 초기단계부터 거론되었다.

관광학은 항상 실천적인 의식과 결부되어 왔다. 이는 관광이 한 나라에 안겨줄 경제적 이득을 강하게 의식하고, 그 같은 이익의 증대를 위한 제 정책을 연구하고 작성하는 것이 관광학 연구에 부과된 과제였다는 점을 통해 알 수 있다. 이와 같이 관광학 연구의 목적이 뚜렷해졌다는 것이 관광 연구 내지는 관광학의 성격을 실증적인 것으로 만들었다고 할 수 있다.

실천적이라는 것은 반드시 기술적 · 실용적인 것을 의미하는 것이 아니라, 실증을 통한 고고학적 · 객관적인 것이어야 한다는 것이다. 이와 같은 생각은 오늘날 관광학을 연구하고 있는 학자들 사이에도 일치된 견해이다.

관광이라는 사회현상에 대한 최초의 연구는 관광통계로부터 비롯되었다. 오늘날 남아 있는 관광에 관한 최초의 연구논문은 1899년에 이탈리아 정부 통계국의 Bodio가 잡지에 발표한 논문 〈이탈리아에의 외국인의 이동 및 그곳에서 소비되는 소요비용에 대하여(Sul movimento dei forestieri in Italia e sul denaro Che vi spendono)〉가 최초였다. 또 1923년 이탈리아의 Niceforo가 발표한 논문 〈이탈리아에의 외국인 이동(IL movimento dei forestieri in Italia)〉과 1926년 Benini의 논문 〈관광객 이동의 계산방법 개량에 대하여(Sulla riforma dei metodi di calcolo del movimento turistica)〉도 관광통계를 취급한 실증적인 연구였다.

이밖에도 수많은 관광통계 관련 논문이 이탈리아와 독일 등에서 발표되었다. 이 같은 연구의 배경이 된 것은 유럽과 북미주 사이에 빈번했던 관광객의 이동이 급작스럽게 증가하였고, 그 중에서도 19세기 말엽부터 20세기에 이르기까지 미국으로부터의 관광객 증가로 유럽 각국에서 관광객 유치 전략을 펴게 되었다. 각국은 그 동태를 분석하여 관광객 유치를 위한 대미 관광선전을 강화하여 관광외화수입을 올리려고 혈안이 된 데 그 목적이 있었다.

이들 논문이 취급한 내용은 대개가 관광통계에 관한 분석이었는데 공통적인 것은 관광객의 수, 체재기간, 소비액 등을 각각 어떤 방법으로 조사하는 것이 가장 정확한 것인가 하는 것이었다. 그러나 이 같은 관광통계에 관한 연구는 어디까지나 단편적인 관광 연구에 지나지 않았으며, 그 횟수를 거듭해감에 따라 점차 체계가 잡혀가게 되었다. 관광통계의 연구가 이탈리아에서 시작한 것과 같이 관광 연구의 체계화를 완성한 것도 이탈리아였다.

2. 여러 학자들의 관광론

1) A. Mariotti의 관광론

이탈리아에서 관광통계가 학계의 관심을 끌고 있을 때 로마대학의 강사인 A. Mariotti는 1927년에 《관광경제강의(Lezioni di economia turistica)》를 발간하여 동 대학에 그와 같은 명칭의 강의 과목을 신설했다.

Mariotti는 1928년 계속해서 이 책의 속편을 출판하는 동시에 그 후 이 책의 내용을 증보개정하여 1940년에 발간하게 됨으로써 그의 사상체계를 완성시켰다.

Mariotti는 "외국인 관광객의 이동"을 관광이라 하였고, 이같이 이동으로 얻어지는 경제적 의의를 구명하려고 하였다. 관광에 관한 독립적인 연구대상과 영역이 뚜렷하게 체계화한 것으로서는 최초의 것이었다.

그의 저서인《관광경제강의》의 목차의 범례는 다음과 같다.

Ⅰ. 서론,	Ⅱ. 이탈리아의 관광 사정,
Ⅲ. 관광통계,	Ⅳ. 선전,
Ⅴ. 통신,	Ⅵ. 직업교육,
Ⅶ. 호텔산업,	Ⅷ. 지역개발과 치료 · 체재 및 관광을 하기 위한 기지,
Ⅸ. 여행 알선업,	Ⅹ. 관광 흡인 중심지이론

이상에서 Mariotti는 관광의 본질을 경제현상으로 보고 경제학적 이해를 시도하였다. 그의 여러 측면의 연구 분류를 보면 관광활동을 '능동적 관광(Ilturismo Attivo)'과 '수동적 관광(Il Turismo Ricettivo)'으로 나누도록 주장했다. 즉, 전자는 관광객의 이동을 촉진하기 위해 자극이 될 수 있는 활동이고, 후자는 관광객을 관광지에서 받아들일 수용태세와 환경조성을 위한 활동이다.

또한 연구방법상 관광을 '정태적인 관광(Il Turismo Statico)'과 '동태적인 관광(Il Turismo Dinamico)'으로 나누기도 하였다. 즉, 전자는 어떤 나라의 특정 시점에서의 호텔 사정의 조사와 같은 특정 시기의 연구이고, 후자는 관광객 이동에 대한 비교 연구로서 다년간에 걸쳐 외국인 관광객의 증가율에 관한 연구였다.

경제적인 견지로 본 연구로는 여행경제(Economia Del Viaggio)와 체재경제(Economia Del Soggiorno)로 나누어야 한다고 주장했다. 즉, 전자는 선전, 조직(통신, 운수, 요금 등) 등의 연구가 필요하다고 하였고, 후자는 어떠한 지역의 평가, 호텔 기업 등을 연구대상으로 하면서, 특히 전자에는 통계조사를, 그리고 후자에서는 직업교육을 중시하였다는 점에서 오늘날까지도 그의 연구가 적절한 판단이라고 평가될 수 있다.

Mariotti는 관광산업(Industria Del Turismo)과 관광정책(Politica Del Turismo)을 구별하여 전자의 활동을 "상업적 질서에 의한 투기적 활동"이라고 한 데 대해, 후자는 국가주의적인 각인을 찍는 관념적인 것으로 생각했다.

Mariotti의 지론 중 특히 주목할 만한 것은 "관광 흡인 중심지이론(Teoria Dei Centri di Attrazione Turistica)"이다. 관광객이란 예술적, 고고학적, 풍토적 및 보건적인 것과 같은 자연적인 모든 조건(Elementi Naturali), 인위적인 모든 조건(Elementi Arti Ficiali)과 관광시설, 호텔 조직과 같은 하부 구조와도 유기적으로 결합되어 있다고 주장하였다. 그리고 전자의 조건을 자연발생적 흡인력(Attractive Spontanee), 후자의 조건을 파생적 흡인력(Attractive Derivate)으로 설명하고, 이 양자가 균형이 잘 잡힐 때 관광 흡인력(Attractive Turistiche)이 되기 때문에 그곳이 곧 관광의 중심지가 된다고 설명한다.

2) Robert Glücksmann의 관광론

로마대학의 Mariotti가 관광의 본질을 경제현상으로 생각하고 이에 대해서 경제학적으로 연구하려고 한 데 반해서, 베를린대학의 Glücksmann은 1935년 그의 저서《일반관광론(Allgemeine Fremdenverkehrskunde)》에서 전혀 다른 방향의 연구방법을 제시하였다. 경제적 각도에서뿐만 아니라 사회적인 측면에서도 구명해야 한다는 것이다.

Glücksmann은 "관광학이란 관광의 기초 · 원인 · 수단 및 영향 등을 극히 광범한 범위에 걸쳐 연구하는 분야"라고 설명하며, "지리학 · 광천요양학 · 기상학 · 의학 · 심리학 · 국민경제학 · 사회학 및 경영경제학과 같은 여러 학문 분야까지도 관광론의 범위 내에 포함하고 있는 것이다"라고 주장하였다.

또한 1935년의《일반관광론》에서 방법론적 기술에 있어서는 빈약하다고 하겠지만, 그 반면 내용적으로는 관광을 경제학적 각도에서뿐만 아니라 사회학적으로도 파악했다. 그리고 관광정책에 대해서도 기술하고 있으나, 관광정책을 하나의 종합적이고 체계화된 단순한 정책으로서만 생각하지 않고 정치(Politik), 문화정책(Kulturpolitik), 사회정책(Sozialpolitik), 영업정책(Gewerbepolitik), 상업정책(Handelspolitik), 교통정책(Verkehrspolitik) 등과 같이 복합적임을 시사하였다. Glücksmann은 관광의 원인을 [그림 4-1]과 같은 도식으로 표현하고 있다. 즉, Glücksmann은 관광행동을 일으키는 요인을 여행자 측 원인을 자발적으로 여행하려고 하는 '관념적인 것'과, 어떤 지방에 부득이 여행을 떠나지 않으면 안 되는 '물질적인 것'과, 건강 때문인 육체적 원인과, 사업으로 인한 경제적 원인으로 분류하고 있다.

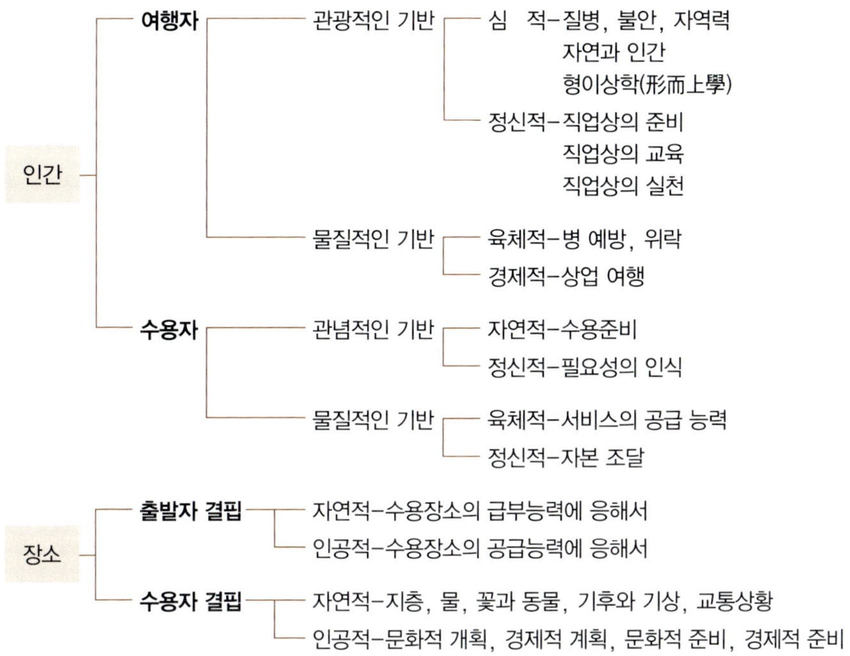

그림 4-1 • Glücksmann의 관광요인

3) A. Börmann의 관광론

1931년에 독일 학자인 Börmann은 그의 저서인《관광론(Die Lehre Vom Fremdenverkehr)》의 발표에서 Glücksmann의 연구방법을 다음과 같이 비판했다.

이들의 모든 학문 분야를 관광론의 범위 가운데 포함시킨다면 관광론의 영역은 실로 광범위해질 것이다. 전술한 학설은《관광론》측으로 볼 때 각각 의의를 지니고 있다고 보겠으나, 이를 역으로 생각하면 관광도 이 같은 학설에 대한 의의를 내포하고 있다고 하겠다. 그렇지만 이 같은 학설은 모두가 동질 내용의 의의를 내포하고 있지 않으며, 더욱이 Glücksmann이 말하는 의미에 있어서의 심리학을 관광론에서 취급하는 것은 그 목적에 합당치 못하다고 역설하고 있다. 동시에 Börmann은 Mariotti와 Glücksmann이 "근본적으로 상호 대립하고 있다"고 평하고 있다. 그리고 Börmann 자신의 지론은 "관광의 원인이 아니고 관광이 지닌 여러 가지 결정 요인이야말로 정밀한 연구를 요하게 하는 과제이다. 연구의 흥미를 돋우게 하는 것은 관광객 개개인의 여행이 아니라 전체적 관광객의 이동 동태의 발생 원인과 이의 발전 과정을 규명하는 데 있다. 따라서 이 같은 관광객의 이동에 영향을 미치는 주원인은 그 관광지의 상태, 경제적 · 정치적 정세와 이에 따른 모든 대책, 그리고 관광산업의 조직과 관리 상태 및 이에 대한 대책이라고 하겠으며, 이 같은 모든 사실들을 고찰 · 연구하는 것이 바로 관광론의 주요 과제라고 생각한다"라고 논술하고 있다.

또한 《관광론》의 구성 목차는 다음 예시와 같다. 특히 그 내용까지 포함시킨다고 하면 이제까지 논술되어 온 어떤 관광론보다도 포괄적인 관광론에 해당하지 않을까 생각된다.

Ⅰ. 서론
- (1) 관광의 개념과 구성
- (2) 관광의 결정 요인
- (3) 관광통계
- (4) 관광시설
- (5) 일반 관광정책

Ⅱ. 부록

A. Börmann은 자신의 지론과 같이 그가 집필한 《관광론 개요》에서 가장 중요한 부문은 그의 관광결정요인이다. 이를 도표로 표시하면 다음 [그림 4-2]와 같다.

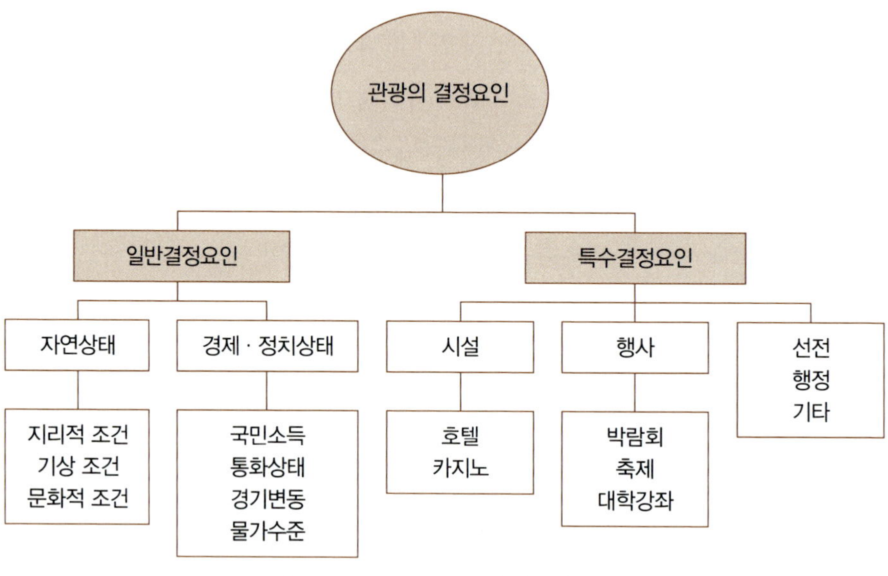

그림 4-2 • Börmann의 관광결정요인

Börmann의 관광론은 그 소속이 경제학에 속한다고 본다. 하지만 이의 근본문제는 국민경제학(Volkswirtschaftslehre) 및 경영경제학(Betriebswirtschaftslehre)의 영역에 속할 뿐만 아니라 전술한 학설의 성과까지도 응용되지 않으면 안 된다고 논술하고 있어, 독립된 개별사회과학으로서의 관광론의 입장을 주장하고 있음을 알 수 있다.

이상에서 볼 때 Mariotti와 Glücksmann의 입장은 근본적으로 대립하고 있음을 알 수 있으며, Börmann은 Mariotti의 주장을 발전시킨 것이라고 볼 수 있다. 그리고 관광학 내지 관광의 본질에 관한 논의는 점차 '관광의 다양한 상호작용의 복합성'을 연구대상으로 하는 입장으로 기울어져 가고 있다.

4) W. Hunziker와 K. Krapf의 발전된 관광론

1930년대 가장 연구열이 높았던 관광론을 집대성하고, 제2차 세계대전까지 관광연구로서의 정점을 이룩한 것은 스위스 가렌대학의 Hunziker 교수와 베를린 대학의 Krapf 교수의 수많은 저서이다. 여기서는 이 양자의 공저로서 공동출간된 1942년의《일반관광론개요(Grundriss der Allgemeinen Fremdenverkehrslehre)》를 중심으로 요약해 보겠다.

우선 Hunziker와 Krapf 교수는 관광을 다음과 같이 규정하고 있다. 즉, 관광은 광의나 본래의 의미로는 외래관광객이 체재 기간 중에 계속적이거나 혹은 일반적으로 조금도 영리활동을 실행할 목적으로 정주하지 않는 한 그 외래관광객의 체재로 인하여 발생하는 모든 관계 및 모든 현상의 총체개념이다. 그리고 관광의 본질이 갖는 다양한 상호작용의 복합성을 [그림 4-3]과 같이 나타내었다.

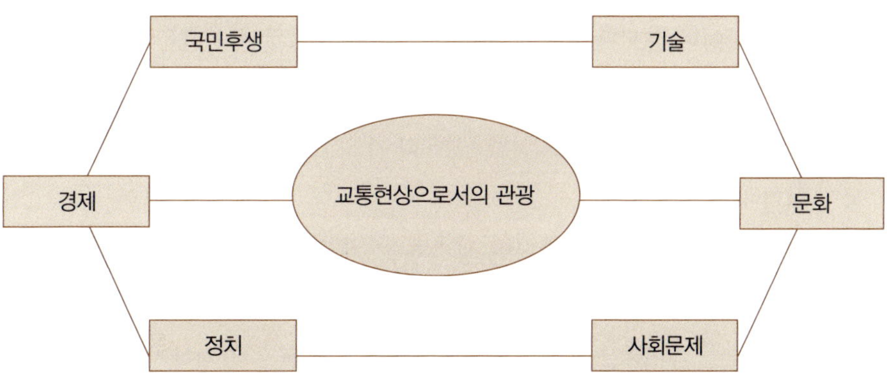

그림 4-3 • 관광의 상호작용(Hunziker와 Krapf)

또한 이 두 사람은 관광의 형태에 대해 다음과 같이 분류하고 있다.

1. 개인 자신을 지탱해 가기 위한 여행으로서의 관광
   ① 이주 ② 보양과 요양 여행 ③ 직업 여행
2. 종족을 유지하기 위한 여행으로서의 관광
   ① 신혼여행, 신행, 성묘 관계로서의 여행
   ② 친척 방문을 위한 여행
3. 개인 발전을 목적으로 한 여행으로서의 관광
   ① 위락 목적의 여행
   ② 연구 및 교육 목적의 여행
   ③ 종교적 근거에 따른 신앙 목적의 여행

양자는 관광의 학문적인 연구방법에 대해서 그것을 경제학적인 분과로 보는 것을 부정하면서 다음과 같이 기술했다. 즉, 부정적인 견해에 따르면 관광의 개념 규정상 다음과 같은 것이 명백해짐을 알 수 있다. 즉, 관광론은 오로지 경제학에만 귀속한다고는 단언할 수 없다. 그 이유는 경제 외적인 성격도 띠고 있을 뿐 아니라 경제이론과 경제적인 고찰 방법만으로는 설명할 수도 이해할 수도 없는 개념과 현상의 복잡성을 관광론이 내포하고 있기 때문이다. 관광론은 동시에 하나의 순수한 관계론(Beziehungslehre)도 아니고 관계론의 범위를 초월하여 존재하는 모든 범주에까지 미치고 있다. 아무튼 관광론은 경제학보다는 사회학에 보다 가깝다고 하겠다. 관광론은 이러한 이유에 입각하여 본래 그 과학적인 취급으로 볼 때에는 특별한 입장이 요구되지 않을 수 없다.

관광론은 여러 분야의 과학으로 하여금 그의 인식을 뽑아내서 그 같은 인식을 특별한 현상의 해석이나 설명과도 유기적으로 연결되게 하여야 한다. 그러나 이 같은 학문분야로서 사회학이나 경제학 다음에 예속할 수 있는 것으로서는 다음과 같은 것이 있다. 즉, 심리학 · 의학(특히 광천치료와 기후치료 등), 지리학, 기상학, 공학 · 사학(사학은 직접 관광사로서 받아들일 수도 있고 일반관광론의 기초적 보조과학으로서의 역할을 담당한다) 등이 여기에 속한다.

그러나 관광론은 이 같은 포괄적인 성격과 그 자체가 지닌 본래의 겸허한 태도에도 불구하고 인간이 관광론의 범위를 무시하고, 경제학적 방법으로만 관광을 취급하는 것으로는 만족할 수 없다는 것을 자각할 때에는 "관광론을 경제학적 연구에 일치시킨다는 것이 결코 근본적이 될 수 없다는 것을 알 수 있을 것이다"라고 했다. 이와 같이

Hunziker와 Krapf는 관광론을 이념적으로는 사회학을 중심으로 구상한 것처럼 하면서도 자연과학의 모든 부문을 보조수단으로 응용한 종합문화과학으로서의 방향을 시사하였다. 그리고 실제로는 그것을 경제학적인 취급으로는 개별 과학으로서의 유용성을 인정하고 있는 것이다. 두 사람이 본래 경제학자였기 때문에 공저의 구성내용도 경제학적 기술이 대부분을 차지하고 있다.

이상에서 그들 공저의 구성과 경제학적인 설명 부분의 상세한 목차를 제시하면 다음과 같다.

Ⅰ. 기초론
- (1) '관광'이란 무엇인가
- (2) 인간과 인간이 만남에 따른 관광
- (3) 관광 자원적 기반(관광 대상)

Ⅱ. 기능론
- (1) 관광과 국민후생
- (2) 기술과 관광
- (3) 문화와 관광
- (4) 관광과 사회문제
- (5) 정치와 관광
- (6) 경제적 범주로서의 관광
  - ① 경제적 관찰의 한계와 대상
  - ② 관광에 있어서의 가격 형성
  - ③ 관광 수요
  - ④ 관광 공급
  - ⑤ 관광과 국제수지
  - ⑥ 대외 경제에 있어서의 관광
  - ⑦ 국내 경제에서 본 관광
  - ⑧ 관광의 숙명으로서의 경기 변동
  - ⑨ 관광정책
  - ⑩ 선전

이상의 Hunziker와 Krapf의 이론 및 학문 체계는 그 후에 Krapf의 《관광소비》(Der Touristische Konsum, 1954)에 있어서 경제학적 분석을 한층 더 상세히 해주었다. 동시에 Hunziker는 《과학적 관광론의 체계와 주요 문제(System und Hauptprobleme einer Wissenschaftlichen Fremdenverkehrslehre)》(1943)에서는 관광론에 관한 방법론적인 전개가 시도되었다는 것을 암시해 주고 있다.

3. 관광론에서 발전된 관광학의 성립

체계적인 관광 연구의 발전은 1930년경부터 제2차 세계대전 전까지의 기간에 걸쳐 살펴본 관광론과, 이후의 관광론 호칭의 경로는 어떠했는지의 관련 학자별로 체계적으로 정리해 보면 다음과 같다.

① R. Glücksmann: 관광론은 사회과학의 하나일 뿐 아니라 자연과학 등 다른 수많은 학문 분야까지도 균등하게 관련되어 있는 종합문화과학적 입장에서 관광학을 연구해야 한다.

② A. Mariotti: 응용과학으로서의 관광론을 수립했으며, A. Börmann은 여기에 이론적인 것을 부과시켰다.

③ W. Hunziker와 K. Krapf: 이념적으로는 종합문화과학으로 인정하면서도 기술적으로는 개별과학으로서 경제학에 속한다고 본 점들이 각각 다르다고 보아야 한다.

이상을 학자별로 그들의 저서를 다시 살펴보면 다음과 같다.

① R. Glücksmann은 스스로 자신의 저서를 《일반관광론(Allgemeine Fremdenverkehrs Kunde)》이라 호칭했다.

② A. Börmann도 역시 그의 저서를 《관광론(Die Lehre vom Fremdenverkehr)》이라 호칭했다. 즉, Kunde와 Lehre의 두 단어는 동시에 지식의 집합체로서의 '논(論)'이란 점에서는 같다.

③ A. Mariotti는 《관광경제강의(Lezioni di econmia turistica)》라는 명칭을 사용하고 있다.

이탈리아어의 econmia는 경제와 경제학이라는 두 개의 뜻을 내포하고 있다. 그러나 Mariotti는 경제학이라는 뜻으로 해석하고 있다.

이상의 사항으로 볼 때 제2차 세계대전 전까지는 관광학이라는 명칭은 전혀 사용하지 않고 '관광론'이라고만 호칭했던 것이다. 이는 곧 당시의 관광학자들이 자기의 학문 체계를 불충분하다고 자인했기 때문이다.

④ W. Hunziker도 1942년 이전까지는 관광론이라고 하는 용어법을 사용했으나 최근의 논문 〈관광학과 그의 응용〉에서 처음으로 과학적(Wissenschaftlich)인

'관광론'이라고 표현했다. 그 후 계속해서 '관광학(Die Fremdenverkehrswissen-schaft)'으로 호칭하고 있다.

'학'은 '논'과 같은 단적인 지식의 집합체보다 한층 더 체계적으로 정리된 법칙적 인식을 그 내용으로 하기 때문에 제2차 세계대전 후의 관광 연구는 그의 명칭이 관광학으로 발전하면서 다음과 같이 체계적인 내용으로 발전되었다. 즉, 설(說)→논(論)→학(學)으로 발전하여 학문적 성격과 체계가 성립되었다.

2절 관광학의 성격과 체계

1. 관광학의 성격

1) 관광학의 성격론

관광학의 성격론(Charakteristik)은 관광론이 성립되면서부터 거론되어 왔다. 그의 관광학에 대한 논리는 사변적이라기보다는 실증적임을 알 수 있다. 즉, 관광학의 목적은 의식의 실천을 이념으로 하고 있다. 그 이유는 관광론 연구를 통해서 본 명확한 사실로서 관광론이 늘 실천적인 의식과 결부되어 있음을 알 수 있었기 때문이다.

관광이란 국제관광에 있어서는 관광사업이 그 나라에 막대한 영향력을 미치게 하는 경제적 이윤 면에 크게 인식되어 각 나라마다 이익 증대를 위한 모든 정책을 추구하고 있다는 점에서 관광학의 기본성격을 규명해야 한다.

따라서 관광학을 필요로 하는 목적이 이같이 명백해질 때 비로소 관광학의 성격도 사변적이라기보다 오히려 실용적인 것이라고 할 수 있다. 실증적이라고 하는 것은 반드시 기술적이며 실용적이라고 하는 것이 아니라, 실증을 통해서 어디까지나 이것이 과학적이고 객관적이어야 한다는 것이다.

이와 같은 사고방식을 종합해 볼 때 분명 관광학은 [그림 4-4]에서 보는 바와 같이 종합사회과학적 성격과 개별과학적 성격을 띠고 있다고 할 수 있다.

특히 종합사회과학적 성격을 취한 관광학과 개별과학적 성격에 기초를 둔 관광학은 모두 관광에 관한 원리 · 원칙 · 법칙을 추출하려고 하는 데 있으며, 두 입장은 그들의 목적 의식이 실천을 이념으로 하고 있다.

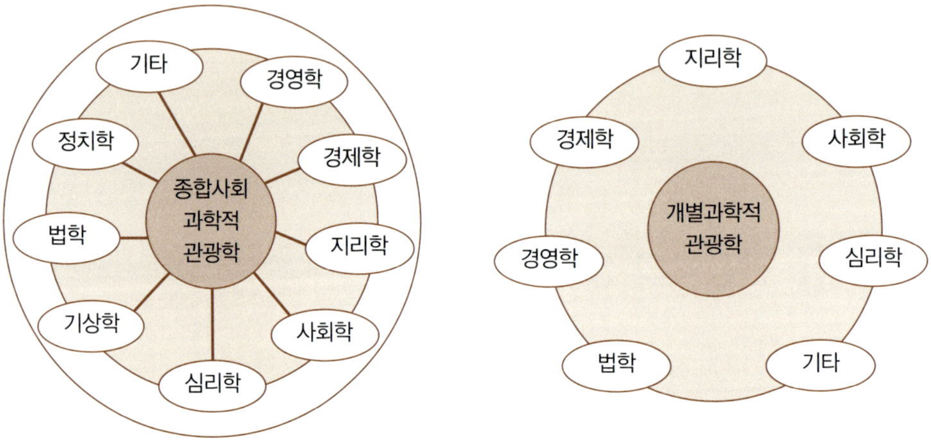

그림 4-4 • 관광학 연구의 성격개념도

2) 관광학 연구의 효용

그러면 이렇게 연구되는 관광학은 실제로 어떤 효용을 발휘할 것인가?

Hunziker는 그의 논문 〈관광학과 그의 응용(Fremdenverkehrs wissenschaft und ihre Anwendung)〉에서 관광학은 과연 존재하는 것일까라고 자문하고 이를 긍정하면서 관광학 연구의 장점과 가치는 다음 세 가지에 있다고 주장했다.

① 관광학은 관광이 지니고 있는 고도의 다양성을 내포한 본질 이해에 도움을 준다.

② 관광학은 관광직업교육을 위해 필요한 관광론(관광직업교육론) 정립에 도움이 된다.

③ 관광학은 경제정책상 혹은 경영정책상의 모든 문제를 해결하는 데 도움이 된다.

W. Hunziker는 지금까지의 관광학은 통계학, 지리학(입지론), 경제학, 경영학 등의 모든 학문의 분석방법을 이용해 가면서 그 성과를 거두어 왔다고 평가하면서 향후에도 이 같은 방향에 의한 관광학의 발전을 기대하였다.

그리고 사적 혹은 공적 문제로 심각성을 띠고 있는 환경문제를 언급하면서 이 같은 연구의 중요성을 강조하였다.

2. 관광학의 체계

1) 관광학의 고전적 체계

(1) P. Bernecker의 관광학 체계

고전적 관광학의 체계자 가운데 한 사람으로서 오스트리아의 Bernecker를 들 수 있는데, 그는 다음에서 보는 바와 같이 관광학을 개별 사회과학에 기초를 두지 않고 종합문화과학으로서의 체계를 확립하려고 노력한 데서 가치를 인정받을 수 있다. 그러나 목적 의식으로서 실천을 이념으로 하고 있으며, 개별과학에 기초를 두고 관광학을 체계화하려는 입장과 다를 바 없다. 1962년에 집필한 《관광연구》를 세 가지로 구분해 보면 다음과 같다.

① 관광원론(Grundlagenlehre des Fremdenverkehrs)

② 관광학 개론(Bezihungslehre des Fremdenverkehrs)

③ 관광정책(Fremdenverkehrspolitik) 등이다.

이 중 후편 ②, ③은 미완성이고, 전편인 《관광원론》은 다음과 같은 목차로 구성되어 있다.

Ⅰ. 관광 개념과 종류 및 형태 분류
 1. 개념
  1) 규범적 개념
  2) 실체적 개념
  3) 보편적 개념
 2. 종류
  1) 보양관광(예: 전지 요양)
  2) 문화적 관광(교양여행)
  3) 사회적 관광(신혼여행)
  4) 체육관광(스포츠 참가)
  5) 정치적 관광(대관식 참가)
  6) 경제적 관광(관광용품 전시장 견학)
 3. 형태 분류
  1) 출발지에 의한 분류(국내관광, 국제관광)
  2) 국제수지 계산상의 효과에 의한 분류(정의 관광과 부의 관광)
  3) 금융상의 분류(자기 자금, 융자금, 차입금)
  4) 체재기간에 의한 분류(장기체재객, 단기체재객)
  5) 계절에 의한 분류(춘, 하, 추, 동)
  6) 숫자상에 의한 분류(개인관광, 단체관광)
  7) 교통수단의 종류에 의한 분류(철도여객, 항공여객)
  8) 여행준비와 실시기관에 의한 분류(여행업 이용의 유무)
  9) 관청의 영향력 정도 여부에 의한 분류(여행 제한의 규제 유무)
Ⅱ. 관광주체
 1. 개념과 한계
 2. 관광욕구의 형성과 동기
 3. 관광주체의 계획(통계)
Ⅲ. 관광객체
 1. 개념과 한계
 2. 관광지
 3. 제1차 업무범위의 관광경영(호텔업, 여행업 등)
 4. 제2차 업무범위외 관광경영(식당, 상업 등)

(2) P. Bernecker의 관광주체론

Bernecker는 위와 같은 체계와 구성으로 《관광원론》을 저술하고 관광에 관한 원리 · 원칙 · 법규를 추출하려 하였는데, 여기에서 '관광의 정의'를 다음과 같이 규정하였다.

"우리들은 상업상 혹은 직업상의 여러 이유에 근거하지 않고, 일시적 또는 자유의사에 의한 이동이 사실과 결부된 모든 관계 및 결과를 관광이라 한다." 이 정의는 간결하면서도 의미 있는 정의라 하겠다.

그러나 Bernecker의 관광학의 체계 중 가장 중심적인 부분을 차지하는 것은 관광주체론이었다. 즉 "관광의 주체는 인간이다. 인간은 그들의 욕구 · 소망 · 기대 및 관념들을 실현시키는 동안에 취득하게 되는 관광 달러($)라고 하는 총체적인 경제현상으로 볼 때 비로소 관광은 종합현상의 일부로서의 관광주체가 된다. 관광주체라는 개념은 무엇보다도 먼저 관광에 있어서의 적극적인 역할을 담당하는 사람을 포함하게 된다. 그러나 관광주체의 개념은 역할을 할 수 없는 주체까지도 포함하고 있는 것으로서 후자가 곧 관계를 발생케 하고 그리고 급부를 받게끔 준비해 줄 수 있기 때문이다." 라고 했다. Bernecker와 같이 인간의 역할을 중시한 이탈리아인의 Bertolino는 논문 〈대학에서의 관광학(Il Turismo All'universita)〉에서 관광주체로서의 관광객의 역할을 다음과 같이 논했다.

"관광을 조금 검토해 보면 2개의 기본적 측면이 있음을 명백히 알 수 있다. 정신적 질서와 경제적 질서이다. 관광은 무엇보다 먼저 다른 나라의 주민들의 습관이나 감정 및 사상의 마주침이다. 일정한 사회환경 속에서 정신적으로나 육체적으로 상이한 세계에서 형성된 뭇 생활양식과 사고방식이 상호 접촉함에 따른 상이점과 유사점이 명백해지며, 관광객 개인의 성격을 개량할 수도 있고, 완성할 수도 있으며, 동기의 자극이 될 수 있다는 등의 비교를 강요할 수도 있다. 일상생활에서 사소하고 흔히 있는 지구상의 민족 사이의 상호 무지로 인하여 발생되는 오해, 편견, 의혹, 공포 등을 제거하고 상호 친숙해지며, 국제 수교상 큰 성과를 올릴 수 있는 위대한 대화는 우리들 인간 공동사회에 유도해야 할 사상과 감정의 씨를 뿌려주는 좋은 기회가 된다."라고 했다.

여기에서 관광주체로서의 '관광객'은 '관광인'으로서의 윤리적인 역할까지 담당하는 것으로 보고 관광의 경제적 질서와 함께 정신적 질서를 강조하고 있다.

2) 관광학의 응용사회과학적 체계

P. Bernecker의 고전적 관광학의 체계에서 본 바와 같이 개별 과학의 입장에서 관광현상에 접근하는 입장은 제2차 세계대전 후 활발해졌다. 그리고 이들 응용사회과학적 체계의 범주에 포함되는 개별 과학에는 관광경제학 · 관광경영학 · 법학 · 사회학 · 국민관광학 등의 사회과학이나 지리학 · 조경학 · 건축학 · 도시공학 같은 자연과

학과, 인문과학의 범위 안에 들어가는 심리학 등이 포함되고 있다. 그러면 그 중에서 관광 관련학과 관련된 응용사회과학을 소개하면 다음과 같다.

(1) 관광경제학적 체계

관광경제에 관한 고전학파적 접근 및 관광의 경제적 의의를 해명하려는 노력은 일찍부터 시작되었다. 그 중 대표적인 것의 하나로서 Krapf의 《관광소비(Der touristsche Konsum)》(1954)에서 내용을 찾아볼 수 있다. 여기에서는 경제학적 분석을 통하여 경제사상과 관광의 관계와 관광수요의 성질 등을 상세히 검토 연구하고 있다.

그 뒤를 이어 일반교통까지 포함한 한층 포괄적인 연구는 이탈리아의 Troisi의 《관광과 관광수입의 경제이론(Teoria economica del turismo e della rendita turistica)》 (1955)에서 이루어졌다.

Troisi는 "관광이라 함은 휴식과 기분전환의 필요, 치료의 필요, 혹은 종교적 감정 또는 연구로 발생하는 필요 등을 만족시키는 것만을 목적으로 하여 개인이 어떤 장소로부터 다른 장소로 일시적으로 이동하는 것을 포함한다."라고 정의하였다. 그는 주로 관광재 및 관광용역의 수요와 공급의 성질을 해명하고 있다. 예를 들면, 관광재와 관광용역의 공급에 대해서는 다음과 같이 분석했다.

생산업자들은 국내 가격 혹은 어떤 나라의 화폐교환율에 따라서 일정량의 관광재와 관광용역을 국내 혹은 외국인 구매자들에게 판매하려고 한다. 그것이 바로 공급을 형성한다. 다른 시장에서도 마찬가지로 공급은 재화와 용역의 불효용, 즉 비용과 화폐에 귀속하는 효용과의 사이에서 비교 관계가 이루어진다. 공급의 일반적인 추세와 국내관광에 대해서 말한다면 재화 및 용역의 가격수준 변화에 따라, 또 국제관광에 대해서 설명하면 화폐교환율의 변화에 직접 관계가 있는 변동에 따라서 각각 특징지을 수가 있다. 그러나 이들 두 수준 사이에는 정치나 거래상의 목적에 따라 의식적으로 차이가 있을 수 있다. 더욱이 국가나 공기업체에 의해서 제공되는 관광재와 용역의 공급은 이 같은 규칙에서 볼 때 부분적으로 벗어난 "모든 기준에 따라 결정하는 것"이라고 했다.

여기서는 관광경제를 관광현상의 경제적 측면 내지는 관광현상 중 화폐라는 척도를 가지고 계량할 수 있는 부분이라 규정하고 관광경제를 이해하려고 했다. 이 같은 관광경제의 내용을 분석하면 복잡한 관광현상이 근대경제학의 여러 법칙에 따라서 해명된다는 점에서 본질적으로 응용경제학이라고 볼 수 있다.

더욱이 응용경제학을 모든 현상에 일반법칙을 적용시킴으로써 명백히 밝혔고, 만약 그 부문에만 특수법칙이 있다면 그것의 추출을 목적으로 하는 입장과, 특수법칙이라는 것이 존재하지 않고 만약 그런 것이 있다고 한다면 그것은 일반법칙이 없기 때문이라는 입장 등이 있으나 관광경제학을 연구함에 있어 이 같은 종류의 논의는 그리 중요하지 않다고 본다. 그 이유는 앞에서도 기술한 바와 같이 관광학은 목적의식으로서 실천성을 이념으로 하고 있기 때문이다.

(2) 관광경영학적 체계

종합적인 과학으로서의 경영론의 중심 과제가 조직론에 있다는 것은 잘 알려져 있는 사실이지만, 1959년 스위스의 Hunziker가 발표한 〈관광경영론(Betriebswirtschaftslehre des Fremdenverkehrs)〉은 이 같은 입장에서 해명한 관광에 대한 포괄적인 경영론이었다. 제1권은 〈관광경영과 그의 조직(Der Fremdenverkehrsbetriebund Seine Organisation)〉으로, 문자 그대로 조직론이 그 중심을 이루고 있다.

W. Hunziker에 따르면 '관광경영'이라는 새로운 영역에 속하는 학문의 개념은 "그에 적합한 생산수단을 계속적으로 결합시킴으로써 관광재와 서비스를 경제원칙에 입각하여 제공함을 목적으로 하는 경제단위를 가리키며, 이들의 특수 내지 개별경제"로 규정하고 있다. 그리고 관광경영의 연구대상과 범위의 한정에 대하여는 체재경영(Aufenthaltsbetriebe)과 여행경영(Reisebetriebe) 그리고 여행 및 체재를 위한 급부를 수반하는 경영(Betribe mit Leistungen für Reise und Aufenthalt)이 연구의 내용을 형성하고 있다. Hunziker는 쉬누텐하우스(O. R. Schnutenhaus)에 따라서 '조직(Organisation)'을 "관리된 최대한의 관련 효과의 보존 · 유지"라고 이해하면서 경영조직의 요소 · 형태 · 기능 등에 대해 그 관련성을 설명하고 있다.

일반경영학의 경우를 학문적인 관점에서 비추어 보면, 독일에서는 경영경제학, 경영조직학, 경영사회학 등으로 그 학문적 형성과정과 연구대상을 달리 하고 있다. 미국의 경우 경영관리학에서 발전하여 오늘의 경영과정학파, 경험학파, 인간행동학파, 사회제도학파, 의사결정학파, 수리학파 등으로 연구대상과 체계를 달리 하고 있듯이 관광학의 경우도 연구의 접근방법 및 대상이 다양하다.

그러나 최근에는 협의의 관광학에서 동태적 경영 측면을 다루는 흐름이 지배적이기 때문에 앞으로 관광에 관한 학문적 추구는 관광학을 경영학적인 측면에서 접근하는 것이 보다 현실적이라고 본다. 관광경영학의 체계는 다음 [그림 4-5], [그림 4-6]과 같다.

특히 현대적 관광경영학 체계는 제2차 세계대전 후 개별적인 측면에서 관광현상에 대한 접근이 활발히 추진되어 왔다. 이들 개별과학에는 경제학, 경영학, 사회학, 법학, 국민관광학 등의 사회과학과 지리학, 조경학, 환경학, 건축학, 도시공학 등의 자연과학, 심리학 등이 이에 포함된다.

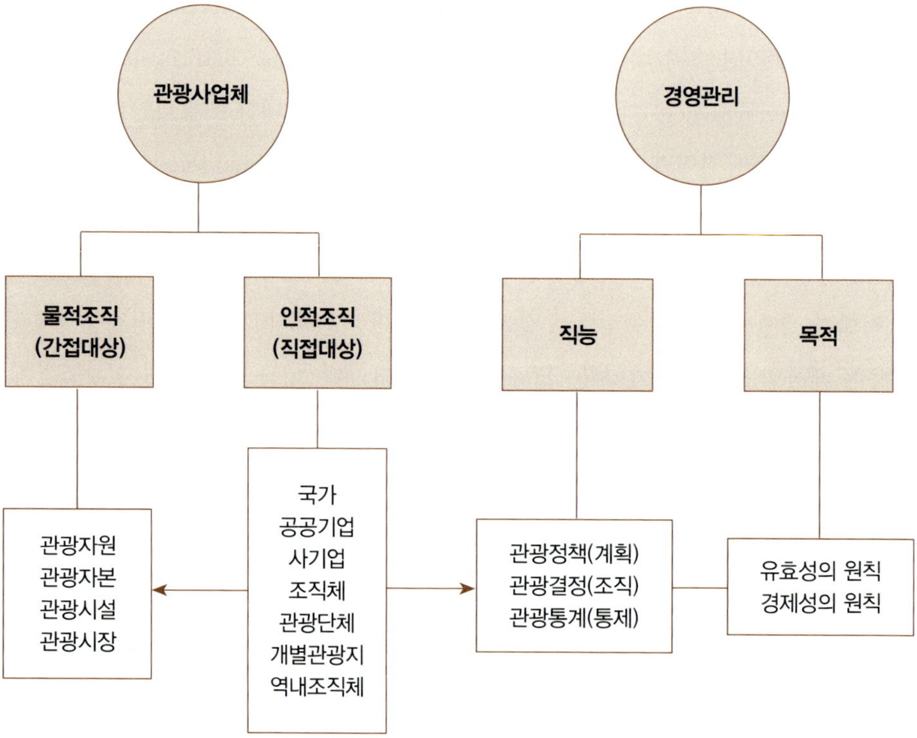

그림 4-5 • 관광경영학의 체계

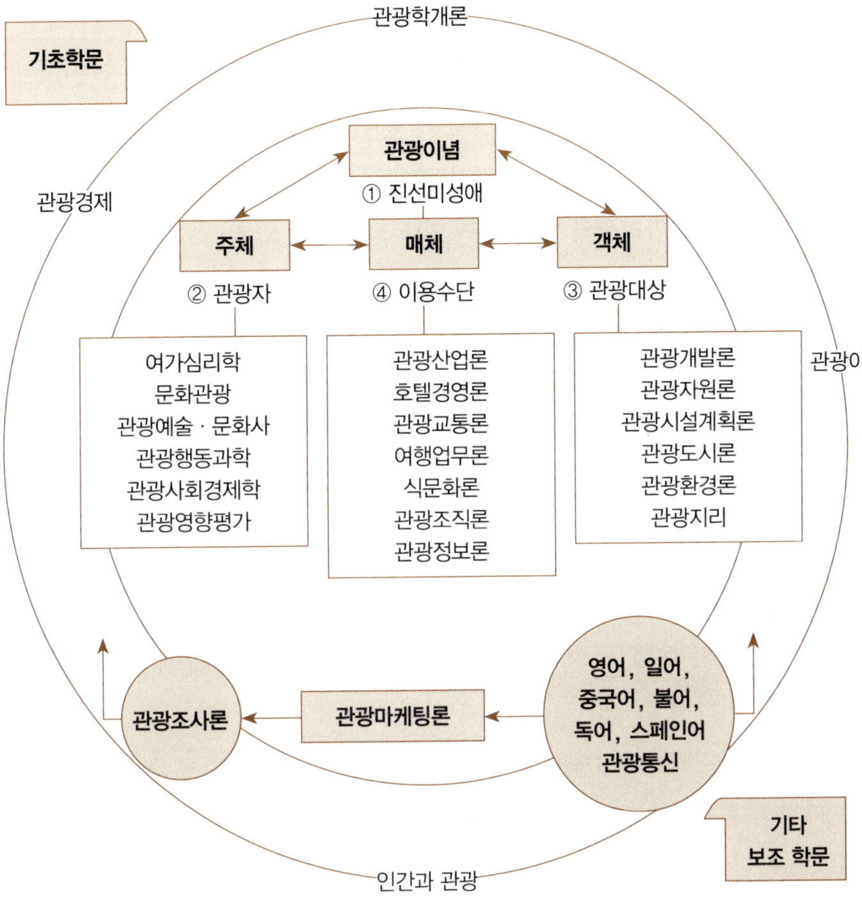

그림 4-6 • 관광학의 체계모형

주: i) 관광학은 주로 ①②③④의 상호작용에 관해 연구된다.
ii) ②와 ③을 연결하는 관광마케팅, 조사, 외국어 과목이 있다. 그리고 외곽에 있는 관광학개론, 관광경제, 관광이론, 인간과 관광은 원론적 성격의 과목들이다.
iii) 한국 대부분의 관광경영학과는 ④의 모체중심의 학과목에 치중되고 있다.
출처: 觀光學의 궁극적 關心과 提言. 대학교육, 29호(1987),. p.119

관광사업체를 물적조직과 인적조직으로 나누고 물적조직에는 관광자원, 관광자본, 관광시설, 관광시장 등 관광산업을 구성하는 객체적 요소로 보고, 이들 요소의 본질 및 법칙의 사실에 대한 연구는 협의의 관광학 직능으로 본 것이다. 그리고 관광경영학은 그 법칙의 사실에 기초를 두어 사람 또는 관광사업의 조직을 통해서 객체적 요소를 조직화하고 형성하며 유지하는 원리, 방법, 수단을 추구하는 학문이라고 할 수 있다.

특히, 관광경영에 관한 학문적 연구 내용은 크게 두 가지로 나눌 수 있다. 하나는 관광사업에 관한 경제적, 사회적 구조에 관한 문제에 잠재하는 법칙의 사실 추구이고, 다른 하나는 관광사업 및 관광지의 운영 또는 경영과정에서 발생하는 모든 문제점을 연구하는 것이다. 따라서 관광사업은 객관적 사실과 이의 법칙을 연구하는 분야와 관광산업의 주관적인 경영관리상의 기술, 원리, 합리화 방향 등을 연구하는 분야로 나누어질 수 있다.

그러므로 관광사업과 관련된 산업분야인 교통업, 숙박시설업, 여행업 및 관광부대시설업의 경영관리를 효과적으로 추구하는 역할과 이들 산업의 종사원과 경영관리층의 교육훈련 등이 관광경영학의 연구대상이 된다.

고도산업사회 또는 정보화시대는 관광산업에도 즉각적인 영향을 미치고 있다. 관광객을 수송하는 항공기의 경우 탑승객이 여행의 동기에 따라 목적지를 결정하고 어느 날 몇 시에 어떤 항공기를 선택하며, 도착지의 교통수단, 숙박호텔의 선정, 체류기간 동안의 행동 등은 여행사, 항공사, 호텔 간에 연결된 예약시스템에 의존하게 된다. 이때에 행위의 의사결정은 행동과학 또는 심리학 등의 연구분야이기도 하며, 동기에 관한 연구는 관광경영학분야에서도 깊이 있게 다루어지고 있었다. 그리고 관광객의 이동에 따른 이용시설의 운영은 호텔, 항공사, 여행사, 철도, 버스, 식당, 백화점에 이르기까지 산업별로 전문적이고 독특한 경영관리기술을 요구한다.

관광에 관한 학문은 관광경영학적인 접근의 비중이 크다. 이러한 경향은 미국 관광경영학 교육제도에서 영향을 받은 것이며, 한국의 교육계도 이를 따르고 있다. 또한 관광경영학은 [그림 4-7]과 같이 관광의 여러 부분이 연구되는 지식을 종합하여 체계적으로 조직하고 이를 인적요소와 효율적으로 결합시킬 수 있는 지식과 정보를 학문적으로 구성하여 연구하는 특수 경영학 분야에 해당하는 학문이라 하겠다.

따라서 관광경영학은 관광기업의 경영관리의 실천과정에서 얻어진 이론과 행동원칙의 체계화라고 볼 수 있다. 그러므로 관광경영학 교육은 관광산업조직의 본질과 경영과정 중 이론 또는 원리와 기술의 규명이라는 관점에서 극히 경험적이고 동시에 실천적인 것이 되어야 하므로 장기간에 걸친 경험, 관찰, 조사, 실험에 기초를 두어야 할 것이다.

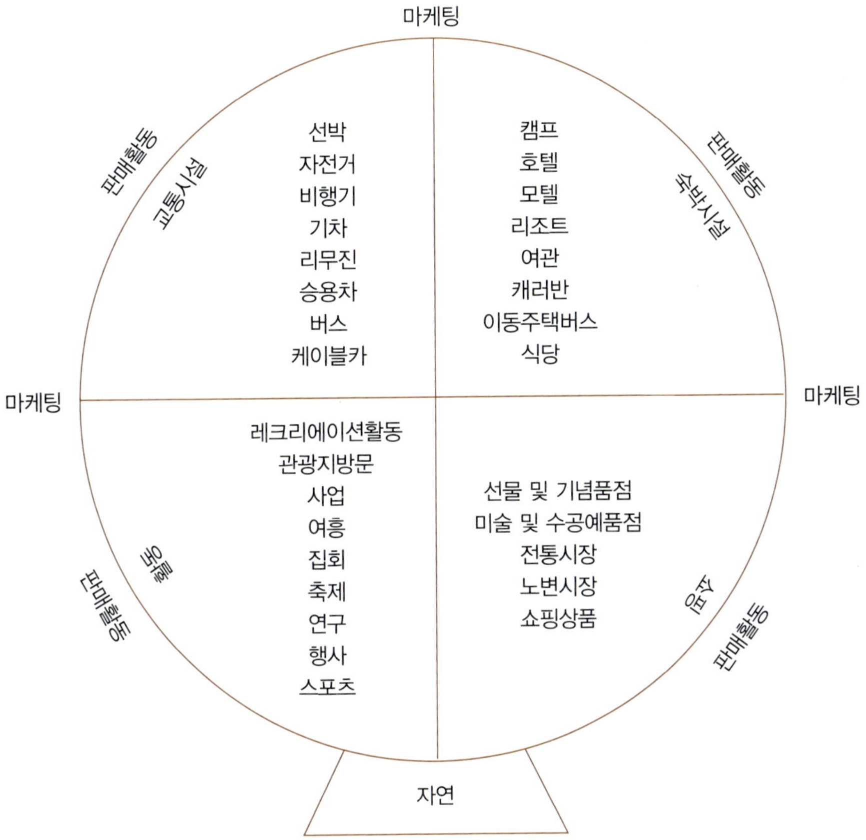

그림 4-7 • 관광의 기본 구성

(3) 국민관광학적 체계

국민관광학은 국민적 영역에서 실행되고 있는 국민관광을 주된 연구대상으로 하는 학문이다. 관광을 국민관광으로 한정시키려는 것은 이론상의 필연성에서가 아니라 역사 발전의 필연성 때문이다.

관광의 구체적 형태는 사실상 역사 발전의 단계에서 국민관광이 중심이 되었다. 그리고 최근의 경향은 각 국민이 서로 접촉하고 형성하는 세계관광의 문제가 중요성을 띠고 있다. 관광학이 국민관광학으로 연구 발전되어야 한다는 측면에서 관광학을 역사과학이라고도 할 수 있다. 물론 관광학의 연구대상은 경험 사실이라 하겠지만, 그것은 결국 역사적인 경험 사실이기 때문이다.

경험에는 그 내용상 두 가지 종류가 있다. 하나는 일상적 경험이고, 다른 하나는 역사적 경험이다. 전자는 일상다반사로서 끊임없이 경험하는 사항이고, 후자는 특정의 역사적 단계에서만 경험하는 사실이다. 이 같은 구분은 단계적이며 양자는 교차하고 있다. 각각의 일상적 경험은 특정한 역사적 경험의 기초 위에서 나타난다. 또한 특정된 역사적 경험은 각각의 일상적 경험을 통하여 나타난다. 경제학상의 지식도 이와 같은 경험에서 흡수할 수 있는 것이다.

관광학적인 개념도 일정한 조건하에 추상화된 것인데 그것은 결국에 있어서는 관광의 경험 사실을 설명하는 것이다. 관광학적인 개념에는 지극히 보편적인 일상 경험적인 것도 있고, 상품과 같이 상품 생산의 단계에 나타나는 것도 있으며, 이윤과 같이 자본주의적 상품 생산의 단계에 한정되어 있는 것도 있다. 그리고 이들은 모두 관광의 일상적 관계뿐만 아니라 결국에 있어서는 역사적 관계까지도 이론적으로 명백하게 설명되는 것이다. 그러므로 관광현상은 하나의 사회현상, 역사적 현상으로서 다른 문화현상과 함께 나타나기 때문에 그들을 연구대상으로 하는 여러 과학과 특별히 밀접한 관계가 있다고 본다.

3) 미래 관광학 연구체계

관광연구에는 두 가지 방향이 있음을 제시하였는데, 그 중 하나는 종합사회과학으로서의 관광학이고, 다른 하나는 개별과학적 응용학으로서의 관광학이다. 이와 같은 두 개의 입장이 오래도록 상치하여 발전된 것은 앞서 본 바와 같이 그들 나름대로 상당한 이유와 신념이 있었기 때문이다.

개별과학적 응용학으로서의 관광학 연구는 상당한 수준까지 도달하여 전문화되었고, 그 분석방법도 매우 세련된 것임을 보여 주고 있다. 그러나 이 같은 태도는 나무만 보고 산 전체를 보지 못하는 과오를 범하기 쉽다.

종합사회과학으로서의 관광학은 산 전체의 모습을 파악하는 데는 좋으나 그곳에는 지식의 집적은 있을지언정 일정한 법칙이 없다. 따라서 그것은 참된 의미로서의 학문이라 말하기 어렵고, 관광학이라는 학문명칭도 편의적인 것에 지나지 않는다. 왜냐하면 모든 분야의 법칙을 동일차원에서 정리한다는 것은 심히 곤란한 일일 뿐더러 현실적으로도 불가능에 가깝기 때문이다. 또 엄밀한 법칙으로서의 자연과학의 법칙과

대수법칙으로서의 사회과학의 법칙을 하나의 과학이라는 이름 밑에 존재시킬 수는 없는 일이며, 사회과학의 법칙과 윤리학과 같은 정신과학의 법칙을 동일시할 수도 없기 때문이다.

영국의 Robbins가 지적한 바와 같이 "실증적 연구의 일반법칙과 규범적 연구의 일반법칙 사이에는 어떤 교묘성을 가지고 있다 하더라도 감출 수 없는 공간과 시간에 있어서 어떤 형태로서도 가교할 수 없고, 넘을 수 없는 논리적 장벽"이 있다. 그러므로 학문으로서 중요한 것은 먼저 문제의식(인식목적) · 실제재(인식대상) · 방법(인식수단)의 상호관련을 규명해 나가야 하는데, 그 방법이 정의되지 못한 학문은 의미가 없고 아무런 해결도 얻을 수 없는 것이다. 따라서 관광학의 연구 자세로서는 철학적 이해와 사회과학적 연구방법을 병행시켜 나가야 할 것이며, 다방면의 교양과 전문지식을 밑바탕으로 점차 학문적 이론을 익혀 나가야 할 것이다. 동시에 세계화 시대의 관광학 연구는 실용학문으로서의 체계수립이 중요하다.

Chapter 04 학습문제

01. 관광을 학문적으로 이론체계를 이해하기 위하여 가장 먼저 규명해야 하는 것은?

① 관광의 성격론 규명 ② 관광의 현상론 규명
③ 관광의 사업론 규명 ④ 관광의 자원론 규명

02. 다음 여러 학자들의 관광론 중 마리오티(Mariotti)가 주장하는 관광론은?

① 관광 일반 중심지론 ② 관광 흡인 중심지론
③ 관광 결정요인론 ④ 관광 본질에 대한 상호작용론

03. 다음 중 학문의 발전과정을 바르게 설명한 것은?

① 논 → 학 → 설 ② 학 → 논 → 설
③ 설 → 논 → 학 ④ 논 → 학 → 설

04. 다음 중 관광학의 성격을 잘못 표현한 것은?

① 종합 사회과학적 성격 ② 개별 사회과학적 성격
③ 응용 사회과학적 성격 ④ 인문과학의 기초이론적 성격

05. 다음 중 관광 주체론과 관계 깊은 학자는?

① P. Bernecker ② W. Hunziker
③ A. Börmann ④ R. Glicksmann

06. 다음 중 관광의 결정요인 중 특수결정요인과 관계없는 것은?

① 카지노시설 ② 축제 행상
③ 자연 상태 ④ 선전 홍보

정답

01. ① **02.** ② **03.** ③ **04.** ④ **05.** ① **06.** ③

CHAPTER

05 관광행동과 관광윤리

1절 관광욕구와 관광동기

관광은 자유재량 · 소득 · 여가시간 · 정보의 증가뿐만 아니라 교통기관의 발달 · 숙박시설의 정비 등을 조건으로 성립된 극히 근대적 사회현상이다. 관광을 즐기기 위한 여행은 개인적인 욕구와 동기이며, 사회현상으로서의 관광은 그들의 '집합'으로 이해될 수 있다.

사람이 왜, 무엇 때문에 관광을 하는가? 라는 문제는 인간 개개인의 관광욕구와 동기에서 밝힐 수 있으며, 관광욕구와 동기 요인을 규명하는 것은 관광 전체를 이해하는 기초가 된다고 본다. 이 장에서는 관광욕구와 동기의 의미해명과 관광심리를 분석한 후, 관광행동과 관광윤리에 대해서 설명하고자 한다.

사람이 무엇 때문에 관광을 하는가에 대해 '거의 본능적인 것'이라고 보는 의견은 예나 지금이나 다름이 없다. 인간이 여행을 한다는 것은 인간 개개인의 내부에 존재하는 사고 때문이라고 할 수 있으며, 그것이 곧 여행의 역사를 창조해냈다고 하겠다. 그러나 현대의 관광은 어디까지나 즐기기 위한 여행이며, 의도적인 행동인 동시에 다른 각종 행동과 같이 어떠한 욕구에 근거를 두고 행해지고 있다는 것을 이해할 필요가 있다.

일반적으로 관광행동 유발에 필요한 심리적 원동력을 '관광욕구'라고 하며, 관광행동을 유발하는 심리적 에너지를 '관광동기'라고 부른다. 이는 양자가 함께 관광행동이라는 구조 설명을 위한 '개념'에 불과한 것이며, 양자는 명확히 구별하지 않고 번갈아 사용되는 수도 많다.

관광욕구와 관광동기를 분류한 최초학자는 독일의 Glücksmann이며, 그는 1935년에 발표한 《일반관광론》이라는 저서 중에서 관광의 원인을 분석하고 여행자 측에서 본 원인을 심리적인 것, 정신적인 것, 육체적인 것, 경제적인 것 등 4가지로 구분하였다. 이것을 일본의 관광연구의 선구자인 다나카(田中善一)가 《관광사업론》(1950)에서 Glücksmann의 구상에 준거하여 관광욕구와 동기분류를 [그림 5-1]과 같이 분류하였다.

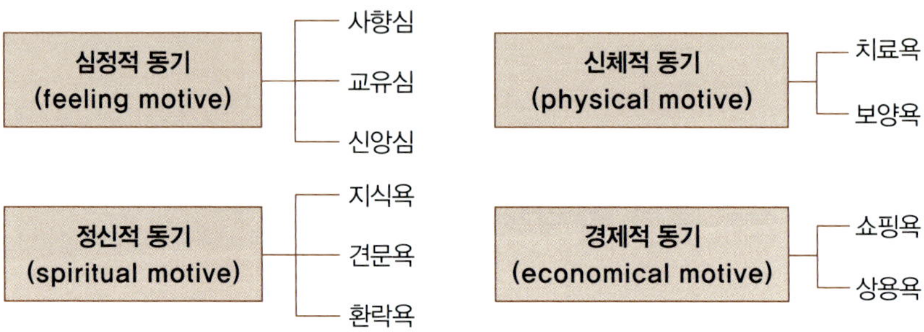

그림 5-1 • 관광욕구와 관광동기의 분류(田中喜一)

이것은 각종 욕구를 관광동기와 관련시켜 정리한 점에서는 그 뜻이 있다고 할 수 있겠으나, 심리학적으로 보면 치료와 보양은 일종의 행위에 불과할 뿐 욕구라고 하기에는 부적당하다고 본다. 또한 전체적으로 보면 관광을 유발시키는 욕구와 동기의 분류라고 하기보다는 목적 분류라고 표현하는 것이 보다 더 적합하다고 생각된다. 욕구는 어떤 특정적 행동에 대응하는 것이 아니고 보편적으로 존재하는 것이며, 관광이라는 행동욕구를 충족시켜 주체(관광자)가 인정할 때 유발되는 에너지가 되는 것이다. Mariotti는 "관광을 하고자 하는 욕구는 인간에게는 거의 본능적인 것이며, 이주민의 커다란 움직임과 각 종족의 주요한 중심지 형성 등은 대개 그런 욕구에 의해서 이루어진 것"이라고 하였다.

심리학자인 Maslow(1954)는 인간행동을 설명하기 위한 우선순위 5단계 욕구(욕구단계)를 다음 〈표 5-1〉과 같이 예시하고 있다.[1]

1) Herser & K. H. Blanchard (1969). Management of organizational behavior,. pp. 17-29.

표 5-1 • 욕구의 구조(Maslow의 5단계 욕구설)

5단계	자기실현욕구(잠재능력 · 달성감 등 실현의 욕구)(고차원)	자기실현 단계
4단계	승인 · 자존욕구(존경 · 자존심 · 승인 · 안정 · 자유 · 독립의 욕구)	사회적 단계
3단계	애정과 소속욕구(집단소속 · 유행 및 사랑의 욕구)	
2단계	안전욕구(생명 · 생활 · 외부로부터의 자기보호 욕구)	생리적 단계
1단계	생리적 욕구(의 · 식 · 주 등의 기본적 욕구)(저차원)	

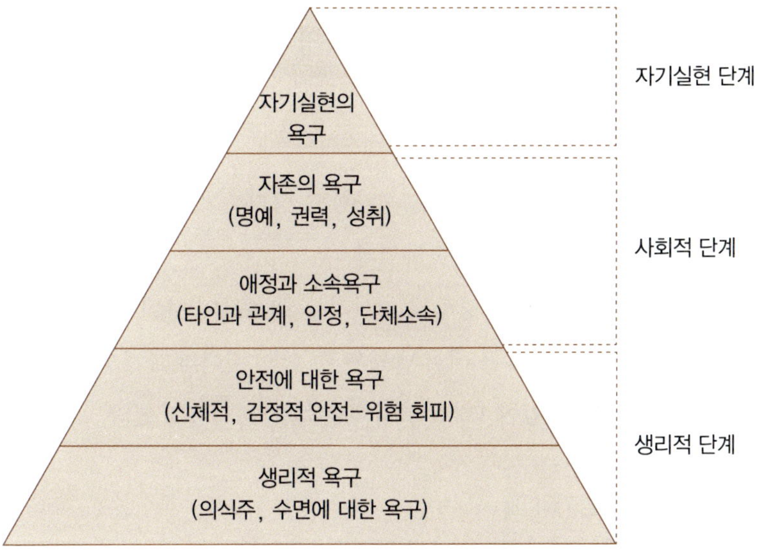

그림 5-2 • Maslow의 욕구단계

Maslow는 욕구의 5단계설에서 욕구 유발을 우선순위, 즉 계층에 따르게 되는데 기본적 욕구가 충족되어야 다음 단계의 욕구동기가 발생한다고 하였다. 일정 단계의 욕구충족과 동시에 다음 단계의 욕구충동을 일으킨다고 하였다. 이러한 Maslow의 욕구 5단계설(그림 5-2)을 보다 더 구체적으로 설명하면 다음과 같다.

제1단계는 생리적 욕구(Physiological Needs), 제2단계는 안전(안정)에 대한 욕구(Safety Needs), 제3단계는 애정과 소속욕구(Belongingness and Love Needs), 제4단계는 자존욕구(Esteem & Status Needs), 제5단계는 자기실현욕구(Self Actualization Needs)이다.

관광은 이 같은 5단계의 욕구로부터 발생하는 것으로서 그 중 생리적 욕구는 기본인 제1단계에 위치해 있어 이 욕구가 가장 강한데, 이것이 어느 정도 만족된 후라야 다른 차원의 욕구로 전이될 수 있다고 한다.

Maslow의 5단계 욕구도 인생의 주기(life cycle)에 따라 그 강도가 달라질 수 있음은 물론이다. 예를 들어, 앞에서 살펴본 변화 생성의 조건들 중 신체적 특성 한 가지만 변화된다 하더라도 5가지 욕구의 강도는 달라질 수밖에 없다. 이러한 Maslow의 욕구단계설에 대하여 Boon과 Kurtz(2001)은 '사다리모형'의 욕구단계설을 주장하고 있다. 즉, 피라밋형으로 욕구가 단계적으로 반드시 상승되는 것이 아니라 여러 상황적인 변수에 의하여 하위 욕구가 상위로, 상위의 욕구가 하위로 변화될 수 있다는 이론을 제시하고 있다.[2)]

Clare W. Graves[3)] 도 인간은 각각 상이한 존재차원(Levels of Existence)에서 살고 있다는 주장을 폈다. 인간은 주어진 존재차원에 특징적인 행동형태와 가치관을 갖고 행동하기 때문에 심한 경우, 낮은 욕구차원에서 사는 인간에게는 높은 차원으로 사는 인간을 이해하는 것조차 어렵다고 한다.[4)]

1969년 일본의 이마이(今井省吾也)는 〈관광의 심리분석〉이라는 논문에서 여행동기의 요인분석을 〈표 5-2〉와 같이 기술하였다.

이는 여행이라는 행동을 보다 강하게 지향하는 현대적인 사회적 욕구와 존재를 배경으로 한 여행동기의 파악이라는 데서 납득될 수 있는 것이라고 하겠다. 그는 또 여행동기의 인자 분석을 하는데 있어 3개의 인자의 존재를 지적하고 있다.

표 5-2 • 여행동기와 예

동기	예
1. 긴장 해제의 동기	기분 전환 번잡과 괴로움으로부터의 도피 자연에의 접촉과 애호
2. 자기확대 달성 동기	미지에의 동경 자연에의 접촉과 애호
3. 사회적 존재 동기	친구끼리의 친목 누구나 다 가기 때문에 간다. 여가선용은 상식이다. 가족의 단란을 위해서

출처: 今井省吾也(1969). 관광의 심리분석. 일본교통공사.

2) BOON, L. E. & Kultz. D. I. (2011)., Contemporary Marketing 10th, Fort worth, Hat court college Publishers.

3) Clare W. Graves, Human Nature Prepares for a Momentous Leap(the Futurist, April 1974), pp. 72~87., Hersey & K. H. Blanchard, op. āt., pp. 34~35.

4) Clare, W. Graves, op. āt., p. 72.

따라서 여러 학자들의 욕구체계 분류의 차이점을 〈표 5-3〉과 같이 확인할 수 있다.

표 5-3 • 학자별 욕구체계분류

Clücksmann	田中喜一	Maslow	今井省吾也
심정적인 것	사향심	심리적 욕구	긴장해제 동기
	고유심		
	신앙심		
정신적인 것	지식욕구		
	견문욕구	사회적 욕구	사회적 존재 동기
	환락욕구		
육체적인 것	치료욕구		
	보양욕구	자기실현욕구	자기확대 달성 동기
	운동욕구		
경제적인 것	매물목적		
	상용목적		

2절 관광행동과 관광심리

1. 관광행동

관광행동이란 관광객이 목적지, 기간, 경비, 동반대상, 이용할 시설 등 관광에 필요한 제반 사항을 결정하고 그것을 실제 실행하는 전 과정을 의미한다.

관광욕구와 동기는 관광을 하게 되는 주체인 관광객의 요인이지만 관광행동이 구체적으로 성립되기 위해서는 비용, 시간, 건강, 정보 등의 모든 조건이 갖추어져 있지 않으면 안 되며, 이것이 관광행동 성립의 기본 조건이 되는 것이다.

또한 관광행동 목적으로서의 관광대상 또는 주체와 대상을 매개시키는 기능이 작용되지 않으면 관광행동은 존재할 수 없다. 이러한 조건과 관계 깊은 욕구를 발생케 하는 예시를 도표로 나타내면 (그림 5-3)과 같다. 즉, 도식된 조건들은 각각 사회욕구의 발생

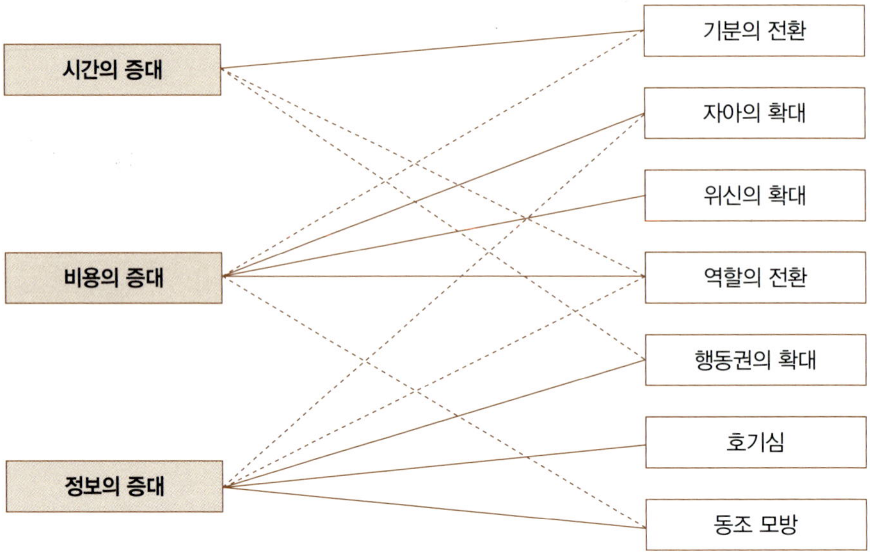

그림 5-3 • 관광욕구를 발생케 하는 3대 조건

을 가능케 하는 동시에 관광행동을 성립시키기 위한 구체적인 요소가 되는 것이다. 특히 시간(여가)의 증대, 비용(자유재량소득)의 증대, 정보(호기심)의 증대 등의 3대 조건이 발생하게 되며, 이 욕구는 7개 요소로 분류된다. 이와 같은 모든 조건이 갖추어졌을 때 비로소 관광행동이 성립되는 동시에 욕구충족을 달성할 수 있게 된다. 즉 시간 · 비용 · 정보의 증대는 관광행동 확대를 유발시키는 3대 메커니즘이라고 할 수 있다

또한 심리적으로 본 관광행동은 개체적 요인과 그것을 둘러싼 환경적 요인과의 함수관계를 유지한다. 개체적 조건이 같다고 해도 환경조건이 다르면 관광행동도 달라진다는 의미이다. 그리고 개체적 조건이 다를 때는 환경조건이 같을지라도 그 행동은 같을 수가 없다는 것이다. 이는 인간의 행동이 역동적인 상호작용에 의해 이루어지고 있기 때문이다. 관광행동의 경우도 이와 같으며 비용, 시간, 정보 등의 조건이 갖추어지고 구체화된 관광 의욕이 높을수록 관광행동은 유발된다.

관광대상을 포함한 관광사업자 측의 활발한 움직임은 주체자 측이 의욕을 갖도록 작용한다. 그러나 여기서 주의해야 될 것은 구체화된 관광의욕과 관광욕구는 반드시 같은 뜻은 아니라는 점이다. 인간행동의 배경에는 Maslow가 설명했듯이 같은 욕구의 구조가 존재하고 있다. 그리고 그들 각 단계별 욕구는 사회적 영향을 받아 기본적 욕구에서 파생한 것으로서 구체적인 행동과도 상관되고 있다는 것이다. 그러나 그것만으

로 관광행동은 구체화될 수는 없다. 욕구가 비용과 시간이라고 하는 기본적 조건과도 관련됨으로써 비로소 관광행동은 유발하게 된다는 것이다.

욕구는 개체적 요인이 되며, 비용은 환경적 요인이 된다. 따라서 욕구가 강할수록 비용과 시간 등 조건은 보다 풍부하게 갖추어질 것이다. 모든 조건이 갖추어질 때 비로소 욕구를 자극하게 되며, 이 같은 결과가 구체화됨으로써 관광의욕이 유발된다.

관광의욕의 구체화 과정에서 중요한 뜻을 갖는 것은 정보이며, 관광대상에 관한 정보, 관광사업 및 사회일반에 관한 정보는 관광행동을 유도할 뿐만 아니라 관광과 관련된 욕구 그 자체에 작용하여 보다 강하게 관광의욕을 유발시키게 되며, 관광에 관한 정보는 관광행동의 유발과 밀접한 관련을 가지고 있다고 보아야 한다. 따라서 관광행동은 그의 목적, 동행자 등에 의해 여러 가지 형태와 분류가 가능하다.

첫째 목적분류는 '위락', '휴양', '견문'이라고 하는 항목으로 구분하게 되며, 조사 · 통계 등에 많이 이용되어 관광행동의 동향을 파악하는 데 참고하고 있다.

오스트리아의 관광연구자 Bernecker는 관광행동을 다음과 같이 유형화하였다.

① 요양적 관광(현지요양 포함)

② 문화적 관광(수학여행 · 견학 · 종교행사 등의 참가)

③ 사회적 관광(신혼여행 · 친목여행)

④ 체육관광(스포츠 관람을 포함)

⑤ 정치적 관광(정치적 행사의 구경 포함)

⑥ 경제적 관광(견본시 · 전시회의 구경 포함)

상기 유형은 관광의 주된 목적에 따른 분류방법으로서 알기 쉽고 이용하기 쉬운 것이라 말할 수 있다.

둘째, 동행자 분류에 관해서는 개인, 가족, 단체, 클럽(친구끼리) 등으로 분류하는 것이 통례이다. 단체여행이란 많은 수의 여행자가 모여서 함께 행동을 같이 하는 여행의 총칭이다. 그러나 무엇을 가지고 단체라고 하는 통일적인 기준은 없다.

한국이나 일본은 10명 이상을 단체라고 규정하고, 항공권 할인으로부터 관광객이 부담하는 모든 비용의 지불창구가 하나로 되어 있다. 단체여행을 선호하는 이유는 우선 비용이 싸고 편리하기 때문이며, 단체여행은 한국관광의 대중화와도 관계가 깊다.

셋째, 목적 동행자에 의한 것과는 전혀 다른 각도에서 여행 형태를 분류하면 다음과 같다.

① 숙박 우위형

② 숙박지 우위형

③ 여행수단(이용교통기관) 우위형

④ 여행의 행선지 우위형

⑤ 목적형 우위형

위와 같은 분류의 우위형은 관광행동의 구체적인 결정요인에 대한 관광주체측(관광객)의 분류이며, 동시에 관광의 대중화 단계를 표시하는 것이다. '어디라도 좋으니 가고 싶다(숙박 우위형)'로부터 '어느 곳에 숙박할 것인가(숙박지 우위형)', '무엇을 보고 갈 것인가' 등을 중시하는 단계로의 진전이라고 할 수 있다.

2. 관광심리

1) 관광객의 일반심리

관광주체인 관광객은 다종다양하며 각기 다른 이유와 동기에서 관광행동이 이루어진다. 관광객의 일반 심리는 '긴장감과 해방감'이라는 상반된 두 가지 차원의 심리적 고조에 있다.[5)]

일상을 떠나 미지세계를 여행할 때 긴장감의 고조는 인간의 감수성을 자극하며, 동시에 정서적 반응을 보여주는 것이 통례이다. 여행에 의해 피로를 느낀다는 것은 긴장감의 고조에 의한 정신적 피로 때문이다. 누구에게나 '유쾌, 불쾌, 좋음, 싫음' 등의 인상은 강하게 새겨지기 마련이고, 또한 일상생활과 비교하여 특이한 것일수록 흥미를 느끼는 경향이 있으며, 진기한 외견에 매혹되기 쉽다.

일상생활로부터 떠난다는 것은 인간이 일상의 번거로운 모든 일로부터 일시적으로나마 해방된다는 것을 뜻하며, 해방감은 인간에게 육체적, 정신적으로 안식을 전해준다. 이와 같이 긴장감과 해당감이라는 상반된 두 개의 감정을 조화시킴으로써 평소와는 다른 관광객의 심리가 형성된다.

관광객의 심리를 여행형태 유형에 견주어 보면 [그림 5-4]와 같이 설명할 수 있다. 예를 들면 단체객의 무책임한 행동은 해방감이 극히 크게 작용했기 때문이며, 개인여

5) 前田勇(1980). 觀光概論. 학문사., p. 48.

행자가 노이로제에 걸릴 정도의 심리상태가 된다는 것은 긴장감의 우위 때문이다.

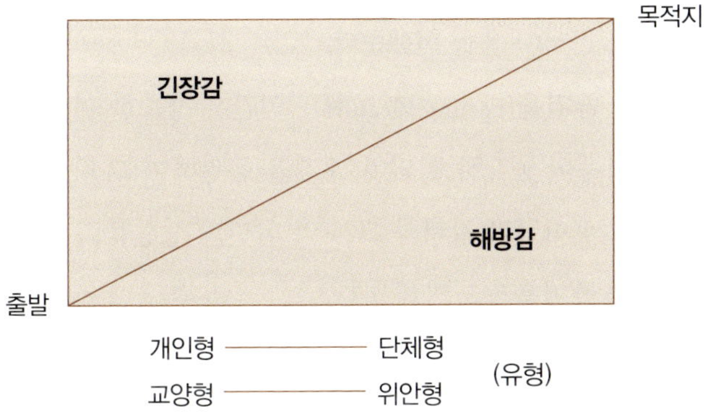

그림 5-4 • 관광객의 심리와 여행형태

단체여행형은 해방감이 우위라고 할지라도 여행의 전반은 개개인의 긴장감이 비교적 높고 후반에 가서는 해방감이 크게 높아짐을 느끼게 된다. 이것은 여행에 있어서 충돌이 발생하기 쉬운 '시점' 문제와도 관계된다. 관광객의 일반적인 심리는 극히 다양하고 여러 방면에서 관광객의 '정보'를 파악하는 노력이 필요함은 말할 것도 없다. 이것이 관광사업 중 하나의 과제인 것이다.

2) 관광객의 위락심리

관광객의 위락심리는 여행을 통해 참된 즐거움을 갖게 되는 마음가짐을 의미한다. 따라서 관광객은 해외여행을 하면서 다음과 같은 본질적인 즐거움에 잠기기 마련이다.

① 발견의 기쁨(Discovering Pleasure) : 미지의 세계를 발견하는 기쁨이며, 변화 욕구나 호기심 등 미지에 대한 관심을 기반으로 하고 있다.

② 노고의 즐거움(Comfort of Efforts) : 고생도 불편도 참고 견디어 이를 여행의 즐거움으로 삼을 때 비로소 그 여행은 여행자의 마음속에 깊은 인상을 남기게 하며, 참된 즐거움을 안겨준다.

③ 여행을 자유롭게 짜는 즐거움(Planning Pleasure for Free Excursion) : 관광객 자신이 가고 싶은 대로 자유롭고도 계획된 일정에 따라 여행한다는 것은 관광객의 미묘한 마음의 변화에 대응할 수 있고, 여행의 즐거움을 증가시키게 한다. 특히 청년들은 자유로운 의사에 따라 여행을 즐긴다.

④ 그룹관광의 즐거움(Pleasure of Group Sightseeing) : 인간은 원래 그룹관광에서 보다 더 즐거움을 갖게 된다. 마음이 맞는 친구끼리의 여행은 개인여행에서 도저히 맛볼 수 없는 즐거움을 전해준다.

⑤ 피부로 느끼는 즐거움(Feeling Pleasure) : 인간은 생소한 미지의 사회 현실과 접촉할 때마다 마음이 동요하게 되며, 오감을 동원하여 그 나라 전체의 모든 것을 피부로 느끼면서 이국적 정서와 그 나라 국민의 생활문화 등을 보다 정확하게 이해할 수 있는 즐거움을 느끼게 한다.

⑥ 경험을 풍부히 쌓는 즐거움(Obtaining Pleasure of Experience) : 견문확대뿐만 아니라 이국의 풍토와 생활에 접하게 되면 자국에서 체험할 수 없는 인간의 경험을 풍부히 쌓게 됨으로써 자기 스스로 마음의 즐거움을 갖게 된다.

⑦ 시야의 확대와 타국인과의 교우의 즐거움(Pleasures for the Expanded Knowledge and New Friends) : 타국을 여행하는 도중 자국과 외국의 주민 생활의 동질성을 발견하거나 타국의 문물, 문화, 제도, 풍속, 관습, 국정, 산업 등을 시찰 또는 관찰하여 자기의 지식을 넓히고, 교양을 높이는 동시에 이에 대한 가치관의 다양성을 알게 된다. 이로 인하여 스스로의 외국에 대한 장점을 발견하고 그릇된 선입관을 반성하면서 자국의 장단점을 새롭게 인식하여 시정할 수 있는 기회를 갖게 된다. 그렇기 때문에 관광은 출발 전에 충분한 사전준비와 예비지식을 가지고 출발해야만 지식과 경험을 풍부히 쌓을 수 있고, 시야를 보다 더 확대시키는 결과가 되는 동시에 국제간의 상호이해와 타국인과의 마음이 상통할 수 있고, 국제적 친선을 도모할 수 있는 기회가 되며, 기쁨도 그만큼 커질 수 있다.

⑧ 창조성 발휘의 즐거움(Pleasures for Creative Activities) : 인간의 심리는 현재에 머물러 있지를 않고, 늘 생각하며, 무엇인가를 창조하고 싶어한다. 사람은 해외관광에 있어 자유롭게 자의에 의해 행동하고 마음대로 생각하며, 특히 미지의 신비한 세계 속에서 자기의 개성을 개발하며, 또한 풍부한 창조성을 발휘하고 싶어한다. 더욱이 미지의 자연과 생활 · 문화 등을 접촉할 때마다 창조의 원천이 되는 것이다.

3절 관광철학과 관광윤리

1. 관광윤리의 정의

관광윤리란 사람과 사람과의 도의적인 관계를 규율하는 한 조리(條理)로서 관광객이 지켜야 할 도의를 말한다. 그러므로 관광지에서 남에게 해가 되지 않도록 하는 예절과 공중도덕을 지키는 일이 포함된다. 자연과 문화재 · 시설 · 비품을 훼손시키지 않는다든가, 낙서나 목불인견의 나쁜 행동을 하지 않고, 폐기물 · 오물을 함부로 버리지 않고, 소음을 삼가는 행동은 관광객이 인간으로서 지켜야 할 공중도덕이다. 그러므로 관광객의 행동 여하는 국민의 수준을 말해주는 척도(Barometer)가 된다.

관광이 마치 자기 자신만을 위해 있는 것처럼 잘못 이해하고 방종한 태도를 취함으로써 관광분위기를 흐리게 하는 사례는 '타락관광', '퇴폐관광'이라는 비난을 들을 수 있다. 따라서 관광에 있어 도덕심의 발휘, 질서의 준수는 가장 기본적인 요건이며, 광의의 관광윤리는 관광객뿐만 아니라 관광종사자의 접객행동 및 관광기업자의 경영방침 등도 문제가 될 수 있다. 팁의 유무나 진솔한 서비스 자세 등은 관광객에게 만족 · 불만족을 주는 행동이다. 그리고 저속한 디자인의 설비, 저속한 음악, 오로지 이윤추구에만 급급한 업자의 태도도 광의의 정화되어야 한다.

관광윤리에 위배되는 행동 · 태도는 여러 가지 좋지 못한 관광공해를 발생시키고, 나아가서는 관광 그 자체의 평가도 문제시된다. 관광윤리와 더불어 관광도덕이라는 말도 같은 뜻으로 쓰인다. 그러나 엄밀히 말해서 윤리는 개인 대 개인간의 규범, 즉 사회인으로서의 규범이고, 도덕은 그밖에도 보다 폭넓게 개인으로서 관광객에게 귀착되는 규범도 포함되는 점에서 다르다. 예를 들면 관광지에서 남과는 아무런 직접적인 관련은 없지만 과도한 낭비와 사치 등은 도덕상의 문제이기는 하지만 관광윤리에 관한 것은 아니다. 우리는 민족적 주체성을 살려야 하며, '관광한국' 건설에 지주가 되는 정신적 가치관의 확립이 절실히 요망되고 있다.

2. 관광사업의 윤리성

관광사업이 점차 양적으로 확대됨에 따라서 대두되기 시작한 것이 바로 관광사업의 윤리성이다. 이것은 관광객의 증가와 관광사업 종사자의 양적 증대에 따른 문제라고 하겠다. 관광업체의 근본가치와 윤리성은 지나치게 경영면에 치우칠 경우 때로는 사회적 책임성을 잊어버리게 되고, 관광상품의 질과 양을 건전한 윤리의 입장에서 제공하지 못하는 결과를 초래한다. 또한 관광종사원의 근본가치와 인격 및 가치 지향성은 그 사회의 교육수준과 문화규범, 소속된 업체의 경영 자세에 의하여 지대한 영향을 받게 되므로 윤리성이 관광상품의 질과 양에 바람직스럽지 못하게 작용할 수도 있다.

관광객의 관광동기에서 비롯되지는 않는다 하더라도 관광객 증대로 가져온 자국의 가치규범과 문화규범, 윤리성이 관광상품을 구매하고 국가의 윤리와 문화가치가 상충될 경우도 있다. 이것은 관광객 자신들이 관광목적지에 입국하기 전에 스스로 기본 정보를 쌓아야 할 관광객 개인의 윤리성이 있는 것이며, 반대로 관광상품을 제공하고 있는 업체 내지는 판매국의 관광인들은 자국의 관광상품의 질과 양 및 윤리성에 대하여 사전에 충분히 정보를 제공하여야 할 책임이 있다.

관광사업에서 보면 사회적 책임성으로 그 이미지가 가장 중요한 과제이다. 사회변화의 물결 속에서 윤리의 한계를 정한다는 것은 어려운 과제이지만, 관광산업의 과학화와 타 산업과의 비교와 우위가치를 확보하기 위해서 어떠한 방법을 통해서라도 최소한의 과학적인 기준이 설정되어야 하겠다.

3. 관광인의 윤리관

1) 관광종사원의 윤리관

관광종사원이 지켜야 할 윤리관은 관광객의 접객태도에 있다. 곧 접객 행동이 관광객들의 기분을 결정적으로 좌우하는 요인이 되기 때문이다.

관광종사원이 업무상 관광객들에게 제공하는 봉사가 바로 서비스이며, 관광객들은 이 서비스를 구하여 구매하고 있는 입장이기 때문에 이들의 상호관계는 언제나 불가분의 관계에 있다. 관광종사원이 관광객들에게 제공하는 서비스는 그들의 직업이므로 관광객들에게 친절과 겸손, 참다운 봉사정신으로 대하는 것이 당연하다. 즉, 서비스의 기본인 3S 정신(Smile, Speed, Sincerity)을 실천해야 한다.

우리나라는 옛부터 동방예의지국이었기 때문에 금전보다 고유의 도덕과 윤리, 그리고 명예를 소중히 여기는 기풍이 있다. 어느 나라에서도 찾아볼 수 없는 이 같은 한국의 미풍양속을 종사원들에게 철저히 훈련시켜 예의바르고 품위 있는 언어와 태도, 언동이 익혀지도록 철저한 교육이 이루어져야 하겠다.

2) 관광기업인의 윤리관

자유기업의 윤리적 의의를 강조한 Frank Heyneman Knight는 경쟁적 게임으로서의 비즈니스(Business as a Competitive Game)라는 표제에서 "그 게임이 공정성을 지닐 때 자유기업제도를 뒷받침하는 윤리적 기초가 이루어진다"고 하였다. 쉽게 말해서 게임은 공정한 법칙(Rule)을 지켜야 한다는 말이다.

이러한 관점에서 한국관광업체들이 공정한 게임을 하고 있으며, 기업인들이 '게임의 법칙'을 지키고 있는지의 여부가 의문시되지 않을 수 없다. 여행업체들의 경우, 외국관광객을 유치하기 위하여 해외에서 판촉활동을 전개할 때 과도경쟁으로 인해 국내여행 알선업자들 간에 무모한 덤핑(Dumping)을 감행하면서까지 치열한 경쟁을 벌이는 것을 볼 수 있다. 이는 국가적 차원에서도 결코 바람직한 일이 못되며, 동일민족 동일업계의 기업윤리상 지양되어야 한다. 물론 일부 양식을 지닌 업체들도 있지만, 일반적으로 볼 때 우리의 관광기업인들은 Knight가 말한 공정한 게임을 하려 들지 않는 업체도 있는 것 같다.

최근의 기업의 윤리와 기업가 정신이 논의되고 있는 것은 결코 우연한 일이 아니며, 이러한 기업의 윤리문제는 관광업계에 있어서도 일반 타 업계와도 다를 바가 없다. 자본주의 경제체제하에서의 이윤추구는 자본주의의 내재적 원리에 입각해서 수행될 때 비로소 그 목적을 달성할 수 있고, 따라서 기업의 윤리도 형성될 수 있을 것이다.

기업가 정신이란 바로 기업의 사명을 의미하는 것으로서 관광기업의 사명은 곧 사회, 국가, 인류에 대한 봉사기구로서 보다 좋은 상품을 보다 싸게, 그리고 보다 양질의 상품 서비스와 깨끗하고 안전한 시설을 제공하는 한편, 종사원들에게는 최대의 보수와 복지시설을 마련해 주고, 주주들에 대해서는 이익배당을 극대화하는 것이다. 원가

절감을 이유로 가치 없는 관광상품을 개발하면 곤란하며, 관광기업인으로서의 얄팍한 상술에 지나지 않는 소행일 뿐, 관광윤리를 통한 관광의 건전한 발전은 결코 기대할 수 없을 것이다. 또한 품격 있는 관광한국을 유지할 수 없고, 재창조할 수 없다.

민주복지국가 건설의 대업을 성취할 새 역사 창조의 새 시대를 맞아 우리 관광기업인은 무엇보다 확고한 국가관과 애국심으로 우리가 이룩한 경이적인 관광사업 신장의 저력에 기초하여 한층 더 의욕적으로 우리 업계의 발전과 향상을 위하여 분발해야 할 때이다. 이러한 때에 우리는 관광기업인으로서 국가의 위신과 이익을 손상하는 행위를 해서는 아니되며, 관광객에게는 친절하고 예의를 준수하여야 된다는 것을 다시 한 번 명심하고 '서비스질의 극대화'와 '건전 관광의 생활화'를 실천하여 세계 무대에서 우리의 관광상품이 호평을 받고, '품격 있는 한국관광'을 세계 속에 정립하는 데 최선을 다해야 할 것이다. 따라서 우리 기업인은 사회적으로 존경을 받는 것은 물론 기업의 사회적 책임이 기업이윤에 그치지 않고 그 이윤이 궁극적으로는 종업원과 소비자에게 환원될 수 있을 것이다.

이러한 관점에서 볼 때 관광업계의 당면 문제는 새로운 품격 있는 관광한국에 대한 경영관 정립과 국제경쟁력의 강화이며, 나아가서 국제 공신력의 제고라 하겠다.

3) 관광객의 윤리관

현대사회에 살고 있는 대중은 야스퍼스(Jaspers)가 말한 것과 같이 "무자각하고, 무책임하고, 양적이고, 공허하고, 시야가 좁고, 오락과 향락을 추종"하는 악덕의 콤플렉스에 빠져 있다. 그것은 인간이 가져야 할 가치를 상실하고 주체성을 갖지 못함으로써 가치 혼미, 즉 무철학 · 철학의 빈곤에서 헤매고 있기 때문이다.

우리는 인간으로서의 주체의식과 가치의식의 회복, 인문학적 환원을 위한 새 가치관을 확립해야 한다. 동시에 국민으로서의 새로운 윤리관과 가치관을 형성하고, 문화관광 진흥을 달성시켜야 한다. 더욱이 우리나라는 치열하게 경쟁하는 국제정세에서 남북이 서로 교류협력시대를 맞고 있다는 인식을 가져야 할 때이다.

우리는 "조국 없는 시민 없고, 시민 아닌 인간은 인간으로서 자유인이 될 수 없다"는 루소(Rousseau)의 말이나, "조국 없는 민족은 역사도 잃는다"고 한 헤겔(Hegel)의 말을 상기하면서 국가안보가 얼마나 중요한가를 명심해야 한다. 그리고 국가의 융성이 자아실현의 근본임을 깨닫고, 애국애족의 정신으로 관광 복지국가의 발전을 위하여 국민된 각오를 굳게 다져야 한다. 동시에 우리 관광인들은 한국관광진흥의 역군으로서 세계 속에 한국관광을 정립하는 데 최선을 다짐하면서 다음과 같은 자세로 관광객이 지켜야 할 도리를 다해야 한다.

① 관광을 통한 국제수지 개선과 품격 있는 관광한국에 대한 국위선양이 우리의 사명임을 깊이 인식하고, 투철한 봉사정신과 안전관광한국(Safety Tourism Korea) 수용태세를 확립하여 세계인을 한국으로 유치하는 데 최선을 다해야 한다.

② 국가 발전과 사회안정에 대한 신념을 더욱 확고히 하여 건전관광 풍토를 저해하는 일체의 관광 부조리를 과감히 배격하고, 정의로운 사회구현을 위해 솔선수범하면서 자기 직분에 충실해야 한다.

③ 고유의 전통문화와 관광자원을 소개하는 홍보의 역군으로서 최선의 노력을 경주하면서 관광진흥의 역사적 사명을 다해야 한다.

④ 전 세계 교통 · 통신망이 세계여행을 급증시키고 있는 이때 우리는 전산예약시스템과 SNS 서비스 등 새로운 정보망을 통해 한국관광 마케팅 정보시스템 서비스를 개발하여 외래관광객 유치에 최선을 다해야 한다.

⑤ 내국인의 건전한 해외여행을 계기로 국위선양과 세계 각국과의 관광교류로 한국의 고유관광자원과 품격 있는 한국관광 · 문화를 해외에 널리 홍보해야 한다.

⑥ 남북 관광 교류협력을 통한 평화통일 달성에 최선의 노력을 다하면서 관광객의 품위를 유지시켜야 한다.

4. 외국의 관광윤리

동남아 국가 중 싱가포르는 서울시 정도의 면적 밖에 되지 않는데도 우리보다 더 많은 국제관광객을 유치하고 있다. 관광자원이 한정되고 문화적 유산이 빈약한 가운데도 관광선진국의 대열에 위치한 것이다. 싱가포르는 사회질서를 중심으로 한 그들의 문화 및 품격 있는 관광풍토 조성에 노력을 기울였는데, 그 정책의 구체적 방법을 열거하면 다음과 같다.

① 세계 어느 나라 어느 국민에게도 안정감, 안도감을 주기 위한 정부의 사회질서 운동이다. 사회생활의 규범을 관광자원화한다는 적극적인 자세로 신변의 안전과 출입의 자유를 보장하고 있다.

② 관광상품의 생산과 거래에 강력한 정부의 통제가 실시되어 가짜와 모조품을 발본색원하여 상거래상의 신뢰도를 증진하여 관광쇼핑의 '이미지'를 쇄신하였다.

③ 거리질서와 교통질서를 확립하기 위하여 위반차량과 보행규칙위반자를 가혹할 정도로 엄격히 다루고 있으며, 그 예로서 거리에 침을 뱉는 경우와 껌을 버리면 엄한 벌금을 부과시킨다.

④ 철저한 환경관리와 자연보호운동으로 '공원 속의 도시'로서 품격 관광 싱가포르의 '이미지' 부각을 위해 노력하며, 늘 푸른 가로수와 정원수목을 유지하는 등 깨끗한 국가이미지를 주고 있다.

⑤ 다민족국가인 싱가포르는 75%의 중국계와 15%의 말레이시아인, 7%의 인도인, 기타 등으로 구성된 국가임에도 소수민족의 전통생활양식과 민속, 종교, 음식 등을 보존하기 위한 국가적인 노력을 하고 있다.

이상의 싱가포르의 사회질서와 관광풍토 조성을 배워서 이를 한국에도 도입, 활용시켜 국제관광객 유치와 안전하고 품격 있는 관광한국의 창조와 국위선양을 위해 최선을 다해야 하겠다.

Chapter 05 학습문제

01. 다음 중 관광행동에 여행을 미치는 사회문화적 요인으로 적합한 것은?

① 특수계층 ② 관광객 성격

③ 상위문화 ④ 준거집단

02. 다음 중 관광 욕구를 유발시키는 관광동기와 관계없는 것은?

① 심정적 동기 ② 경제적 동기
③ 정치적 동기 ④ 신체적 동기

03. 다음 중 관광지를 선택하는 데 가장 중요시되는 결정요인은?

① 본인의 라이프 스타일 ② 본인의 지각 수준
③ 본인의 욕구와 동기 ④ 본인의 학습상태

04. 다음 관광 행동 중 안정지향성 관광 행동과 거리가 먼 것은?

① 티씨(인솔자) 동반 여행 ② 가이드 동반 여행
③ 개인의 자유여행 ④ 패키지 관광 여행

05. Maslow의 5단계 욕구 중 면세점 쇼핑 관광과 가장 관계 깊은 욕구는?

① 자존욕구 ② 자아실현욕구
③ 생리적 욕구 ④ 안전욕구

06. 다음 Maslow의 5단계 욕구 중 생리적 욕구 단계에 해당하는 것은?

① 애정욕구 ② 안전욕구
③ 자존욕구 ④ 자아실현욕구

07. 다음 중 관광 행동을 확대 유발시키는 메커니즘과 관계없는 것은?

① 시간의 증대 ② 교통량의 증대
③ 비용의 증대 ④ 정보의 증대

08. 관광 행동을 유발하는 심리적 에너지를 무엇이라고 하는가?

① 관광 욕구 ② 관광 심리
③ 관광 동기 ④ 관광 윤리

09. 관광 종사원이 지켜야 할 서비스의 기본이 되는 3S 정신과 관계가 없는 것은?

① smile ② speed

③ speech ④ sincerity

정답

01. ④ **02.** ③ **03.** ① **04.** ③ **05.** ① **06.** ② **07.** ② **08.** ③ **09.** ③

CHAPTER

06 관광패턴과 관광기구

1절 국민관광과 국제관광

1. 국민관광

1) 국민관광의 개념

국민관광(Domestic Tour)이란 국민 스스로가 자기의 거주지를 떠나 다른 지역 · 다른 나라의 자연 · 문화 · 풍물 · 제도 · 산업 등을 관찰하고 유람하여 체험 · 휴양 · 지식을 넓히고, 정신적 · 육체적 생활의 변화를 추구하고자 레크리에이션 목적으로 행하는 관광활동이다. 즉 생활의 소득잉여가 발생하고 여가시간이 충족될 때 국민복지 증진을 위하여 국민 스스로가 자발적으로 관광활동에 참여하는 대중문화 속의 사회현상과 문화현상의 복합현상이다. 자연발생적인 대중관광(Mass Tourism)과 인위적인 대중관광(Social Tourism)의 복합사회현상이라고 할 수 있다.

국민관광에 참가하는 관광객의 대부분은 가계소득 잉여비용이 있고 여가시간이 있는 국민들로부터 시작되다가 제도적 · 정책적 배려에 의하여 전 국민에게 파급되어 가는 속성을 나타내고 있다. 국민관광이란 전 국민이 생활본거지를 떠나 다른 지역 또는 국내 전지역에서 관광활동을 행하는 것이 원칙이나, 오늘날에는 국민관광의 범주를 내국인의 국외여행(Outbound)으로까지 인식하게 되었다.

2) 국민관광의 중요성(기본 성격)

현대사회는 여가문명사회라고 할 수 있다. 이러한 여가문명사회에서는 국민들이 스트레스와 긴장감 속에서 생활하고 있는 현실에 비추어볼 때 관광활동을 통해 자기 발전 및 노동생산성 향상을 꾀할 수 있는 의미를 갖기 때문에 아주 중요하다. 국민관광은 현대인의 생활 패턴을 유기적으로 잘 조화 있게 정착시켜 주는 역할을 할 뿐만 아니라 보람 있는 생활의 리듬을 만들어준다. 또한 국민관광은 경제적 · 교육적 · 후생복지적 측면에서 그 중요성이 증대되고 있다.

첫째, 국민관광은 경제적으로 볼 때 관광객이 소비하는 재화가 관광 관련 기업의 수입이 된다. 산업활동을 통한 이윤은 원자재와 임금 및 서비스 구입에 충당되고, 이것이 다른 산업에까지 파급되어 경제승수효과를 일으키게 된다. 그리고 인적 서비스 의존도가 높은 관광기업에 고용인원 증대를 꾀할 수 있게 된다.

둘째, 국민관광은 교육적으로 볼 때 자연이나 명승고적을 관광하는 관광객들에게 실제로 교과서 역할을 담당할 수 있게 되므로 그 중요성이 지대하다.

셋째, 국민관광대상의 관광자원은 국토의 균형발전을 도모할 뿐만 아니라 국민의 후생 · 복지적 측면에서도 대단히 중요한 역할을 한다.

3) 국민관광의 여건과 변화 추세

국민관광은 크게 국내관광과 국외관광으로 구분할 수 있는데, 국내관광은 1980년대부터 국민복지증진 차원에서 적극적으로 진흥하여 왔다. 그동안 국민소득의 지속적인 증대와 교통망을 비롯한 각종 사회간접자본의 확대투자 등으로 관광여건이 크게 개선됨에 따라 관광활동은 점차 일반 국민층으로 확산되었다.

관광정보망과 예약시스템의 발전 그리고 의료기술과 사회구호제도의 발달에 의한 노년층 인구의 증가, 생활의 질적 향상을 추구하는 국민의식의 변화에서 오는 여가활동으로서의 관광에 대한 욕구 증가 등으로 국민들의 관광관은 새롭게 정립되고 있다.

한국에서의 국외관광은 1989년 1월 1일부터 국민의 해외여행을 전면 자유화하고 이에 앞서 1988년 11월 1일부터는 IMF 제8조국으로 가입함으로써 관광을 포함한 모든 분야에서 외환거래가 자유화되는 등 관광 여건이 획기적으로 개선되었다.

또한 관광 성향과 변화 추세는 국민관광의 이동총량에 의하여 그 변화를 파악할 수 있는데, 국민관광 이동총량이란 1년 동안 국민들이 국내관광여행 목적으로 이동한 총량을 말한다. 즉 참가일 수를 단위로 측정하는 것이 보통이며, 이외에도 총 여행참가자 수, 총 여행참가 횟수, 관광여행 총경비 등 여러 가지 단위로 측정한 이동량을 기초국민관광 이동량으로 정의하고 있다.

국민관광 이동총량은 원칙적으로 모든 국민의 관광여행총량을 계산해야 하나 낮은 연령층을 대상으로 조사를 시행하면 신뢰성이 떨어지므로 13세 이상 국민을 대상으로 측정하는 것이 보통이다. 그 외에도 자가용 승용차의 보급률 증가로 교통수단의 이용에 큰 변화를 가져 왔고, 참여관광이 높아지면서 여행목적지에서의 숙박관광 활동형태가 증가되고 있다. 특히 계절과 관계없는 4계절형 숙박관광 패턴으로 변해가고 있다. 그 외에도 여행 목적지 · 소요시간 · 숙박일수 · 동반자 · 시설이용 등에 많은 변화를 가져왔는데, 그 중에서도 가족동반여행이 많아지는 것이 변화 추세의 특색이라고 할 수 있다.

4) 국민복지관광

복지관광이란 관광소외계층을 대상으로 시행하는 관광을 의미한다. 즉, 국민관광 차원에서 소외된 계층에게 행복을 누릴 수 있도록 관광활동에 참여시키는 행복관광이라고 할 수 있으며, 실버투어(Silver Tour) 개념이기도 하다.

관광이 생활의 질을 높일 수 있는 기본권의 하나로 자리매김되어 양적으로나 질적으로 향상되었으나, 오늘날의 현실은 사회 · 경제적 여건이 미흡하여 관광을 향유하지 못하는 소외계층이 있다. 이러한 소외계층을 위하여 국민복지관광 차원에서 관광에 참여시킴으로써, 전 국민에게 관광의 중요성을 고취시키고 소외된 계층에 대한 사회적 관심을 환기시키는 데 그 목적이 있다. 그 사례로서 한국관광공사가 주관하고 있는 복지관광행사를 들 수 있다. 장애인 초청관광(사랑의 관광단), 근로청소년 초청관광(우정의 관광단), 낙도주민 초청관광(한마음관광단), 고아원생 초청관광(꿈나무 관광단) 등이 대표적이다.

또한 정부에서도 문화와 관광을 국민복지개념에 통합시켜 문화복지관광을 추진하고 있다. 따라서 앞으로도 계속 장애인을 비롯한 노인계층에 이르는 소외계층에 대한 초청관광 활성화로 관광을 통한 국민복지증진이 이루어져야 할 것이다.

2. 국제관광

1) 국제관광의 개념과 기본 성격

(1) 국제관광의 의의와 개념

국제관광이란 사람이 자국을 떠나 다시 자국에 돌아올 예정으로 외국의 문물 · 제도 · 산업 등을 시찰하고, 혹은 풍경 등을 감상 · 유람할 목적으로 외국을 여행하는 행위를 말한다. 따라서 국제관광이란 관광객의 관광왕래가 국경이라는 인위적 장벽을 넘어 행해지므로 이를 국내관광과 구별하여 국제관광이라고 한다.

국제관광은 그 상대방이 언어 · 풍속 · 습관 · 사고방식 등이 다른 외국인이라는 점에서 자국민과는 그 접대방식에 있어서 차이가 있으며, 출입국 절차라든가 세관, 검역 등의 업무가 뒤따른다. 또한 국제관광은 외국으로 살러 가는 이주(Imigration)나 외국에서의 장기체재(Long Term Stay)는 국제관광이라고 하지 않는다. UNWTO(세계관광기구)에서 내린 국제관광에 대한 정의는 다음과 같다.

첫째, 위안이나 건강상의 이유로 해외여행을 하는 자

둘째, 회의참석 혹은 경제 · 외교 · 예술 · 문화 · 종교 · 과학 등 기타 국제행사의 참가 및 수행원의 자격으로 외국을 일시적으로 방문하는 자

셋째, 상용 또는 견학을 목적으로 외국에 입국하는 자로 규정하고 있다.

또한 OECD(Organization for Economic Cooperation and Development : 경제협력개발기구)에서는 국제관광을 국제관광객과 일시방문객으로 구별하여 정의하고 있다.

따라서 국제관광객이란 여행주체가 해외취업이나 이민 이외의 목적, 다시 말해서 순목적 내지 겸목적 관광을 위하여 자국 이외의 타국에 여행하는 자로서 그 체류기간의 장단 여하와 관계없이 모두 국제관광객의 개념에 포함될 수 있다.

그리고 국제관광이라 함은 행위적 개념으로서 해외취업이나 이민의 목적 이외에 인종이나 성별 · 언어 · 종교 · 풍속 여하를 막론하고 국경을 넘어 자국 외의 타국 내에서의 이국의 문물 · 제도 · 풍속 · 풍경 등을 두루 관찰하고 감상 혹은 유람을 목적으로

하는 국제적 이동 행위를 말한다.

현대적 의미에서의 관광은 로마시대부터 발전되었다고는 하나 국제관광으로 발전되기 시작한 것은 제2차 세계대전 이후이다. 전쟁의 종식과 더불어 꾸준히 성장해 오다가 1960년대 이후 급성장하게 되었다. 이와 같이 제2차 세계대전을 전후하여 국제관광이 발전하게 된 요인은 다음과 같다.

첫째, 전쟁을 겪고 난 구미 각국은 전후의 재정적 빈곤과 경제적 위기를 타개하기 위한 경제회복의 한 방편으로 국가 또는 지방단체가 직접 이에 관여함으로써 외화획득을 통한 국고충당을 꾀하였다.

둘째, 구미 국민들이 전쟁에 대한 공포감에서 오는 정신적 불안과 피로회복을 여행으로 해소시킬 수 있었기 때문이다.

셋째, 휴가 · 휴식 · 자유로운 시간을 국가가 국민에게 부여하도록 촉구하고 제도적으로 명문화한 것은 UN에서 채택한 것에서 찾아볼 수 있다. UN에서는 1967년을 '국제관광의 해'로 설정하고 "관광은 평화에의 여권(Tourism Passport to Peace)"이라는 표어를 제시하였다. 그리고 국제관광은 관광객이 방문하는 지역의 지역주민과의 접촉을 통하여 국민 상호 간의 이해증진을 도모하고 나아가서 이것이 국가적으로 행하여질 때에는 국제친선에 큰 의의를 갖게 된다고 설명한다.

넷째, 과학기술과 교통수단의 발달로 세계는 시간적 · 공간적으로 크게 단축되었고 경제적인 생활수준의 향상과 여가가 증대됨에 따라 국제관광은 고도성장을 거듭하고 있다. 더욱이 세계 각국의 경제발전에 따른 소득의 증가는 개인 관광지출의 증대를 가능케 하였고, 각국의 개방정책이 점진적으로 실현됨에 따라 해외여행은 일반 대중에게까지 파급되어 오늘날과 같은 국제관광의 현상을 조성하게 되었다.

(2) 국제관광의 기본 성격

국제관광의 기본 성격은 소비성향적 경향을 띠고 있으므로 해외에서 돈을 쓰는 행위라고 할 수 있다. 따라서 그와는 반대로 국가의 소득성향적 성격으로 국제관광산업이 발달하는데 이는 외화를 획득하는 행위이다. 또한 국제관광은 제3차 산업의 일종으로서 국제정세 · 국제경제 · 국제사회 및 생활수준 · 국제치안상태 등에 의하여 수익성이 높은 산업적 성격을 띠고 있는 점이 그 특색이라고 할 수 있다.

국제관광객이 의식하는 관광목적에는 두 가지가 있다. 첫 번째는 타국의 문물 · 제도 · 풍습 · 관습 · 산업 등을 시찰하여 견문을 넓히는 교양목적(Cultural Object)이고, 두 번째는 타국의 풍경 · 자연 · 건조물 · 생활 · 행사 · 명소 · 고적 등을 감상, 유람할 목적으로 위락을 추구하는 위락적 목적(Recreational Object)이다.

주관적으로는 이들 두 가지 목적 가운데서 한 가지에 중점이 주어지겠지만, 객관적으로는 이들 두 목적이 결합되는 것이 보통 국제관광이라고 할 수 있다.

국제관광에는 관광의 구성요소와 마찬가지로 관광주체(Tourism Subject)로서의 국제관광객과 해외관광객이 그 주요 부문을 구성하는 국제관광 수요시장이 있고, 관광객체(Tourism Object)로서의 국제관광자원(International Tourism Resources) 내지 국제관광 공급시장이 있으며, 관광주체와 관광객체를 결합시켜 주는 역할을 담당하는 관광매체(Tourism Media)로서의 국제관광시설(International Tourism Facilities) 및 국제관광사업(International Tourist Bussiness) 등이 있다.

국제관광이 외국인의 국내여행과 내국인의 해외여행을 모두 포함한다고 볼 때 국제관광은 그 관광객의 흐름을 수용국의 입장에서 Inbound와 Outbound로 구분할 수 있다. Inbound란 외국인이 자국 내에서 행하는 관광행위 자체, 또는 그를 다루는 여행업무를 말하며, Outbound란 내국인의 해외여행 행위와 그에 따르는 여행업무를 말한다. 한국에서도 해외여행이 자유화되면서 이제는 국제관광 분야에서도 Inbound와 Outbound가 조화롭게 발전하고 있다.

2) 국제관광의 동향

(1) 세계의 관광동향

세계의 관광동향은 관광객의 성장 추세를 통해 살펴볼 수 있다. 세계인구 74억 명 중 세계 관광객 수는 약 10억 명 정도로 매년 4.1%(UNWTO)씩 증가하고 있으며 이에 따른 관광수입도 매년 8% 증가하고 있다.

지역별 관광동향을 살펴보면 중동지역이 11%, 동아시아 · 태평양지역이 9%, 남부아시아지역이 5%, 미주지역이 5%, 유럽지역이 4%로 높은 성장률을 보이는 반면에 아프리카지역은 2% 정도로 비교적 낮은 성장률을 보이고 있다.

세계관광수입은 상품수출액의 8%, 서비스 산업 교역량의 30%에 해당되는 수입을 올리고 있으므로 높은 외화가득률을 보이고 있다. 특히 미국 · 스페인 · 중국 · 프랑스 · 이탈리아가 그 대표적인 국가이다.

유럽지역은 국제관광객의 세계시장 점유율이 약 50%나 되고 관광수입의 세계시장을 점유하고 있다. 특히 이 지역에는 프랑스 · 스페인 · 이탈리아 · 영국 · 헝가리 · 폴란드 · 오스트리아 · 독일 · 네덜란드 등 세계 10대 관광국이 분포되어 있다. 유럽관광시장의 긍정적 측면은 유럽 경제성장과 원화에 대한 유럽 주요국 통화환율의 강세로 방한객 증가가 예상되고, 한국 · 유럽 간 항공노선 증편 및 비행시간 단축(3시간 단축)으로 관광 여건이 크게 개선된 점과 유럽국가의 개방으로 한국 관광시장의 다변화 계기가 마련되어 유망시장의 하나로 꼽히고 있다.

일본의 관광시장동향은 여행자가 증가하고 있을 뿐만 아니라 지속적인 해외여행이 계속 호조를 보이고 있다. 일본인의 해외여행 성향은 여가시간 확대 및 소득증대로 호화 해외여행자, 반복 여행자가 증가할 것으로 예상된다. 그리고 종래의 단체여행 위주에서 자유로운 여행형태의 개별관광 위주로 수요의 개성화 · 다양화 현상이 두드러지고 있고, 청소년과 여성층의 해외여행이 증가하고 있다.

동남아 관광시장인 아세안 국가들을 비롯한 동남아 여러 나라들은 높은 경제성장으로 해외여행수요를 급증시켜 지역 내 관광수출국으로 발전하고 있다. 대만은 1980년대 초기에 새로운 해외여행자 송출국으로 등장하여 아시아에서 일본 다음으로 많은 여행자를 내보내고 있다. 인구가 2천만 명에 불과한 대만은 관광시장으로서 절대인구가 적어 큰 기대를 걸 수 없으나, 국제수지 흑자기조가 지속되고 고용 및 가처분소득증대로 인한 해외여행 여건 조성뿐만 아니라 국토가 협소하고 국내관광의 내용이 단조로워 많은 국민들이 해외여행을 희망하는 시장 여건을 지니고 있다.

미국은 세계적인 관광대상국으로서 그 규모가 세계관광시장에서 큰 비중을 차지하고 있다. 미국인의 해외여행자 중 관광목적 출국자의 비율은 캐나다 · 멕시코 등 인근 국가에 비하면 낮은 편이다. 그것은 달러의 지속적인 약세와 항공료 인상 등으로 단기여행 또는 단거리 여행 및 국내여행을 선호하는 추세가 높기 때문이다.

파리는 여전히 해외 관광도시 부문 1위에 선정되고 있다. 특히 파리는 로마와 런던을 제치고 2013년 캐나다 내에서 가장 많은 관광객이 방문한 도시로 선정되었는데(캐나다 트래블 에이전트 초이스 어워즈), 유럽의 한가운데에 파리가 위치해 다른 곳으로 이동이 편리할 뿐만 아니라 수려한 랜드마크, 이벤트, 문화박람회 등 다양한 볼거리를 도시 자체에서 제공하기 때문에 여행객들이 파리를 찾는 것으로 조사되고 있다. 파리의 랜드마크 중 하나인 에펠탑은 현재 캐나다 관광객이 가장 많이 찾는 여행 목적지이며, 에펠탑 이외에도 노테르담, 몽마르트르 등이 매력적인 여행장소로 소개되고 있다.

싱가포르는 저가항공을 이용하여 아시아태평양 지역 및 근거리 관광지를 여행하는 것을 좋아하는 것으로 나타나고 있다. 마스터카드에서 실시한 여행분야 소비자 구매 우선순위 조사에 따르면 78%의 싱가포르인들은 2013년 6개월 동안 여가를 위해 해외여행을 다녀온 것으로 조사되고 있으며, 차기 여행지로 꼽은 지역으로는 호주 40%, 일본 37%, 태국 37%를 차지하였다. 특히 싱가포르인들은 도쿄를 아시아지역에서 가장 이상적인 여행지로 꼽았다. 아시아 태평양지역은 여전히 싱가포르인들이 차기 여행지로 꼽는 최적의 지역으로 조사되고 있으며, 급증하는 네트워크망과 넘쳐나는 항공 공급으로 인하여 이러한 여행지로의 접근이 점점 쉬워져 가고 있음을 알 수 있다.

UNWTO의 통계자료에 따르면 중국관광객의 해외소비가 1,020억 달러로 세계 1위를 기록하고 있다. 현재 중국 부유층 관광객이 증가하고 있는 곳은 프랑스, 미국, 싱가포르이다. 특히 프랑스를 찾는 주 목적은 사치품 구매에 있으며, 이러한 추세에 따라 큰손 고객인 중국인 관광객을 유치하기 위해 많은 유럽국가가 치열한 경쟁을 벌이고 있다.

지난해 외국에 나간 중국인 8300만 명이 현지에서 쓴 돈은 1,020억 달러(114조 2000억 원)에 달했다. 중국 여행객 한 명이 평균 1천 229달러를 쓴 셈이다. 해외 출국 중국인은 매해 20%가량씩 늘어나고 있으며 이에 따라 해외 소비액도 급증하고 있다.

일본정부 관광청이 발표한 일본 방문 외국인 소비 통계에 따르면 방일 외국인은 1분기 270만 명이며 소비 총액은 3,132억 엔으로 보고되었다. 그 중 중국관광객의 소비 총액이 18%로 1위를 차지하였으며, 대만관광객이 16%로 2위를 차지하고 있다.

중국관광객의 평균소비액은 19만 8,000엔으로 한국관광객 소비의 3배에 달한다고 보고하고 있다. 특히 TV, 카메라 등 가전제품 평균 소비액은 10만 엔에 달하고 있으며, 화장품, 식품 역시 대량 구매하는 것으로 나타나고 있다. 최근 1~2년간 일본 대지진 발생, 중일 관계 악화 등으로 일본을 여행하는 중국인은 한국보다 적었으나, 소비는 여전히 왕성하며 구매금액도 기타 국가 및 지역보다 훨씬 큰 것으로 파악되고 있다. 이에 따른 세계 관광시장 동향을 살펴보면 [그림 6-1]과 같다.

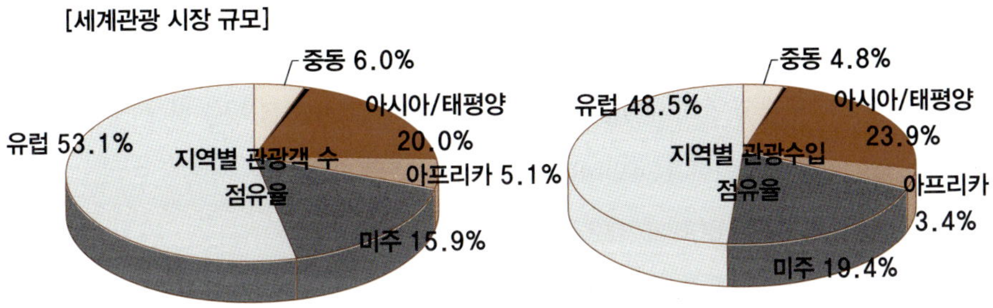

그림 6-1 • 세계 관광시장 동향
출처: 관광공사 통계자료 근거로 작성.

(2) 한국의 국제관광동향

한국의 관광동향은 내국인이 외국으로 이동한 관광객 수와 외국인이 국내로 이동한 외래관광객 수에 의하여 국제관광동향을 살펴볼 수 있다. 한국을 방문한 외래관광객은 1990년대 전반까지는 계속 증가하다가 1990년대 후반에 들어와서 감소추세를 보이면서 최근 2000년대에는 전년 대비 마이너스 성장을 보여 세계 평균성장률인 3.9%보다 낮은 성장률을 보이고 있다. 특히 동아시아 · 태평양지역의 평균신장률(9.2%)에도 미치지 못하고 있다.

따라서 최근에는 외래관광객 유치증진을 위하여 일본인에 대한 노비자 입국제도 연장과 중국인에 대한 제주도 무사증 입국제도 등을 실시하고 있다. 그럼에도 불구하고 관광객 단체 외래관광객 입국성장세가 둔화되고 있는 동향을 보이고 있다. 그 원인은 한국 제일의 관광시장인 일본을 비롯한 주변 국가에서 사회불안을 초래하는 한편 엔화가 약세를 보였고, 또한 국내의 호텔요금 및 물가상승 등으로 인하여 국제경쟁력을 상실한 데서 온 결과라고 볼 수 있다.

문화체육관광부의 통계에 따르면, 한국을 찾은 외국인 관광객은 1,725만 명(2019년 12월)으로 단체관광객보다 개별관광객이 두드러지게 증가하였음을 알 수 있다. 이 중 방한 중국인 수는 크게 증가해왔고, 방한 일본인 수는 감소세를 보였다. 이는 글로벌 금융위기가 중국보다 일본에 더 큰 영향을 미쳤으며 엔화 평가절하가 일본인의 정치 환경적인 해외여행에 부정적 영향을 주었을 뿐만 아니라 한·일 독도 분쟁, 무역 규제 갈등과 지소미아 문제 등이 영향을 미쳤기 때문이다. 특히 중국관광객은 2019년 증가추세를 보이다가 2020년 1월 중국에서 시작된 신종코로나바이러스감염증 확산의 영향으로 급감현상을 보이고 있다.

제주특별자치도관광협회가 발표한 통계에 따르면 제주도를 방문한 외국인 관광객은 지난해보다 47% 급증한 164만 400여 명으로 사상 최고치를 기록했으며, 그 중 중국인 관광객이 130만 6,000여 명으로 79.6%에 달하고 있다. 일본인 관광객은 32% 급감하여 8만 9,000여 명 수준이며 대만인 관광객 역시 6.5% 감소한 2만 8,000여 명, 싱가포르인 관광객은 4.8% 감소하여 약 3만 명이 방문하였다. 제주도를 방문한 동남아지역 관광객 역시 감소하여 베트남, 필리핀, 태국 등 3개 국가의 관광객 역시 7,000여 명 정도 감소한 6만 3,000여 명으로 파악되고 있다.

특히 2013년부터 크루즈관광시장 조사보고에 따르면 한국은 중국인 소비자들에게 가장 환영받는 하계 크루즈시장 목적지로 부상하고 있다(Qunar.com, 중국여행 사이트). 그 중 부산, 인천, 제주도 등이 중국인 관광객들에게 환영받고 있다. 조사대상 중 44%가 크루즈 탑승기간은 7~9월로, 여름휴가 기간을 이용해 다녀왔다고 답변했으며, 여행기간에 대해서는 48%가 6~7일의 일정이라고 답하고 있다.

중국의 크루즈시장은 북쪽으로 톈진, 남쪽에 상하이를 중심으로 발전하고 있으며, 통계를 보면 가장 많은 크루즈 탑승 소비자들은 상하이, 베이징, 항저우, 톈진, 쑤저우, 우시, 닝보, 타이위엔, 지우장, 난징 순이었다. 특히 상하이 소비자들은 해외여행 조건상 여러 모로 편하고 새로운 여행스타일을 추구하는 경향이어서 크루즈시장의 주력군이 되고 있다.

한편 지난해 미국을 방문한 한국인은 총 125만 1,432명으로 전년 대비 9% 증가하였으며, 전체 시장에서 9위, 아시아국가에서는 일본, 중국/홍콩에 이어 3위를 차지하고 있다.

2절 문화관광과 생활관찰관광

1. 문화관광

1) 문화관광의 개념

문화관광(Cultural Tourism)이란 사람들로 하여금 서로의 생활방식과 사고(思考)의 방법을 배우게 하는 형태의 관광여행을 말한다. 따라서 관광여행은 문화교류와 국제협력을 증진시키는 가장 중요한 수단이다. 역으로 한 국가의 각종 문화적 요소들의 발전은 관광객들을 끌어들이는 하나의 수단이다.

관광은 문화교류(Cultural Relation)정책과 연결된다. 문화교류는 국가 간의 상호이해와 지식을 촉진시킬 뿐만 아니라 외국인들에게 자기 나라에 대하여 우호적인 인상을 주기 위하여 사용되기도 한다.

한 지역이 관광지로 등장하게 되는 경로 그 자체가 문화적 요소라고 볼 수 있다. 특정지역의 문화적 요소란 특정지역의 여흥 · 음식 · 술 · 환대성 · 건축물 · 공장제품 · 수공예품들과 그 지역의 생활양식 등을 의미한다.

관광산업을 성공적으로 발전시킨다는 것은 보다 편리한 운송수단과 숙박시설을 확보하는 것만을 의미하는 것은 아니다. 그보다는 그 나라 고유의 전통적인 생활양식을 보전하면서 관광객들에게 상품과 서비스를 제공하여 좋은 인상을 주고 동시에 그 나라 특유의 멋을 가미하는 행위 모두를 말한다.

한 나라의 문화적 매력은 지적이고 창조적으로 구현되어야 한다. 그리고 각국들은 서로 특유의 문화적 다양성을 조성함으로써 많은 여행자들을 유치할 수 있다. 그 나라 특유의 건축설계와 예술공연의 발전도 세계적인 독창성을 창조하는 데 이용될 수 있다.

관광문화적 요소들은 사람들의 지식과 견해의 전달이나 공유를 증진시키기 위해 이루어진 각종 활동을 의미한다. 즉, 관광의 문화적 요소란 도서관 · 박물관 · 전시회 · 뮤지컬 · 소인극 또는 영화행사 · 대학방문 · 해양과학탐사 · 관광지 지리답사 · 회의 · 대회 · 세미나 등을 들 수 있다.

2) 문화관광의 기본 성격

문화관광의 기본 성격은 관광객들이 즐길 수 있게 주요한 주제에 대하여 문화행사를 집중시킴으로써 높은 관광효과를 얻는 데 있다.

최근에는 관광객들이 즐기는 활동에 특별공연이나 문화행사를 연관시키는 경향이 높아지고 있다. 예를 들면 연극·영화 공연과 함께 축제를 벌이는 경우 등이다. 성공적인 예로는 바그너 음악제와 함께 열리는 미국 시애틀의 링 축제라든가, 캐나다 퀘벡의 겨울 축제를 들 수 있다.

또 다른 예로는 대형전시회나 박람회를 강조하는 것이다. 즉, 국제회의나 총회를 전시회·박람회·축제기간 동안에 개최하여 관광객의 흡인요인을 증대시킨다. 젊음의 축제나 잼버리 대회 같은 행사나 올림픽 등의 주요 체육행사를 다른 큰 회의와 동시에 개최하기도 한다(그림 6-2).

그림 6-2 • 평창올림픽과 강원푸드박람회 전시부스

관광객들의 관심을 고조시키는 또 다른 방법은 다른 나라의 마을이라든가 지역과 서로서로 자매결연을 맺고, 상대방 국가가 계획하는 행사에 대표를 보내는 등의 '짝짓기(Twinning)' 방법이다. 그 한 예로서 미국 플로리다의 디즈니월드 안에 있는 엡카트(EPCOT)는 한 지역에 여러 국가의 문화를 보여 주는 대형전시몰과 레크리에이션몰을 함께 전시하고 있다. 또 다른 예는 하와이(호놀룰루)의 폴리네시안 문화센터

(P.C.C.)가 그 대표적이라 할 수 있다(그림 6-3 참조). 여기에는 매우 다양한 민속촌들이 있는데, 각 마을들은 여행자들이 직접 참여할 수 있는 건물과 정원 그리고 각종 놀이활동들로 이루어져 있는 것이 특성이다.

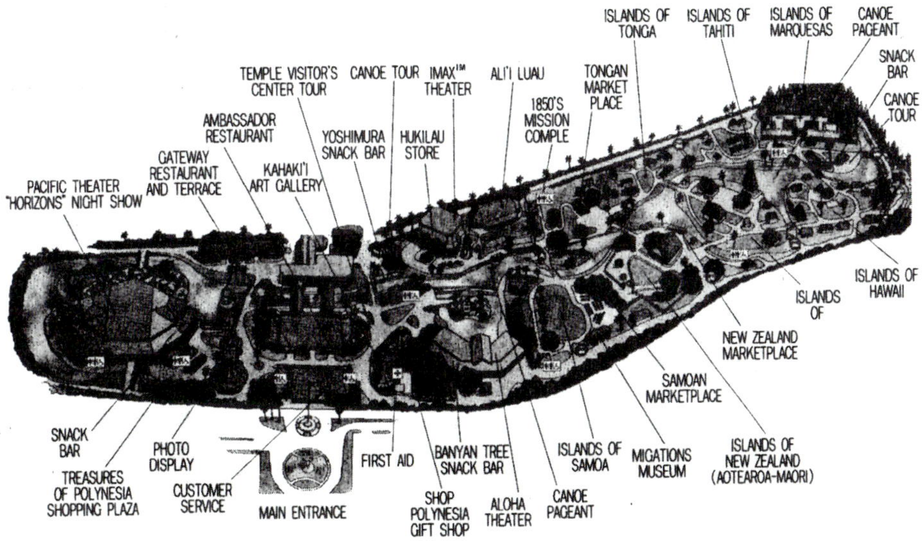

그림 6-3 • 하와이(호놀룰루)의 폴리네시안 문화센터
출처: www.polynesia.com

2. 생활관찰관광

1) 생활관찰관광의 개념

생활관찰관광(Life Seeing Tourism)이란 관광객이 여행목적지를 방문하여 그 지역의 생활모습을 관찰하고 그 지역 주민들과의 만남으로 이루어지는 목적지향적인 관광활동을 말한다. 일반적으로 사람들은 어떤 장소를 방문하면 그 지역에 높은 관심을 보이고, 마치 자기들이 과거에 이곳을 한 번 본 적이 있는 것처럼 느낀다. 이처럼 오늘날 여행자들의 관심을 끌 수 있는 목적지향적인 활동들이 점점 더 일반적으로 받아들여지고 인식되고 있다. 인기 있는 관광지에서는 1년 중 비수기 기간에 그러한 목적지향적인 활동과 여행상품을 제공할 수도 있다. 목적지향적 활동 여행상품이란 예를 들면 여행 중인 내과의사에게 그 지역 내과의사들과 대화를 나누고, 최첨단 의학장비나 설비를 보게 하는 등의 일정을 제공하는 일련의 행위이다.

휴가여행 중인 의사는 의학 심포지엄이나 세미나에 참가하거나 같은 전공을 가지고 있거나 공중보건 또는 일반의료행위에 관심이 있는 내과의사들과 모임을 갖거나 식사하기를 원할지도 모른다. 또는 전문분야의 의견을 교환하기 위해 여행지에서 유명한 내과의사의 집을 방문하기를 원할 수도 있다. 관광지가 인기를 끌려면 단순히 해변에 누워서 일광욕을 하거나 노는 것이나 혹은 나이트클럽을 돌아다니는 것 또는 유명한 관광명소들을 방문하는 것 등의 전통적인 오락활동들을 제시하는 것에 매료되어서는 안 된다. 한 단계 더 나아가서 관광객들의 관심을 끌 수 있을 뿐만 아니라 지적인 호기심을 만족시킬 수 있는 활동들을 더 많이 제공해야 할 것이다.

이러한 생활관광의 대표적인 예로 덴마크관광국을 들 수 있다. 그들은 덴마크를 방문한 관광객들이 자신이 관심을 가지고 있는 분야의 전문가나 기술자들을 만나고 싶어 하면 안내원들로 하여금 그들을 선정하여 방문계획을 세워 서로 만날 수 있도록 주선해 준다. 또한 만일에 관광객이 사회문제나 시 정부의 행정집행방식을 관찰하는 데 흥미를 가지고 있다면, 이 분야의 전문가인 안내원은 관광객들이 도시계획사무소·학교·사회복지단체·사회복지센터들을 방문하고 이러한 문제들을 토론하는 회의와 세미나에 참석하도록 계획을 세우고, 덴마크 안에서 관광객이 관심을 가지고 있는 분야에서 일어나는 일을 직접 배울 수 있는 기회를 제공해 준다.

이러한 생활관찰관광은 보통 기본적으로 하루 중 반나절 동안 실시되며, 관광객은 나머지 오후에는 인기 있는 관광행사지를 방문하고 쇼핑을 하고 기타 다른 일상적인 오락활동을 추구하면서 보낸다. 오전 시간은 특별전문안내인이 관광객의 희망에 따라 계획을 세운 기관이나 협회 등을 방문하는 데 사용된다.

생활관찰관광은 또 가족들 간에 사회적 친교를 맺게 할 수 있다. 여행지의 가정들은 관광객들과의 대화와 사교를 위해 저녁식사 후 관광객이나 관광객의 가족을 초대해 접대하거나 관광객이 개인 집에 머물 수도 있다. 이것은 아마 다른 지역 사람들의 문화와 생활양식에 친숙해지는 가장 좋은 방법일 것이다. 바하마를 방문한 관광객들은 바하마의 '사람 대 사람 프로그램(People to People Program)'을 통하여 매우 인간적인 방법으로 섬 주민들과 그곳의 문화를 접할 수 있다.

이 프로그램은 바하마 관광성에 의해 수립되었으며, 바하마 주민들 중에서 관광객들과 유사한 직업이나 관심을 가지고 있는 사람들이 자발적으로 관광객들을 대접하는 것이다. 바하마 주민 중 접대자 또는 접대가족들이 손님들을 지방연극공연이나 주일예배에 참석하게 하거나 바하마 전통요리를 하는 가정으로 초대하는 것들 중에서 하나를 선택하면 바하마 관광성에서 이를 희망하는 관광객과 서로 연결시켜 준다. 이외에도 관광객의 관심에 따라 기타 다양한 활동들이 제공될 수도 있다. 생활관찰관광을 통하여 관광객들은 대체적으로 자신들이 방문하고 있는 지역의 문화에 대한 이해를 높이고 서로의 우정을 돈독히 하는 데 큰 의의를 갖는다.

2) 생활관찰관광의 기본 성격

생활관찰관광의 기본 성격은 관광객이 해외에서 그들이 원하는 생활정보를 수집하고, 역사 · 지리에 관한 자료도 모아 자국의 문화교육에 공헌하는 인류지리학적인 성격을 지니고 있다. 따라서 관광객이 해외에서 얻고자 하는 정보에는 끝이 없다. 그들은 각종 정보를 주로 책 · 안내문 · 영화 및 기타 모든 정보전달매체로부터 수집한다. 그러므로 한 나라의 역사나 지리에 관한 자료를 모을 뿐만 아니라, 수집된 자료를 여러 나라 언어로 정확하게 표현하는 데에도 전문가들의 봉사가 절대적으로 필요하다.

지역 간의 차이에 따라 문화적 정체성 분류 카드 제도(Cultural Identity Card)를 발전시키는 방법도 고려할 수 있다. 이 제도는 유럽위원회가 성공적으로 운영하고 있는

데, 이를 이용하여 유럽위원회는 관광객들을 교육·과학·예술분야의 전문가에게 소개시켜 주고 있다.

한 나라의 문화유산에 대한 번역은 관광에서 아주 중요하다. 주민들이 문화유산·역사 및 자연유산에 대한 통역관이 될 수 있도록 어학 및 교육과정을 개발할 수도 있다. 또한 '관광-문화교실'과 같은 교육프로그램을 개발하여 단기교육과정을 개설할 수도 있다. 이 과정을 수료하는 사람들에게는 안내원이나 혹은 해당 분야의 전문가로 봉사할 수 있게 한다. 개인관광이든 단체관광이든 모든 유형의 관광은 관광객들에게 적절한 정보를 제공하여 그들의 관심을 충족시킬 수 있어야 한다.

그러한 교육적 노력이 실현되었을 때, 주민들 또한 자기정체성과 자기 지역에 대한 긍지를 갖게 되며, 이는 결과적으로 그들의 삶의 질도 향상시킨다. 예를 들면 지방문화행사를 그 지역 주민들은 물론 관광객의 흥미를 불러일으키도록 기획할 수 있다. 왜냐하면 여행에서 가장 중요한 동기 중의 하나가 고유문화에 대한 관심이기 때문이다. 그러므로 인류지리학적 성격이 중요시되고 있다.

인류지리학이란 여러 인종과 그들의 지리학적 분포를 연구하는 인류학의 한 분야이다. 여행에 가장 중요한 동기 중의 하나는 다른 나라 민족들이 가지고 있는 고유문화에 대한 관심인다. 멕시코인들은 스위스인들과 다르고, 발리섬 주민들은 에스키모인들과 다르다. 세계와 세계의 민족들에 대한 인간의 본능적 호기심은 여행을 자극하는 가장 강력한 요인들 중 하나이다. 여행업자나 여행상담자들은 세계 여러 민족들 간의 문화의 기본적 차이를 파악해야만 하고, 그러한 문화들의 특징을 이해하고, 이러한 문화가 여행객들에게는 가장 흥밋거리가 된다는 사실을 인식해야만 한다.

유엔인구기금(UNFPA)의 2019년 세계인구현황보고서에 의하면 지구의 74억 인구 중 대부분이 지리적으로 몇몇 지역에 집중되어 있다. 이렇게 인구가 집중되어 있는 지역들은 그들 안에서 나름대로 매력거리들을 제공한다. 한편 지구상에서 인구밀도가 아주 낮은 지역들, 예를 들면 캐나다·미국 서부지역·시베리아·중국 서부·오스트레일리아·아프리카 대부분 그리고 남미의 대부분의 지역들은 원시 그대로의 매력을 가지고 있다. 도시들과 마을, 그리고 전원적이고 유목민적인 문화들로 이루어진 풍경은 도시화된 사회에서 살고 있는 사람들에게 흥미를 제공한다. 특히 원시적인 문화관광은 여행 경험을 풍부하게 할 뿐만 아니라 흥미롭게 만들어준다. 대만의 산포문화촌과 같은 지역은 관광객들에게 원시적 매력을 주는 좋은 예라고 할 수 있다.

3절 공정관광

공정관광이란 새로운 관광의 형태로서 사회 변화의 흐름과 함께 자아를 발견하고 관광지의 지역사회와 우리 주민들과 더불어 함께 살아가는 지혜를 일러 주는 진정한 나를 찾아 떠나는 관광을 의미한다.

지금까지의 관광이 경제적인 이익과 편익 추구에 집중했다면 이제는 관광자와 지역주민, 관광관련업체가 사회적 공정성, 환경적 공정성, 경제적 공정성을 추구해 나갈 때에 공정관광으로 발전할 수 있다.

세계관광기구(UNWTO)는 공정관광을 책임관광(Responsible Tourism, Fair Tourism)으로 '현지의 자연, 건축 그리고 문화적 환경과 모든 관련 부분의 이익을 존중하는 모든 관광의 형태'라고 정의했다. 관광이 개인이 정주지를 떠났다가 다시 돌아오는 일정을 모두 포함하다 보니 관광목적지에서의 활동에 도덕성과 윤리적 책임까지 요구하는 시대에 접어든 것이다. 즉, 공정관광은 '관광활동에서 이용되는 땅, 자연자원, 노동력 그리고 문화의 주인인 현 주민에게 관광으로부터 실질적인 혜택을 보장하는 것'으로 윤리적 구조를 가지고 공정한 임금과 지역이익에 중점을 둔 것이다.

오늘날의 소비자들은 기업이 제공하는 제품이나 서비스의 품질, 가격, 디자인 등 전통적 구매에 대한 고려 요소와 더불어 기업이 실행하는 기부, 공익활동, 공정거래 등의 사회적 책임과 기업의 윤리성에도 관심을 보이고 있다.

공정관광은 공정무역(Fair Trade)에서 따온 개념으로, 착한여행이라고도 한다. 즐기기만 하는 여행에서 초래된 환경오염, 문명 파괴, 낭비 등을 반성하고 어려운 나라의 주민들에게 조금이라도 도움을 주자는 취지에서 2000년대 들어서면서 유럽을 비롯한 영·미권에서 추진되어 왔다. 공정여행을 통해 현지인이 운영하는 숙소를 이용하고, 현지에서 생산되는 음식을 구입하는 등 지역사회를 살리자는 뜻을 지니고 있다.

공정관광의 기본적인 유형은 관광기업 및 소비자들의 소비를 통해 기부 활동을 하는 것이다. 관광 소비자들이 착한소비를 통해 직접적으로 실현한다는 데 있어 가장 많이 활용되는 형태라고 할 수 있다. 그러나 최근에는 관광기업들이 자체적으로 갖고 있는 지식, 기술, 서비스 등 핵심역량을 자사만을 위해서 쓰는 것이 아니라 비영리 단체나 공공기관을 위해서 쓰기 시작하면서 그 영역이 점차 넓어지고 있다. 이러한 재능기부 역시 직접적인 소비를 통한 경제적 가치의 창출보다는 관광기업 인지도 및 브랜드 가치의 향상 등 간접적인 경제적 가치의 창출을 기대하고 있다.

그러나 공정관광의 실행에서 가장 중요한 것은 어떠한 공정관광을 선정하느냐이다. 관광기업은 공정관광을 선정할 때 일회성보다는 지속 가능한 공정관광을 선정하는 것이 중요하다. 또한 이미 타 관광기업이 실행하고 있는 공정관광이라면 상대적으로 부각이 되지 않을 가능성이 높기 때문에 정기적인 관점에서 관광소비자들이 관심을 갖고 공감할 만한 상품을 선정하는 것이 필요하다.

또한 공정관광을 선정하는 데 있어서 고려되어야 할 또 하나의 요소는 해당 공정관광지와 관광기업이 제공하는 상품과의 연관성이다. 연관성이 떨어질 경우 단순히 공정관광지를 착취하는 마케팅이라는 부정적인 인식을 심어줄 우려가 있다. 아울러 기본적으로 관광상품에 대한 서비스의 품질이 보장되어야 한다.

관광소비자들은 특정제품이나 서비스가 단순히 공정관광과 연계되어 있다는 이유만으로는 구매하지 않는다는 사실을 명심해야 한다. 그리고 공정관광은 소비자들의 구전을 통해 전달되는 것이 좋다. 이를 위해서는 소비자들이 직접 체험할 수 있거나 관광객들의 감각을 자극하는 등 관광소비자들이 공유할 수 있어야 한다. 따라서 관광기업들이 실행하는 공정관광은 사회가 추구하는 공익적인 가치는 물론 관광기업이 추구하는 경제적 가치를 동시에 창출할 수 있어야 한다. 이를 위해 가장 중요한 것은 관광소비자들에게도 실용적인 가치를 제공해야 한다는 것이다.

특히 공정관광의 성공은 관광기업과 사회 그리고 관광소비자들의 이해관계가 교차하는 지점을 찾아낼 때만이 이루어질 수 있다. 공정관광의 사례로 대형호텔체인이 아닌 현지 주민이 운영하는 숙소를 이용한다거나, 비행기에서 배출되는 이산화탄소로 인한 지구온난화를 염려해 비행기로 여행을 하지 않는 것 등이 있다.

공정관광은 최저비용으로 정해진 일정만 쫓아가는 일반 패키지여행과는 달리 현지인에게 직접 도움을 줄 수 있어 관광객도, 현지인도 모두에게 이익이 돌아가는 즐거운 관광방식이다. 국내에서는 제주도민이 운영하고 있는 작은 민박이나 식당 등을 이용하고, 올레 길을 이용한 후에는 자기가 원하는 만큼 후원금을 낼 수도 있다. 즉, 착한 소비로 만드는 생산자와 직거래를 통해 소비자들에게 전달되는 건강한 농산품, 친환경제품 · 재활용품, 사회적 기업이 생산한 제품, 그리고 제3세계의 노동자들에게 정당한 대가를 지불하는 공정무역상품을 선호하는 관광 측면의 소비행위를 말한다.

4절 관광 관련 기구와 활동

1. 국제관광기구와 활동

개방화 · 국제화 시대에는 국제적 협력이 가장 중요하다. 관광 관련 분야에서의 국제협력은 국제 간에 상호이해를 증진시키고 국제친선을 도모함으로써 관광교류를 촉진시키는 계기가 될 수 있으므로 국제기구에 가입하는 것이 중요하다. 한국도 이와 같은 국제관광기구에 가입하여 적극적인 활동을 전개하고 있다. 특히 이러한 기구를 통하여 세계관광의 흐름을 파악하고 이에 능동적으로 대처하는 일은 대단히 중요하다고 하겠다.

한국이 가입하여 활동하고 있는 대표적인 국제관광기구로는 세계관광기구(UNWTO), 경제협력개발기구(OECD), 아시아 · 태평양협력기구(APEC), 아시아 · 태평양관광협회(PATA), 동아시아관광협회(EATA), 미주여행협회(ASTA), 유엔아시아 · 태평양경제사회위원회(ESCAP), 동남아시아 여러 나라 연합무역투자관광촉진센터(ASEAN), 세계여행관광협회(WTTC) 등 9개 기구이다.

1) WTO

WTO(World Tourism Organization : 세계관광기구)는 1947년에 조직된 국제관광연맹(International Union of Official Travel Organization: IUOTO)이 1975년에 정부 간 협력기구로 개편되어 설립된 세계관광기구이다. 세계 각국의 정부기관이 회원으로 가입되어 있는 유일한 정부 간 조직이다. 1970년 가을에 채택된 WTO 헌장에 근거하여 국제개발계획(UNDP)의 실시기구로서, 1975년 1월에 창설된 관광분야의 세계 최대의 국제기구라고 할 수 있다.

헌장목적은 관광을 통한 세계의 경제적 발전, 국제 간의 이해증진과 인권(人權) · 성(性) · 언어 또는 종교에 의한 차별을 하지 않고 세계 모든 국가의 국민의 인권 및 기본적 자유를 보편적으로 존중 · 준수하는 데 기여하기 위한 관광진흥에 그 목적이 있다.

WTO는 스페인의 수도 '마드리드'에 본부를 두고 있으며, 현재 가맹국은 129개국, 준가맹국 4개국, 찬조가맹단체는 304개로 조직되어 있다. WTO 총회는 격년제로 개최되며, 6개 지역(유럽 · 아메리카 · 동아시아 · 태평양 · 남아시아 · 중동 지역 등) 위원회를 비롯한 각종 회의 및 세미나를 개최하고 있다.

아시아 · 태평양 지역본부는 일본 오사카에 개설되어 있다. WTO는 공신력을 가진 각종 통계자료 발간을 비롯하여 교육 · 조사 · 연구 · 관광편의 촉진 · 관광지 개발 · 관광자료 제공 등에 역점을 두고 활동하고 있으며, 관광분야에서 유엔 및 전문기구와 협력하는 데 중심 역할을 수행하고 있다.

IUOTO의 회원이었던 교통부(현재 문화체육관광부)가 1975년 자동적으로 정회원으로 가입되었고, 한국관광공사는 1977년 찬조회원으로 가입하여 활동 중에 있으며, 한국관광협회도 1992년 5월 제43차 집행이사회의 결의에 의하여 찬조회원으로 가입하여 활동하고 있다.

한국은 1980~1983년 기간 중 집행이사국으로 처음 선임되었고, 1991~1995년 기간 중에 집행이사국을 역임하였다. 현재는 사업계획조정위원회(Technical Committee for Program and Coordination)의 위원국이다.

1988년 5월에는 WTO 동아시아 · 태평양 지역위원회(WTO-CAP), Commission for East Asia and the Pacific)를 서울에서 개최하여 일본 · 중국 · 인도네시아 · 필리핀 · 미카오 등의 대표가 참석한 가운데 의장국으로 회의를 진행하여 동아시아 · 태평양 지역의 관광진흥전략방안을 협의한 바 있으며, 1988~1989년 동안 임기 2년의 WTO-CAP 의장국을 맡아온 한국은 WTO-CAP 회의의 결정에 따라 의장국에 재선임되어 1991년 4월 25~26일간 중국 베이징에서 개최된 제21차 WTO-CAP 회의를 주재하는 등 아 · 태지역 관광진흥 구심체로서의 역할을 활발히 수행한 바 있다. 1995년 11월에는 WTO의 회원국에 대한 기술자문사업의 일환으로 한국의 관광안내 체계 개선을 위한 자문조사가 실시되었으며, 1996년에도 한국의 생태관광 개발사업이 기술자문사업대상으로 선정되기도 하였다.

2000년대에도 한국은 WTO와의 협력을 계속 강화하고 국제사회에 기여하며, 국제관광전문가를 양성하기 위해 1996년부터 2019년 현재까지 매년 2명의 관광전문가를 파견하기로 WTO측과 합의하였다.

2) OECD

OECD(Organization for Economic Cooperation and Development, 경제협력개발기구)는 OEEC(유럽경제협력기구)를 모체로 하여 1961년 9월에 정식으로 발족한 경제협력기구이다. OECD의 조직은 선진국인 유럽의 여러 나라 · 북미 · 일본 등 선진공업국 25개국으로 구성되어 있으며, 현재는 한국을 포함해서 총 34개국으로 증가하였다.

설립취지는 재정금융상의 안정유지와 함께 고도의 경제성장을 지속시킨다는 데 목적을 두고 있다. 이는 특히 경제성장 · 개발도상국 원조 · 다각적 자유무역 확대 등 3대 목적 달성이 주목표이나, 근년에 와서는 환경문제 · 자원에너지문제 · 고용 · 사회정책 · 과학기술 · 관광 등의 활동범위를 확대시키고 있다.

특히, 이 기구는 관광위원회를 두고 있으며, 이 위원회에서는 국제관광의 활성화정책(여행장애요인 제거) 및 관광진흥시책의 추진과 관광통계의 정비 · 고용촉진 · 인재육성을 위한 활동을 전개하고 있다.

1994년 6월 관광위원회에 대한 옵서버 참가자격이 부여되어, 1995년부터 관광위원회 총회 및 통계작업회의에 참가하여 주요 선진국의 관광정책 및 통계기법 등을 습득한 바 있다. 또한 OECD의 관광정책 수립 및 집행을 지원하고 전문가 양성을 위해 1996년부터 현재까지 계속적으로 OECD 사무국에 관광전문가를 파견하고 있다.

3) APEC

APEC(Asia Pacific Economic Cooperation, 아시아 · 태평양 경제협력체)는 1989년 호주의 캔버라에서 제1차 각료회의를 개최함으로써 발족한 아시아 · 태평양 경제협력기구이다. APEC는 10개 실무그룹을 두고 있는데, 관광실무그룹회의는 1991년 하와이에서 회의를 갖고, 1996년 5월 북경회의 개최 이후 2019년 현재까지 수십차례 개최된 바 있다. APEC는 관광실무 그룹회의에서는 역내관광발전을 저해하는 각종 제한조치의 완화, 환경적으로 지속 가능한 관광발전 등의 주제를 발전시키고 있으며, 한국도 이에 적극 참여하고 있다.

4) PATA

PATA(Pacific Asia Travel Association, 아시아 · 태평양 관광협회)는 아시아 · 태평양 지역의 관광진흥활동과 지역발전 도모 및 구미관광객 유치를 위한 마케팅 활동을 목적으로 1951년에 설립된 아시아 · 태평양 관광협회를 말하며, 세계 각지에 4지역 본부 76개 지부, 9개 지국이 있다.

현재 2,049본부회원과 76지부에 소속한 17,000여 명 이상의 지부회원을 가지고 있다. PATA 본부는 미국 샌프란시스코에 있으며 4개 지역본부(아메리카 · 태평양 · 유럽 · 아시아)와 동북아시아대표부(일본 도쿄)를 두고 있다.

PATA는 또한 연차총회 · 관광교역전 · 세계지부회의 및 마케팅 회의를 개최하고 있으며, 회원들을 위한 마케팅 개발 및 교육사업과 PATA Travel News 등 각종 정보자료 발간사업을 하고 있다.

한국관광공사가 정회원, 지방자치단체들이 준회원, 관광업체들이 산업회원에 가입하여 총 93개 기관 · 업체가 PATA 회원으로 가입하였다. 매년 연차총회 및 교역전에 참가하여 세계여행업계 동향을 파악하고 한국관광홍보 및 판촉상담활동을 전개하고 있으며, 1965년 이후 약 15년마다 PATA 총회를 유치 · 개최하고 있다.

5) ASTA

ASTA(American Society of Travel Agents, 미주여행업협회)는 미주지역 여행업자 권익보호를 목적으로 1931년에 설립된 세계 135개국 92개 지부와 25,000여 회원을 거느린 세계 최대의 여행업협회이다.

연차총회 및 트레이드쇼 등이 동시에 개최되는 연례행사로서 행사기간 중에는 각국 NTO, 각국 관광업계의 판촉활동이 활발하게 전개되며, ASTA측에서는 각종 유익한 교육프로그램을 제공한다. 한국관광공사는 1973년 준회원으로 가입하여 이 기구 내 활동을 통해 미주시장 개척의 기반을 다지고 있다. 매년 연차총회 및 트레이드쇼에 업계와 공동으로 한국 대표단을 파견하여 판촉 및 정보수집활동을 전개하고 있으며, 1983년에는 총회 및 트레이드쇼를 서울에 유치하여 대형국제회의 개최능력을 전 세계에 홍보하였다. 1979년부터 ASTA 한국지부가 설립되어 운영되고 있다.

6) EATA

EATA(East Asia Travel Association, 동아시아 관광협회)는 유럽 · 미주 선진국을 대상으로 동아시아 국가들이 공동 마케팅 활동을 수행할 목적으로 1966년에 설립된 동아시아 관광협회를 말한다. 이 기구에는 한국 · 일본 · 마카오 · 대만 · 필리핀 · 태국의 NTO가 회원으로 가입되어 있다.

주요 활동으로 유럽 · 미주, 대양주 지역에 8개 지부를 두어 현지 여행업자를 대상으로 세미나 개최, 세계 유수관광전시회 참가, 언론홍보, 공동홍보간행물 제작 · 배포 등의 마케팅 활동을 전개하고 있다. 한국관광공사는 설립 당시부터 연중 지부활동을 통해 마케팅 활동을 전개하고 있다.

7) ESCAP

ESCAP(United Nations Economic and Social Commission for Asia and The Pacific, 유엔 아시아 · 태평양 경제사회위원회)은 UN 경제사회이사회 소속의 5개 지역경제위원회 중 한 기구이다. 1947년 3월에 설립되었으며, 설립당시는 아시아 극동경제위원회(ECAFE)라고 칭했으나 태평양 지역 내 회원국 증가로 1974년에 현재의 명칭으로 개칭되었다.

현재 가맹국은 49개국으로 아시아 · 태평양지역이 44개국이고, 지역 외로는 프랑스 · 네덜란드 · 러시아 · 영국 · 미국 등 5개국이 추가되었으며 준가맹국도 10개국이 있다. 설립목적은 아시아, 태평양지역의 경제발전 강화 및 경제기술적 문제의 해결과 개발조사 · 경제 · 기술 · 통계 등에 관한 정보수집 정리 · 배포 등을 목적으로 하고 있다.

사무국은 방콕에 있으며, ESCAP 사무국장 밑에 12개 부서가 설치되어 있다. 관광분야에서는 지역 내 관광진흥에 관한 세미나, 워크숍 등을 개최하고 그 외에도 각국의 관광에 관한 경제파급효과에 대해서 조사하고 가맹국에 조언을 아끼지 않고 있다.

8) ASEAN

ASEAN센터(동남아시아제국 연합무역 투자관광촉진센터)는 아세안 여러 나라 간의 무역 · 관광투자의 촉진을 목적으로 설립한 기구이다. 그런데 당시의 아세안(ASEAN)

가맹국은 인도네시아 · 말레이시아 · 필리핀 · 싱가포르 · 태국이었고, 여기에 일본이 가맹국으로 동협정에 서명함으로써 1981년에 국제기구로 설립되었다. 또한 1990년에는 브루나이 · 타르가 7번째의 가맹국으로 가입하면서 오늘에 이르렀다.

9) WTTC

WTTC(World Travel and Tourism Council, 세계여행관광협회)는 미국 · 유럽 및 아시아 각국의 여행산업에 관련한 유력기업(항공 · 철도 · 해운 · 호텔 · 레저 등)이 참석하여 세계여행산업진흥에 관한 관련정보 교환은 물론, 관광산업의 경제에 미치는 유용성을 어필할 수 있는 협의기구로서 1990년 4월에 설립된 세계여행산업회의기구이다. 사업목적은 자유개방시장의 형성 촉진 및 여행산업의 하부구조의 충실, 관광산업에 대한 공평한 정책결정 등을 목적으로 하고 있다. 현재 회원은 세계의 항공회사 · 여행업자 · 호텔체인 · 철도회사 · 렌터카회사 등의 회장 · 사장 등 업계 대표로 구성되어 있다.

2. 한국이 가입한 국제관광기구 현황

우리나라가 가입한 국제관광기구들의 현황을 살펴보면 〈표 6-1〉과 같이 요약할 수 있다.

표 6-1 • 한국이 가입한 국제관광기구 현황

기구명	설립목적	설립 연도	본부소재지	회원 수	주요 사업	비고
AACB Asian ssociation of Convention & Visitors Bureau	1. 각종 국제회의 의 아주 지역 유치 2. 국제회의 유치에 따른 정보제공 3. 관련기관 및 업체의 협력체제 구축	1983	Asian Institute of Tourism. University of Philiplines. Dos Mariano Que zon City 3060 Metro Manila Philippines	8개국 (10단체)	1. Data Bank 설치운영 2. 국제회의 유치를 위한 공동 선전 활동 3. 교육프로그램	관광공사 '83년도 가입(창설회원)

계속

기구명	설립목적	설립 연도	본부소재지	회원 수	주요 사업	비고
ASAE American Society of Associate Executives	1. 회원 간 정보 · 경험교환 2. 교육 및 자문을 통한 국제회의 기술 증진	1920	1575 Eye Street Washington, D.C. 20005 202 626 ASAEUSA 4400 Macarthur	8,000 회원	1. 연차총회, 전시회 및 세미나 개최 2. 각종 간행물 발간	관광공사, 뉴욕지사 가입:회원자격 매년 갱신
ASTA American Society of Travel Agents	1. 회원상호 간의 이익옹호 2. ASTA윤리 규정 존중 3. 과당경쟁의 억제	1931	Elvd. M.W., Washington D.C. 20007 USA 40 Japan National	120 개국	1. 총회개념 2. ASTA Trade Show 3. IDA(ASTA국제부) 총회 4. ASTA Travel News지 발간 5. 교육사업	국내정회원:13 국내준회원:26(여행사가 정회원임) 관광공사 '73년도 가입 (준회원)
EATA East Asia Travel Association	1. 동아시아지역 관광진흥 개발 2. 공동선전 활동	1967	Tourist Organization 2 10 1. Yurakucho, Chiyoda Ku, Tokyo Japan	6개국	1. 8개 지역 지부 활동 2. EATA Manual공동 포스터 및 선전영화제작 3. 집행위원회 및 선전분과위원회 활동	국내정회원:13 국내준회원:26 (여행사가정회원임) 관광공사 '73년도 가입(준회원) 대만, 홍콩, 태국, 일본, 마카오
TIYTO 1. Federation of International Youth Tourism Organization	1. 각종 청소년 여행기구 간의 상호이해 및 협력을 통해 청소년의 사회 교육문화, 여행의 증진 2. 여타 국제기구와의 협조를 통한 동기구의 발전과 이익 도모	1950	Islands Bygge 81 DK 2300 Copenhagen Denmark T. Am 4535 Telex 16359	32개국	1. 청소년단체 간의 상호의견 교환 2. 국제세미나 개최	한국국제 청년 학생교류회 (LIYSES) 가 1981년 가입
IACVB International Association of Convention and Visitors Bureau	1. 각종회합 및 컨벤션의 유치 및 주관에 대한 전문기술의 보급 2. 컨벤션 주최기관에 대한 자료교환	1914	702, Bloomington Road, Champaign Hlimo 61802 USA	16개국 (248 회원)	1. 회의주최자에 대한 자문 및 정보 제공 2. 주최자와 시설 및 용역공급자 간의 중개역할 3. 회의기술지도	관광공사 '85가입 미국을 중심으로한 국제적 컨벤션 협력 기구

계속

기구명	설립목적	설립 연도	본부소재지	회원 수	주요 사업	비고
IASC International Association of Skal Clubs	관광산업분야 중역 간의 우의 및 공동 목표의 개발	1934	Centre International Rojier Passage International 14. bte 14,1000 Bnussels, Belgium	432협회 (88개국)		서울 Skalclub 1969년 설치
IATA International Air Transport Association	1. 여객의 안전과 경제적인 운송의 촉진 2. 항공무역상의 문제점 연구 3. 국제항공운송업자 간의 제휴	1945	26, chemin de Joinville O.O. Box 160 CH1216 Cointrin, Geneve, Swizerland	102개국 (108 항공 업체 회원)	1. 운송회의 및 운임 문제를 심의 2. 항공권 판매 대리점 규제	15개 국내 여행사 가입
ICCA International Congress & Convention Association	1. 각종 국제회의 유치 및 편의 제공 2. 국제회의에 관한 전문적인 서비스 제공 3. 국제회의 개최에 따른 회원의 균등 이익 제공	1964	J.W. Brouwersplein 27 P.O. BOX 5343 Amsterdam Netherlands Tel:020765941	65개국 (382 회원)	1. 세계적인 주요 회의 기록유지 2. 개최예정회의에 대한 기록 유지 3. 정기간행물 발간 4. 전문교육 (CMP 세미나) 5. 회원 간 전문 서비스교환편리 도모	1977한국관광공사, 대한항공, 대한여행사, 신라호텔 가입, 컨벤션 산업의 발상인 구주 중심의 범세계적 컨벤션 종합기구
IFWTO International Federation of Women's Travel Organization	1. 관광유관업계에 종사하는 여성들의 지위향상 도모 2. 국제회원 간의 친선도모 및 협조방안 강안 3. 지부설치 및 활동협조	1968	Transworld Air ways 2443, North Century Ave. Phoenix Arizona 85012 U.S.A	4,500명 (14개국 50여 개 지부)	1. 연차총회개최 2. 교육사업 3. 뉴스레터 Spirit. 신문 Industry Affairs 발간	한국여성관광인 클럽이 '86. 5. 12 가입
IHA International Hotel Association	1. 국제호텔업 및 국제관광업에 관한 문제협의 2. 회원에 대한 정보제공	1964	89 rue du Fau bourg Saint Honore, 75008, Paris France	121개 국협회	1. 국제호텔 리뷰 (월간) 2. 국제호텔가이드(연간) 및 여행업안내서 발간	1969년 워커힐 호텔 가입

계속

기구명	설립목적	설립 연도	본부소재지	회원 수	주요 사업	비고
ISTC International Student Travel Conference	1. 학생과 학자들의 교육, 사회 및 문화여가의 증진 2. 국제이해증대 3. 회원의 권익보호	1949	Weinberg Strasse 31 CH 8006 Zurich Swizerland	43개국	1. 회원 신분증 발행 2. 주요 도시 학생가이드 발행	한국국제 청년 학생 교류회 (KIYSES)가 1982년 가입
IYHF International Youth Hostel Federation	1. 각종 유스호스텔 협회의 협조 및 이해촉진 2. 각국 협회 간의 불화 조성	1932	Midand Bank Chambers, Howardsgate Welwyn Garden City Hers. England	47개국 유스 호스텔 협회	1. Bulletin(일간) 2. Hand book(연간) 발간	1968년 한국 유스호스텔 협회가입
PATA Pacific Asia Travel Association	1. 태평양지역 관광진흥 개발 2. 구미관광객 유치를 위한 공동선전 활동 3. 지역관광 개발	1951	228 Grant Avenue San Francisco 94108 U.S.A	세계4 지역 본부 76지부 9지국 2,049 본부 회원	1. 회원의 마케팅 활동의 지원 2. 76개국 2천여 관광 관련 정부기관 및 업체 가입(한국 지부 포함) 3. 관광통계조사 연구 · 교육	국내여행사, 항공사 및 호텔 1,700 지부회원 개 업체 가입. 한국관광공사 내에 한국지부가 있음. 한국총회유치('65, '79, '87, '94년 행사)
UIA Union of International Association	1. 국제회의 활동에 관한 센터 2. 국제회의 조직에 관한 법률적 · 기술적 문제의 기획 및 조사연구 촉진 3. 국제회의 개최로 이해 촉진 및 세계 평화에 기여	1901	Rue Washington 40 1050 Brussels Belgium Tel:(02)640 4109	정회원 (250) 준회원 (100)	1. 국제회의 조직에 문헌 발간 2. 국제연합 경제사회 이사회 자문 3. 국제협회 법적 신분을 위한 진흥활동	관광공사 '80년 4월 가입 학술인 구협 력단체 성격
UFTAA Universal Federation of Travel Agents Association	1. 여행자 지위 확립 2. 정부기관광의 교섭기관으로서의 역할	1966	1. Rue Defacqzloso Bruxelles Belgique	76개국 (1,086 회원)	1. 관광전시회 2. 연합회보 COURRIER 발간 3. 회원 간 분쟁 조정 총회	관광공사 '78년 가입 관광협회 '75년 가입

계속

기구명	설립목적	설립 연도	본부소재지	회원 수	주요 사업	비고
WATA World Association of Travel Agents	1. 회원여행업자의 보호 2. 세계의 관광객 왕래 촉진	1948	37 quai Wilson CH 1211. Geneva 1, Swizerland	100개국 (197 업체)	1. 지역분과위원 회활동 2. 공동판매 촉진 활동 3. Master Key(연간)지 발간	여행사, 세방 여행사 가입
UNWTO World Tourism Organization	1. 세계관광정책조정 2. 가맹국의 관광경제 발전도모 3. 각국의 사회적 · 문화적 우호관계 증진	1975	Capitan Haya42 Madrid 20 Sapin	129 개국 (108 개 관광 유관기관)	1. 세계관광통계 자료발간 2. 정기간행물발간 3. 교육 · 조사, 연구 관광편의 촉진 관광지 개발	1947년에 설립한 IUOTO가 개편된 것임. 교통부(현, 문관부)는 1975년 가입, 한국관광공사의 한국관광협회(찬조회원)

Chapter 06 학습문제

01. 다음 국민관광(Domestic tour)에 대한 설명으로 잘못된 것은?

① 국민 스스로가 생활변화를 추구하고자 하는 relation 관광활동이다.

② 국민 스스로가 국민복지증진을 위해 자발적으로 참여하는 대중관광활동이다.

③ 국민 스스로가 참여하는 자발적 대중관광과 인위적 대중관광의 복합사회현상으로 이루어지는 관광활동이다.

④ 국민 스스로가 외국의 문물, 산업, 제도 등을 시찰하고 감상하는 관광활동이다.

02. 국민관광 이동총량이란 무엇인가?

① 국민들이 1년 동안 국내를 관광하기 위해 이동한 총량
② 국민들이 5년 단위로 국내를 관광하기 위해 이동한 총량
③ 국민들이 3년 동안 국내를 관광하기 위한 여행방법의 총량
④ 국민들이 1년 동안 국내를 관광한 20세 이상 국민 대상을 원칙으로 측정한 이동 총량

03. 다음 중 국제관광의 기본 성격과 거리가 먼 것은?

① 소비성향적 성격
② 제3차 고수익성 산업적 성격
③ 제1차 산업의 기간산업적 성격
④ 견문확대의 교양 목적 성격

04. 다음 중 미국의 하와이에 위치한 민속촌의 일종인 폴리네시안 문화센터에 해당되는 것은?

① K.C.C　　② P.C.C
③ T.C.C　　④ D.C.C

05. UNWTO가 정한 공정관광이란 무엇인가?

① 소득관광　　② 소비관광
③ 책임관광　　④ 문화관광

06. 생산자와 직거래를 통해 소비자들에게 전달되는 상품을 선호하는 관광 측면의 소비행위를 무슨 관광이라고 하는가?

① 단체관광　　② 공정관광
③ 대중관광　　④ 무역관광

07. 다음 중 대표적인 국제관광기구로서 세계관광기구에 해당되는 것은?

① UNWTO ② OECD

③ KNTO ④ WTTO

08. 다음 중 PATA의 본부가 있는 국가와 도시는?

① 캐나다 - 토론토 ② 중국 - 베이징

③ 영국 - 런던 ④ 미국 - 샌프란시스코

09. 다음 중 한국의 관광기구인 KNTO는?

① 한국관광협회 ② 한국관광공사

③ 한국문화관광부 ④ 한국문화체험

정답

01. ④ **02.** ① **03.** ③ **04.** ② **05.** ③ **06.** ② **07.** ① **08.** ④ **09.** ②

CHAPTER 07 관광시장과 관광수요

1절 관광수요의 개념과 특성

1. 관광수요의 개념

관광수요는 관광활동에 참가할 수 있는 관광객을 가리키며 관광의 주체이다. 관광 주체인 관광객의 특성에 의하여 행태적 환경은 다르게 나타날 수 있다. 관광객의 특성이 환경지각(環境知覺)에 영향을 주기 때문이다.

Koffka는 인간행동(B)은 개인적 특성(P)과 개인에게 지각되는 환경(E)의 함수관계 {B = f(P · E)}로 나타난다고 하였으며, Holahan은 렌즈 모델을 제시하여 설명하였다. 즉 개인적 특성이 렌즈의 역할과 같으며 관광환경이 렌즈로 투시될 때 투시하기 전의 실제 환경은 각각 다른 지각된 환경으로 표현될 수 있다는 것이다. 이러한 지각된 환경은 관광수요에 영향을 준다. 관광지는 관광객에게 긍정적이며 특이한 환경으로 지각되며, 지각환경을 창출하여 관광객에 새로운 동기(Novelty Motive)를 부여하게 된다. 지각과 인지도는 사람의 특성에 따라 다르기 때문에 관광지마다 관광객의 특성이 다르게 나타나고 관광수요도 다르다.

2. 관광수요의 특성

1) 유효수요

유효수요(有效需要, Effective Demand)의 개념은 케인즈의 거시경제학에서 주장되었으며, 사람들이 마음속에 지니고 있는 주관적 욕망이 아니라 관광활동을 할 수 있는 여행경비, 시간 등이 주어져 실제 관광활동에 참가할 수 있는 수요를 말한다.

2) 현시수요

현시수요(現時需要, Expressed Demand)는 유효수요와 같이 여행경비, 시간 등이 주어져 있어 현실적으로 나타나고 있는 수요를 말한다. 이러한 현시수요는 현재 관광지에서 관광활동을 하고 있는 수요이지만, 관광여건이 양호하여 관광활동에 참가하고 있는 수요와 다른 대안이 없기 때문에 참가하고 있는 수요로 나누어진다.

3) 잠재수요

잠재수요(潛在需要, Latent Demand)는 현재 나타나고 있는 수요가 아니라 개인적 능력과 관광지와 관련된 여건(관광시설, 교통조건, 관광정보체계)이 주어진다면 여행에 참가할 수 있는 수요이다. 현대사회는 국민복지를 우선하는 정책으로 개인적 능력(여행경비, 여가시간, 관광욕구)과 관광여건이 계속 증진되고 있기 때문에 잠재수요는 중요하다. 관광개발계획에서는 잠재수요를 추정하여 관광지개발계획을 확정한다.

4) 유도수요

유도수요(誘導需要, Induced Demand)는 관광여건이 주어져 관광활동을 하고 있으나 관광홍보나 연수활동을 통하여 그 이용형태를 변화시킬 수 있는 수요이다. 특정 장소에 자동차 캠프시설이 없을 때 자동차 캠프장을 이용하려는 관광수요를 텐트캠핑으로 유도할 수 있는 수요이다.

2절 관광속성과 관광수요 구조

1. 관광객의 일반적 속성

관광객의 일반적 속성이란 관광객 그룹이 어떠한 특성을 갖고 있는가를 말하는 것이다. 즉, 관광객 수, 연령, 성별, 직업, 소득, 거주지, 관광목적별 등으로 그 속성을 구분해 볼 수 있다.

관광객의 총수를 산출해 내는 방법은 외국인의 경우는 입국 시에 국경에서 그 수를 기록하는 국경법과 관광객이 숙박하는 호텔에서 그 수를 기록하는 호텔 계량법 등이 있다. 연령별 구분방법은 5세 단위로 구별해서 성별로 고찰하는 것이 좋으며, 연령계층의 수와 전체에 대한 비율을 산출하여 고찰하는 것이다. 성별은 남녀별로 구분하여 산출하며, 직업별 구분은 농임업, 어업, 수렵업, 광업, 제조업, 건설업, 전기, 가스, 위생, 서비스업, 상업, 운수업, 통신업, 보관업, 회사원, 공무원, 학생, 군인, 무직, 기타 등으로 구분하고 각 직업의 구성의 전체에 대한 비율로 보아야 한다.

인간의 공간적 행동을 결정하는 요소는 토지에 대한 인구 밀도, 소득, 교통기관, 도로망, 교육수준 등의 여러 가지 요소가 있으나 그 중 경제 · 사회적 속성이 가장 중요하다. 소득과 거리와의 관계는 소득이 높을수록 여행거리는 멀어지고, 집중현상이 나타나며, 소득이 낮을수록 여행거리는 짧아지고, 분산현상이 나타난다.

경제적인 지위와 거리 관계는 인간행동과 밀접한 관계를 가지고 있다. 즉, 경제적 지위가 높을수록 인간의 행동범위는 멀고 넓어지며, 경제적 지위가 낮을수록 인간행동의 활동범위는 좁아진다.

현대사회에 있어서 관광여행 양상은 대체로 교육정도, 경제적 수입, 연령, 인종, 직업, 거주지 등이 여행과 관계가 깊다. 미국의 경우 여행자 중의 대부분 교육수준이 높으며 수입도 높고 도시에 거주하는 사람들이 많은 것으로 파악되고 있는데 [그림 7-1]은 사회적 여행 구조도를 나타내고 있다. 수입증가에 따라 여행횟수도 정비례하는 것으로 나타나고 있다.

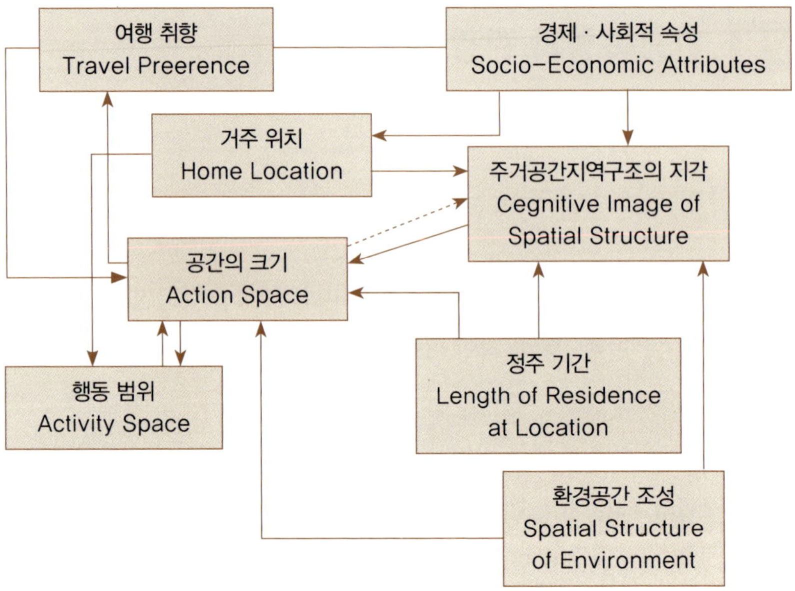

그림 7-1 • 사회적 여행 구조도

2. 관광수요의 구조

관광수요구조는 관광산업 연구에 중요한 지표를 선정하는 관광수요의 구조를 파악하는 데 중요한 자료가 될 수 있는 요인으로 구성된다.

관광수요의 구조 파악 요인으로는 관광형태, 관광빈도, 관광동기, 관광이용 교통기관, 체재기간, 소비성향, 관광객의 지역구조 등이 정확히 조사되어야 한다.

1) 관광의 형태

관광형태란 관광객이 여행 목적지에 관광하러 올 때 누구와 동반하는가를 조사하는 방법을 말하는데, 여기에서는 조사구분이 중요시되어야 한다.

일반적으로 관광형태 구분은 가족, 친지, 개인, 수학여행, 결혼여행, 친구, 친목회원, 직장동료 등으로 구분하며, 이들 그룹들이 소비하는 형태를 조사, 고찰하는 것이 중요하고, 그 구조가 어떤 순으로 나타나는가를 분석한다.

2) 관광의 빈도

관광빈도란 관광객이 일정한 지역에 일정 기간에 행해지는 관광횟수를 조사하는 것을 말한다. 관광빈도가 높고 낮음은 관광자원의 매력도도 중요하지만, 그 지역 주민의 환대정신에 입각한 친절도가 큰 영향을 미치고 있다.

3) 관광의 동기

관광동기란 관광객이 관광지에 여행하게 된 동기를 조사하는 방법을 말한다. 이러한 동기조사의 결과는 관광자원의 가치를 평가할 수 있고, 관광선전활동 상태를 알 수 있게 된다.

관광동기의 요인을 구분해 보면 자신의 소망에 따라서, 여행사의 여정에 따라서, 광고, 친구의 권유, 가족의 권유 등으로 구분할 수 있다.

4) 관광교통의 이용기관

교통발달은 관광객의 출발지와 목적지와의 거리관계에 큰 영향을 미칠 뿐만 아니라 관광산업의 전달에도 큰 영향을 미친다. 그리고 일반관광객이 어떤 교통기관을 이용하여 관광을 하고 있는가를 조사하는 방법을 말한다. 예를 들면 기차, 항공, 버스(일반버스, 고속버스), 렌터카, 택시, 자가용, 선박, 기타 등의 이용상태를 고찰해 보는 것이 바람직하다.

5) 체재기간과 소비성향

체재기간이란 일정한 관광객이 일정한 지역에 여행을 할 때에 그 여행 일정에 따른 체재기간이 얼마나 되는가를 조사하는 방법을 말한다. 관광객의 체재기간이 길면 길수록 그 지역 주민에게는 지역경제 수입이 증가될 수 있고, 체재기간이 짧으면 지역경제 수입에는 큰 도움이 되지 않는다. 이러한 조사를 통하여 일일 관광지 또는 장기체재 관광지냐를 고찰하는 것은 그 지역 경제적 의의를 평가하는 데 중요한 역할을 해준다. 소비성향이란 관광객이 일정한 여행목적지에서 여행기간 또는 체재기간에 얼마나 많은 돈을 소비하는가를 조사하는 방법을 말한다. 특히 그들이 관광토산물을 어떤 종류를 얼마나 구입하며 어디에서 구입하는가를 조사하여 관광지 개발에 기초 자료로 제공해 준다. 또한 관광객의 소비성향에서는 관광지에서 관광객이 소비하는 비용을 어떻게 마련하는지 그 출처를 아는 것도 중요하다. 즉, 여행경비를 자기가 직접 마련하는가, 타인으로부터 얻었는가, 적금이나 여행부금으로 마련하였는가의 조사를 통하여 규명해야 한다.

6) 관광객의 지역구조

관광객의 지역구조는 일정한 관광지를 중심으로 관광객이 어느 방향에서 가장 많이 내방하며, 또한 어느 정도의 먼 거리에서 내방하는가를 조사하여 기본 자료로 삼는 방법을 말한다. 인간이 사회활동을 하는 것은 당연하나 그 중에서도 여행활동은 공간적 · 시간적 선택에 의해 좌우되는 것이다.

관광객을 중심으로 하여 지역을 8방위로 구분하고 관광객의 출발지점과 목적지를 연결함으로써 관광객이 주로 어느 방향에서 많이 오는가를 파악하는 것이 좋으며, 이 방향을 따라 관광시장 입지를 결정할 수 있다. 특히 관광객의 출발지가 전국적인가 아니면 지방적인가를 파악하여 어떤 근접효과를 나타내는가 하는 것도 파악되어야 한다. 관광지를 선택하는 데에는 출발지에서 목적지까지의 교통상황과 지형관계에 따라 많은 영향을 받게 된다.

일본의 이토오(伊藤鄉平)는 관광산업을 대상으로 하는 관광권을 일상생활권 · 당일권 · 숙박권으로 규정하고, 일상생활권은 반경 10km권, 당일권은 반경 100km권, 숙박권은 반경 100km 이상권으로 정하고 있으며, 기우치(木內信藏)는 온천 취락의 분류시안이란 논문에서 거리에 따라 당일귀환권, 주말권(2~3일간), 연휴권(4~6일간), 장기권(6일 이상)으로 구분하고 있다. 또한 김병문은 관광권 연구에서 거리와 관광객 수와의 관계에서 관광객 수가 제일 많은 지역을 핵심권으로 하고 핵심권 주변을 근접관광권, 관광객이 아주 적은 공간을 공백지대, 그 주변을 주변관광권으로 설정하였다.

관광수요를 추정하려면 관광수요에 영향을 주는 변수에 대하여 연구 · 검토하여야 한다. 관광수요는 지표공간의 지역에 따라 차이가 많고, 수요자의 특성에 따라 관광지 선호가 다르다.

관광수요의 추정은 특정 관광지에 대하여 관광객이 언제, 얼마나, 무엇 때문에 방문할 것인가를 예측하는 것이므로 관광지 경영의 결정적 지표가 되는 것이다. 그리고 관광성장은 수년간의 관광객 변화에서 나타나는 연도별 성장추세를 정확히 파악하고 관광수요를 예측하여 관광산업발전의 기본 자료로 삼는 것이 중요하다.

관광객은 여행을 하는 사람과 여행할 계획을 가지고 있는 사람까지도 모두 포함하는 경우가 있다.

전자를 관광객이라 하고, 후자를 잠재관광객이라고 할 수 있다. 그러나 관광객을 정확히 식별하여 그 수를 구분하기가 매우 어려우므로 정확한 관광객 통계를 작성한다는 것은 어려운 점이 많다. 따라서 관광객 통계를 작성할 때는 순관광객 수와 겸관광객 수로 구분하여 작성해야 한다.

이러한 계산방법은 국제관광통계에서도 동일하다. 일반적으로 대부분 국가들이 발표하는 통계자료를 보면 관광객을 거주지별로 분류하여 계산해야 됨에도 불구하고, 국적별로만 분류하여 관광객 통계를 작성하였기 때문에 정확한 자료 역할을 다하지 못하고 있다.

한 예를 들면 중국국적을 가진 사람이 세계 여러 나라에 거주하고 있기 때문에 국적별로 통계를 작성하다 보면 오차가 생기기 마련이다. 따라서 그 통계상의 오차를 줄이는 것이 통계작성 기술의 문제라고 할 수 있다. 즉 숙박계의 집계자료나 교통매표소의 집계 등을 통합하여 통계를 작성하는 것이 비교적 정확한 접근법에 해당한다고 본다.

3절 관광객 수요 예측

관광객 수요 예측이란 관광객 추세의 자료를 기초로 장래에 필요한 수요를 과학적 방법으로 미리 측정하는 것을 말하는데, 과거의 데이터를 어떻게 설정하는가에 따라서 상당한 차이가 있을 수 있다.

수요 예측의 구분은 보통 차년도 및 2, 3년 후의 단기예측방법과 4, 5년 후의 중기 예측방법 6년 이후의 장기예측방법으로 나눌 수 있으나, 사람에 따라서 견해차가 있으므로 그 방법상의 차이도 있을 수 있다.

일반적으로 수요측정의 방법에는 계량적 방법(Quantitative Methods)과 정성적 방법(Qualitative Methods)이 있다.

계량적 방법은 다시 시계열분석법과 인과모형분석법(Causalmethods)으로 나누어지고, 정성적 방법은 주관적 평가법과 기술적 추정법으로 분류된다. 모든 수요측정방법들은 장단점이 있다. 어떤 수요측정방법이 좋을 것인가 하는 문제는 측정방법의 특징, 정확도, 이용분야, 필요한 자료준비, 수요측정의 시간 등에 따라 선택할 수 있다.

1. 산술평균증가량에 의한 수요 예측

산술평균증가량에 의한 수요 예측방법은 미래추정방법 중 가장 간단한 계산방법으로서, 먼저 기준연도를 설정하고 그 기준연도부터 거꾸로 7개년까지 거슬러 올라가는 계산법이다.

2020년도의 관광객을 추계하려면 2019년을 기준연도로 삼고 2019년부터 거꾸로 7개년까지 거슬러 올라간다. 그러면 2020, 2019, 2018, 2017, 2016, 2015, 2014년의 7개년이 2020년의 관광객 추계에 필요한 시계열이 되고 2019년은 기준연도가 되는 것이다.

2014년도의 관광객을 기점으로 하여 2020년까지 관광객 실적을 구하고, 만약의 경우 2020년의 관광객 실적이 구해지지 아니할 때는 시계열을 1년 더 거슬러올라가서 2013년부터 시작하여 먼저 2020년도의 추정 관광객을 산출하고 난 뒤 다시 동일한 방법으로 2020년의 추정 관광객수를 구하면 된다.

〈표 7-1〉의 통계와 같이 2013년의 관광객이 200,000명, 2014년은 220,000명, 2015년은 250,000명, 2016년은 300,000명, 2017년은 335,000명, 2018년은 360,000명, 2019년은 450,000명이었다고 가정하면, 여기에서 산출된 연도별 증가량의 합계는 250,000명이다. 다시 이것을 시계열 6으로 나누면 2014년부터 2020년까지의 연평균 관광객 증가량이 산출된다.

표 7-1 • 산술평균증가량 계산법

연도별	관광객 수(명)	증가량(명)	비 고
2013	200,000	-	(연도별 관광객의 수는 가정 수치임)
2014	220,000	20,000	
2015	250,000	30,000	
2016	300,000	50,000	
2017	335,000	35,000	
2018	360,000	25,000	
2019	450,000	90,000	
2020	?	Σ250,000	

※ 연도별 관광객 수는 가정수치임

위의 표에 의하여 산출해 보면 250,000÷6=41,667(명)으로 연평균 증가 추세에 따라서 연평균 관광객은 41,667명씩 증가된 셈이 되므로 이것을 2019년 관광객 수인 450,000명에 합산하면 2020년의 추정 관광객 수가 나오게 된다.

2019년 관광객 수 + 연도별 평균 증가량 = 2020년 추정 관광객 수
(450,000명) (41,667명) (491,667명)

2020년의 추정 관광객은 491,667명으로 산출되었다. 이렇게 하여 나온 추정수치를 가지고 2014년도부터 다시 앞에서 산출한 방법에 의하여 반복하면 2021년도의 추정 관광객 수를 산출할 수 있다. 이러한 추정방법은 장기적인 것보다는 단기적인 차년도의 추세를 파악하는 데 편리하며 신뢰성도 높다고 할 수 있다.

2. 산술평균증가율에 의한 수요 예측

산술평균증가율에 의한 수요 예측방법은 산출한 증가량에 의한 방법과 마찬가지로 시계열을 잡고 연평균 증가율을 산출해 내는 방법을 말한다.

2013~2020년까지의 가정치 통계를 사례로 하여 증가율을 구하면 〈표 7-2〉와 같다(시계열 중심의 경향분석, 통계적 분석방법).

표 7-2 • 산술평균증가율 계산법

연도별	관광객 수(명)	증가율(%)	비 고
2013	200,000	-	(연도별 관광객의 수는 가정 수치임)
2014	220,000	10.0	
2015	250,000	13.6	
2016	300,000	20.0	
2017	335,000	11.6	.
2018	360,000	7.4	
2019	450,000	25.0	
2020	?	Σ87.6	

※ 연도별 관광객 수는 가정수치임

연도별 증가율의 합계 87.6÷시계열 6=14.6%(2013, 2019년 평균 관광객 증가율), 즉 14.6%는 0.146에 해당하므로 다음 공식이 성립된다.

2019년 관광객 수 + (2019년 관광객 수 × 0.146) = 2020년도 추정 관광객 수
450,000명 + (450,000 × 0.146) = 515,700명
(450,000 × 0.146) = 65,700명

2019년 관광객 수인 450,000명의 14.6%에 해당하는 105,750명이 2020년에 증가하게 되는 셈이다. 따라서 2020년의 추정 관광객 수는 515,700명이 된다.

이렇게 두 가지 방법에 의하여 구해진 측정치는 상당한 오차가 생길 수 있으므로, 이것을 정확히 하기 위해서는 두 가지 방법에서 산출된 수치를 합산하여 다시 2로 나누면 보다 합리적이고 정확한 추정 관광객 수가 계산된다. 즉, 2020년의 산술평균증가량에 의한 추정 관광객 수와 산술평균증가율에 의한 추정 관광객 수를 합하여 2로 나누면 2020년의 가장 근사치인 추정 관광객이 될 것이다.

(491,667 + 515,700명) ÷ 2 = 503,683명

3. 한계평균증가량에 의한 수요 예측

한계평균증가량에 의한 수요 예측은 증가량에 대한 증가량을 측정하여 산출하는 방법을 말한다. 먼저 앞의 방법과 마찬가지로 시계열을 6년으로 잡고 2019년의 관광객 수에 연평균 증가량을 합산하고 여기에 다시 연평균합계증가량을 더하면 추정 관광객 수를 구할 수 있다. 즉 한계증가량의 합계를 시계열 수로 나누고 이것을 다시 연평균증가량과 합하고, 다시 이것을 2019년 관광객 수에 합산하면 구하고자 하는 2020년도 추정 관광객 수를 알아낼 수 있다.

〈표 7-3〉에 의하면 한계증가량의 합계는 70,000명이고 시계열은 5이다.

표 7-3 • 한계평균증가량 계산법

연도별	관광객 수(명)	증가량(명)	한계증가량(명)
2013	200,000	-	
2014	220,00	20,000	-
2015	250,000	30,000	10,000
2016	300,000	50,000	20,000
2017	335,000	35,000	-15,000
2018	360,000	25,000	-10,000
2019	450,000	90,000	65,000
2020	?	Σ250,000	Σ70,000

※ 연도별 관광객의 수는 가정 수치임

그러므로 70,000÷5=14,000명이 된다. 즉, 2020년 관광객 수는 450,000+41,667명+ 14,000명=505,667명이 됨을 계산해낼 수 있다.

4. 한계평균증가율에 의한 수요 예측

한계평균증가율에 의한 수요 예측방법은 한계증가율의 평균값을 산출해 내고 시계열에 대한 비율을 계산하여 전술한 수치에 가산하는 방법이다.

한계증가율의 합계가 15.0이고 시계열이 5이므로 한계평균 증가율은 15.0÷5=

3.0%이다. 이것을 앞의 평균증가율 14.6%에 합치면 2020년도의 증가율이 나온다. 즉, 14.6%+3.0%=17.6%이므로, 이것은 0.176과 같다.

그러므로 450,000명+(450,000명×0.176)=529,200명이 된다. 이 두 가지 산출 수치 간에는 상당한 오차가 있으므로 이 두 가지 추정 관광객 수를 합쳐서 2로 나누면 가장 근접한 측정치를 알 수 있다.

즉, (505,667명+529,200명)÷2=517,433명이 된다.

표 7-4 • 한계평균증가율 계산법

연도별	관광객 수(명)	증가율(%)	한계증가율(%)
2013	200,000	–	–
2014	220,000	10.0	–
2015	250,000	13.6	3.6
2016	300,000	20.0	6.4
2017	335,000	11.6	–8.4
2018	360,000	7.4	–4.2
2019	450,000	25.0	17.6
2020	?	Σ87.6	Σ15.0

※ 연도별 관광객의 수는 가정 수치임

Chapter 07 학습문제

01. 다음 중 관광 수요의 특성이라고 할 수 없는 것은?

① 유효수요　　② 현시수요

③ 잠재수요　　④ 가시수요

02. 다음 중 관광객의 일반적 속성구분과 거리가 먼 것은?

① 연령별 구분　　② 직업별 구분

③ 인종별 구분　　④ 성별 구분

03. 다음 중 관광객 수요 예측 방법이라고 할 수 없는 것은?

① 산술평균증가량에 의한 수요 예측

② 관광객 이동 총량에 의한 수요 예측

③ 한계평균증가량에 의한 수요 예측

④ 산술평균증가량에 의한 수요 예측

04. 다음 문장의 ( ) 안에 들어갈 용어는?

> 관광의 수요 구조는 관광산업 연구에 중요한 지표를 파악하는데 필요한 요인으로 구성된다. 특히 관광수요 구조를 파악할 수 있는 요인으로는 관광 형태, 관광 빈도, (　　　), 교통기관, 체재기간, 소비성향 등이 정확히 조사되어야 한다.

① 관광심리　　② 관광동기

③ 소득성향　　④ 정주기간

정답

01. ④ **02.** ③ **03.** ② **04.** ②

CHAPTER 08 관광정책과 관광행정

1절 관광정책

1. 관광정책의 개념

관광정책이란 한 나라의 관광행정활동을 종합적으로 조정하고 추진하기 위한 시정의 기본 방향을 명시하는 여러 가지 방책이며, 관광을 촉진하기 위하여 조직체가 취하는 여러 가지 방안을 말한다. 즉, 관광활동을 촉진시키기 위한 국가적 활동으로서 기본 방향을 추진하기 위한 골격을 설정하는 것이다.

관광정책은 그 대상에 따라 관광론적 관광정책과 국제관광정책, 국민관광정책으로 구분된다.

1) 관광론적 관광정책

제1차 세계대전 후 독일이나 이탈리아 등의 관광선진국들은 국립대학에 관광학(관광경제) 강좌와 관광연구소가 설치되어, 그곳에서 관광정책에 관한 연구가 활발히 진행되었다.

이와 같은 관광론 내지는 관광학 연구의 배경에는 외화획득과 그로 인한 국제수지 개선이라는 산업성에 필요한 관광정책의 이론적 토대를 추구하려는 유럽 여러 나라의 국가적인 요청이 있었기 때문이다.

관광 정책은 상호간의 깊은 관련을 갖고 그 시대의 역사적 체험으로부터 이론이 귀납적으로 형성되고, 그 정책은 다음 시대의 역사를 낳는다는 형태로서 이들 발전과정은 역사 → 이론 → 정책 → 역사라는 순환을 거듭하고 있다.

관광정책은 역사적 순환과 증가하는 국민의 관광객 수요에 맞추어 탄력적으로 운용되어야 다양하게 변화하는 수요에 대처할 수 있다. 관광재가 여러 가지 행위와 재화가 모두 어우러져 효용을 발생하는 복합체로 이루어져 있는만큼 관광정책도 이러한 특성을 반영하여야 한다. 즉 관광정책은 여러 가지 관련 정책이 함께 어울려 집행되어야 효과를 발휘할 수 있다. 그러나 행정부의 한 개 부처만으로는 독립적으로 그 나라의 완전한 관광정책을 시행할 수 없는 한계점이 있다. 정책이 국민들의 복지를 증대하는 방향으로 접근한다는 논리의 전개가 확연하다면 부처 간의 조화는 관광정책을 어떻게 개발하느냐에 달려 있다. 정책논리는 사회과학적인 엄격한 방법을 바탕으로 이루어질 필요가 있다.

그리고 관광정책은 그 자체가 매우 합리적이어야 하므로 다른 분야에 있는 정책입안자들을 충분히 설득할 수 있는 경제적 논리가 엄격한 방법론을 바탕으로 이루어져야 한다.

2) 국제관광정책

국제관광정책은 외국 또는 외국인을 대상으로 한다는 점과 무형의 상품에 대하여 국가적 차원에서 추진해야 하는 일련의 정책 수행과정이라고 하는 점에서 국민관광정책과 구별된다.

관광정책에 관한 연구는 그다지 오래되지는 않았지만, 독일의 Börmann은《관광학》에서 제1장을 관광정책 연구에 할애하여 "관광정책은 관광사업의 진흥을 목적으로 하는 것이며, 그 본질적 내용은 선전이다."라고 기술하고 있다. 또한 관광정책에는 "선전 이외에도 조직에 관한 문제, 사회적 의미를 가진 문제, 행정상의 문제가 포함되며, 국제정책과 국내정책으로 구별된다."라고 말하고 있다.

Glücksmann은 관광정책을 "관광을 촉진하기 위하여 조직체가 취하는 여러 방안의 총체"라고 정의하고 그 내용을 정치정책 · 사회정책 · 경영정책 · 상업정책 및 교통정책의 여섯 가지로 분류하여 설명하고 있다.

Glücksmann이 Börmann과 다른 점은 후자가 관광정책의 핵심이 선전이라고 말하고 있는 데 반하여, 전자는 선전을 관광정책의 본질로서가 아니라 수단으로서 별도의 차원에서 취급한 데 있다. 그러나 관광정책 가운데서도 국제관광정책을 중시한 점에서는 양자 모두가 같고, 이 점은 다른 관광학자도 동일하다. 유럽에 있어서의 관광학 연구는 국제관광정책론부터 시작되었다고 해도 과언이 아니다.

3) 국민관광정책

국민관광정책은 관광이라는 사회현상에 대해서 정부와 지방자치단체가 어떠한 정책을 실시하려는 경우의 방침을 말한다. 그러나 이는 어디까지나 국민이 여행 및 여가선용으로 건전한 정서함양 · 건강관리를 할 수 있도록 국가가 국민을 위한 정책으로써 사회복지적인 의미를 갖는 것이라고 정의할 수 있다.

또한 국민관광정책(Tourism Policy)은 "한 국가의 관광행정 활동을 종합적으로 조정하고 관광사업 진흥정책의 기본 방향을 적극적으로 추진하기 위한 토대를 설정하는 여러 방책"이라고 정의할 수 있다. 특히 스페인의 관광정책학자인 Arrillaga의 주장을 보면 국민관광정책은 "국민의 관광적 이익을 촉진 및 보호하기 위해 취해지는 국가활동이다"라고 정의하고 있다.

2. 관광정책의 분류

관광정책(Tourist Policy 또는 Tourism Policy)이란 정부가 관광을 위하여 실시하는 각종 정책이라고 할 수 있으나 Arrillaga의 관광정책을 더 구체적으로 살펴보면 관광 대상 · 범위 · 지역 · 수단과 방법 등에 의해 다음과 같이 분류하고 있다. 즉, 대상에 의하여 경제정책(교통정책 · 호텔정책 · 화폐정책 · 재정정책), 문화정책으로 분류하고, 범위에 의해 대외정책, 대내정책으로 분류하였으며, 지역에 의해 전국적 정책, 지방적 정책, 국지적 정책으로 분류하였다. 또한 수단과 방법에 의해서는 대외정책(선전 · 홍보), 대내정책(관리 · 촉진 · 보조 · 직접집행 · 조사 · 교육)으로 분류하였다.

3. 관광정책의 기본 목표

관광정책은 국가나 공공단체가 관광에 대해 갖는 시행규범으로서 어떤 곳에서도 정책은 고려되지만 일반적으로 정책이라고 할 때에는 적극적인 의미를 포함하고 있다. 관광정책의 경우에는 국가가 특히 관광사업을 보호하고 진흥시키는 정책을 의미한다. 관광정책의 기본 목표는 관광관련 부처 간의 협의 · 조정을 원활히 하기 위한 관광기구(관광정책심의위원회)를 두고 그 산하에 관광관련기구(문화체육관광부, 지방자치단체, 한국관광공사, 한국관광연구원 등)의 생산성과 효율성을 제고하여 관광을 효과적으로 진흥시키는 데 그 목표를 두고 있다.

관광정책을 주 내용으로 한 저서로는 독일의 Pöschel이 1962년도에 펴낸《Fremdenverkehr und Fremdenverkehspolitik》와 이탈리아 Mariotti의《관광경제학강의》를 들 수 있다. 당시 이탈리아에서는 이민의 송금과 비교해서 관광사업에 의한 외화수입이 다른 국가들보다도 월등히 많았다. 관광정책의 기본 목표는 국제수지와 효율적인 관광진흥에 있다. 그러므로 Mariotti의 저서도 관광정책의 목적에 대해서는 그 이상의 추구를 하지 않고 관광사업을 어떻게 실행할 것인가 하는 경영정책적인 측면을 주 내용으로 하고 있다.

"관광정책은 본질적으로 관념적인 내용을 갖는다." 즉, 국가의 위신 그 자체 내지는 그 품위에 대해 보다 높은 정신적 사명에 도달하므로 현실적으로는 냉정한 공리적 계산을 초월하는 국가주의 내지 애국주의의 부각을 조장 발전시키는 관광의 여러 활동과 관광관련 여러 현상을 전체적으로 내려다 볼 수 있는 전반적인 관리자에 의하여 다루어져야 하며 이러한 사업의 영역을 관광정책이라고 서술하고 있다. 따라서 관광에 대한 정책적인 결정은 어떤 특정 기능을 담당하는 부서들에서 분석되고 판단되는 모든 자료를 종합적으로 검토한 연후에 최종적으로 내려진다. 이는 관리의 여러 분야를 종합적으로 이해한 후에야 비로소 가능하다는 의미이다.

관광입국을 표방하는 나라들이 국제정치 및 경제의 안정에 노력한다 하더라도 국제정세의 악화는 관광정책을 지속적으로 유지할 수 없게 한다. 이와 같이 관광정책은 직접적인 관광사업의 이익에만 한정하지 않고, 넓게는 국가의 이익과 국민의 복지를 고려한 공익적인 사명을 가지고 관광정책을 수립하여야 한다.

관광기본법(1975.12.31)에서 관광정책의 기본 목표를 명시하고 있다. 이 법은 관광진흥의 방향과 시책의 기본을 규정함으로써 국제친선의 증진과 국민경제의 향상을 기하고 건전한 국민관광의 발전을 도모함을 목적으로 한다고 규정하고 있다. 그리고 현재 관광으로 행복한 국민, 활기찬 시장, 매력 있는 나라를 만들기 위하여 다양한 관광관련 정책을 추진하고 있다. 정부는 이 법의 목적을 달성하기 위하여 관광진흥에 관한 기본적이고 종합적인 시책을 강구해 나가고 있다. 따라서 관광정책심의위원회를 국무총리(위원장) 소속 아래에 두면서 관광정책을 심의하고 의결하는 관광정책의 최고기관을 설치하고 있었으나 1995년부터는 문화체육관광부장관(위원장) 소속 아래에 두게 되었다.

우리나라 관광정책은 국제수지개선 및 국제친선도모 또는 국민관광의 촉진으로 국민생활수준의 향상을 도모하고 나아가서는 국민보건증진과 국민의 관광복지증진에 그 기본 목표를 두고 있다.

4. 관광정책의 기본 방향

1) 선진국의 관광정책 목표달성을 위한 기본 방향

관광산업이 발달한 선진국 관광정책의 기본 특성은 일반적으로 사회정책 차원에서 국민관광의 촉진과 보급에 우선순위를 두고 있는 반면, 개발도상국은 국가경제발전을 위한 수단으로서 적극적인 국제관광진흥정책에 역점을 두고 있다.

이러한 정책의 기초는 세계 레저레크리에이션협회(WLRA)의 여가헌장 제1조 및 제3조에 의하면 "여가는 개인의 자질을 계발하고, 자신의 관심사항을 추구하며, 생활의 질을 향상시키고 수많은 기회 가운데 개인이 가장 원하는 것을 선택하여 자신의 주관과 경험을 넓혀 주는 데 있으며 인간의 기본권을 인정, 보호하는 것이 의무이고 국민의 여가를 존중해야 하며, 정부는 이를 관철하는 데 필요한 서비스를 제공하는 것이 기본적 임무"라는 규정에 근거하고 있다.

2) 한국의 관광정책 목표달성을 위한 기본 방향

한국의 관광정책 목표달성을 위한 기본 방향은 다음과 같은 사항들이 우선적으로 실현되어야 한다.

첫째, 국민생활수준의 향상과 세계평화 및 인류공영을 이념으로 관광을 진흥시켜야 하므로 관광정책 목표는 복지관광 이념 구현에 있다. 아울러 국제친선의 증진과 국민경제의 향상 및 건전한 국민관광발전에 두고 있기 때문에 범정부적인 노력과 대책이 필요하다.

둘째, 복지관광의 궁극적 목표달성을 위해서는 관광소외계층의 관광참여 기회제공을 위한 정책개발이 필요하며, 지역주민의 복지관광을 위한 관광환경의 질적 개선이 되어야 한다. 특히, 해외여행 자유화 시대를 맞아 해외여행 소외계층의 참여 유도와 이에 따른 정부의 지원정책 개발이 필요하다.

셋째, 5천년의 역사와 전통을 배경으로 한 고유문화 및 자연경관 등 특유한 관광자원과 풍요 속에 발전하는 참모습을 세계에 널리 홍보하여 국위를 선양하고 자연보호를 위한 노력이 필요하다.

넷째, 남북통일을 대비한 여가 · 관광공간의 재편성을 위한 제반정책이 이루어져야 한다.

다섯째, 국력의 신장과 기업의 국제경쟁력 강화와 더불어 관광분야에서도 자유로이 해외에 진출하도록 제반정책 수립 및 관광기업의 해외투자기반을 조성해야 한다.

여섯째, 정부가 개입하지 않은 시장경제 속에서 관광산업이 발전하는 데 방해가 되는 규제를 완화하는 방향으로 정책제안을 제시해야 한다. 또한 관광산업에만 선별적으로 요구하는 조세지원보다는 정부정책에서 다른 업종 간의 수평적 비형평성을 야기하는 문제를 중점적으로 논의해 나갈 필요가 있다.

5. 한국의 국제관광진흥정책

관광산업은 각종 관광사업을 단위로 하여 형성되는 복합체로서 관광정책을 체계적으로 실시해 나간다는 것은 매우 어려운 문제이다. 더욱이 관광산업 고유의 특성으로 보나 관광행정체제의 성격으로 보나 다른 부문과의 복잡한 상호연대성을 띠고 있기 때문에 순수한 국제관광정책으로서의 독자적 수행은 불가능하다.

한국의 국제관광정책에서 정책실시에 직접적인 관련성을 가지는 사항만을 요약하여 정리하면 다음과 같다.

① 외래관광객의 유치 및 접대

② 관광시장 개척 및 선전 · 광고

③ 국제교통 노선의 확보와 국내교통시설의 확충

④ 공항 및 항만시설의 정비 강화

⑤ 숙박업 시설 및 관광객이용 시설과 편의시설의 확충

⑥ 출입국제도의 간소화

⑦ 종사원 교육의 실시

한국의 국제관광정책의 궁극적인 목적은 국제관광의 진흥 도모에 있다. 따라서 외래관광객의 유치 및 증대는 관광진흥의 절대적 요소가 된다.

1) 국제관광진흥정책의 방향

국제관광은 1960년대부터 관광외화 수입증대를 위하여 1980년까지 관광객 유치 위주의 정책을 추진하여 왔으나, 1980년대 후반 국제수지의 흑자 전환과 서울올림픽을 계기로 1989년 1월 1일부터 국민의 해외여행을 자유화하여 상호 관광교류의 폭을 확대하였다. 그 결과 1989년 이래 내국인의 해외여행이 급증하여 여행수지의 흑자규모가 점차 축소되다가 1991년 이후부터 적자로 반전되었으며, 최근 2000년대에는 내국인 출국자 수가 외래객 입국자 수보다 훨씬 앞지르는 관광역조현상을 보이기에 이르렀다.

이러한 현상을 토대로 정부는 외래관광객의 유치를 최대화함으로써 국가와 지역경제의 활성화를 도모하고, 동시에 국제친선과 국가이미지 제고를 정책방향으로 정하고 있다. 이에 따라 전문적인 관광마케팅 전략을 추진하고 세계관광기구(WTO) 등 국제기구 및 외국정부와의 유기적 협조관계를 발전시켜 나가고 있다.

2) Inbound 정책과 Outbound 정책

(1) Inbound 정책

Inbound 정책은 자국에서 외국인관광객 유치를 위해서 각종 편의와 수용태세를 완비하고 외래객의 양적 증대를 꾀하고 관광효과를 추구하는 정책이다. 구체적 내용은 외국인 여행자를 자국에 유치하기 위하여 정보(홍보 · 선전), 관광시설의 정비, 매력적인 관광자원의 개발과 보호 · 보존, 외국인에 대한 접대 및 여행상품과 시스템의 충실을 기하고자 하는 여러 사업을 하는 정책이다.

Inbound 관광정책은 본래 관광사업을 전개하면서 관광지를 개발하고 보다 양질의 싼 관광서비스를 외래관광객에게 공급하는 정책이다. 그리고 관광시장에서 많은 외국인관광객을 유치하고 관광욕구를 충족시키면서 국민경제에 기여하려는 것이다. 따라서 이같은 경제효과를 추구하는 관광정책은 모든 국가에서 중요시하고 있으며, 국가의 전략산업으로 추진하고 있다.

Inbound 정책은 자국의 산업 · 사회 · 문화 등 모든 상황을 과시하기 위한 정책이지만, 실제 목적은 경제적 이익이다. 전술한 바와 같이 국내관광정책은 이같은 Inbound 정책을 경제정책의 일환으로서 국가경제와 국민경제의 향상을 도모하기 위해서 실시한다. 선진국 중에서도 국제수지적자를 메우려고 하는 나라는 물론, 후진국에서 이같은 Inbound 정책에 적극적인 관심을 갖는 이유는 상품수출무역과 다를 바가 없기 때문이다.

각국에서 Inbound 관광정책이 시작된 것은 1930년대부터이다. 당시의 세계적 경제불황에서 각국의 상품무역이 뜻대로 되지 않고, 또한 국제분업에 의한 무역의 기능이 파괴되어 자국의 경제나 국민생활은 고난을 벗어날 수 없는 상황이 계속되면서 경제회복의 일환으로 적극 추진되었다. 따라서 교통발달과 문화교류의 증대에 따른 국제 간 여행자의 증가로 외화수입원이 되어 관광무역에 활로를 찾게 되었다.

여행자에 의한 외화가 국가에 따라 중요한 외화수입원이 된 것은 당연하지만, 반면에 소비수요의 증대와 관광사업의 발전에 의한 고용촉진 등의 효과도 기대되었다. 이와 같은 이유로 각국은 관광사업에 관심을 기울였고, 1930년대에 구미 여러 나라에서는 법령을 제정하면서 민간사업을 국가사업으로 전환하는 Inbound 관광정책이 확립되었다. 관광객 유치 측면에서 대내적으로 수용체재의 정비, 대외적으로는 선전활동에 적극 힘을 쏟았다. 그 결과 숙박산업이나 여행운송산업 등이 발달하고, 특히 유럽 여러 국가에서는 그들의 관광산업은 국가적 주요 전략산업이 되었다. 외국인 여행자에 의한 소비수요는 기업활동의 활성화, 고용의 증대, 국민소득의 증대에 적지 않은 기여를 하였고 Inbound 관광정책은 경제효과에 큰 몫을 다했다. 국내관광정책에 있어 Inbound 정책의 내용은 다음과 같이 요약할 수 있다.

① 외래객유치-홍보 · 선전

② 산업진흥-조성촉진

③ 외래객접대-숙식시설 확대

④ 수용체제-출입국 수속, 국제관계 시설정비

⑤ 관광자원-자연보호 · 개발, 문화재 보존

⑥ 관광기관-민간조직, 행정기구정비

그리고 각국에서는 무엇을 중시하느냐에 따라 그 나라의 국제관광정책의 특색이 제시되고 있다.

프랑스는 관광기관의 확대, 선전활동, 수용활동 및 수용태세, 특히 관광시설의 정비가 잘 준비되어 있다. 이들 중에서도 관광기구는 어느 나라보다 잘 확립되어 있다. 영국은 홍보선전과 관광자원에 그 특색을 들 수 있고 관광기구도 역시 충실히 전개되어 있다. 스페인은 관광교육기관과 산업진흥에 역점을 두었고, 미국은 외래객 유치를 위한 홍보 · 선전에 역점을 두고 추진되었으며 현재도 그 기능을 다하고 있다.

(2) Outbound 정책

Outbound 정책은 자국민의 국외여행에 관해 실시되는 정책이다. 이는 국가경제 규모의 확대 및 성장에 따른 국민생활수준의 전반적인 향상과 국제화 · 세계화 시대에 따른 국가 간 · 지역 간 경제 · 사회 교류의 확대 그리고 국민의 여가수요를 충족시킬 수 있는 국내 여가휴식공간 미흡 등으로 인한 외국여행 수요의 증대가 기본적 원인이라 하겠다. 따라서 Outbound 정책이 실행될 수 있는 국가는 외화가 부유하고 동시에 생산성이 높은 나라에서 가능하다.

Outbound 정책이 최초로 시작된 곳은 제2차 세계대전 후의 미국이다. 전후 유럽 여러 나라, 아시아 여러 나라에서는 전쟁에 의한 생산수단의 부족과 외화부족으로 수입 구매력이 저하되고 경제활동이 후퇴하면서 국민생활은 궁지에 몰렸다. 공업력을 충분히 지니고 있던 미국은 국제협력이라는 의미에서 직접원조뿐만 아니라 간접원조로서 미국 국민의 외국여행을 장려했다. 그들이 소비하는 달러를 수입국에서는 공업생산수단의 조달이나 생활물질의 구입에 쓰이고, 수요증대 등에 의한 큰 경제효과를 가져왔다. 미국은 Outbound 정책의 필요성을 인식하여 경제적 혹은 사회적 의의의 내용과 방책을 가지고 새로운 형태의 국제관광정책을 시행하게 되었다.

Outbound 정책의 경제적 의의를 살펴보면 국제수지의 공헌이란 점에서 자국민의 외국여행은 국제수지에 마이너스 효과를 가져온다. 따라서 국가의 경제질서를 혼란시키고 국민생활에도 악영향을 미친다. 그러나 Outbound의 경제적 의의를 단순히 국제수지에 한해 결정짓는 것은 잘못이다. 외국여행에 의한 외화의 유출이 불가피한 경우도 있다. 즉 외환의 변동에 따른 수출산업의 불황 등 다른 경제산업에 대한 연쇄효과를 고려하면, 자국민의 외국여행에 의해 외화수요를 높여 자국통화의 가치를 낮게 하여야 한다는 경제적 이점도 있다. 더욱이 경제적 · 사회적 의의로서 국민의 레크리에이션 효용, 경제교류, 무역진흥 등의 효과를 생각하면 Outbound 정책의 필요가치를 충분히 인식할 수 있다.

그러나 경제환경의 유지라는 전제하에 단점을 고려하면서 Outbound 정책의 의의나 가치를 검토하여야 할 것이다. Outbound 정책의 의의를 보다 구체적으로 경제적 의의와 사회적 의의로 나누어 볼 수도 있다.

경제적 의의로서는 우선 국제관광에 의한 부(富)의 흐름이 부유한 나라(소득이 높은 나라)로부터 가난한 나라(소득이 낮은 나라)로 흘러가므로, 국제적 부의 분배효과가 있다. 또한 관광객 수용국의 관광관련산업을 진흥시켜 고용증대를 가져다준다는 간접적 경제효과를 가져다준다.

사회적 의의로서는 국제친선이나 민간외교가 촉진되어 상호이해에 따른 국민복지가 증진되는 효과도 크다. 그리고 국민생활의 국제화는 더욱 그 중요성을 높이게 된다.

6. 한국의 국민관광진흥정책

관광정책 방향을 크게 대별해 보면 1960년대부터 1970년대까지는 주로 국가경제 발전을 위한 외화획득 목적으로 국제관광진흥에만 주력하여 왔으며, 1980년대에 들어서는 경제수준의 향상, 여가시간의 증대 등으로 국민관광이 활발해지고 복지관광의 중요성이 강조되면서 국제관광뿐만 아니라 국민관광에도 관광정책의 중점을 두게 되었다.

따라서 최근에는 국내관광 이동량이 급증하고 해외여행자도 증가함에 따라 분출하는 국민의 관광욕구를 효과적으로 수용할 수 있는 관광시설의 확충과 제도의 개선에 역점을 두고있다. 또한 증가하고 있는 레저관광시설의 개발을 유도하고 국민이 이용할 수 있는 관광휴식공간을 확충해 나가면서 전국 주요 관광지에 공중화장실 건설을 추진하는 등 관광편의시설을 지속적으로 건설 및 개선해 나가고 있다. 그리고 건전한 여가선용을 통한 심신의 단련과 견문을 넓히는 기회를 제공하는 관광의 중요성에 대한 국민의 인식을 새롭게 함으로써 건전한 해외여행을 포함한 건전관광문화가 정착될 수 있도록 홍보와 제도를 지속적으로 실시해 나가고 있다.

아울러 국민소득과 여가의 증대 등에 따른 국민관광의 대량화 · 대중화 · 다양화에 부응하여 노인과 어린이 및 관광소외계층을 위한 관광시설과 관광지 정비와 개발이 절실히 요구되고 있다.

2절 관광행정

1. 관광행정의 개념

관광행정이란 정부나 지방자치단체가 관광정책을 구체화하는 방법과 그 내용을 뜻하는 것으로서, 관광을 장려하고 규제할 뿐만 아니라 관광사업을 추진하고 조성하며 규제 및 감독하는 다양한 기능을 수행하는 것을 말한다. 즉, 관광행정은 "국가 또는 지방공공단체가 관광발전을 위해서 관광행동과 관광사업을 조성 · 촉진하고, 또는 지도 · 감독 · 단속하는 활동"이라고 정의할 수 있다.

관광행정조직은 관광현상 변화에 대한 반응으로써 변화하는 내외환경과 관광환경에 적응할 수 있도록 태도 · 신념 · 가치관 · 구조 등을 변화시키도록 하는 복합적 전략이다. 따라서 관광행정조직이 추구하는 목표는 관광행정조직의 환경에 대한 적응력을 향상시키고 관광행정조직의 효과성 · 민주성 · 능률성 · 형평성 · 공익성을 확보함과 동시에 관광행정조직의 유지 · 갱신 · 성장 · 문제해결능력의 향상 및 갈등의 해결에 있다고 하겠다.

관광행정조직의 발전은 관광행정조직 내의 문제해결을 위한 분위기를 조성하고, 관광정책 결정과정에서관광자문기구의 역할로부터 나온 각종의 정보자료를 최대한 활용함으로써 시행착오를 방지할 뿐만 아니라 관광행정조직 내의 갈등을 해결하고 협동적 노력을 극대화시킬 수 있다.

관광행정조직 구성원들 역시 관광행정조직이 추구하는 목표가 무엇인지를 충분히 인식하여 관광행정조직 목표에 부응하는 역할을 수행할 수 있는 의식을 가지게 될 것이다. 이런 관점에서 볼 때 관광행정조직 발전의 목표는 관광행정의 민주화 · 전문화 · 합리화를 도모하는 데 두어야 한다.

2. 관광행정의 구분

관광행정의 종류는 일반적으로 개인의 권리와 자유에 대한 관계에서 볼 때 침해행정과 규제행정, 그리고 급부행정으로 구분할 수 있다.

침해행정이란 권리와 자유를 박탈하는 행정으로서 관광세 징수, 공공적 관광사업을 위한 토지의 강제조달을 말한다. 그리고 규제행정이란 권리와 자유의 제한을 말하는데 여행업 · 숙박시설업의 등록 및 허가사항이 이에 속한다. 특히 자연공원법에서의 특별보호지구, 역사적 풍토보전구역, 특별보존구역에서의 일정행위의 허가제 등이 이에 속한다. 또한 급부행정이란 경제력에 의한 이익공여(利益供與)이며 정부관계 금융기관에 의한 관광기업에 대한 융자, 또는 국가나 지방자치단체 스스로가 후생적 관광시설을 설치 · 운영하는 것을 말한다.

3. 관광행정의 주체

관광행정의 주체는 국가 또는 지방자치단체이지만 그 행정사무의 소관은 여러 기관과 관련되어 있다. 지방관광행정은 시 · 도 · 군 · 읍 · 면 등의 자치행정계열로 나누어져 있으며, 관광소비에 대한 지방수익에 착안해서 통상행정의 일부로서 행하는 자치제가 많다.

관광이 차지하고 있는 후생보건 면을 중시해서 보건복지행정과도 관련되어 있다. 최근에는 관광을 여가문제로 파악하여 여가행정에 소속케 하는 지방자치제도도 나타나게 되었다. 이와 같이 관광행정을 일원화한다는 것은 매우 어려운 일이다. 그러므로 각 부처 간의 연계성을 갖는 관광행정의 기능적 통일성을 갖지 못하면 시책을 실시하는 단계에서 혼란이 일어날 염려도 있다.

4. 관광행정 관련기구와 활동

관광행정은 1954년 2월 17일 교통부 육운국에 관광과를 설치함으로써 국가 차원에서 관광에 관한 업무를 처음 시작하였다. 1963년 3월 11일에 관광공로국에서 관광국이 분리되었으며, 현재는 정부조직개편에 따라 관광국의 기능이 문화체육관광부로 이관되었다.

1965년 3월 19일에 설치된 관광정책심의위원회규정(대통령령 제2083호)에 의거, 국무총리를 위원장으로 하는 관광정책심의위원회를 처음으로 설치하였으나, 현재는 문화체육관광부로 이관되어 문화체육관광부장관이 위원장으로 되어 있다.

1) 문화체육관광부

(1) 조직과 인원

문화체육관광부 관광국은 관광정책과 · 관광산업과 · 국제관광과 · 관광개발기획과 · 관광개발지원과 · 관광레저기반과의 6개과로 구성되어 있으며, 인원은 관광국장을 포함해 총 73명이다.

관광국은 우리나라 관광정책의 기본 방향수립, 일반 국민 및 사회적 취약계층의 국내관광 기회 확대, 관광지 및 관광숙박시설 등 관광인프라 확충 및 운영개선, 국외관광객 유치 및 홍보, 관광자원의 관광상품화, 지속가능한 관광자원 개발 · 보존 · 관광레저형 기업도시 개발 및 섬관광 활성화를 통한 궁극적 국민 복지향상을 위하여 다양한 사업을 추진하고 있다.

(2) 관광행정조직

관광행정의 국가기관으로 문화체육관광부에 관광국이 설치되어 관광에 관한 종합적인 정책의 수립 · 조정업무를 담당하고, 각 시 · 도에 각국별 산하에 관광과가 설치되어 관광행정의 집행업무를 담당하고 있다. 한국의 관광행정기구는 [그림 8-1]과 같이 편제되어 있다.

(3) 문화체육관광부의 주요활동

문화체육관광부는 21세기 관광한국 건설을 목표로 한 새로운 출발과 외래관광객의 유치와 국민관광의 균등발전이라는 상위목표를 설정하고 세부실천사업을 수행하고 있다. 21세기 관광한국 건설을 목표로 한 새로운 출발은 관광의 중장기적 발전을 위한 토대 마련에 중점을 두고 실천사업을 추진하고 있다.

뿐만 아니라 정부에서는 21세기 세계 최대산업으로 부상하고 있는 관광산업을 생산과 복지 차원에서 육성하기 위하여 각계의 의견을 수렴하여 관광진흥 10개년 계획을 수립하였다.

2) 지방자치단체

지방화 시대를 맞아 각 지방자치단체는 지역경제발전과 주민소득증대를 위하여 관광진흥에 대한 본격적인 노력을 기울이기 시작하였다.

지방자치단체의 관광진흥은 이러한 경제적 효과 외에 필연적으로 추구하게 되는 지역 고유 이미지 개발을 촉진하게 됨으로써, 국가 전체적으로 관광상품과 자원이 다양화되는 계기가 된다. 그러나 아직까지 취약한 지방재정 등으로 지역차원에서의 독자적인 관광진흥 추진 여건은 미흡한 실정이다.

향후 지방자치단체에 의한 관광정책과 관광행정 추진은 이러한 점을 감안, 지역별 균형발전을 통한 전국 개발의 일관성 유지와 각 지역의 특성에 맞는 특화진흥개발이 요구되고 있다.

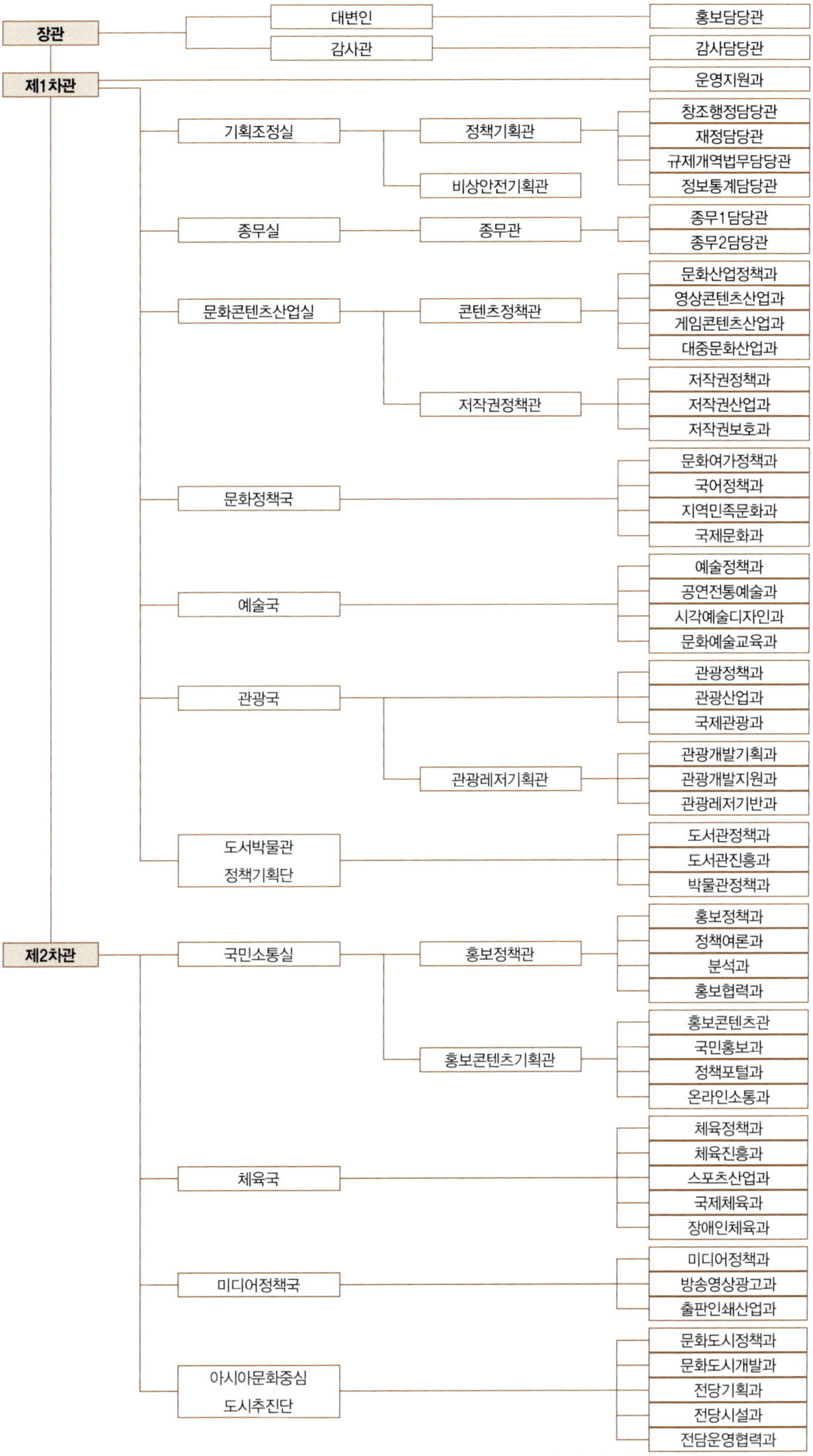

그림 8-1 • 한국의 관광행정기구(문화체육관광부)

3) 한국관광공사

1962년 국제관광공사법에 의해 설립되어 한국관광발전의 중추적인 역할을 수행하고 있는 현재의 한국관광공사(KNTO)는 초기에 자본금 10억 원의 국제관광공사(KNTC)로 출발하여 한국관광발전에 많은 기여를 하다가, 1982년 11월 29일 한국관광공사법으로 개정됨에 따라 지금의 명칭으로 개정하였다.

한국관광공사는 기획관리본부, 진흥본부, 국민관광본부, 지역개발본부 등 4개 본부와 20개 해외지사, 5개 영업소, 1개 아카데미 등으로 조직되어 있다. 현재 한국관광공사(Korea National Tourism Organization: KNTO)의 역할로서 한국관광산업의 발전을 위하여 국제관광진흥사업, 국민관광진흥사업, 관광자원개발, 관광조사 · 연구사업(조사 · 연구 · 정보자료 발간사업 등), 관광요원의 재교육과 훈련사업(관광요원 재교육), 그리고 기타 관광관련 업무를 수행하고 있다.

4) 한국관광협회

한국관광협회는 관광진흥법 제42조의 규정에 의하여 1963년에 설립된 관광사업자단체로서 관광사업개발을 위한 업무, 관광진흥에 필요한 조사연구 및 홍보, 관광안내소 운영, 공제사업 등의 업무를 수행하고 회원의 복지증진을 목적으로 하고 있다.

주요 업무는 국제관광진흥 및 각종 경진대회 등 관광진흥사업과 관광종사원 교육(국내여행안내원, 관광숙박업의현관 · 객실 · 식당접객종사원), 각종 간행물 제작배포, 방송매체를 통한 건전관광홍보와 최근에는 외국관광관련 인사초청과 관광객 유치단 파견 등 국제협력사업도 추진하고 있다.

5) 한국여행업협회

한국여행업협회는 1991년 12월 21일 관광진흥법 제46조와 관광부령 제437호의 규정에 의하여 설립된 일반여행업 단체로서 내 · 외국인 여행자에 대한 여행업무의 개선 및 서비스의 향상을 도모하고 회원상호 간의 연대협조를 견고히 하며, 여행업 발전을 위한 조사 · 연구 · 홍보활동을 통하여 여행업의 건전한 발전에 기여함으로써 관광진흥발전에 공헌하는 등 회원의 권익을 증진 · 보호함을 목적으로 하고 있다.

6) 한국특수관광업협회

한국특수관광업협회는 관광진흥법 제46조에 의거 1964년 6월 30일 설립된 업종별 관광협회로 주로 기지촌 및 항만에 소재한 외국인유흥음식점업을 회원사로 관리하며, 정부의 관광진흥시책에 적극 부응하고 업계의 건전한 발전방향과 회원의 복지증진 및 상호친목에 기여함을 목적으로 하고 있다.

7) 한국카지노업관광협회

한국카지노업관광협회는 1995년 3월 10일에 관광진흥법 제46조 및 문화체육관광부 소관 비영리법인의 설립 및 감독에 관한 규칙 제5조의 규정에 의하여 설립된 카지노사업자 단체로서, 카지노업무의 개선 및 카지노 이용자에 대한 서비스 향상, 카지노업 발전을 위한 조사 · 연구 · 홍보활동 등을 통한 카지노업의 건전한 발전에 기여함을 목적으로 하고 있다.

8) 한국문화관광연구원

1996년 4월 3일 민법 제32조에 의해 개원한 한국관광연구원과 한국관광정책연구원이 2003년 3월 1일부로 합병하여 설립된 비영리재단법인으로 정부의 관광정책활동과 관광업체의 육성을 효율적으로 지원할 수 있는 정책대안 제시를 위한 조사 · 연구를 수행하기 위하여 설립된 연구원이다.

연구원은 초기의 교통개발연구원 관광연구실 인력을 중심으로 구성하였으며, 조직체계는 원장 · 부원장 · 정책연구실 · 개발연구실 등 2개 연구실과 조사전산실 · 행정실 등 총 4개실이 운영되고 있다. 사업은 기본연구사업과 수탁연구사업, 관광1&1계획 관련사업, 기타 사업으로 구분 · 추진되고 있다.

3절 한국의 관광정책과 관광행정

관광정책과 행정의 발전과정을 크게 대별해 보면 1960년대부터 1970년대까지는 주로 국가경제발전을 위한 외화획득 목적으로 국제관광진흥에만 주력하여 왔고, 1980~1990년대에 들어서는 경제수준의 향상, 여가시간의 증대 등으로 국민관광이 활발해지면서 복지관광의 중요성이 강조되어 국제관광뿐만 아니라 국민관광에도 관광정책과 행정에 중점을 두었으며, 2000년대에 들어 국민관광과 복지관광에 보다 더 역점을 두고 있다.

1. 1960년 이전의 관광정책과 관광행정의 발전

관광정책과 행정은 철도의 발달과 더불어 발전하였다고 볼 수 있다. 즉, 일제강점기 일본이 만주 및 중국대륙의 침략을 위해 한반도를 교두보로 이용할 목적으로 철도역 주변에 철도호텔과 철도회관을 건립하면서 이를 관리할 관광정책과 행정의 필요성이 대두되었던 것이다. 그후 1948년 대한민국정부가 수립되었으나 행정체제가 확립되기도 전에 6 · 25 전쟁에 휩싸이게 됨으로써 한국정부는 관광행정의 정비를 위한 시간적 여유를 갖지 못하였다.

관광행정은 교통행정과 밀접한 관계를 맺으면서 생성되었다. 특히 관광행정조직의 발원은 일제강점기 운수부 여객계에서 관광업무를 수행하면서부터 시작되었다. 당시의 정치 · 사회적 환경은 정부가 수립되면서 일본과의 교류가 사실상 단절되고 미국과의 교류로 한 · 미 양국과 외교관계를 맺어 구미인들의 한국여행이 늘어나게 되었다. 그러나 이 당시에는 관광부문의 수용태세가 갖추어지지 않아 관광객을 유치할 수 있는 단계에 이르지 못했다.

교통행정과 밀접한 상관관계를 맺어온 관광행정은 1948년 7월 17일 행정조직의 근간이 되는 정부조직법이 제정 · 공포됨에 따라 정부수립 이전의 운수부를 개명하여 교통부를 창설했다.

1954년 2월 17일 교통부 육운국에 관광과가 처음 설치됨으로써 국가차원에서 관광에 관한 업무를 시작하였다. 중앙과 지방에 관광자문을 위한 관광위원회가 신설되었으며, 교통부가 IUOTO(International Union of Official Travel Organization, 현 UNWTO 전신: World Tourism Organization)와 PATA(Pacific Area Travel Association) 등 국제기구에 가입하였다. 이 기간(15년간) 동안 총 4만 명의 외래관광객이 한국을 찾았고, 관광외화 획득은 150만 달러에 불과했다. 이 시기는 한국 관광사업 성장을 위한 기초를 닦는 시기라고 할 수 있다.

2. 1960년 이후의 관광정책과 관광행정

1) 1960년대의 관광정책과 관광행정

관광산업 기반조성기인 1960년대에는 관광산업의 효용성에 입각하여 외화획득에 의한 국제수지를 개선한다는 차원에서 국민관광의 기반 없이 국제관광 일변도의 정책을 추구하였다.

1960년대는 관광산업진흥을 위한 제도적 기반을 구축하는 시기였다고 할 수 있다.

1961년 8월 22일에 한국관광의 획기적인 발전의 전기가 된 관광사업진흥법을 제정공포(법률 제689호)하게 되었고, 이어 같은 법 시행령(1962.7.9 공포, 각령 제874호)를 실시하고, 이어서 같은 법 시행규칙(1962.11.23 공포, 교통부령 제141호)을 제정함으로써 관광사업진흥을 위한 제도적 장치를 마련하였다.

1962년에는 국제관광공사법(1962.4.24 공포, 법률 제1060호)이 제정, 현 한국관광공사의 전신인 국제관광공사(1962.6.26)를 설립하게 되었고, 1963년 3월에는 특수법인 대한관광협회중앙회가 설립되었다.

1963년 3월 11일에는 교통부 관광공로국에서 관광국이 분리 · 승격되어 적극적인 관광행정을 펴나가게 되면서 관광에 관한 종합적인 정책의 수립 및 조정업무를 담당하였고, 각 시도에는 관광과가 설치되어 관광행정의 집행업무를 담당하게 되었다. 같은 해에는 관광요원 양성을 위해 경희대학교 초급대학과 경기대학교에 관광학과가 개설되었고, 또 같은 해 12월에는 특수법인 대한관광협회중앙회(한국관광협회 전신)가 설립되면서 도쿄, 뉴욕에 최초의 한국해외선전사업소를 설치하였다. 1962년에는 통역안내원시험이 실시되었고, 1965년부터는 관광호텔종사원 자격시험제도가 실시되었다.

1965년에는 한일 간의 국교정상화를 계기로 일본관광객이 대거 내한하게 되었고, 서울에서는 국제관광진흥을 위한 제14차 태평양지역관광협회(PATA) 총회가 개최되었다. 그리고 한국관광이 대외에 크게 홍보되었을 뿐만 아니라 국민들의 관광에 대한 인식을 크게 고조시키는 계기가 되었다. 3월에는 국무총리를 위원장으로 한 관광정책심의위원회규정(대통령령 제2083호)이 공포됨으로써 관광정책을 범정부차원으로 추진하게 되었다.

1966년에는 대한관광협회중앙회와 국제관광공사 및 대한항공이 각각 EATA에 가입했다. 1966년에는 외국관광전문가에 의해 한국관광지를 최초로 진단한 모턴 카프만(Morton, D. Kaffman) (1973년 7월 14일~1974년 2월 17일)이 제출한 보고서에 의한 한국 관광사업의 밝은 미래전망을 제시하였던 것이 특기할 만하다.

정부는 1967년을 '한국관광의 해'로 정하여 국제친선과 국제촉진을 기대하기도 했다. 1967년 3월에는 건설부에서 제정 · 공포된 자연공원법에 따라 지리산이 한국 최초의 국립공원으로 지정되었다(1967. 12. 29). 1968년에는 외래관광객 10만 명이 방한하였다. 1969년에는 제1차 관광지와 13개의 제2차 관광지를 지정하여 매년 단계적으로 이의 조성계획을 수립하였다.

2) 1970년대의 관광정책과 관광행정

1970년대 들어 관광산업은 국가전략산업으로 지정되어(1975년) 획기적인 발전의 전기를 맞이하게 되었다. 1970년대에는 관광산업 지원제도의 정비로 경제개발의 성공적 수행과 더불어 국민소득이 증대함에 따라 국민들의 여가선용 욕구가 높아지기 시작하였다. 이에 부응하여 관광정책도 국제관광 일변도에서 국민관광의 병행발전을 도모하기 시작하였다.

1970년에는 경부고속도로가 개통되어 수도권 중심의 관광이 지방으로 확산됨에 따라 외래관광객의 체재기간 연장에 기여하였다. 1973년에는 한국관광공사가 미국여행자협회(ASTA)에 가입하였다. 같은 해 7월 정부는 미국 보잉(Boeing)사에 한국관광종합개발 기본계획에 대한 조사용역을 주어 한국관광개발 조사보고서를 작성케 함으로써 실질적인 관광개발에 관한 중요자료가 되었다.

1973년에는 외래관광객 68만 명 유치에 2억 7천만 달러의 외화를 획득(전년대비

24.6% 증가)하기도 하였다. 1973년에는 남북회담으로 평화노선이 조성되었다는 인상을 준 까닭에 이례적인 관광 호경기를 누리게 되었다. 그러나 1974년에 재일교포 문세광 간첩사건으로 관광은 타격을 받고 외래객 52만 명에 1억 6천만 달러에 그쳐 마이너스(−41% 감소) 성장을 보였다.

1975년에는 관광사업진흥을 위한 국가시책의 기본 방향을 설정하는 관광기본법(1975.12.31. 법률 제2877호)과 관광사업법(1975.12.31. 법률 제2878호)이 제정되었고, 체계적인 관광지 개발을 위하여 관광단지개발촉진법(1975.12.31. 법률 제2879호)도 제정하였다.

1976년에는 관광정책심의위원회가 설치되었고 또 대규모 국제관광단지개발을 위해 경주 보문단지 개발과 제주 중문단지 기반시설 개발에 착수하였다.

1977년에는 제4차 경제개발5개년계획(1977~1981)이 시작되는 1차년도로서 관광사업에도 중요한 시발점이 되었다. 또 1977년부터 국민관광지가 지정, 개발되기 시작하였다. 1978년에는 외래관광객이 사상 처음으로 100만 명을 초과 유치하는 실적을 보여 관광선진국 대열에 들어서게 되었다.

1979년에는 국제적 수준의 통합관광위락단지로서 경주 보문관광단지를 개장하기도 하였으나, 세계적인 경제침체와 10 · 26 사건 등의 국내 불안요소 때문에 당초 목표인 관광객 120만 명 유치목표를 달성하지 못하고 관광외화도 30% 감소되었다.

1970년대는 1970년 초부터 시작된 3 · 4차 경제개발5개년계획의 일환으로, 정부는 관광행정의 과학화와 능률화를 도모하고 성장 · 안정 · 균형을 추구하면서 안정된 기반 위에서 국민의 가처분소득 증대에 힘입어 국민관광의 발판을 마련하게 되었다. 즉, 이 시기는 건전국민관광 발전 및 국민계몽 강화 등과 함께 국가전략산업으로서의 관광산업을 정부가 적극적으로 개입하여 관광을 육성시켰으며, 여기에 민간관광 기업인의 대대적인 참여로 한국관광을 발전시키는 데 큰 역할을 하였으며 한국이 선진관광국 대열에 뛰어오르도록 육성했다고 본다.

3) 1980년대의 관광정책과 관광행정

1980년대는 국민관광과 국제관광의 조화발전, 서비스 수준의 적극적 향상, 건전관광유치 기반확립, 국제회의의 국내유치 촉진, 86아시안게임과 88서울올림픽 개최를 통한 효율적인 관광진흥책에 힘입어 관광객 200만 명 돌파라는 제2의 관광도약의 계기를 확립하였다.

1980년대는 국민복지관광을 추구하면서 대형 국제경기 개최로 한국의 국위를 세계에 선양하고 새로운 한국의 이미지를 부각시켰다. 이같은 올림픽 효과를 관광부문에 최대한 응용하여 국제관광을 지속적으로 발전시켜 나가고, 국민관광 대중화에 따른 건전 국민관광의 정착을 도모하는 시기라고 해도 과언이 아니다.

1980년대에는 국제관광진흥 위주의 정책에서 탈피하여 국제관광과 국민관광의 진흥을 동시에 추진한 기간이다. 이를 보다 구체적으로 상술하면 정부는 1981년부터 국민 복지관광정책의 일환으로 국민이 저렴한 비용으로 여가선용을 할 수 있는 국민관광지를 연차적으로 개발하기 시작하였다.

정부는 1983년부터 50세 이상 국민에 대해 부분적으로 해외여행 자유화를 실시함으로써 점진적인 해외여행에 대한 문호를 넓혀 나가다가 1989년 1월 1일부터는 완전한 해외여행 자유화를 실시하였다.

1986년 12월에는 관광진흥법과 관광단지 개발촉진법을 관광진흥법으로 통합개정하여 관광진흥을 위한 법체제를 일원화하였다. 1986년 9월에는 UR(우루과이라운드)를 공식 출발시키기도 하였다.

1989년 1월 1일부터는 국민들의 해외관광 완전자유화가 이루어짐에 따라 정부는 한국 여행업의 국제경쟁력을 제고함으로써 개방에 따른 국내산업의 피해를 최대한 줄이도록 여행사의 경영개선 유도, 대고객 서비스 향상, 여행업 전문인력의 양성 등 각종 진흥대책을 강구하고 있다. 그리고 정부는 북방미수교국가와도 관광교류의 발전 및 한국 관광기업의 해외진출로 한국관광산업의 개방화 · 세계화를 꾀하고 있다.

4) 1990년대의 관광정책과 관광행정

1990년대는 88서울올림픽 개최를 통한 효율적인 관광진흥책에 힘입어 관광객 300~400만 명 유치를 목표로 수준 높은 생활화된 관광을 향유할 수 있는 보다 고차원적인 관광고도성장의 단계로 돌입한 시기라고 볼 수 있다. 1990년대는 다가오는 21세기를 관광선진국의 위치에서 맞이할 수 있도록 관광사업의 성장잠재력을 추적해 나가는 과도기였다.

1991년도에는 외국인 관광객 300만 명을 돌파한 해였고, 제9차 세계관광기구(WTO) 총회(1991. 10)에서 한국이 WTO 집행이사국으로 피선되어 국제관광협력의 기반을 공고히 하였다.

1993년도는 대전엑스포 개최로 내외국인 관광객 1,400만 명이 참가한 가운데 성공리에 치러졌으며, 엑스포 전후기간 중 일본인 관광객에게 무사증입국을 허용하여 일본인 관광객 유치증대에 크게 기여하였다.

1994년도에는 한국의 전통문화를 세계에 알리고 한국관광의 재도약과 세계화의 계기로 삼기 위해 추진한 '94한국방문의 해 사업을 성공적으로 마무리하였다. 아시아 · 태평양협회(PATA)의 연차총회, 관광교역전 및 세계지부대회 등 3대 행사를 개최하였으며, 특히 이 중 제43차 PATA 연차총회의 경우 1994. 4. 17.~4. 21.까지의 기간에 46개국 1,350명의 회원국 관련인사가 참석한 가운데 성황리에 개최되었다. 특히 이 해는 교통부에 속해 있던 관광정책 기능이 정부조직 개편(1994. 12. 23)에 따라 문화관광부로 이관되었다.

특히 1994년도 정부의 주요 관광정책 제도개선 내용을 살펴보면 다음과 같다.

- 한국산업은행의 산업시설자금 지원재개(1994)
- 10대 계열기업군을 제외한 대기업의 전문휴양업, 종합휴양업 등 관광시설 투자 및 부동산 취득금지 제한 폐지(1994. 1)
- 관광호텔 식품접객업소 영업시간제한 완화(1994. 2)
- 휴양업 · 국내여행업 · 관광유람선업을 소비성 서비스업에서 제외(1994. 3)
- 관광호텔 등급결정자문위원회제도 폐지(1994. 5)
- 관광숙박업 및 여행업 등 관광사업 갱신등록제도 폐지(1994. 6)
- 관광객이용시설업(관광음식점업 · 외국인전용유흥음식점업 · 외국인전용기념품판매업)의 등록절차 간소화(1994. 6)
- 관광사업자의 예식장업 및 특1등급 관광호텔의 약혼식 · 회갑연 허용(1994. 7)
- 관광호텔 청원경찰 의무고용제 폐지(1994. 7)
- 관광호텔 등급기준 완화(1994. 7)
- 관광숙박시설 및 부대 위락시설에 대한 건설입지제한 완화(1994. 8)
- 관광호텔 객실요금 등 신고요금제도 폐지(1994. 8)

- 관광숙박업의 용도변경 허가 및 관광지 내 사업허가절차 간소화(1994. 8)
- 관광특구 지정(1994. 8)
- 관광단지 및 관광지 개발사업을 민자유치대상시설에 포함(1994. 8)
- 주거래은행에 의한 10대 계열기업군 소속 기업체의 전문휴양업 · 종합휴양업 및 휴양콘도미니엄업용 토지취득승인제도 폐지(1995. 4) 등을 통한 관광산업의 활성화를 도모하였다.

특히 1994년 4월 17일 관광진흥을 위한 규제완화와 관광서비스질 개선을 위해 관광진흥법 시행규칙을 개정하였다. 주요 내용을 보면, 관광특구 지정요건을 완화하여 관광성장 잠재력이 큰 지역을 관광특구로 지정, 개발을 촉진케 하고 국내 여행업의 영업구역 제한 및 여행업 사무실 면적기준을 폐지하여 영업의 자율성을 확대하였다. 그리고 관광객 이용시설업과 휴양콘도미니엄 이용자 등의 권익을 보호하는 등 관광서비스의 질 개선을 도모하였다.

1995년에는 "중국관광객 유치 전략", "관광진흥을 위한 정부의 역할 정립", "관광 · 여가체육시설 개발 활성화 방안연구", "관광특구제도의 발전방안", "관광진흥개발기금의 재원확충 및 효율적 운용방안" 등의 총 5개 과제가 1995년 연말까지 완료되기도 했다.

1995년에는 한 · 일 국교정상화 30주년 기념 관광행사인 한 · 일 친선 마라톤대회 등 스포츠 · 문화 · 계절행사를 추진하기도 하였다. 그리고 관광 50주년 기념사업과 미술의 해 행사 등을 관광이벤트사업으로 최대한 활용하여 외국인관광객 유치 확대를 도모하기도 했다. 또한 세계관광기구(WTO), 집행이사회, 아시아 · 태평양 경제협력체(APEC) 관광실무회의 및 제1차 한 · 일 관광진흥협의회 등의 국제행사의 참가를 통한 국제관광협력 활동도 활발히 전개해 나가기로 했다.

1996년에는 국책사업으로 추진 중인 ASEM, 월드컵 유치 등 대규모 국제행사에 대비한 관광 수용태세를 정비하는 한편, 지역관광자원의 균형 있는 개발을 통하여 대량 국민관광시대에 능동적으로 대처해 나갈 수 있도록 축제관광, 기반시설의 확충과 건전관광문화 정착의 실현에 역점을 두고 다음 5개 사항을 중점으로 추진하였다.

- 국제관광의 세계화를 위한 국제협력활동 강화
- 한국적인 문화관광상품의 개발

- 외국인관광객 유치를 위한 차별화된 시장전략의 추진
- 지방정부와 협력하는 균형 있는 관광자원 개발
- 대규모 국제행사에 대비한 관광수용시설의 확충 및 서비스 수준 향상

정부는 21세기 선진관광국가로 도약하기 위한 기본정책과 10개년 계획의 구체적인 사업 추진을 1997~2000년대의 정책방향으로 설정하고 다음과 같은 사업을 추진하였다.

① 관광진흥 10개년계획은 각종 제도개선, 정비와 투자촉진 등에 중점을 두고 분야별 세부계획을 추진함으로써 관광발전의 여건을 조성한다.

② '관광숙박시설지원특별법'과 '국제회의산업육성에 관한 법률'의 하위법령의 제정을 통해 ASEM 정상회의 및 월드컵 축구대회의 지원체계를 확립하고 국제회의 산업육성을 도모한다.

③ 관광산업에 대한 지속적인 규제완화와 관광진흥개발기금 등 금융지원 확대를 통한 관광산업의 국제경쟁력 강화를 위한 여건을 마련한다.

④ 관광에 대한 사회 · 경제 · 문화적 효과의 측정 · 홍보와 각종 건전관광 캠페인의 전개, 누구나 쉽게 접할 수 있는 관광정보의 제공을 통해 건전관광문화를 형성한다.

⑤ 동남아 · 유럽 등 시장에 대한 적극적 마케팅 활동을 통하여 해외관광시장 다변화를 추구하고 국제관광진흥의 평가체계를 개선한다.

⑥ 국민복지증진을 위한 생활관광공간의 확대와 관광개발에 특화개념 도입 및 효율적 개발체계를 도모하기 위해 권역별 관광개발계획(1997~2001)을 본격 추진한다.

⑦ 관광에 대한 인식이 일반국민은 물론 범정부적으로 충분히 제고되지 않음으로써 각종 관련정책의 추진이 용이하지 않기 때문에 관광산업활동의 위축과 종사원의 사기 저하가 초래되고 있는 것으로 분석된다. 따라서 언론매체 등을 활용하여 관광인식 개선사업을 추진함으로써 관광진흥을 위한 사회적 분위기를 조성해 나간다.

3. 2000년대의 관광정책과 관광행정

2000년대는 대중소비사회로 대량여가문화시대 도래와 탈공업화 내지 기계화로 여가선용의 선택범위가 확대되며, 특히 도시화, 인구의 증가 및 집중으로 생활공간의 협소가 사회문제화될 것을 예측하여 관광정책과 행정을 수립하였다.

한국관광의 미래상은 정부나 공공기관의 시책만으로는 이루어질 수 없으며, 관광산업체와 국민 모두가 총화단결하여 관광산업의 중요성을 인식하고, 각종 규제를 완화함으로써 세계 10대 관광국으로 진입하는 데 힘써왔다.

아울러, 국민소득과 여가의 증대 등에 따른 국민관광의 대량화 · 대중화 · 다양화에 부응하여 노인과 어린이 및 관광 소외계층을 위한 복지관광시설과 관광지 정비와 신규개발에 역점을 두고 있다.

관광은 종래보다 더욱 광의의 관광형태를 띠게 되어 우리들의 일상생활에 직접 관련되는 분야뿐만 아니라 교육 · 문화 · 예술 · 산업에도 효과를 미칠 것이다. 중산층 국민을 중심으로 발달한 여가문화는 점차 건전한 방향으로 정착되고, 국가는 저소득층 · 저임금 근로자의 복지와 휴식 · 여가증대, 문화활동과 인간다운 삶의 질 향상에 관심을 쏟고 투자해야 할 것이다.

4. 한국 관광발전을 위한 문제점

우리나라는 잠재된 관광자원의 체계적 개발 부진으로 늘어나는 내 · 외국인 관광수요를 기반으로 한 관광산업을 발전시키지 못하고 있다.

그러나 우리는 고유한 역사 · 문화, 산업 등 유수한 관광자원으로 발전할 수 있는 소재도 다양하며, 자연환경(백두대간, 습지, DMZ), 전통문화(불교 · 유교문화), 산업자원(휴대폰 · 자동차, 의료, 성형기술), 문화(태권도, 한류, 케이팝) 등 관광개발 자원이 풍부한 편이다.

현재는 한국 고유의 브랜드 관광상품 부족으로 외국관광객의 유치나 늘어나는 국내 관광수요를 흡수하는 데 한계가 있는 것이 사실이다. 이것은 보존 위주의 정책(자연환경생태), 관광편의시설 부족(전통문화재), 체계적인 지원시스템 미비(의료관광) 등을 주요 원인으로 들 수 있다.

대한상의에서 조사한 한국관광 발전에 대한 실태 조사결과 〈표 8-1〉과 같이 요약할 수 있다.

표 8-1 • 한국관광 조사결과

(단위: %)

볼거리 부족	높은 관광비용	열악한 관광시설	부족한 숙식시설	불친절한 서비스	도로 및 교통문제	기타	합계
40.8	26.8	16.0	4.9	4.9	3.9	2.7	100.0

출처: 한국관광 실태 조사결과(여행사 400업체대상 조사, 대한상의)

또한, 우리나라는 〈표 8-2〉의 세계경제포럼(WEF)에서 조사된 결과에 나타나듯이 외국관광객에게 입국에서 출국까지 편리 · 안전 · 친절한 관광을 위한 각종 인프라가 경쟁국에 비해 취약한 것을 문제점으로 제기할 수 있다.

한국관광산업 경쟁력지수는 130개국 중 32위로 평가되고 있으며, 특히 숙박 · 편의시설 등 '관광 인프라와 서비스(친절 등)'는 일본에, '가격 경쟁력'은 중국에 밀리는 상황이다. 그리고 관광을 핵심산업으로 육성하기 위한 체계적 · 전략적 추진 시스템이 미비하다.

이것은 관광이 다양한 산업분야의 복합체이지만, 종합적 비전이나 체계적 전략 없이 기관별로 분산되어 추진되고 있는 원인도 있다. 즉 항공 · 도로(국토부), 숙박(복지부), 음식(농림부), 관광자원(환경부, 농림부, 국토부, 국방부), 개별 관광상품(지자체) 등에서 발전 전략을 각각 추진하고 있기 때문이다.

특히, 의료 · 전시컨벤션 등 고수익 관광분야도 체계적인 정책협조시스템이 없어 경쟁력 있는 산업으로의 발전을 지연시키고 있다. 그러므로 의료관광(복지부), 전시 · 컨벤션(지경부) 등 고부가가치 신성장 산업과 융합된 관광상품 개발을 위해서는 부처 공동의 일관성 있는 협력 추진이 필요하다.

한편, 전통적인 제조업 중심의 산업육성으로 관광산업 발전을 위한 제도적 지원이 미흡한 점도 문제점으로 들 수 있다. 부분적인 규제개선, 세제감면 등 관광업계의 현장 애로를 타개하는 데 산업부문 간 차별적 요소가 상존하고 있으며, 관광호텔업 외국인 근로자 고용 제한, 중소기업 창업대상에 관광숙박업 미포함 등이 문제점으로 지적되고 있다.

아울러 한국관광에 대한 친밀한 이미지의 형상화나 국가별 핵심고객에 대한 맞춤형 마켓 노력이 요구된다. 그리고 한국관광의 이미지 형성을 위한 브랜드 개발시도에 대한 발전된 논의가 필요하다. 현재 'KOREA, Sparkling' 브랜드 전략 등을 추진하고 있으나 구체적 의미전달이 부족하다는 평가이다. 나아가 일일생활권의 환황해권(7억 명)에 잠재된 고급 관광수요를 창출하기 위한 장 · 단기적 전략이 요구되고 있다.

현재 중국 관광객 문제는 소극적인 불법체류 방지 차원에서 접근하고 있으며, 중국 해외관광객(1억 명 추정)의 10%만 유치해도 1,000만 명 유치가능할 수 있다. 이상의 몇 가지 문제점을 해결할 수 있다면 [그림 8-2]에서 보는 바와 같이 한국 관광산업의 미래 발전적 전략 시스템이 구축될 수 있을 것이다.

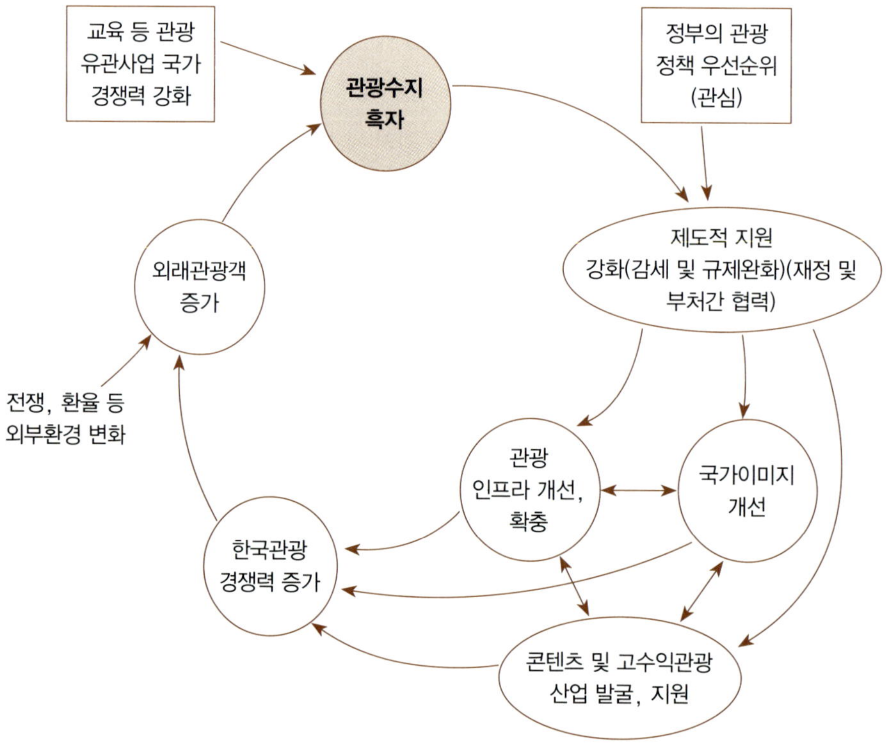

그림 8-2 • 한국 관광산업의 미래 발전적 전략 시스템

출처: 한국관광공사(KNTO) (2015)

4절 외국의 관광정책과 관광행정

외국의 관광정책과 행정의 수립 과정은 대체로 관광정책에 관한 자문을 얻기 위한 '관광정책자문위원회'나 '관광정책심의위원회'를 두고 모든 관광에 관한 시책을 심의하고 있다. 따라서 관광정책이 전개되는 행정구조는 운영 면에서 다음과 같은 몇 가지의 유형으로 나누어 볼 수 있다.

첫째, 관광행정을 운수성(한국의 건설교통부에 해당)에서 총괄하여 집행하고 감독하고 있는 유형인데, 일본 · 대만 등 주로 극동에 위치하고 있는 나라들이다.

둘째, 통산성이나 상무성(한국의 외교통상부에 해당)이 관광행정을 총괄하여 집행하고 감독하거나 그 산하에 관광청을 설치하여 운영하고 있는 유형이다. 덴마크 · 오스트리아 · 핀란드 · 미국 · 캐나다 등 유럽 일부에 위치하고 있는 나라와 북미에 위치하고 있는 나라이며, 영국과 스페인은 통산성 산하에 관광청을 설치하여 운영하고 있다. 특히 미국의 경우는 도시관광위원회를 설치하여 관광행정을 추진하고 있다.

셋째, 그밖에 독립된 기구로서 관광성이나 관광청을 두고, 관광행정을 총괄하여 집행하고 감독하는 유형이다. 이탈리아 · 그리스 · 터키 · 호주 · 뉴질랜드 · 이집트 · 레바논 · 멕시코 · 필리핀 등은 관광성이고, 프랑스 · 인도네시아 · 태국 등은 관광청을 두고 있다.

여러 나라 중 대표적으로 일본 · 미국 · 이탈리아 · 스페인의 관광정책이 수립되는 과정과 관광행정이 전개되는 행정구조에 관하여 살펴보면 다음과 같다.

1. 일본

일본의 관광행정기구는 1930년에 철도성의 외국(外局)으로 국제관광국을 설치하여 1942년까지 존속시켜 오다가 1946년 운수성에 관광과를 설치했으며, 1955년 이를 관광국으로 승격시켜 운영하였다. 그 후 1968년 관광부로 명칭을 바꾸어 오늘에 이르고 있다. 일본에서는 관광이 육로교통수단인 철도를 이용하여 이루어지는 것이 상례였기 때문에, 철도성 · 운수성에 관광부를 설치 · 운영해 온 것으로 생각된다.

일본에서도 구미의 여러 나라처럼 관광행정에서 운수성은 정부차원에서 관광정책의 수립 · 정책조정 · 해외진흥전략을 수립하여 집행하고, 진흥홍보업무도 산하의 국제관광진흥회(Japan National Tourism Organization: JNTO)가 맡고 있으며 개발업무는 지방자치단체(都 · 道 · 府 · 縣 · 市)에 위임하고 있다.

관광기본법에 따라 관광정책심의위원회(Tourism Policy Council)를 설치하여 학계 및 업계의 의견과 전문적인 지식이 관광행정에 충분히 반영되도록 제도화하고 있다.

또한 관광과 관련되는 부처 간의 업무조정과 협의를 위한 상설기구로서 수상 직속으로 관광대책연락회의(Inter-Ministerial Liason Council on Tourism)를 설치 운영하고 있다. 이 대책회의는 관광행정의 효율적 · 종합적 운영을 위하여 필요한 대책을 수립하고, 관련부처 간에 긴밀한 업무 유대를 맺고 있다. 이 회의는 총리부의 총무장관이 의장이 되어 회의를 주재하며 관계부처 17명의 사무차관으로 구성되어 있다.

해외에서 관광선전, 외국의 관광객에 대한 관광안내나 기타 외국인 관광객의 내방 촉진에 필요한 업무를 효율적으로 추진하기 위하여 국제관광진흥회(JNTO)를 전액 정부출자로 설립하여 관광진흥에 이바지하게 하고 있다.

2. 미국

미국의 관광행정기구는 상무성과 각 주의 관광국(또는 관광부)으로 이루어져 있다.

상무성(Department of Commerce)은 미국의 관광정책을 입안 · 수립 · 조정 · 집행하는 업무를 관장하고 있으나, 정책사업은 진흥과 홍보부문에 치중하고 있다.

상무성은 종래 국제관광의 해외홍보와 시장개척업무에 주력해 왔으나 1975년부터는 국민관광부문의 홍보와 국내관광 촉진에도 힘을 기울이고 있다.

1961년 국제관광법(International Travel Act)을 제정하여 전담기구로서 상무성 내에 관광국(Travel Service)을 설치하였다. 미국 상무성의 관광기구 조직을 보면 장관 · 차관 밑에 관광담당 차관보(Assistant Secretary of Commerce for Tourism)를 두고 있고, 차관보의 자문기관으로 관광자문위원회(Travel Advisory Board)를 운영하고 있다. 그리고 직속관광실무부서로서 관광국과 관광국장 자문기구로 운영위원회(Management Operation Committee)가 설치되어 있는데, 관광국에는 5개과(총무 · 조사분석 · 시장개발 · 정보 · 홍보진홍 등)와 국내부 · 국제부를 각각 두고 있다.

그러나 미국의 관광행정이 각 주(州) 정부, 각 기관에 분산되어 있고 또한 해외 홍보업무도 각 주의 관광국이 실시하고 있어, 관광기관은 정책수립과 업무수행을 맡고 개발과 홍보는 민간부문에서 수행하는 민간주도형태를 띠고 있다.

3. 이탈리아

이탈리아의 관광정책은 세계의 어느 나라보다도 먼저 관광의 경제적 효과에 주목하여 외국인 관광객 유치를 위한 정책을 추진한 나라이다. 관광예능성(Ministero del Tourism dello Spettacolo)이 관광에 관한 정책 · 행정의 최고집행기관으로서의 역할을 담당하고 있다. 이는 세계에서도 그 예가 드문 독립된 관광행정기관인데, 1959년에 설치되어 이탈리아 관광진흥의 핵심적 역할을 담당해 왔다.

관광예능성은 소관업무별로 관광국 · 예능국 · 총무인사국 등으로 행정체계를 이루고 있는데, 이 중 관광국의 주요 관장업무는 ① 일반관광행정 및 국민관광의 조직화, ② 호텔 및 일반관광시설의 정비를 위한 시책, ③ 관광자원의 보존, ④ 관광에 관계되는 정부 내 타 기관과의 업무조정, ⑤ 국가 지방관청 및 민간기업활동의 통제 · 조정, ⑥ 관광객 보호를 위한 여러 조치, ⑦ 국제회의 유치 및 참석 등이다. 또한 정부 내의 다른 기관이 관장하고 있는 관광관련업무를 통일적으로 조정하고 집행한다.

관광정책에 관한 자문기관으로는 1960년에 '관광중앙심의회'가 설치되었다. 이 심의회에는 관광예능성 장관을 위원장으로 하여 정부가 위촉한 59명의 위원으로 구성되는 '경제계획위원회'가 설치되어 있는데, 이 위원회는 관광문제를 포함하여 경제 일반을 정부차원에서 조정한다. 관광예능성은 이 위원회의위원으로서 경제정책의 수립과 결정에 참여한다.

그리고 이탈리아의 해외관광 선전기관으로서 이탈리아 관광공사(ENIT)라는 강력한 기관이 설치되어, 관광객 유치선전에 주력하고 있다. 이 기관은 전액 정부출자로 설립되었는데, 국제관광의 해외진흥업무를 맡고 있다. 그 주요 업무는 ① 국제관광선전, ② 국제관광시장조사, ③ 관광통계의작성, ④ 관광에 관한 각종 간행물 발간 등이다.

4. 스페인

스페인은 이탈리아와 마찬가지로 관광행정 및 관광정책의 입안 · 집행기구로서 독립된 중앙행정기관인 '공보관광성(EI Ministerio de Informaciony Touriso)'을 설치하여 국제관광객의 유치와 수용태세의 정비에 노력해 왔다. 그러나 1977년 7월에 '상무관광성'으로 관광업무의 소관이 바뀌었고, 이에 따라 공보관광성 산하 관광국이 청(廳)으로 승격되어 늘어나는 관광행정업무를 담당하고 있다.

관광청(Secreatariat of state for Tourism)의 조직은 즉 총무국 · 관광진흥국 · 지도국의 3개국으로 편성되어 있으며, 이들 업무를 지원하는 기술지원실과 국제관계실이 함께 설치되어 있다. 또한 관광청장의 자문기관으로 관광정책심의회는 관계부처의 장으로 구성되는데, 관광청장이 회의를 주재하고 그 의장이 된다. 그리고 관광청장을 보좌하는 자문기관으로서 관계전문가로 구성되는 관광심의위원회가 따로 설치되어 있고 관광부문을 전문적으로 기획 · 자문 · 조사 · 연구하는 관광연구원(Spanish Institute of Tourism)이 스페인의 관광진흥을 위한 연구에 전념하고 있다.

이 관광연구원은 관광문제 세미나의 개최, 외국과의 관광협력지원, 협약체결, 전문가 및 연구지원, 장학금 지급업무 등을 맡고 있다. 또한 관광요원을 교육 · 훈련시키는 국립관광전문학교(Official Tourism Schoo1)를 설립 · 운영하고 있다.

5절 한국의 관광인력수급

1. 관광인력의 필요성

세계관광인구의 이동추세는 명백히 서구 위주에서 점차 태평양 극동지역으로 여행목적지가 옮겨가는 경향이다.

한국은 급속한 경제성장과 88서울올림픽의 성공적 개최 및 해외여행의 자유화, 2002월드컵 개최국으로서 국민의 관광여행이 증가일로에 있으며, 세계 각국이 한국

관광을 목적으로 경쟁적 관심을 보이고 있다.

2002년 월드컵 개최 이후 세계인들이 서울을 찾게 되면서 각국의 여행사 및 관광청(NTO)들이 한국에 지사를 두고, 한국인 관광객 유치를 위하여 끊임없이 노력하였다. 따라서 관광산업의 개방화 · 국제화로 발전하는 21세기의 한국은 고도의 통신기술(IT 산업)과 교통발달, 관광기업의 경영방법 개선, 관광업종의 변화, 여행자의 의식구조의 변화 등으로 관광산업이 크게 성장하고 있다. 이러한 시대를 맞이하여 관광인력 수급을 어떻게 할 것인가가 큰 과제로 등장하게 되었다.

우리 정부는 경제사회 발전에 부응한 관광전문인력의 자질을 향상시키고 우수한 관광종사원을 확보하여 관광분야 서비스의 국제수준화를 유도함으로써 날로 더해 가는 관광서비스 경쟁에 대처해 나가고 있다.

표 8-2 • 관광분야 산업분야별 직무군 사례

<table>
<tr><th>분야</th><th colspan="2">산업분야별 직무군</th></tr>
<tr><td rowspan="3">여행</td><td>A. 경영 · 관리직무군</td><td>B. 상품기획 · 개발직무군</td></tr>
<tr><td>C. 영업 · 마케팅 직무군</td><td>D. 경영지원/사무직무군</td></tr>
<tr><td>E. 상담 · 예약직무군</td><td>F. 가이드 · TC직무군</td></tr>
<tr><td rowspan="5">호텔</td><td>A. 경영 · 관리</td><td>B. 경영지원/사무</td></tr>
<tr><td colspan="2">C. 영업 · 마케팅</td></tr>
<tr><td colspan="2">D. 접객 · 안내(Bell/Door Attandent, 드라이버 등)</td></tr>
<tr><td colspan="2">E. 프론트(Front Officer/Front Desk Clerk 등)</td></tr>
<tr><td>F. Housekeeping</td><td>G. 시설관리 및 식음료 기타(조리 포함)</td></tr>
<tr><td rowspan="4">휴양 콘도미니엄</td><td>A. 경영 · 관리</td><td>B. 기획 · 개발</td></tr>
<tr><td>C. 경영지원/사무</td><td>D. 영업 · 마케팅</td></tr>
<tr><td>E. 프론트</td><td>F. 객실 유지</td></tr>
<tr><td colspan="2">G. 시설관리 및 식음료 기타</td></tr>
<tr><td rowspan="2">국제회의</td><td>A. 경영 · 관리</td><td>B. 기획</td></tr>
<tr><td>C. 경영지원/사무</td><td>D. 외주관리(아웃소싱)</td></tr>
<tr><td rowspan="3">카지노</td><td>A. 경영 · 관리</td><td>B. 판촉(Marketing)</td></tr>
<tr><td>C. 경영지원/사무</td><td>D. 게임 운영 · 관리</td></tr>
<tr><td>E. 감독 및 안전 · 보안</td><td>F. 식음료</td></tr>
</table>

따라서 장기적인 안목에서 관광산업 발전을 위해서는 모든 관광산업의 최일선 현장에서 관광객을 상대로 직접 서비스를 제공하는 관광인적자원인 유능한 관광종사원을 양성하고 기존 종사원의 자질을 향상시키는 것이 매우 중요하다. 따라서 전문적인 기술과 지식을 습득한 전문관광종사원을 확보하고 대학을 포함한 관광교육기관을 육성하며 우수인력의 관광산업으로의 유치를 위하여 관광종사원 자격제도를 운영하고 있으며, 또한 관광종사원에 대한 재교육을 지속적으로 실시하고 있다. 특히, 일자리 창출을 위한 관광분야의 산업분야별 직무 사례를 보면 〈표 8-2〉와 같다.

2. 관광인력의 분류

21세기의 관광산업은 한국의 주력산업이다. 세계는 바로 우리의 활동무대이며, 관광을 통한 남북통일과 세계평화 달성이라는 대망의 신념을 가지고 전진을 계속해 나가야 할 때이다. 이와 함께 관광산업의 각종 기업경영에 소요되는 직종별 관광인력의 양성 및 확보는 시대적 요청이 아닐 수 없다. 관광인력은 그 직무의 특수성과 전문성에 비추어 일정한 자질과 능력을 소유한 사람이어야 한다. 따라서 관광법률상의 관광인력은 관광종사원으로 나타나고 있으며, 관광종사원의 범주 속에 들어가는 관광진흥법 제38조에 의한 것과 관광진흥법 시행령 및 시행규칙에 나타난 실증법에 근거한 종사원을 말한다.

이와 같이 관광직무분야별 인력운용의 대표적 직업명을 살펴보면 〈표 8-3〉과 같이 대별할 수 있으나, 관광현장을 중심으로 본 관광인력의 범주는 이것보다 훨씬 더 넓다고 보아야 한다. 특히 국민의 해외여행 완전자유화에 따른 안내인력의 수요급증과 외국인 수학여행자의 대량입국이나 국내 중 · 고등학생 및 대학생의 관광연수 시 이용이 예상되는 유스호스텔 증가에 따른 인력확보 이외에도 장차 남북관광교류 및 남북관광 공동개발에 필요한 인력요구의 확보도 매우 필요하다고 판단된다.

표 8-3 • 관광직무 분야별 인력운용의 대표직업명

구분		대표직업명 대분류
대분류	중분류	
여행	A. 경영관리	1. 여행업체 관리자
	B. 기획개발	1. 여행상품기획자
		2. 여행콘텐츠 기획자
	C. 영업마케팅	1. 여행세일즈맨
		2. CRM 관리자
	D. 경영지원/사무	1. 경영전략기획자
		2. 회계재무 관리자
		3. 홍보관리자
		4. 인사총무 관리자
		5. 전산관리자
	E. 상담예약	1. 예약 및 발권 사무원
		2. 여행사 오퍼레이터
	F. 가이드/TC	1. 로컬가이드
		2. 국내여행 안내원
		3. 관광통역 안내원
		4. 국외여행 인솔자
호텔	A. 경영관리	1. 호텔관리자
	B. 경영지원/사무	1. 인사관리자
		2. 구매 및 물품관리자
		3. 홍보관리자
		4. 회계재무관리자
		5. 기타 경영지원/사무종사자
	C. 영업마케팅	1. 영업 마케터
	D. 접객안내	1. Bell Attendant(Person)
		2. Door Attendant
		3. 드라이버
	E. 프런트(예약/접수)	1. Front Officer
		2. Front Desk(Reception) Clerk
	F. 부대시설 운영	1. 부대시설 관리자
	G. 객실유지	1. Housekeeper
		2. Linen Attendant
	H. 시설 유지보수	1. 시설(장비)관리자
	I. 기타	1. 식음료 서비스 종사자(조리포함)

계속

구분		대표직업명 대분류
대분류	중분류	
휴양콘도미니엄	A. 경영관리	1. 콘도미니엄 관리자
	B. 기획 개발	1. 콘도미니엄 개발기획자
		2. 공사관리자
	C. 경영지원/사무	1. 경영관리기획자
		2. 인사관리자
		3.총무구매관리자
		4. 홍보관리자
		5. 회계재무관리자
	D. 영업마케팅	1. 영업마케팅관리자
		2. 회원관리자
		3. 예약관리자
	E. 프론트	1. Front Officer
	F. 부대시설 운영	1. 부대시설관리자
	G. 객실 유지	1. Housekeeper
		2. Linen Attendant
	H. 시설유지보수	1. 시설관리자
	I. 기타	1. 식음료 제공 종사자
		2. 기타 단순업무 종사자
국제회의	A. 경영관리	1. 경영관리자
	B. 기획	1. 전문회의 기획자(Meeting Planner)
		2. 전문전시 기획자(Exhibition Planner)
	C. 경영지원/사무	1. 이벤트 기획자(Event Planner)
		2. 인사관리자
		3. 회계재무관리자
	D. 외주관리(아웃소싱)	1. 외주관리자
카지노	A. 경영관리	1. 카지노관리자
	B. 판촉(Marketing)	1. 마케팅관리자
	C. 게임운영관리	1. 테이블 게임 운영관리자
		2. 슬롯머신 게임 운영관리자
		3. 현장 경리관리자
	E. 감독 및 안전보안	1. Surveillance Officer
		2. 안전보안관리자
	F. 식음료	1. Food and Beverage Server

출처: 한국직업능력개발원

3. 관광인력 양성기관

1) 교육 · 훈련기관

관광산업의 발전에 따라 관광분야 전문교육과정이 다양하게 개설되고 있는데, 이러한 관광교육기관은 관광인력의 저변확대는 물론 전문적인 관광인력의 공급원으로서의 역할을 수행하고 있다. 관광관련 교육기관은 교육법에 의해 설립된 정규교육기관과 정부의 관광진흥정책을 기조로 한 관광진흥법 제52조의 규정에 의거 설치되거나 지정운영되는 지정관광종사원 연수기관이 있다. 이에 따른 전국 관광 교육기관 총괄현황을 보면 〈표 8-4〉와 같이 요약할 수 있다.

표 8-4 • 전국 관광 교육기관 총괄현황

(단위: 명)

구 분	학교 수	정원	비 고
대학원	6	220	
대학	24	2,135	개열별
전문대학	97	9,820	165개교
고등학교	2	800	
고등기술학교	2	170	
계	131	13,145	16,040

2) 정규 관광교육기관

1963년에 몇 대학에서 정규 관광교육기관으로 관광학과가 설치된 이래 현재 6개 대학원에서 정규 학위과정(학 · 석 · 박사)의 관광교육을 실시하고 있다. 4년제 정규과정의 24개 대학이 주로 관광 전반에 걸친 학문적 이론 위주로 교육하는 반면에 97개교(계열별 165)의 2년제 대학에서 전문학사학위 과정을 설치하여 관광교육을 실시하고 있다. 또한 전국의 고등기술학교에서 실무종사원을 양성하고 있으며, 실업계 고등학교에서도 관광교육을 실시하고 있다.

4. 관광종사원의 자격제도

관광종사원 자격제도는 1961년 8월에 관광 통역안내원 자격제도를 효시로 실시되었으며, 이는 일정수준 이상의 관광에 대한 전문지식과 기술을 갖춘 자로 하여금 관광사업체에서 종사토록 함으로써 관광산업의 서비스 질과 신뢰도를 증진시키기 위하여 도입되었다. 따라서 호텔경영사, 호텔관리사, 호텔서비스사, 관광통역안내사, 국내여행안내사, 국제의료관광코디네이터, 컨벤션기획사 2급, 1급 등의 자격제도를 운영하고 있다.

정부는 관광업계의 발전에 부응하여 이러한 관광종사원의 자격관리업무를 민간부문에 점진적으로 위탁해 나간다는 방침 아래 종래 각 시 · 도에서 담당하던 국내여행안내원과 호텔(현관 · 객실 · 식당)종사원에 대한 자격시험 및 등록업무를 한국관광협회에서 수행토록 하고 1988년 이후부터 호텔경영사(총지배인)와 호텔관리사(관광호텔 1.2급 지배인), 관광통역안내원의 자격시험업무와 등록업무는 한국관광공사(관광인력지원센터)에서 관장하였으나, 현재는 한국인력관리공단으로 이관하여 자격증 발급업무를 운영하고 있다.

5. 관광종사원 자격의 구분

1) 관광숙박업 종사원

관광숙박업에 종사하는 종사원은 호텔경영 총괄업무와 종사원 지원 · 감독업무를 담당하는 호텔경영사(총지배인), 호텔의 각 분야 업장별 관리와 종사원 감독업무를 담당하는 호텔관리사(1급 및 2급 지배인), 관광호텔의 현관, 객실, 식당의 접객업무를 담당하는 호텔서비스가 자격을 지닌 호텔종사원이 있다.

2) 관광안내사

관광안내사는 자격시험을 통과한 자로서 외국어를 사용하여 관광안내업무를 담당하는 관광통역 안내사와 국내여행 안내사 등으로 운영되고 있다.

(1) 관광통역안내사

관광통역안내사란 관광진흥법에 의한 관광통역안내사 자격시험을 거쳐 자격증을 소지한 자를 말하며, 1962년부터 현재까지 매년 자격시험을 실시하여 인력을 확보하고 있다.

(2) 국내여행안내사

국내여행안내사란 국내 관광객에게 가이드 서비스를 제공하는자를 말한다. 정부는 국민소득 및 여가시간의 증대에 따라 국내관광객이 급속히 늘어남에 따라 이들에게 건전한 국내여행안내원이 되도록 계도하고, 충실한 관광안내원으로서 우리의 고유 관광자원을 올바르게 인식시킬 필요성을 감안하여 관광진흥법에 의거하여 국내여행안내원 자격시험제도를 마련하고, 1976년부터 실시해 오고 있다.

6. 산학협동교육

산학협동은 산업교육진흥법에 의거, 관광분야 대학의 학생들에게 관광실무경험을 통하여 이론과 실기를 겸비한 교육효과를 도모하고 있다. 이와 같은 관광분야 산학협동체제를 제도적으로 확립하기 위하여 1977년 3월부터 산학협동시행요령을 제정하였다. 이에 따라 1978년부터 매년 재학생들을 대상으로 1개월 이상 방학기간 중인 7~8월이나 12~1월 사이에 관광사업체 및 관광유관기관에 배치하여 관광실무교육을 전수토록 함으로써 장차 관광요원으로서의 자질을 향상시키도록 하고 있다.

관광산업의 경영관리를 담당한 유능한 관광종사원을 양성하고 관광산업의 장기적 발전을 도모하며, 산학협동체제를 더욱 효과적으로 운영하기 위하여 관광사업자들이 출원한 장학기금으로 한국관광협회 내에 한국관광장학제도를 설립하여 관광분야 대학원 · 대학 · 관광인력지원센터 등의 우수학생과 관광업체에 근무하면서 면학에 열중하는 학생에게 장학금을 지급하기도 한다.

Chapter 08 학습문제

01. 다음 중 외국인을 대상으로 추진하는 일련의 관광정책 수행과정을 무슨 정책이라고 하는가?

① 국민관광정책 ② 국제관광정책
③ 복지관광정책 ④ 공정관광정책

02. 한 국가의 관광행정을 종합적으로 조정하고, 정부나 지방자치단체가 관광사업진흥을 추진하기 위한 기본 방향을 설정하는 방책은?

① 국민관광정책 ② 국제관광정책
③ 사회복지정책 ④ 공정무역정책

03. 다음 중 관광정책의 기본목표와 거리가 먼 것은?

① 관광사업을 보호하고 진흥시키는 데 있다.
② 관광관련 부처 간의 원활한 협의, 조정하는 데 있다.
③ 관광기구를 두어 관광을 효과적으로 진흥시키는 데 있다.
④ 국가나 공공단체가 관광진행을 위한 규제활동을 하는 데 있다.

04. 다음 중 관광기본법에 따른 우리나라 관광정책의 기본목표와 거리가 먼 것은?

① 국제친선증진과 국민경제 향상
② 국민보건증진과 복지관광증진
③ 국제수지개선과 국민생활수준 향상
④ 국민관광진흥을 위한 대통령 직속 관광정책심의위원회 설치

05. 우리나라의 관광정책 목표를 달성하기 위한 기본방향으로 맞지 않는 것은?

① 복지관광의 이념 구현

② 소득계층에 따른 복지관광 구현

③ 역사와 전통을 배경으로 한 국위선양

④ 남북교류협력을 대비한 관광 공간의 재편성

06. 다음 중 우리나라가 추구하고 있는 국제관광진흥정책을 잘못 설명한 것은?

① 외래 관광객 유치 확대

② 숙박시설 및 편의시설 확충

③ 관광종사원 자격증제도 강화

④ 출입국제도의 간소화

07. 다음 중 우리나라에서 관광정책의 기본목표를 명시한 최초의 관광기본법 제정은 언제인가?

① 1970년 12월 30일 ② 1945년 8월 15일

③ 1975년 12월 31일 ④ 1988년 8월 15일

08. 우리나라의 사회복지관광에 해당하는 대표적인 관광정책과 거리가 먼 것은?

① 유급휴가제도 ② 주 52시간제 근무

③ 소외계층 교통운임 할인 ④ 전국에 가족호텔 확충

09. 다음 중 우리나라에서 관광행정을 담당하는 행정부처는?

① 한국관광공사 ② 한국관광협회

③ 문화체육관광부 ④ 문화재청

10. 다음 중 우리나라에서 가장 오래된 관광정책을 순서대로 연결한 것은?

① 통역안내원 자격시험제도 - 관광기본법 제정 - 한국관광공사법 개정 - 전국민 해외여행 자유화제도

② 관광기본법 제정 - 전 국민 해외여행 자유화제도 - 관광기본법 제정 - 한국관광공사법 개정

③ 한국관광공사법 개정 - 통역안내원 시험제도 - 전 국민 해외여행 자유화제도 - 관광기본법 제정

④ 전 국민 해외여행 자유화제도 - 한국관광공사법 개정 - 관광기본법 제정 - 통역안내원 시험제도

정답

01. ② **02.** ① **03.** ④ **04.** ④ **05.** ② **06.** ③ **07.** ③ **08.** ② **09.** ③ **10.** ①

PART

02 관광자원의 이해

CHAPTER 09

관광자원과 개발

1절 관광자원

1. 관광자원의 개념과 분류

1) 관광자원의 개념 정의

관광자원(Tourism Resources)이란 라틴어의 종교용어 Resurgere와 영어의 'Resources'에 해당된다. 'Resources'는 종교용어를 배경으로 하고 있다는 것을 알 수 있다.

관광자원은 관광의 주체인 관광객이 그의 관광욕구(Tourist desire)와 관광동기(Tourist Motivation)의 대상이 되며, 관광행동의 목표물인 유형 · 무형의 모든 관광대상을 가리켜 말한다. 이는 관광주체(Tourism Subject)에 대한 관광객체(Tourism Object)가 지니는 자원이라고도 할 수 있고, 이러한 관광자원은 주체인 관광객(Tourist)의 욕구 여하에 따라 그 대상물의 가치가 달라진다.

관광자원은 관광사업 측면에서는 경제적 가치를 갖고, 관광객 측면에서는 위락적 · 문화적 · 교육적 가치를 갖는 관광대상물로서 관광객에게 매력성과 유인성 또는 호기심(Curiosity)을 주는 것이어야만 한다. 동시에 관광수입을 올릴 수 있는 경제성을 가져야만 한다. 관광자원은 관광의 목적과 형태 등에 따라 다종 · 다양하며 광범위하고 그 분류방법도 다양하다.

(1) 광의의 관광자원

광의의 관광자원이란 자연관광자원과 인문관광자원 및 관광인적자원을 모두 포함하는 의미이다. 그러나 최근에는 다양화한 Recreation 관광객의 욕구충족에 따른 소박한 향토관광(역사경관, 취락경관, 산업경관 등)이 재평가되고, 관광객의 주체성에 더욱 비중을 둔 관광자원화가 현저하게 나타나고 있다.

즉, 광의의 관광자원이란 인간의 관광욕구의 대상이 되고 관광행동을 충족시켜 주는 가치를 지닌 유형 · 무형의 모든 자원(자연 · 문화 · 사회 · 산업적 자원 등)을 총칭하고 있다.

(2) 협의의 관광자원

"인간의 관광동기를 충족시켜줄 수 있는 생태계 내의 유형 · 무형의 모든 자원으로서 보존 · 보호하지 않으면 그 가치를 상실하거나 감소할 성질을 내포하고 있는 자원"이라고 정의한다. 또한 여기에는 자연적 · 문화적 관광자원을 있는 그대로 보존 활용하는 개념과 기존 자원에 인공을 가하여 새로운 시설 · 공간을 조성하는 개념이 포함된다. 따라서 협의의 관광자원은 관광의 목적물이 되는 요소를 지닌 것과 아울러 관광재로서의 가치를 지닌 것을 총칭한다.

또한 관광자원은 관광개발의 소재가 되고, 개발함으로써 관광산업에 가치를 줄 수 있는 자원이어야 한다. 동시에 관광자원은 자연과 인문, 무형의 관광자원이 상호 융합되어 하나의 커다란 매력성을 지니게 될 때 비로소 완전한 자원이라고 할 수 있다.

이상의 관광자원의 정의에서 본 바와 같이 관광자원이 아무리 풍부하고 우수하며, 개발이 잘 되었다고 하더라도 인간이 이를 잘 가꾸고 다듬어주지 못한다면 본래의 가치를 상실하고, 관광 가치성의 발휘와 개발의 효용은 찾아볼 수 없게 된다.

따라서 우리는 관광자원의 원형 파손이나 파괴를 방지하며, 보호 · 보존 관리방법을 모색하고, 문화민족다운 긍지를 갖고 한국적 감각을 살린 관광자원을 개발해야 한다.

2) 관광자원의 분류

(1) 관광자원의 유형 분류 목적과 의의

관광자원에 대한 유형 분류의 목적과 필요성은 관광대상지를 구성하고 있는 사물,

즉 각종 자원들을 대상으로 현재의 역할을 평가하고 이해하며 앞으로의 관광수요에 대처할 수 있는 잠재적 관광자원(Potential Tourism Resources)의 용도 및 활용가치를 구체적으로 평가함으로써 관광자에 대한 유인력과 수용력을 측정하려는 데 있다.

관광자원의 유형 분류를 위한 접근방법은 기존의 관광자원뿐만 아니라 관광자원으로서 관광활동에 직접적으로 영향을 미치지 못하고 있는 모든 잠재적 관광자원까지도 포함시켜야 한다. 왜냐하면 모든 관광자원이 인간환경의 구성요소들로부터 얻어지는 것이기 때문에 이를 구성하고 있는 각종 요인(Factors)과 요소(Elements)에 대한 많은 연구 없이는 새로운 관광자원의 개발을 위한 객관적이고 체계적인 접근이 거의 불가능하기 때문이다.

(2) 관광자원의 유형 분류 특색

구미 지역의 분류는 포괄적이고 연속적인 성격으로 파악하려는 경향이 짙고, 관광개발을 전제로 한 관광자원의 범위를 시설, 교통, 상부구조(Super Structure), 하부구조(Infra Structure) 등이 결합된 포괄적 자원까지 확대하고 있다. 일본의 경우는 이원적 형태로 분류하여 자연형과 인문형, 유형과 무형관광자원 또는 동태형과 정태형 자원으로 양분하려는 경향이 있다. 한국에서는 일본의 분류방식과 구미의 분류방식을 혼용하여 사용하였다고 볼 수 있다.

여기서는 이를 바탕으로 관광자원의 유형을 크게 유형 · 무형으로 분류하고, 이를 다시 세분하여 자연적 관광자원과 인문적 관광자원으로 구분하고 인문적 관광자원을 다시 문화적, 사회적, 산업적, 위락적 관광자원으로 분류하였다.

(3) 한국의 관광자원별 대상분류

① 자연적 관광자원

- 자연관광자원: 자연의 풍경미(동의어로 경관, 경색, 풍광, 풍물, 산수, 풍월 등이 있고, 풍경을 구성하는 요소로서 지형, 지질, 기후, 풍토, 동식물이 있음)를 중심으로 형성된 자원이다.

② 인문적 관광자원

- 문화관광자원: 유형 · 무형문화재, 기념물, 민속자료, 박물관, 미술관, 도서관 등 역사 · 문화를 창출시킨 자원이다.
- 사회관광자원: 국민성과 민족성, 인정, 풍속, 생활 속에서 전승된 모든 생활자료, 예술, 예능 및 사회공공시설 등이다.
- 산업관광자원: 현대적인 각종 산업 · 경제시설을 관광대상으로 견학, 시찰 등을 통한 하나의 관광형태로서 이용할 수 있는 시설물이다.
- 위락관광자원: 도시공원, 어린이공원, 골프장, 캠프장, 수렵장, 수영장, 놀이시설 등 자연조성지역의 레크리에이션시설 등이다.

2. 관광자원의 유형별 종류

1) 자연적 관광자원

자연적 관광자원이란 관광객의 호기심의 대상이 되는 자연환경의 구성요소로 수려한 경관을 말한다. 경관이란 어느 지역 내의 지리적 현상과 생물적 생태계의 외관에서 오는 시각적 미감을 일으키는 감각요소를 말하며, 환경이란 주택, 고궁 등 옥외경관, 즉 외부공간의 경관미를 포함한 모든 요소의 복합체를 말한다. 이에 따라 〈표 9-1〉은 자연자원의 종류별 관광가치성과 관광이용방법을 나타내고 있으며, 〈표 9-2〉는 자연공원법에 근거한 국 · 도 · 군립공원의 정의, 〈표 9-3〉은 관련 근거 법령에 의한 유형별 관광지의 정의를 나타내고 있다.

표 9-1 • 자연자원의 종류별 관광가치성과 관광이용방법

종류	관광가치성(대상이유)	관광이용방법
산악, 구릉	신비성, 주관성, 전망성, 자연성, 피서, 한대식물, 관광자원의 풍부성	등산, 스키, 케이블카, 피서, 환경미, 전망, 보전, 휴양
하천, 호수	계곡, 물결이 적고 물이 많다. 자연성	댐, 인조호수, 낚시대, 보트 놀이, 조교
산림, 수목	산악의 일부를 형성하여 관광 가치를 형성	풍치, 보안림, 스키장, 수렵장, 양어장, 골프장, 삼림욕
어류,동물	감상대상, 포획대상, 낚시대상	동물원, 수족관, 목장, 낙농겸용
온천	냉천(25°C 이하), 미온천(34°C 이하), 온천(34°C~42°C), 고온천(42°C 이상)	휴양, 요양효과, 보건증진(숙박시설, 온수시설, 오락시설, 레크리에이션 · 레저시설 이용)

표 9-2 • 자연공원법에 근거한 국 · 도 · 군립공원의 정의

구분		근거법령	정의
자연	국립공원(21개소)	자연공원법	한국의 풍경을 대표할 만한 수려한 자연풍경지로서 국민보건, 교화, 학술, 휴양, 정서생활에 기여하고자 지정한 지역이며, 환경부장관은 중앙행정기관의 장과 합의하여 관할도지사의 의견을 들은 후 국토건설종합계획법(제7조)의 규정에 의한 국토건설종합계획심의회의 심의를 거쳐야 함.
	도립공원(22개소)	자연공원법	서울특별시, 광역시 또는 도내의 풍경을 대표할 만한 국립공원 이외의 수려한 자연풍경지역으로서 도건설종합계획심의회의 심의를 거쳐 환경부장관의 승인을 얻어야 함.
	군립공원(31개소)	자연공원법	시 및 군내의 풍경을 대표할 만한 국 · 도립공원 이외의 수려한 자연풍경지역으로서 군립공원 위원회의 심의를 거쳐 도지사의 승인을 얻어야 한다.

표 9-3 • 관련 근거법령에 의한 유형별 관광지의 정의

구분		근거법령	정의
관광지 (145개소)		관광진흥법	자연적 또는 문화적 관광자원을 갖추고 있어 관광 및 휴양에 적합한 지역으로서, 문화체육관광부장관이 지정한다.
관광휴양지 (185개소)		국토이용관리법	국민 여가선용을 위한 휴양시설과 자연경관, 문화재 등을 탐방하는 관광객들을 위한 시설이 집단화되어 있거나 집단화되어야 할 지역
관광단지 (9개소)		관광진흥법 (관광진흥법 제23조)	관광지 중 관광산업의 진흥을 촉진하기 위하여 관광자원 및 관광시설 등을 중점적으로 개발하는 관광거점 지역(문화체육관광부장관이 지정: 중문, 보문, 도남, 남원, 성산포, 해남화원, 감포, 충주호, 원주월송 등 9개소)
유원지(125개소) (112.56km²)		도시계획법	시민의 복지향상에 기여하기 위하여 설치하는 오락과 휴양시설 지역(시 · 읍 · 면단위)
도시공원 (3,732개소) (670,020,682km²)		도시계획법	도시계획구역 내 자연경관의 보호와 시민의 건강, 휴양 및 정서생활 향상에 기여하기 위하여 조성된 지역. 도시자연공원(174개소), 근린공원(872개소), 어린이공원(2,657개소), 묘지공원 (27개소)
관광농업지역(농어촌휴양지 포함) 234지구 1,786개 농가 참여 농원규모 (606.6ha)		농어촌발전특별조치법	도시민의 여가활동을 농촌으로 유치하여 도시민의 정서를 함양하고 농가의 소득증대에 기여하는 한편, 농촌의 적합한 생활공간을 활용하여 농 · 어촌의 새로운 서비스 산업으로 육성시키기 위해 조성한 지역
온천지구 (93개지구 43,824천평)		온천법	온천의 부존지역을 중심으로 온천의 공공적 이용증진과 온천 이용시설 및 환경의 정비를 위해 지정한 지구(이용 중 31개소, 개발 중 62개소) 온천공: 240
청소년 여가 시설	청소년 야영장, 심신수련장, 자연학습장	체육시설의 설치이용에 관한 법률	청소년들의 정서함양과 자연수호정신을 증진시키고 심신단련과 합숙훈련으로 건전한 정신교육공간으로 조성하는 지역
기타 관광대상지(동굴, 스키장, 해수욕장, 수렵장 등)			특정한 관광관련법에 의해 주관되어 개발된 지역 이외에 이용도가 높고 관광지의 성격을 지닌 지역

2) 문화적 관광자원

(1) 문화적 관광자원의 개념

문화적 관광자원이란 우리 조상들이 물려준 유형 · 무형의 재산 가치가 있는 대상으로서 관광자원성을 띠고 있는 것을 의미한다. 특히 한국의 문화적 관광자원은 반만년의 유구한 역사를 통하여 우리 민족이 이룩해 놓은 독특한 문화적 전통과 아름다운 민속 및 전국토에 산재해 있는 문화재 등으로, 개발 여부에 따라서는 세계유수의 관광입국으로 성장할 수 있는 충분한 잠재력을 갖추고 있다.

한국은 5천년의 역사를 간직한 조용한 생활양식, 유적, 각종 문화재 등 역사적 가치가 있는 문화자원이 상당수 산재하여 있다. 이러한 문화관광자원은 조선시대의 수도였던 서울을 비롯하여 신라의 고도였던 경주, 백제문화의 중심인 부여, 공주 등에 역사적 유물 및 유적이 풍부하며 이밖에 서원, 사당, 박물관 등을 비롯한 많은 문화재 자원이 전국 각지에 흩어져 분포하고 있다.

또한 우리 민족의 순박한 인심과 예의바른 국민성, 한국고유의 의상이나 음식도 관광자원으로서 중요한 역할을 하고 있다. 즉, 한국 여인의 치마저고리의 아름다움과 김치, 신선로, 불고기 등도 외래관광객에게 관광자원으로 가치를 발휘할 수 있다.

따라서 우리 국민의 정신문화를 계발하기 위해서는 경주 고도문화권, 중서부 고도문화권, 한강유역 선사문화권, 중원문화권, 가야문화권 등을 조성하여 문화교육의 중심이 될 수 있도록 유도하고, 중요문화재의 보전, 관리 및 전통적 건조물의 보전을 위하여 사유지에 있는 사적지도 공유화함이 바람직하다.

(2) 전통민속문화 관광자원

우리의 전통민속문화라 함은 개국 이래 5천년의 장구한 역사 속에서 전승되어온 우리 선조들의 정신적 문화유산들을 말한다. 다시 말하면 우리 선조들이 남겨 놓은 유형의 문화유산과 연중행사인 무형의 세시풍속을 말한다. 즉, 가정마다 지켜온 예의범절, 관혼상제, 효행, 선행, 덕, 장유유서, 부부유별, 붕우유신 등은 물론 민속과 풍속이 고을마다 쌓여져 있는 미풍양속은 모두 우리의 전통민속 문화자원에 속한다. 그러므로 한국 전통민속예술을 발굴, 전승하고 지방문화예술의 활성화를 도모하며 아울러 한국 고유의 관광자원이 관광상품화 될 수 있도록 민속문화행사의 적극적인 장려와 육성이 필요하다. 이러한 민속문화행사(사례: 코싸움, 사물놀이 등)는 한국을 찾는 외래 관광객들에게 우리의 전통문화를 소개할 수 있는 중요한 관광자원이 되고 있다.

또한 민속문화행사는 향토의 자연 · 역사 · 사회를 배경으로 형성되어 전통문화의 핵심을 이루는 자원이며, 당해 지방 나아가 한국 고유의 관광자원으로 그 중요성이 증가하고 있다. 이러한 민속문화행사는 지방의 향토문화 발전에 이바지함은 물론 한국의 새로운 관광이미지를 형성하게 된다.

한국에서 연중 개최되는 각종 민속문화행사는 총 113건으로 이 가운데 대표적인 행사로는 경주 · 신라문화제, 부여 · 공주에서 교대로 개최되는 백제문화제, 익산 마한민속제, 남원 춘향제, 제주 한라문화제 등이 있으며, 진해 군항제, 여수 진남제 등 주요 관광자원으로 활용되는 민속문화행사가 있다.

이와 같이 향토문화인 민속행사를 전승, 육성 및 관광자원화하기 위해서는 행사의 날짜를 고정시켜 내 · 외국인에게 행사일정, 행사내용 등을 홍보 및 상품화하고, 시기적으로는 계절적인 집중을 피해 분산을 유도하고, 내용 면으로는 역사성 및 지역성을 고증하여 실감나는 행사가 되도록 하여야 하며, 국가적인 재정적 뒷받침으로 지방인의 적극적인 참여의욕을 증진시켜 전 국민의 향토민속제가 되도록 하여야 할 것이다.

(3) 문화재 관광자원

문화재(文化財, Cultural Property, Kulturvermögen)란 민족문화의 유산으로서 보존할 만한 재산가치가 있는 것을 가리킨다. 문화재는 역사상, 학술상 또는 예술상 가치를 지니고 있는 뛰어난 것을 말하는데, 이는 가치 있는 국민적 재산을 뜻한다.

그리고 문화재는 이에 접하는 사람들에게 대하여 가령 인공물일지라도 인간의 내적인 자원으로 숭고한 혹은 미적인 감동 · 감명을 주며, 인간성을 풍부하게 하는 데 커다란 작용을 하고 있다.

문화재라는 말이 본격적으로 쓰이게 된 것은 제2차 세계대전 후이며 그 이전에는 문화유산, 문화적 재보 등의 표현이 있었으나 내용이 한정되지 못하였고 통일적 용어로서 사용되지는 않았다.

우리나라에서는 문화재 중 가치를 크게 지닌 것을 지정하여 지정문화재라 하는데, 이 지정문화재는 국가지정문화재, 시 · 도 지정문화재, 문화재 자료로 구분된다.

국가지정문화재는 문화체육관광부장관이 문화재위원회의 심의를 거쳐 지정되는 것이고, 시 · 도 지정문화재는 서울특별시장 · 직할시장 또는 도지사가 그 관할구역 안에서 국가지정문화재로 지정되지 않은 문화재 중 보존가치가 있다고 인정되는 것을 시 · 도 지정문화재로 지정한다.

또한 문화재 자료는 서울특별시장 · 직할시장 또는 도지사가 국가지정문화재, 시 · 도 지정문화재가 아닌 문화재 중 향토문화 보존상 필요하다고 인정되는 것을 문화재 자료로 지정할 수 있다.

특히 문화재로서의 진정성과 그에 대한 충분한 역사성을 지니고 있는 세계적 재산가치가 있는 것을 보호 · 보존하기 위하여 세계문화유산으로 지정하고 있다.

이에 따라 우리나라는 1988년 세계문화유산 및 자연유산보호협약에 가입한 이후 1995년부터 현재까지 세계문화유산 등록현황을 살펴보면 유형문화유산 13건, 자연유산 1건, 기록유산 16건, 무형문화유산 20건, 지질공원 1건, 생물권 보전지역 4건 등이 등재되었다. 특히 한국의 무형문화유산은 중국(29건), 일본(21건) 다음으로 많이 등재되어 있고 기록유산도 아시아에서는 러시아(21건) 다음으로 많이 등재되어 있다.

또한, 유네스코 세계유산 잠정목록에 등재된 한국의 문화유산자원은 총 16건으로 북한산성, 남해안공룡화석지대, 충북 내륙산성군, 강신도요지, 서남해안갯벌, 염전, 대곡천암각하군, 설악산천연보호구역 남지, 외암마을, 낙안읍성, 우포늪, 한국의 서원, 한양도성, 김해함안가야고분군, 고령지산동대가야고분군, 한국의 전통신사 등이 이에 해당된다.

문화재는 우리 민족의 유구한 자주적 문화정신과 지혜가 담겨 있는 역사적 소산으로 소개할 수 있는 관광자원으로서 문화재보호법에 의해 지정되며 그 종류에는 유형문화재, 무형문화재, 기념물, 민속자료, 박물관 등으로 구분된다.

우리나라의 문화재 지정현황을 살펴보면 〈표 9-4〉와 같이 국가지정문화재와 시 · 도 지정문화재로 구성하여 요약할 수 있다.

표 9-4 • 문화재 지정현황

시도별 지정별		서울	부산	대구	인천	광주	대전	경기	강원	충북	충남	전북	전남	경북	경남	제주	기타	합계
국가지정문화재	국보	118	3	3	1	2	0	43	8	13	26	7	17	52	10	0	0	303
	보물	360	14	26	21	6	2	164	56	67	86	89	132	259	100	2	0	1,384
	사적	65	4	6	18	2	1	56	12	17	42	31	36	95	47	5	0	437
	사적 및 명승	0	0	0	0	0	0	0	0	1	1	0	3	3	1	0	0	9
	명승	0	0	0	1	0	0	1	1	0	0	1	3	2	1	0	0	10
	천연기념물	10	7	2	10	0	0	13	30	23	15	26	44	56	34	34	30	334
	중요무형문화재	36	3	0	4	1	0	4	1	2	4	2	13	7	9	4	19	109
	(보유자)	58	19	1	11	3	0	25	5	2	10	10	24	12	28	5	0	213
	중요민속자료	48	0	4	0	3	0	8	11	21	20	13	33	59	11	8	0	239
	소계	637	31	41	55	14	3	289	119	144	194	169	281	533	213	53	49	2,825
시·도지정문화재	유형	154	53	50	46	26	31	143	135	190	146	183	203	303	367	17	0	2,047
	무형	30	10	14	11	14	13	31	15	11	34	23	27	24	25	15	0	297
	기념품	21	47	11	48	26	39	156	78	103	152	101	188	126	228	53	0	1,337
	민속자료	28	4	4	2	7	2	10	4	13	16	34	35	121	20	8	0	308
	소계	233	114	79	107	73	85	340	232	317	348	341	453	574	640	93	0	4,029
문화재자료		13	26	33	20	26	48	107	110	38	296	149	211	422	335	2	0	1,836
합계		883	172	153	182	113	136	736	461	499	838	659	945	1,529	1,188	147	49	8,690

출처: 문화체육관광부

(4) 한국의 문화재 관리와 관광가치성

문화재는 우리 민족의 유구한 창조적 슬기가 담겨 있는 국민 모두의 정신적 재산이므로, 철저한 보호관리가 필요하다. 특히 문화재 관리의 주요 시책방향은 민족문화의 체재를 정립하여 자주 문화의 기반을 공고히 하고 문화적 자주정신을 확립하는 데 있다. 이를 위하여 전국에 산재한 문화재 중 학술적 가치가 높고 보존가치가 있는 문화재를 지정하여 인멸 및 훼손을 방지하고 철저한 고증에 따라 시대별, 지역별 문화유적을 종합 정비보수하는 등 원형보존에 역점을 두고 있다. 향토문화의 개발과 전승 · 보급을 위해서는 지방지식인들의 자생적 국민단체로서 구성된 지방문화원의 효율적 육성 방안이 시급한 실정이다.

아래 〈표 9-5〉는 우리의 문화재 보호관리 측면의 국립박물관 현황을 나타내고 있다.

표 9-5 • 국립박물관 현황

구분	위치	부지면적(연건평)	개관연월일	보유유물
국립중앙박물관	서울시 용산구 용산동	30,435(17,993)	86.8.21	125,389
국립국악박물관	서울시 서초구 서초동 700	12,644(1,192)	95.2.23	1,553
국립경주박물관	경북 경주시 안왕동 76	21,673(3,467)	75.7.2	17,399
국립광주박물관	광주직할시 북구 매곡동 83-3	24,334(2,223)	78.12.6	35,989
국립대구박물관	대구시 수성구 황금동 산41	30,581(3,046)	94.12.7	1,300
국립부여박물관	충남 부여군 부여읍 동남리 산 16-1	19,084(2,538)	93.8.1	7,417
국립공주박물관	충남 공주시 중동 284-1	4,128(557)	73.10.12	8,277
국립진주박물관	경남 진주시 남성동 171-1	4,804(1,498)	84.11.2	1,658
국립청주박물관	충북 청주시 명암동 산81	42,263(1,834)	87.10.30	4,053
국립전주박물관	전북 전주시 완산구 효자동 893-1	19,077(2,429)	90.10.26	2,504
국립민속박물관	서울시 종로구 세종로1	11,987(4,452)	93.2.17	17,450
국립김해박물관	경남 김해시 구산동 230	15,758(2,994)	97년 개관	
국립제주박물관	제주도 제주시 건입동 261	15,298(2,743)	97년 개관	
국립춘천박물관	강원도 춘천시 석사동 산27-1	14,620(2,915)	97년 개관	
국립나주박물관	전남 나주시 반남면 신촌리 277	74,272(3,800)	2013.8.31	9,980

출처: 문화체육관광부

문화재의 관광가치성은 예술적 가치성 · 종교적 가치성 · 학문적 가치성으로 표현할 수 있다.

즉, 예술적 가치성은 민족문화의 독창성, 백자 · 청자의 예술성, 금속공예의 유미, 정치성, 불교미술의 유현신비성, 정교성, 고전무용의 색채성, 예술성, 고유 의상성, 회화의 독자성, 건축미의 안정된 자연성 등이며, 종교적 가치성은 사찰의 경건성, 불교의 신비성, 고탑에의 예배성, 문화재의 신품성 등이다. 학문적 가치성은 고건축사, 예술미술사, 금관연구, 불상, 석탑양식사, 민속학, 문화인물학, 고고학, 사학, 문화사, 문화재관리학, 불교학, 회화사, 복식사, 미학 등을 들 수 있다.

3) 사회적 관광자원

(1) 사회적 관광자원의 개념 정의

관광자원은 관광객을 유인할 수 있는 관광대상물로서 관광의 목적과 형태 등에 따라 다종다양하다. 종래까지는 관광자원이 될 수 없었던 대상물도 관광이 대중화됨에 따라 관광행동을 일으키게 하는, 즉 관광매력성을 가진 많은 대상물이 관광자원으로 각광을 받고 있다.

사회적 자원은 다양화 · 심도화됨에 따라 관광자원으로서 각광을 받게 되었고, 이는 일국의 역사와 전통, 그리고 과거의 생활상을 추적하고 현재의 발전상을 이해하는 데 귀중한 자료가 된다. 따라서 이 사회적 자원은 관광에 있어서 국민적 · 민족적 자원이라 할 수 있다.

즉, 사회적 관광자원이란 인간이 생활함으로써 이루어지는 생활상태를 말하는 것이다. 한 민족의 생활관습이나 모습은 다른 민족에 있어서는 관광의 주요한 대상이 되는 것이다. 한국은 민족의 역사가 오래된 만큼 풍부한 사회적 자원이 있으며, 그동안 우리의 생활 속에 전승된 생활자료는 넓은 의미에서 사회적 자원이 될 수 있다. 이는 또한 조상들의 생활을 추리하고 이해하는 데 중요한 자료가 되기도 한다.

(2) 사회적 관광자원의 유형

사회적 관광자원의 유형은 형태별로 구분하여 살펴볼 수 있다.

사회형태는 사회제도 · 사회시설 · 국민성 · 민족성 등이고, 생활형태는 인정 · 풍속 · 생활양식 · 식사 · 의복 · 습관 등이며, 주거형태에는 취락과 도시구조 등이 포함된다.

유형적이든 무형적이든 그것이 관광객을 유인할 수 있고, 또 관광수입을 올릴 수 있는 경제적 가치를 가지고 있다면 관광자원이 된다.

그리고 최근에는 다양화한 관광행동의 지향성에 따라 소박한 인정, 풍속, 특색 있는 국민성, 민족성, 음식물, 예절과 제도, 생활 속에 전승된 모든 생활자료와 행사 및 사회공공시설 등도 사회적 관광자원으로서 재평가받고 있다.

인정, 풍속, 습성, 가정생활 등 일종의 가정방문(Home Visit)도 사회관광의 좋은 사례라고 할 수 있다.

4) 산업적 관광자원

(1) 산업적 관광자원의 개념 정의

산업적 관광자원(Industrial Tourism Resources)이란 현대적인 각종 산업경제와 관련한 첨단시설들을 관광대상으로 하여 국내외 관광객들에게 견학, 시찰, 체험하게 하는, 즉 일종의 관광형태로서 이용하게 하는 제반 사업시설을 뜻한다.

산업적 관광자원의 개발목적은 한 나라의 공업발전상은 물론, 각종 농, 축, 어업 등의 산업수준(Industrial Standard)을 외래관광방문객들에게 소개하고 경험을 시킴으로써 그 공장의 생산공정과 생산제품 및 기술정보를 평가할 수 있게 한다. 그리고 이에 감명을 받아 자신의 교양 및 자아확대의 욕구를 충족시킴으로써 제 외국과의 교역 및 기술교류에 직접 · 간접적으로 기여케 하는 효과를 준다.

산업관광(Industrial Tourism)은 선진국에서는 물론, 개발도상국가에 있어서도 적극 장려되는 관광산업의 새로운 분야로서 각광을 받는 관광자원으로 등장하고 있다. 세계 각국은 그 나라의 공장과 제1차 산업시설의 수용태세를 정비하여 나날이 발전하는 근대화 과정과 비약하는 공업수준을 관광시킴으로써 지난날의 이미지를 쇄신시켜 국제사회에 있어서도 확고한 지위를 향상시키고 홍보효과를 얻고 있다. 그리고 오늘날의 산업관광은 '지식, 교육관광', '방문국 인식관광'으로 널리 환영을 받고 있으며, 이는 세계적 추세인 동시에 국제무역(International Trade)과 국제경제협력(International Economic Cooperation)을 직접 · 간접으로 증진시키고 있다.

(2) 산업적 관광자원의 종류

산업관광자원의 종류에는 공장시설(Factory Equipments), 관광농림업, 관광목장, 관광어업, 산업전시시설, 상업시설 등이 있다.

우리나라의 발전된 전자산업, 댐건설산업, 자동차산업, 철강산업시설 등이 산업적 관광자원이 될 수 있다.

특히 93 대전EXPO, 2012여수EXPO 개최 등은 관광객을 유치하는 산업관광의 좋은 사례였다. 이같은 사례의 세계(만국)박람회는 다방면에서 가치 있는 산업적 관광자원으로 평가되고 있다.

(3) 산업적 관광자원의 국 · 내외 현황

우리나라는 2010년 11월 11일 서울에서 개최된 세계 GDP의 85%를 생산하는 선진 20개국 정상들이 함께하는 G20회의의 의장국이 됐음에도 불구하고 산업관광은 경제발전과 규모면에 비추어 너무 미약하다. 그러므로 산업관광 활성화를 위하여 보다 창의적인 아이디어와 전략적인 마인드가 요구되고 있다. 문화체육관광부(2007)의 외래 관광 실태조사 결과에 의한 산업시찰 현황에 따르면, 총 국내 인바운드 관광자 중 약 5.3%를 차지하고 있다. 또한 한국 일반여행업 협회(2008)의 조사보고에 의한 국내 여행사의 여행 유형별 외래객 유치현황 중 산업관광객은 약 76,593명(2.3%)이다.

그리고 현재 산업관광 참여기업은 POSCO를 비롯하여 63개 기업이며(2007), 일반여행업 협회(2008) 등록여행사 중 총 54개 여행사 약 6%가 산업관광 상품을 운영하고 있다. 이에 따라 현재 문화체육관광부에서는 산업관광 활성화 측면에서 관광 진흥 10대 과제 중 하나로 지원하고자 TF팀를 발족시켜 관련 사업을 추진하고 있다(문화체육관광부, 2008.11). [그림 9-1]에서 삼성전자, 대우조선해양, (주)POSCO, 현대자동차 등 우리나라의 발전된 산업분야의 공장경관을 볼 수 있다.

그림 9-1 • 우리나라 경쟁력 있는 산업관광 분야 경관

또한 지자체 해외 홍보마케팅 지원 사업 내에 산업관광 상품개발을 지원하고 있으며 산업체 시찰 및 연계 관광프로그램 책자 제작 및 배포와 아울러 산업체 시찰 우수관광 상품 사례 발굴사업 등을 지원하고 있다.

한편, 현재 국내 · 외 산업관광에 대한 연구는 주로 일본 및 구 · 미주 지역에서 주로 이루어지고 있으며, 국내에서는 학계 및 업계의 연구가 매우 취약한 실정이다.

외국의 경우 구 · 미주에서는 이미 웹사이트를 통한 정보 네트워크 구축, 지역유산 개발, 다양한 언어의 홍보책자 제작, 관광전시회에 적극 참가한 홍보체계 구축, 산업관광 루트의 브랜드화 및 품질인증마크를 실시하고 있다.

일본은 관광객 특성에 맞는 다양한 가격대의 상품개발, 웹사이트 구축, 네비게이션을 활용한 유통채널 구축, 지역 및 광역과 아우른 상품개발과 테마별 협조체제 구축을 하고 있다. 독일은 공업 및 전시컨벤션의 활성화에 따른 자동차, 화학 및 제약공장 견학 프로그램, 포도주 및 맥주 주조 견학, 의료산업, 인쇄공업 연수 · 견학 프로그램 등이 활성화되어 있다. [그림 9-2]는 독일, 남아프리카 공화국 등 산업관광이 발전된 나라의 산업관광 경관을 나타내주고 있다.

그림 9-2 • 독일, 남아프리카 공화국 등 산업관광지 경관

남아프리카공화국은 설탕 제조 및 다이아몬드 채광 견학, 원자력 연구 산업 견학 프로그램 등을 운영하고 있다. 그리고 중국은 상해의 중국 산업관광 시범구역 선정 사업, 산업관광진흥센터 운영, 텐진에 20여 개의 주요 산업 프로젝트를 진행시키고 시설 개발 지원과 세제지원 등의 행정체계를 구축하고 있다.

이러한 외국의 산업관광발전 사례와는 달리 우리나라는 산업관광을 할 수 있는 홍보관 등 견학시설 부족, 산업관광 활성화를 위한 전문인력의 부족, 산업관광에 대한 산업체의 인식 부족에 따른 편의시설 및 관광관련 시설의 미비 등이 가장 큰 장애요인으로 대두되고 있다. [그림 9-3]은 우리나라의 다양한 산업관광 자원요소를 보여주고 있다.

그림 9-3 • 우리나라의 다양한산업관광 자원

5) 위락적 관광자원

(1) 위락적 레크리에이션자원의 개념 정의

위락적 관광자원은 즐거운 목적을 가지고 행하는 활동의 대상으로서 각종 자원, 즉 산악 · 계곡, 해변 · 수변, 사적 · 유적지, 인공시설 등을 이용한 위락적 자원의 총칭이라고 할 수 있다. 때문에 위락적 레크리에이션 자원을 관광위락활동이 행해지는 참여장소와 활동의 성격에 따라 자원 종류가 다르며, 또 자원의 원시성 정도에 따라 위락시설지구도 다양해진다. 뿐만 아니라 자원의 위락적 특성에 따라 위락공간구조도 다양하게 변할 수 있고, 또 위락활동의 성격에 따라 활동형태도 달라지는 것이다. 그 예로 이용자 지향형의 지역을 극단적으로 분류해 볼 때 도시공원과 운동을 사례로 들 수 있다. 이곳의 중요한 성격은 이용자가 손쉽게 이용할 수 있는 시설이 구비되어 있어야 하고, 이용자가 사용하는 시간은 학생의 경우는 방과 후, 성인의 경우는 퇴근 후, 어머니가 아이를 돌보는 경우는 하루 종일이라고 가정할 때 그 장소는 이용자와 근접해 있어야 함이 필수적이다. 또 오고가는 시간 단축도 중요하다.

(2) 위락적 레크리에이션 자원의 종류

위락적 레크리에이션 자원의 종류는 활동적 대상자원, 휴식 대상자원, 감상적 대상자원으로 대별할 수 있다.

- 행하며 즐기는 활동적 대상자원
- 앉아서 쉬면서 즐기는 휴식 대상자원
- 보고 음미하는 등의 감상적 대상자원

이들 자원들을 보다 구체적으로 예를 들면 하이킹, 등산, 스키, 해수욕, 요트, 볼링, 수영(풀장), 유선, 수렵, 골프, 캠핑, 나이트클럽 · 카바레 및 노래방, 카지노, 각종 경주(자동차, 자전거, 승마), 극장, 온천장, 전망대, 케이블카, 한식요정, 동물원, 기타 위락시설 등이다.

세계적 위락시설의 대표적 예로는 디즈니랜드와 같은 전형적인 테마파크는 위락적 · 오락적 시설, 또는 미국의 라스베이거스 및 유럽의 모나코, 아시아의 마카오 등지에서 성황을 이루고 있는 카지노 등이 대표적인 위락관광자원의 일종이다. 이같은 위락자원과 함께 숙박시설들은 관광사업에 있어서는 필요 불가결한 것이다.

위락적 관광자원 연구의 세계적 학자인 Marion Clawson(1963)에 의하면 자연자원의 이용 빈도와 그 자원 자체로서 보유하는 가치관에 입각하여 미국에서는 야외관광 레크리에이션 활동공간을 자원의존형, 중간형, 이용 주체형으로 분류하고 있다. 또한 자원의존형에는 국립공원과 야생동물 생식보호지구, 중간형으로는 주립공원 · TVA 저수댐 등, 이용 주체형으로는 도시공원을 들고 있다.

위락적 레크리에이션 자원은 이같은 이용 주체형 관광자원이며, 즉 도시공원, 어린이공원, 골프장, 캠프장, 수렵장 등의 자연 조성지역으로 레크리에이션 시설을 곁들인 것을 말한다. 위락적 레크리에이션 자원은 근대사회의 급격한 발전과 인간공해 · 도시공해의 만연에 따라 사회관광 측면에서 대규모 관광레크리에이션 수요의 폭발을 충족시키기 위해 새로이 조성된 인공적 자원이라 할 수 있다.

2절 관광자원개발

1. 관광자원개발의 개념과 정책방향

1) 관광자원개발의 개념

관광자원개발이란 본래 그 자체가 관광가치를 가지고 있는 관광자원에 수단을 가함으로써 비로소 관광대상이 되는 것을 의미한다. 관광개발은 관광자원이 거의 없는 지역을 대상으로 하기도 하지만, 대개는 자연경관 등 상당한 가치를 지니고 있으면서도 일반인에게 그리 알려져 있지 않은 지역을 대상으로 한다. 후자의 경우가 진정한 의미의 관광개발이며, 전자는 관광건설이라는 말이 적당할 것이다.

관광자원개발 목적은 관광수입을 벌어들이자는 단순한 목적보다는 사회정책적 의미, 즉 낙후된 지역사회의 개발을 통한 균형 있는 국토개발을 이룩하고 국민소득과 고용증대라는 파급효과에 큰 의미를 부여하고 있다.

관광자원개발의 구체적인 방법으로는 ① 교통수단의 건설, ② 숙박시설의 건설, ③ 전망시설 등의 건설, ④ 관광자원의 조성 · 정비, ⑤ 선전 · 광고 등을 들 수 있다.

일본의 스즈키(鈴木信夫)는 관광자원개발을 ① 관광개발의 기초는 도로 정비에 있다는 것, ② 지역마다 특성을 살려 개발 방침을 세울 것, ③ 자연경관의 보호를 제일로 할 것, ④ 관광개발에 의한 지방민의 혜택을 꾀할 것, ⑤ Off-Season의 해소에 노력할 것, ⑥ 온천이나 경승지는 대중의 이용을 위주로 할 것, ⑦ 대중이 이용할 시설을 충실히 도모할 것 등의 7개 항목을 들고 있다.

관광자원개발은 상기의 5가지와 7가지의 행위를 종합하여 하나의 방향으로 이끌어감으로써 관광개발 조건이 충족된다. 즉, 관광지를 보호 목적에 적합한 지역으로 한다거나 혹은 당일객 대상의 관광지로 하느냐, 숙박객 대상의 관광지로 할 것인가, 또는 통과객을 대상으로 할 것인가 등의 여러 형태를 생각할 수 있다. 그렇게 하기 위해서는 하나의 지역을 종합하는 개발계획이 필요하다.

관광자원개발은 특정시설만의 단독개발이라기보다 지역 전체의 결합에 의하여 관광가치를 높일 수 있어야 한다. 따라서 개발계획 목표는 대개 영리사업의 수익성만이 아니라 수개 지역을 종합한 지역의 관광 루트의 건설이 필요하다.

2) 관광자원개발의 정책방향

(1) 관광자원개발 정책방향

관광자원개발 정책방향은 관광자원으로서의 잠재적 가치가 있는 자연자원과 인문자원을 개발하여 관광자원화함으로써 국내·외 관광객의 관광욕구를 충족시키고 관광산업 발전의 기반을 제공하는 것이다. 또한 낙후된 지역사회의 개발을 통한 균형 있는 사회발전을 이룩하고 국민소득의 증대, 고용효과를 제고할 수 있도록 하는 데 있다.

국민소득과 여가의 꾸준한 증가와 건강을 중요시하는 국민생활패턴의 변화, 특히 국제 및 국민관광의 질적·양적 변화추세에 맞춰 이를 효과적으로 수용할 수 있도록 관광자원 개발의 투자효율을 극대화할 수 있는 새로운 관광자원개발정책을 강구해야 한다.

정부는 체계적이며 효율적인 관광자원개발을 위하여 전국종합관광자원의 개발연구용역을 실시하여 1990년 7월에 전국관광종합개발계획을 수립한 바 있다. 기본방향은 각 지역특성에 맞추어 상호 연계하여 개발이 가능한 지역을 하나의 관광권역으로 설정함으로써 전국을 관광권역화하되, 중앙정부와 지방정부의 역할을 분담하여 소규모 개발 사업은 각 지방자치단체에서 개발토록 하고, 대단위 관광개발사업은 중앙정부가 개발토록 하여 정부차원에서지역균형 발전을 도모하면서 개발해 나가도록 하고 있다.

전국관광종합개발계획의 수립 배경과 주요 내용을 살펴보면 다음과 같다.

전국관광종합개발계획은 관광지 또는 관광단지개발을 추진함에 있어서 전국적이고 장기적인 안목에서 그 개발계획을 수립토록 하는 한편, 88서울올림픽의 성공적인 개최 이후 국제관광 여건 변화, 국민관광의 질적・양적 성숙에 원활히 대응할 수 있도록 하기 위하여 수립하였으며, 1990년 7월 13일 관광정책심의위원회 심의를 거쳐 정부계획으로 확정되었다.

그 주요 내용으로는 관광개발권역의 설정 및 개발구상을 제시하여 관광자원을 효율적으로 개발・관리・보존하고 관광객의 관광욕구를 적극 수용하기 위하여 관광자원의 특성, 관광자원의 형성, 교통망, 지역설정 등을 감안하여 전국을 5대 관광권 24개 발소권으로 권역화하여 각각의 개발구상을 제시하고 있다.

(2) 다양한 국내관광자원의 개발

2000 아셈회의, 2001 한국방문의 해, 2002 월드컵대회, 2017 평창동계올림픽대회를 개최한 바 있는 우리의 입장에서는 이 세계적 제전이 관광산업 발전에 결정적 호기로 작용하여 세계에 널리 한국을 소개해 주는 계기를 마련하였다고 판단, 이제까지의 해외홍보활동 위주에서 탈피하여 새롭고 다양한 국내관광자원 개발에 역점을 두는 정책이 무엇보다 요망되고 있다.

제주도 전역을 단일권역화하여 중점적으로 개발하고, 충주호와 같은 대단위 관광지를 확대 조성해 나가야 한다. 그리고 울릉도, 신륵사, 합천댐 지구는 각기 특색 있는 관광지로서 개발해야 한다. 그 외에 DMZ 지역의 생태관광자원을 발굴하여 새로운 국제적 관광지를 개발해야 하며, 시범야영장과 소규모 국민관광지 및 청・노년층 관광지 등을 복지차원에서 수용개발해 나가야 될 것이다.

(3) 남북한 공동관광자원 개발

원산과 금강산권을 국제수준급의 관광지로 개발해야 한다. 민족끼리 왕래가 허용되면 원산에서 출발하는 금강산권으로부터 설악산, 오대산, 태백산, 주왕산, 경주, 부산으로 이어지는 동해안 관광코스가 만들어지게 될 것이다.

해류가 잔잔하고 낮으며 수심이 깊어 수영, 요트, 수상스키 등이 모두 가능한 명사십리와 금강산에서 가까운 시중호, 온천이 있는 온정리는 물론, 특히 기암절벽과 폭포,

명승고적 등이 한데 어우러진 금강산 등으로 형성된 금강산권은 세계 어디에 내놓아도 손색이 없는 빼어난 관광지로 각광을 받을 것이다.

남한의 설악산권 절경 명소와 북한의 금강산권이 연계되면 그야말로 4계절 관광단지로서 구색이 갖춰지게 될 것이다. 남북한 양측은 이미 오래 전부터 이같은 개발계획을 구상, 실현될 날만 기다리고 있는 것이다. 한국은 지난 1972년 금강산 공동개발계획안을 마련한 바 있고, 또 북한 측도 지난 1987년 원산과 금강산을 연결하는 내용이 포함된 '국토종합건설종합계획'을 수립, 외국자본 유치를 추진해온 바도 있다. 특히 2018년 판문점 남북 정상의 공동 발표에 의한 남북교류협력이 현실화되면 한민족 간의 한이 서린 휴전선을 넘나들면서 상호친교하게 되고, 비로소 우리가 염원하고 있는 남북한의 평화적 통일이 앞당겨질 수 있을 것이다. 이때야말로 남한 사람들은 금강산을, 북한 사람들은 설악산을 구경하는 소원이 이루어지게 될 것이다. 따라서 세계의 관광객이 한국으로 몰려들 것은 틀림없다. 향후 이를 위한 남북 양측 당국 간은 이념을 초월한 적극적인 개발지원책이 요망되고 있다.

2. 관광권 설정과 관광자원개발

1) 관광권 설정 의의

관광자원의 개발 · 관리 · 보전을 위하여 관광관계 제반정책의 수립이 용이하며, 행정의 효율성을 제고할 수 있고, 관광지의 지역적 편중현상 방지로 관광지개발에 따른 지역 간 균형발전을 도모하는 데 의의가 있다.

특히, 권역 내의 각종 자원을 종합적으로 개발하는 한편, 권역의 중심지와 연결시킴으로써 관광객의 다양하고 체계적인 관광활동을 도모할 수 있으며, 권역 중심지에 각종 기반시설 및 편의시설의 집중배치로 산발적 개발에 의한 자연환경의 훼손방지 및 투자의 효율성을 높여주는 데 권역 설정의 의의가 있다.

2) 개발여건

관광권 개발여건은 국토종합개발계획 및 지방자치단체의 종합개발계획에 나타나는 지역생활권과 조화를 이루어야 하며, 관광권을 설정하려는 지역에 관광객을 유인할 수 있는 관광자원의 특성이 응집된 관광핵심지가 존재하여야 한다.

관광권의 효율적 개발은 개발과 관리, 보전할 수 있는 단일행정력을 지녀야 함은 물론, 인접한 관광권과 구별되는 관광권 특성을 나타낼 수 있는 관광자원이 존재하여야 한다. 특히, 관광권 내의 관광지는 관광객이 편리하고, 값싸고 짧은 시간 거리에 있는 관광자원이 존재하여야 한다. 또한 공급과 관광수요가 균형을 이룰 수 있는 지표공간에 관광권 중심으로 관광숙박업소, 관광객이용시설업소, 관광편의시설업소 등이 입지하여 관광객의 관광활동이 편리하도록 되어야 한다.

3) 관광권 설정과 관광종합개발

전국관광종합개발계획은 관광지 또는 관광단지개발을 추진함에 있어 전국적이고 장기적인 안목에서 그 개발계획을 수립토록 하는 것이며, 국제관광의 여건 변화, 국민관광의 질적 · 양적 성숙에 원활히 대응할 수 있도록 하는 것이다.

우리는 관광자원을 효율적으로 개발 · 이용 · 관리 · 보전하고, 관광객의 다양하고 새로운 관광욕구를 충족시키기 위하여 관광자원의 특성, 교통권, 지역실정 등을 감안하여 전국을 [그림 9-4]와 같이 5개 대관광권 24개 소관광권으로 권역화하였다.

관광 루트를 체계적으로 설정함으로써 관광활동이 편리하고 쾌적하게 이루어지도록 하기 위해 주요 관광지 또는 관광명소 간을 연계하는 관광 루트를 표준화하였다. 이에 따라 전국적으로 육로 9개, 해상 3개, 항공 18개 등 모두 30개를 설정하였으며, 중부권에 4개, 충청권에 3개, 서남권에 3개, 동남권에 3개, 제주권에 2개 등 모두 15개 권역 내 관광 루트를 설정하였다.

그리고 관광상품의 다양한 개발을 위하여 민속놀이와 민속행사 등을 관광상품화하고 향토특산물 등을 관광기념상품화함으로써 국내 · 외 관광객에게 다양하고 새로운 관광매력을 제공토록 하였다.

또한 관광개발사업을 효율적으로 추진하기 위하여 문화체육관광부, 지방자치단체, 한국관광공사 및 민간부문의 역할을 분담토록 하였다. 문화체육관광부에서는 전국계획 및 권역계획 등 관광개발 관련계획을 총괄 · 조정하고, 대규모 관광거점지 및 관광단지 개발사업을 주관하며, 시 · 도에서는 권역별 관광개발계획을 수립하여 이에 따라 당해 지역의 관광지 개발사업을 추진하고 있다.

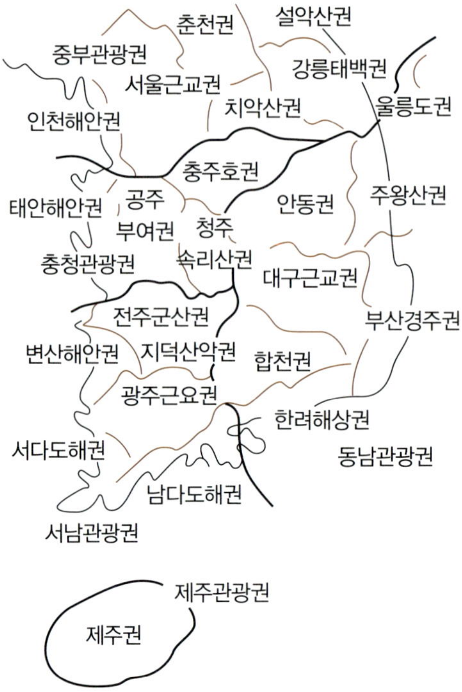

그림 9-4 • 관광권역도(5대관광권)

3절 관광자원개발 유형과 보호

1. 관광자원개발 유형

1) 관광단지 개발

관광단지(觀光團地)란 관광산업을 진흥하고 관광객의 다양한 관광 및 휴양을 위하여 각종 관광시설을 종합적으로 개발하는 관광거점지역으로서 관광진흥법에 의하여 지정된 곳을 말한다.

관광단지의 개발을 활성화하기 위해 한국에서는 민자유치촉진법상 사회간접자본 시설 중 제2종 시설로 규정하여 민자유치의 활력을 유도하고 있고, 세제상의 혜택으로는 지방세법상 취득세, 등록세를 50% 감면하며, 조세감면규제법상 일부 관광단지에 대하여 특별부가세의 100분의 50에 상당하는 세액을 면제해 주고 있다. 특히 관광단지는 건강 · 교육 · 체험 등 다양한 관광수요를 특징으로 하는 관광패러다임 변화에 따른 특성화 개발로 지역 관광사업의 성장 동력으로 활용한다. 현재 개발 및 추진중인 관광단지는 총 41개 지역으로 그중 가장 잘 알려져 있는 관광단지로는 제주중문, 경주보문, 해남화원, 원주오크벨리, 제주성산포, 경주감포, 여수화양, 평창봉평, 용유무의, 평창용평, 안동성곡, 부산기장, 횡성두원, 평창도암, 광주어등산, 인천송도, 김천온천 등을 들 수 있다.

2) 관광지개발

관광지개발이란 관광자원이 풍부하고 관광객의 접근이 용이하며 개발제한 요소가 적어 개발이 가능한 지역과 관광정책상 관광지로 개발하는 것이 필요하다고 판단되는 지역을 대상으로, 관광객의 관광활동에 필수적인 주차장, 상 · 하수도, 식음료대, 벤치 등 공공 및 편익시설은 공공사업으로 추진하고, 그 외 이용관광객의 편의를 위한 각종 유희시설과 숙박 및 상가시설은 민간자본을 유치하여 개발하는 사업이다.

정부에서는 이러한 관광지를 확대 개발함으로써 국민이 자유롭고 쾌적하게 이용할 수 있는 관광환경을 조성함은 물론 관광을 통하여 국민의 복지수준을 향상시키는 복지관광정책의 일환으로 활용하고 있다. 전국의 관광지는 145개소이며 현재 관광지 개발은 완료된 곳도 있고 계속 개발이 진행되고 있는 곳도 있다.

3) 관광특구개발

관광특구(觀光特區)란 자유로운 활동을 보장하여 외래관광객의 유치를 촉진하고, 관광진흥거점지역으로 육성하기 위하여 관광진흥법 제23조의 2의 규정에 의거 지정된 지역을 의미한다.

관광특구의 지정요건은 1996년 4월 17일 관광진흥법 시행규칙 개정으로 첫째, 각종 관광사업이 분포되어 있어 관광객의 다양한 관광수요를 충족시킬 것, 둘째, 최근 1년간 관광객이 10만 명 이상일 것, 셋째, 다른 지역과 바다, 산림, 하천 또는 도로 등에 의하여 명확히 구분될 것 등으로 정해져 있다.

정부는 도지사가 관광단지 또는 관광지 중에서 관광거점지역으로 지정 · 육성할 필요가 있다고 인정되는 1개소에 한하여 상기 지정요건에도 불구하고, 해당 지역 주민의 의사를 참작하여 특구지정을 신청할 수 있도록 관광특구의 지정요건을 완화하고 관광자원개발을 촉진하도록 하였다. 이에 따라 제주도(부속도서 제외 전지역), 경주시(구시가지 · 보문단지 · 불국동), 설악산(속초시 · 설악동 · 토성면 일부, 낙산지구), 유성온천지구, 해운대(해안지역), 부산 용두산, 자갈치시장(부산), 동두천, 송탄(평택), 고양(일산), 수원 화성, 대관령, 수안보, 속리산, 단양 매포읍, 아산시 온양온천, 보령해수욕장, 무주구천동, 정읍내장산, 구례관광지, 목포, 문경, 백암온천, 부곡온천, 통영시 미륵도, 월미도(인천), 서울의 이태원 · 명동－남대문시장－북창동, 동대문 패션타운, 청계천, 종로, 잠실, 강남 등 13개 시 · 도 31개 지역이 지정되었으며, 향후 지정될 관광특구는 앞으로 더욱 확대될 수 있다.

정부는 관광특구지정의 효과를 제고하기 위해서 첫째, 관광사업 및 공중위생업, 식품접객업소의 영업제한 완화, 둘째, 관광진흥개발기금, 산업은행시설자금의 우선지원, 셋째, 해외홍보강화 및 안내체계, 화장실 등 수용태세의 개선 등을 중점지원하고 있다.

4) 자연공원 지정 개발

오늘날과 같은 고도산업사회일수록 자연에 대한 관심과 자연 지향성향이 강해져 자연공원의 필요성은 어느 때보다 더욱 절실하다고 하겠다.

자연공원은 시민의 휴식 · 건강 · 교화를 위한 레크리에이션의 장으로 제공되는 공공시설로서 도시공원과 자연공원으로 나눈다. 도시공원이 도시 내의 녹색공간이라 한다면, 자연공원은 자연자원과 유적, 휴양자원 등 공원자원을 포함하고 있는 수려한 자연경관지와 야생생태계를 원상태로 보호 · 보전함과 동시에 인간의 옥외레저의 장으로서의 합리적 이용을 도모함으로써 국민의 보건휴양 및 정서생활의 향상을 기하고 후손에게 영구히 계승시키기 위하여 지정한 일정구역으로서 국립공원, 도립공원, 군립공원, 지질공원으로 구분된다.

자연공원은 총 88개소, 7,442.75km^{2}로서, 전 국토의 약 7.5%를 차지하고 있으며 육지 4,794.432km^2(전 국토의 4.8%)와 해면 2,648.543km^2(전 국토의 2.7%)로 구성되어 있다. 이 중에서 국립공원이 22개소 6,726.298km^2(해상 2,753.709km^2 포함), 도립공원이 29개소, 24,175.397km^2, 군립공원이 27개소 237.755km^{2}와 지질공원 10개소가 지정되어 있다.

자연공원의 지정기준은 〈표 9-6〉과 같으며 지정현황은 〈표 9-7〉과 같다.

표 9-6 • 자연공원의 지정기준

구분	기준
자연경관	자연의 보존상태가 양호하여 훼손 또는 오염이 적으며, 야생동물이 서식하고 희귀식물이 식생하고 있거나 지형의 경관미가 수려할 것.
문화경관	문화재 또는 역사적 유물이 있으며, 자연경관과 조화되어 보존의 가치가 있을 것.
지형보존	각종 산업개발에 의하여 지형의 경관이 파괴되지 아니하였거나 파괴될 우려가 없을 것.
위치 및 이용편의	지역별 균형적인 배치와 국민의 공원탐방권역을 고려할 것.
토지소유	국유지 또는 공원용지의 면적보다 사유지의 면적이 비교적 적을 것.

표 9-7 • 국립공원 지정현황

지정 순위	공원명	위치	면적(km^2)	지정연월일	비 고
계	22개소		6,726.298 (1,990)		육지 3,972.589(3.7%) 해면 2,753.709(2.7%) (전국토의 6.4%)
1	지리산	전남 · 북, 경남	471.758	'67. 12. 29	
2	경 주	경북	138.715	'68. 12. 31	
3	계룡산	충남	64.683	'68. 12. 31	
4	한려해상	전남, 경남	545.627	'68. 12. 31	해상 395.479
5	설악산	강원	398.539	'70. 3. 24	
6	속리산	충북, 경북	274.541	'70. 3. 24	
7	한라산	제주	153.386	'70. 3. 24	
8	내장산	전남, 북	81.715	'71. 11. 17	
9	가야산	경남, 북	77.074	'72. 10. 13	
10	덕유산	전북, 경남	231.650	'75. 2. 1	
11	오대산	강원	303.929	'75. 2. 1	
12	주왕산	경북	107.425	'76. 3. 30	
13	태안해안	충남	326.574	'78. 10. 30	해상 289.543
14	다도해해상	전남	2,321.512	'81. 12. 23	해상 1,986.684
15	북한산	서울, 경기	79.916	'83. 4. 2	
16	치악산	강원	181.631	'84. 12. 31	

계속

지정 순위	공원명	위치	면적(km²)	지정연월일	비 고
17	월악산	충북, 경북	287.977	1984. 12. 31	
18	소백산	충북, 경북	322.383	1987. 12. 14	
19	변산반도	전북	154.715	1988. 6. 11	해상 9.196
20	월출산	전남	56.100	1988. 6. 11	
21	무등산	광주광역시 전남	75.425	2012. 12. 31	환경부고시 제 2012-252호
22	태백산	강원, 경북	70.052	2016.8.22	

출처: 환경부(2018).

5) 지정관광지 개발

지정관광지 개발은 관광지의 가치를 보다 효율적으로 보전하고 새로운 가치를 증진시키는 것을 목적으로 개발되는 곳으로 국민관광지(國民觀光地)라고도 한다. 관광지 개발의 정책방향은 관광지로서의 잠재적 가치가 있는 자연자원과 인문자원을 개발하여 관광지화함으로써 국내의 관광객의 관광욕구를 충족시키고 관광산업발전의 기반을 제공하며, 나아가 낙후된 지역사회의 개발을 통한 균형 있는 사회발전을 이룩하고 국민소득의 증대 및 고용효과가 제고될 수 있도록 하는 것이다.

국민소득과 여가의 꾸준한 증가 및 건강을 중요시하는 국민생활패턴의 변화, 특히 88서울올림픽 이후 국제 및 국민관광의 양·질적 변화추세에 맞춰 이를 효과적으로 수용할 수 있도록 현행의 소규모적인 관광지 지정·개발은 물론 관광지 개발의 투자효율을 극대화할 수 있는 5대 관광권역별로 새로운 관광지 개발정책을 강구하고 있다.

정부에서는 자연적 모든 문화적 관광자원을 갖추고 있는 관광 및 휴양에 적합한 지역을 대상으로 관광지를 지정하여 공공시설, 숙박 및 운동오락시설, 조경휴식시설, 녹지 등을 유치·개발하고 있으며 관광농원, 자연휴양림, 문화관광 등을 상품으로 개발하고 있다.

현재는 전국에 걸쳐 총 227개 지역에 관광지가 지정되었다. 지정면적은 총 175.27km²로 전 국토 면적(99,394km²)의 0.18%를 점유하고 있다. 이들 지역별 분포를 보면 강원도 지역이 40개(면적: 27.021km²)로 전체 지정면적의 15.4%를 차지하여 가장 많이 지정되어 있으며, 그외 경북에 32개소(10.426km²), 전남 28개소(35.155km²).

경기 14개소(8.076km²), 충남 26개소(9.203km²), 경남 21개소(6.316km²), 전북 21개소(8.459km²), 충북 22개소(45.341km²), 제주 15개소(20.868km²) 부산 5개소(2.268km²), 인천 2개소(2.145km²) 등으로 분포하고 있다.

입지유형별 관광지를 분석하면 수(해)면을 이용한 내수면 · 해안형 관광지가 70개소로 전체의 64.8%를 차지하고 있으며, 다음이 산악자연경관을 이용한 산악형이고 그 다음이 내륙형으로 나타나고 있다.

국민관광지라는 말이 사용된 것은 1975년 12월 31일 법률 제2877호로 제정 · 공포된 관광기본법 제13조에 "정부는 관광에 대한 국민의 이해를 촉구하여 건전한 국민관광을 발전시키는 데 필요한 시책을 강구하여야 한다"라고 규정한 데서 비롯되었으며, 여기에서 말한 국민관광은 국가가 소득재분배의 차원에서 일반 국민에게 편리하고 안락하며 저렴한 관광여건을 제공하여 주는 정책적이며 사회복지적인 의미를 포함하고 있다.

6) 관광농원의 개발

관광농원 개발사업은 농어촌지역의 풍부한 관광휴양자원을 농업과 연계 개발하여 증가하는 국민의 여가수요를 농어촌 공간으로 수용함으로써, 도시와 농촌의 교류를 촉진하고 농어민의 소득증대와 지역개발을 촉진하고자 하는 것으로서 1984년부터 정부가 융자 지원하고 있는 개발사업이다.

또한 관광농원개발사업 추진시에는 지역별로 자연환경 및 농업 여건을 고려하여 특색 있게 개발하고, 농원운영 주체를 현지 농어민으로 하여 농어민과 지역주민의 실질소득 증대에 기여할 수 있도록 운영한다. 그리고 작목입식을 일정규모 이상으로 하고 모든 시설물은 자연지형 및 경제적 여건 등을 고려하여 자연경관과의 조화를 유지하면서 도시민에게 건전하고 생산적인 휴식공간으로 제고토록 하며 농촌사회와 농촌생산의 산 교육장으로 활용할 수 있도록 하고 있다.

7) 자연휴양림 개발

자연휴양림 개발이란 산림보건 휴양수요에 대비하여 산림의 소득경영 일환으로 산촌주민의 소득증대를 도모하고, 신비로운 자연의 혜택을 누리게 함으로써 국민의 건전한 정서함양과 아울러 자연의 고마움을 체험할 수 있도록 자연휴양림을 조성하는 것을 말한다.

자연휴양림은 경관이 수려하고 다수 국민이 이용하기 편리한 장소에 자연생태계 경관을 최대한 보전하면서 조성할 방침으로 1988년에 4개소(영림서 2, 시 · 도 2)를 시작으로 하여1989년부터 1995년까지 55개소(영림서 17, 시 · 도 34, 개인 4개소)를 조성하였고 1996년에도 5개소를 조성하였으며, 2019년 현재 총 100개소를 조성하였다. 자연휴양시설은 기본시설로서 진입로, 주차장, 산책로, 잔디밭, 야영장, 광장, 벤치, 임내운동시설, 급수대, 오물처리장, 임간수련장 등이 있으며, 특수시설로서 임산물판매장, 낚시터, 수렵장, 산지과수원, 조수사육장 등을 시설할 수 있다.

자연휴양림을 조성하려면 먼저 산림법 제31조의 규정에 의한 자연휴양림조성 예정지 지정 · 고시절차를 거쳐야 하며 현재 전국에 총 155개소, 141천 ha가 지정 · 고시되어 있다. 그동안 지정 · 고시된 휴양림을 소유별로 보면 국유림이 63개소, 공유림이 46개소, 사유림이 46개소이다. 이 중 국유림을 제외한 시 · 도별 분포를 보면 대구 1개소, 대전 2개소, 경기 9개소, 강원 7개소, 충북 6개소, 충남 12개소, 전북 13개소, 전남 16개소, 경북 15개소, 경남 11개소, 제주 2개소 등으로 총 92개소가 지정되어 있으며 매년 자연휴양림 조성에 박차를 가하고 있다.

또한 자연환경을 효과적으로 보전하기 위하여 10년마다 전국을 대상으로 자연환경 기초조사를 실시하고 있으며, 지역환경의 변화가 뚜렷하다고 인정되는 지역에 대해서는 보완조사를, 그리고 자연환경의 보전 또는 개선이 필요하다고 인정되는 지역에 대하여는 정밀조사를 실시하고 있다.

8) 문화재(文化財) 발굴

문화재 발굴이란 우리 민족의 유구한 자주적 문화정신과 지혜가 담겨 있는 역사적 소산으로서 우리의 문화를 소개할 수 있는 관광자원을 찾아내는 것을 의미한다. 이는 문화재보호법에 의해 지정되며 그 종류에는 유형문화재, 무형문화재, 기념물, 민속자료, 박물관 등으로 구분한다.

이러한 문화재 중 가치를 크게 지닌 것을 지정하여 지정문화재라 하는데, 이 지정문화재는 국가지정문화재, 시 · 도지정문화재, 문화재 자료로 구분하여 발굴한다.

국가지정문화재는 문화체육관광부 장관이 문화재위원회의 심의를 거쳐 지정되는 것이고, 시 · 도지정문화재는 시 · 도지사가 그 관할구역 안에서 국가지정문화재로 지정되지 않은 문화재 중 보존가치가 있다고 인정되는 것을 시 · 도지정문화재로 지정하여 발굴할 수 있다. 또한 문화재 자료는 시 · 도지사가 국가지정문화재, 시 · 도지정문화재가 아닌 문화재 중 향토문화 보존상 필요하다고 인정되는 것을 문화재 자료로 지정하여 발굴할 수 있다.

2. 관광자원의 보호

관광자원 보호는 자연보호 개념에서 연유된 용어로써 보호(Protection of Nature), 보존(Preservation of Nature), 보전(Conservation of Nature), 복원 · 회복(Restoration of Nature) 등으로 표현되고 있다.

이같은 자연보호 용어로 많이 쓰이고 있는 '보호', '보존', '보전', '복원' 등 용어를 관광자원 보호로 통용되고 있는 정의를 토대로 정리해 보면 다음과 같다.

1) 보호(Protection)

보호의 단어는 자연보호, 문화재보호 등에 사용되고 있다. 인간은 자연을 위해 원시 상태로 보존하며 황폐하지 않도록 유지, 관리 이용함을 말한다. 자연이 황폐되는 것을 막을 뿐 아니라 이미 어느 정도 황폐되었을 경우에는 자연을 전과 같이 복원시키거나 개조하는 일까지 포함하는 넓고도 강력한 개념을 지니고 있다.

2) 보존(Preservation)

보존이란 말은 자연자원 보존, 자연경관 보존 등의 말에서 찾아볼 수 있는데, 현존하는 자연이나 문화재를 그대로의 상태로 존치, 유지한다는 의미를 갖는다. 자연 그대로의 상태로 존재하며, 사람이 전혀 손을 대지 않고 절대적으로 남겨둔다는 것이다. 다시 말해서 엄정보존의 의미이다. 이것은 생물만이 아니고 학술상 또는 교육상 중요하다고 인정되는 지형이나 지질을 그대로 남겨 두는 데도 쓰인다.

원시지역의 보존 같은 것은 그 좋은 예라고 하겠다. 보존은 널리 쓰이는 말이지만 적극적으로 자연을 복원하거나 개선하는 일을 하지 않는 것으로 되어 있으니 앞에서 설명한 보호보다는 소극적인 용어라 하겠다.

3) 보전(Conservation)

보전은 보호나 보존에 비해서 보다 현대적인 용어로 넓은 범위의 내용을 가지고 있다. 자연자원 및 문화자원을 원시상태로 보전 · 유지 · 관리하며 합리적으로 영리하게 이용한다는 것이다. 따라서 보전에는 보다 적극적인 개념이 있으며, 하천 · 삼림의 보호, 국가관리, 보전 등의 의미를 내포하고 있고 경우에 따라서는 조림 같은 것도 부분적으로 포함하는 개념으로 받아들여지고 있다.

4) 복원(Restoration)

문화재 보호에서 사찰이나 성곽 등을 옛 모습으로 복구시킬 경우에 흔히 쓰이는 말이다. 자연에 관해서는 어떤 지역을 원래의 자연상태로 회복시키는 것을 말한다. 어느 곳에 일찍이 존재한 일이 있는 식물사회의 회복을 기도하는 길은 식생복원이라 부른다.

용어들 중 보전(Conservation)은 보다 적극적인 자연보호를 뜻하는 것으로서, 즉 자연의 보전, 보존, 관리, 유지를 뜻한다. 다시 말하면 단순히 소극적인 자연을 보호한다는 것뿐만 아니라 보다 더 구체적으로 보다 더 적극적으로 자연을 관리 보전하여서 그의 조화적 이용을 도모코자 하는 의도를 포함하고 있는 것이다.

이 세상에 태양과 공기가 없고 흙과 물이 없고 식물과 동물이 없다면 우리 인간은 단 하루도 살아갈 수 없을 것이다. 이렇듯 인간은 자연과 함께 자연의 품속에서만 살아갈 수 있으며 자연은 모든 생명의 원천이요 삶의 터전이다. 자연의 생명력은 질서와 조화 속에 있다. 만약 이 같은 질서와 조화가 파괴될 때 자연은 재앙으로 변하여 인간에게 보복하게 된다. 오늘날 하나밖에 없는 지구를 보전해야 한다고 전 인류가 외치고 있다. 이와 같이 세계 각처에서 자연의 존재와 가치를 재확인하고 자연보호의 바람이 세차게 일고 있는 이유도 바로 여기에 있는 것이다.

자연은 인간에게 주어진 것인 동시에 조성하여 온 것이기도 하다. 우리들은 또한 현대와 후세를 위해서 자연을 조성할 수가 있는 것이다. 식수, 조림에 따른 국토의 미화조경은 한국의 중요 당면 시책 가운데 하나로 되어 있다. 이같은 삼림은 인간의 생존조건 가운데서 가장 중요할 뿐만 아니라, 국토보전의 가장 좋은 방책이라는 인식을 가지고 국토보전운동을 펴나가야만 한다.

4절 관광지 계획

1. 관광지 계획의 개념

일반적으로 계획이란 말은 플랜(Plan)으로서의 개념을 말한다. 그리고 어떤 결과에 이르기까지의 규범의 도출이나 선택 · 결정의 과정을 가리키는 플래닝(Planning)으로서의 개념을 의미한다. 즉, 어떤 목적을 달성하기 위하여 가장 필요적절하다는 의사로 결정된 수단과 방법 · 배역 · 순서 등의 결과를 가리키는 말이다.

어떤 계획이든지 계획 속에는 반드시 목적과 수단이라는 요소개념이 있다.

목적은 주체(主體)를 포함하고 수단은 협의의 수단과 대상으로 구분되는데, 이 주체와 목적은 수요의 기반이 되며 수단과 대상은 공급의 기반이 된다. 따라서 계획이란 이러한 수급을 정확히 파악해서 앞으로의 수요균형을 조절하는 일이라고 정의할 수 있다.

주체(누구의) · 목적(어떤 요구를) · 대상(어디서) · 수단(무엇으로)을 어떤 방법으로 적정하게 수용할 것인가에 대한 해답을 플랜이라고 하며 그 도출과정을 플래닝이라고 한다. 플래닝의 경우에는 이러한 4요소(주체 · 목적 · 대상 · 수단)가 모두 미정이거나 막연한 상태를 명확하게 결정한 다음 출발하는 방법이 있을 수 있기 때문에 여기에는 과제(課題)라고 하는 요소가 추가되게 된다.

또한 플랜으로서의 계획은 시간축에 관해 단계적인 폭의 구조를 갖고 있다. 즉, 단기계획(1~5년) · 중기계획(5~10년) · 장기계획(10~20년) · 초장기계획(20년 이상) 단계가 있다. 그리고 공간축에 대한 단계로는 시설계획 · 지구(地區)계획 · 관광지역계획 · 지역계획 · 광역계획 · 전국계획 등의 단계가 있다. 이러한 시간과 공간 속에서 계획이 확정되면 항목 내용이 정해지는데, 그에 따른 상위 또는 하위에 기존의 플랜이 있을 경우 그것과의 균형을 검토할 필요성이 요구된다.

전자에 대해서는 5단계 계획(구상계획 · 기본계획 · 실시계획 · 사업계획 · 관리계획)이 있으며, 이는 전략적 성격에서 전술적 성격으로 변모한다. 후자에 대해서는 형성축상의 각 계획에 따라 내용적으로 다르지만 4단계(과제와 목적의 명확화 · 목표와 방침의 설정 · 수단의 구축 · 종합평가와 결정) 개념이 있다.

따라서 관광지 계획이란 관광지에 있어서의 관광사업을 위한 종합적 계획이나 또는 그때의 일련의 선택과 결정의 행위(Planning)를 가리키는 말이다. 즉, 관광대상이 되는 지역에서 가장 적절한 관광체험이나 최상의 관광서비스를 받을 수 있도록 하기 위한 수단의 총체 또는 그 결정행위를 가리킨다. 그러므로 관광지 계획에서는 반드시 물적계획(Physical Plan)으로서의 표현이 필요하다. 따라서 관광지 계획을 어떻게 책정해 나아갈 것인가 하는 점이 중요시된다.

2. 관광지 계획 방법과 내용

관광지 계획의 방법은 앞에서 설명한 계획순서에 따라 계획과제의 검토–계획대상지와 조사범위의 선정–계획대상지의 조사와 분석–계획목표의 설정–장래의 수요예측–개발방침의 설정–관광지 계획수립–계획에 대한 종합평가 등으로 나누어 볼 수 있다.

3. 관광지 계획의 순서

관광지 계획의 순서는 제1단계의 무엇을 구성할 것인가 하는 구상계획을 책정하는 데에 초점을 맞추어야 하는데 그 순서는 [그림 9-5]와 같이 표시할 수 있다.

'플래닝'이란 목적에 대한 수단의 종합화이며, 따라서 그 순서도 크게는 종합화의 프로세스(Process)와 거기에 정보를 제공하기 위한 조사 · 분석의 프로세스로 나뉘어진다. 종합화의 프로세스는 목적(이념)의 명확화에서 시작되며, 계획에서의 효과(목표)와 그 달성을 위한 개략의 방침(개발방침)이 설정되고, 이것을 규범으로 한 관광지 계획순서는 7단계로 진행된다.

1) 계획과제의 검토

계획과제에는 계획목적에 관한 것과 계획대상이나 수단에 관한 것이 있다. 후자에 대해서는 예를 들어, '대상지는 동(洞) 전역으로 한다'라든가 '스키장을 가진 리조트 지역(Resort Area)으로 한다'든가, 또는 보다 복합된 형태가 있을 수 있으며, 한정적일수록 작업의 순서는 간략화된다. 그러나 한정이 적절한지 어떤지는 항상 검토할 필요가 있고, 특히 협의의 수단에 관한 과제의 한정을 무작정 그대로 받아들이는 것은 위험하다.

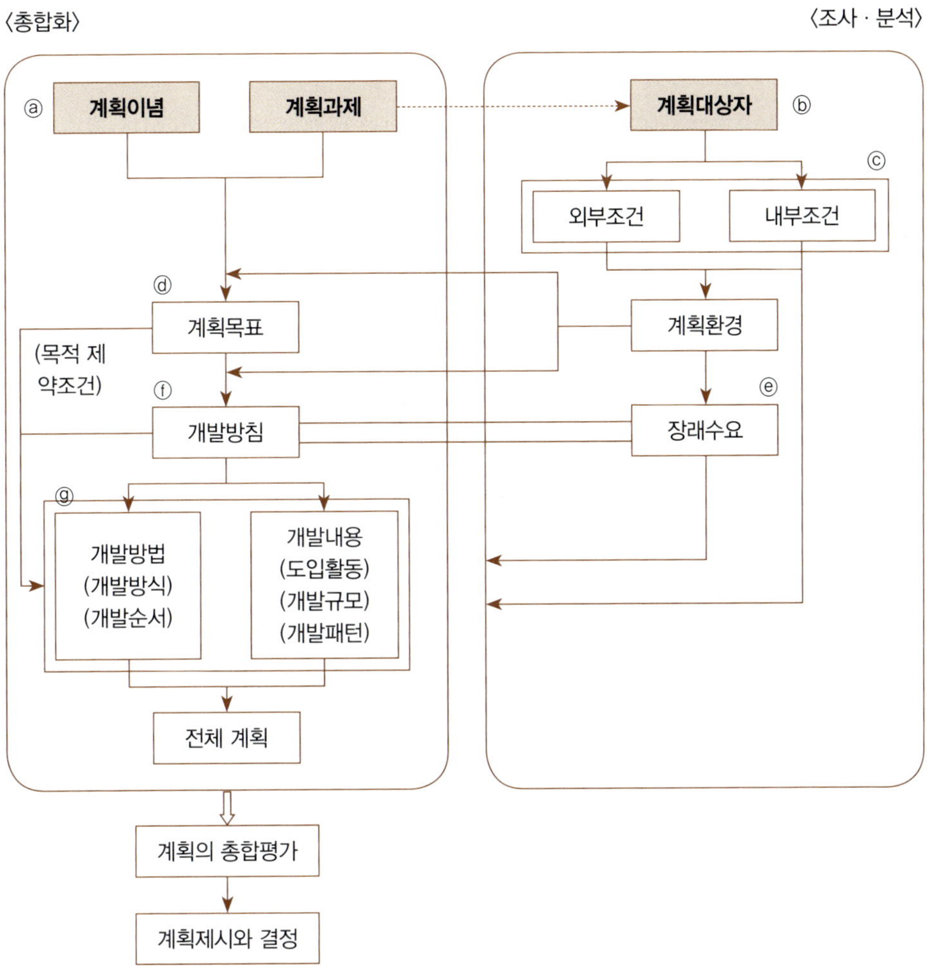

그림 9-5 • 관광지 계획의 순서
출처: 관광교재편찬회편, 현대관광론, p. 203

전자인 목적에 관한 과제인 경우에도 위험이 있으므로, 계획의뢰자가 갖고 있는 계획이념에 부합하는지 어떤지의 검토가 필요하다. 만약 부합하지 않으면 과제의 목적에 따라 수정하도록 요청해야 한다. 그러므로 계획자는 계획이념에 대해서 항상 깊이 고려해서 그 사회적 정당성을 확인하는 노력이 필요하다.

그리고 '플래닝'이란 이론뿐 아니라, 그 원점에 있어서는 하나의 사상임을 인식할 필요가 있다.

2) 계획대상지와 조사범위의 선정

계획대상지로서 어디까지를 생각하느냐가 과제 속에서 지정되어 있지 않을 경우는 계획자가 이를 선정해야 한다. 보통은 행정구역 · 분수령 · 경제권 또는 관광자원이 집적 · 분포되고 있는 범위 등을 여유 있게 정해 두면 된다.

계획대상지가 정해지면, 그 속에 있는 관광자원의 매력을 파악하여 어느 정도의 유치권이 있는가를 상정하고 그 유치권의 2배 넓이를 조사권으로서 설정한다. 유치권은 계획대상지로서의 시장이 존재하는 범위이고, 조사권은 같은 자원을 가지는 관광지로서의 경쟁대상이 얼마나 있는지를 알아보는 범위의 한계이다. 특히 유치권의 20~30%의 넓이를 보완권이라 하며, 관광객이 유람하기 쉬운 넓이의 범위로, 유치력을 확대할 관광지가 있는지 여부를 알아볼 때의 가늠이 된다. [그림 9-6]은 계획대상지역의 유치 · 조사 · 보완권의 사례를 보여주고 있다.

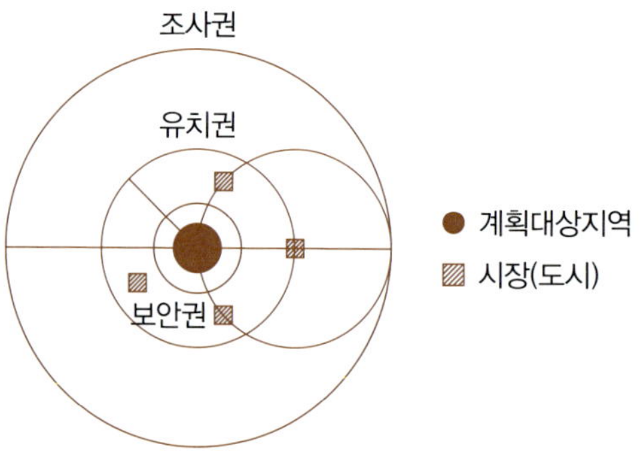

그림 9-6 • 계획대상지역, 유치권, 조사권, 보완권
출처: 관광교재편찬회편, 현대관광론, p. 205

3) 계획대상지의 조사와 분석

조사분석의 대상은 계획대상지의 내부조건으로서는 다음 항목을 들 수 있다.

① 관광자원(종류, 수, 평가 등)

② 레크리에이션 자원조건(항목별 분포, 양 등)

③ 개발현황(교통 · 숙박 · 관광 · 레크리에이션 · 서비스 시설의 분포 · 고객 수준 등)

④ 이용, 경영현황(연차별 내장자의 추이, 내방자 수의 월 변동과 시설이용률 · 유치권 · 내방자의 유동경로 등)

⑤ 지역사회와 산업의 현황(인구 · 생활환경 · 소득 · 주요 산업 · 문화 · 지역주민의 의욕과 의견, 타 산업과 관광, 레크리에이션과의 관련 등)

4) 계획목표의 설정

계획목표란 그 계획이 실현됨으로써 어떤 효과가 기대될 수 있는지에 대한 효과를 명시하는 것이다. 효과의 혜택을 받는 주체는 계획대상지의 지역주민, 관광 · 레크리에이션을 하는 사람, 기업자 및 기타의 국민이며, 여기에다 자원을 포함시킬 때도 있다.

해당 계획에서 노려야 할 효과를 정하는 일이 이 단계에서 이루어질 작업이고, [그림 9-5]에서도 알 수 있듯이, 계획이념과 부합되는 과제를 장래의 계획환경에 두었을 때, 어떤 효과를 겨냥해 나아가는 것이 가장 적절한가를 판단하는 결과로서 [그림 9-7]과 같은 계획목표를 설정한다.

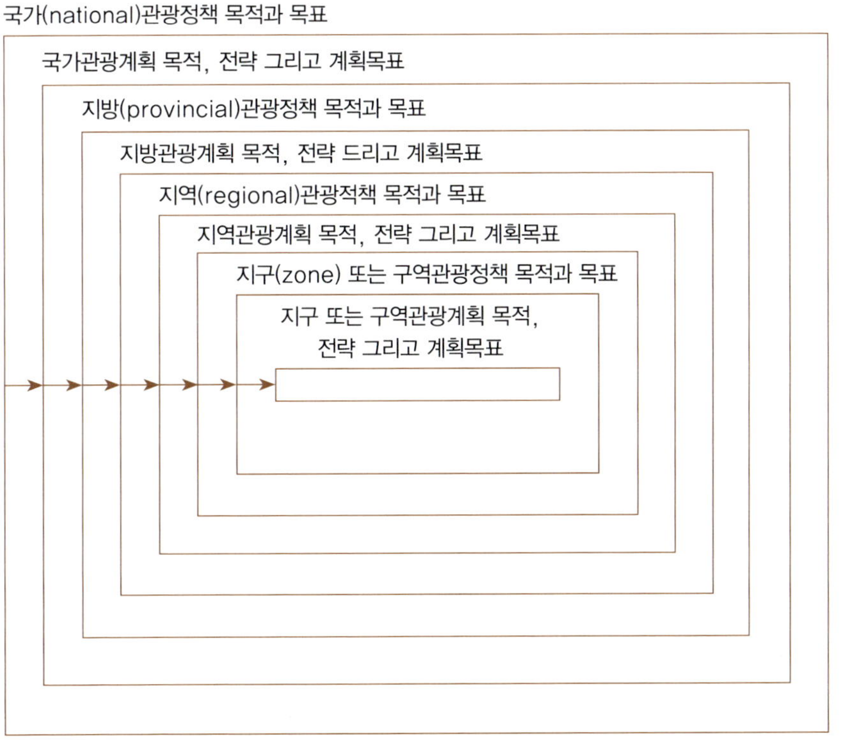

그림 9-7 • 관광정책과 관광계획 목적 및 목표 간의 위계
출처: Mill & Morrison, Tourism System, p. 296

5) 장래수요의 예측

계획책정을 위한 분석 중에서 수요의 예측에 대해서는 다음 세 가지의 표준이 있다. 즉, ① 관광 · 레크리에이션 활동에 대한 전반적인 수요, ② 계획대상지에 대한 연간 및 계절별 총수요, ③ 계획대상의 각 활동에 대한 동시수요 등이다.

첫째, 계획목표 연차에 어떤 형태의 활동이 어느 정도 발생할 것인가 하는 이른바 발생원단위에 대해서는 전국적 · 장기적인 시야와 전망 아래서 예측 · 검토를 해서 계획환경의 하나로 설정한다. 그리고 이 단계에서는 '어떤 관광 · 레크리에이션 효과를 기대할 것인가' 하는 계획목표의 설정을 위한 유력한 정보가 된다.

둘째, 장래의 계획환경 속에서 계획목표를 목적으로 한다면 어느 정도의 양의 수요를 계획대상지에 나타날 것인가를 예측하려는 것으로, 전체적으로 어떤 방향으로 나아갈까 하는 개발 방침의 설정과 서로 관련된 작업이 진행된다. 즉, 계획목표를 달성하기 위해 취할 수 있는 방향(예를 들어, 지향해야 할 관광지의 형태 등)에 몇 가지 대책안이 있고, 그 결정을 위해 수요량의 정보가 필요한 경우에는 각 안마다 어느 정도의 수요량이 될 것인지의 예측작업을 되풀이해서 개발방침의 설정과 수요를 예측할 수 있게 된다. 단, 예측수요량과 계획량은 다르며, 전자는 '이렇게 될 것 같다'이고 후자는 그것을 기초로 다시 계획대상지의 수요 용량이나 전체적인 균형에 대한 검토를 한 후에 논리적으로 판단해서 '이렇게 한다'는 결정을 내리는 것으로서, 양자를 혼동하지 않도록 주의할 필요가 있다.

셋째, 각 활동공간의 개발규모를 결정하기 위한 것으로 방법의 활동별 적용과 그 유입 · 유출 · 체재(혹은 일회전)의 시간적 변동(일변동, 시각변동)이나 각 시설로의 분산지 등을 추정하는 것이다. 특히, 종래의 예측방법을 보면 시계열모형 · 요인분석(상관분석)모형 · 계량경제모형과 같은 예측방법이 많이 상용된다.

6) 개발방침의 설정

개발방침의 설정이란 장래의 계획환경 아래서 계획목표를 달성하기 위한 기본적인 골격을 총괄적 · 체계적으로 통합하는 종합화 작업을 말한다. 즉, 계획환경 속에서의 정확한 위치를 설정하고 그것을 토대로 계획목표를 향한 적정한 방향설정을 표시한 것이 개발방침이다.

개발방침의 설정으로서는 적어도 다음 다섯 가지의 측면에서 파악이 정확하게 이루어져야 한다. ① 자원의 환경용량, ② 지역사회의 용량, ③ 관광지역의 구조, ④ 레크리에이션 지역의 구조, ⑤ 장래의 시장성과 도달성이 잘 파악되어야 한다.

7) 전체 계획의 수립

관광지의 전체 계획 수립이란 무엇을, 어느 정도, 어디에 두고 거기에서 관광객을 어떻게 유도하고 어떻게 활동할 수 있게 하는가를 예측하여 계획목표와 개발방침에 가장 적합한 결과를 얻을 수 있도록 하는 일이다. 즉, 시설(도입활동) · 공간배치 · 교통로체계에 대한 가장 적당한 해답을 구하는 작업이다.

4. 관광지 계획과정의 단계

1) 관광계획의 개념

관광계획은 다양한 방법과 내용으로 제시되어야 하며, 그 계획안이 유용하게 실천되려면 단계별 패턴(Step by Step Pattern)이란 절차를 거쳐야 한다. 따라서 다음 [그림 9-8]에서는 그러한 단계를 통합하는 관광계획과정에 이용될 수 있는 개념적 모형(Conceptual Model)을 제시한다.

실제 계획과정에 있어서는 이 모형에 포함되어 있는 요소의 일부는 유용하게 적용되기도 하였지만 대부분의 요소들은 계획과정에서 중요시되지 않았음을 알 수 있다.

관광계획과정이 거치는 단계는 배경분석단계, 세부조사와 분석단계, 종합단계, 목표설정과 전략수립 및 목적달성단계, 계획개발단계 등 다섯 단계를 거쳐야 한다. 이러한 다섯 단계의 각 단계 활동에서는 다양성과 참여자 그리고 결과를 포함하게 된다.

2) 관광계획 과정의 단계

관광계획과정의 첫 단계는 다음 단계를 위해 기본적인 방향을 설정해 주는 상황분석(Situational analysis)단계이다.

대부분의 관광지는 일정 수준의 기존 관광활동(Existing tourism activity)과 규칙(Regulatory) 및 정책적인 틀(Policy framework)을 가지고 있고, 이것들이 사실상 관광계획의 논리적 출발점이 되고 있다.

한 나라의 관광계획을 수립할 때에는 해당국의 관광정책이 최우선적으로 고려되어야 하고 동시에 그것은 반드시 반영되어야 한다. 만약 도(道)와 지역 등이 지향하는 관광정책이 이미 설정되어 있다면 관광계획은 초기단계에서 재점검되어야 한다.

또한 관광정책이 지향하는 관광계획과정의 우선순위는 그 목적에 따라 경제적, 소비자－사회적(Consumer-social), 자원－환경적(Resourse-environment) 그리고 정부운영(Goverment operation)이란 네 가지 범주로 분류되나, 각국의 사정에 따라 그 우선순위는 바뀔 수 있다.

이러한 사례는 미국 관광국이 온타리오(Ontario)지역의 관광산업을 시스템적으로 발전, 개발시킴으로써 고용확대와 소득증대 그리고 경제발전을 도모하려는 경제우선적 목표를 설정한 경우에서 발견할 수 있다.

관광정책을 설정하고 관광계획을 입안하는 데에는 목표(Goals)와 목적(Objectives)이란 위계(Hierarchy)가 있다. 우선 관광정책의 목표는 보조적인 목표(Supporting goals)와 목적달성을 위한 이론적인 근거와 틀(Framework)을 제공하는 목표(Longterm targets)가 있다. 즉 관광지가 장기적으로 달성해야 하는 목표가 있는 것이다.

관광정책과 관광계획 목적 및 목표 간의 각 단계는 그 목표와 목적이 분명해야 된다. 관광국은 정책목표에 기초를 두고 몇 가지의 하위목표(Sub-objectives)를 설정한다. 그리고 관광계획과정단계에서는 [그림 9-8]에서 보는 바와 같이 관광자원의 분포상태를 조사하고 목록화하는 일도 포함되어야 한다.

활동유형		계획과정의 제 단계	활동참여자	산출 및 결과
자원조사 정부정책 및 프로그램검토 2차 정보자료의 조사	1	a. 관광과 관련되는 공적 부문의 정책, 목적, 목표 및 프로그램 b. 기존 관광자원 구성요소의 조사 c. 기존 관광 수요의 특성 d. 기존 관광산업 내부의 약점, 문제점 그리고 강정의 조사 배경분석단계	공적 부분의 관광관 계자 선택된 관광사업주 선택된 관광사업협회의 대표자 관광문제 상담자	• 공적 부분의 정책, 목적 그리고 프로그램의 목록화 • 관광자원을 구성 요소별로 일람표화 • 기존 시장의 특성 기술 • 주요 관광사업의 약점, 문제점 그리고 강점기술 • 관광계획의 주요 목표 확인 +
자원의 지도화(mapping) 자원용량 측정 자원분류 시장조사 활동의 확인 및 평가 경쟁의 확인 및 평가	2	a. 자원분석 b. 활동분석 c. 시장분석 d. 경쟁관계 분석 세부조사와 분석단계	공적 부문 관광관계자 물적 자원 시장조사전문가(Physical Planner) 레크리에이션 전문가 관광문제 상담가	• 관광자원의 배치상황을 지도화 • 자원용량 측정 • 자원소구점 기술 • 시장조사 결과의 도출과 결론 • 관광/레크리에이션 조사 • 경쟁적 여건 기술서의 작성 +
정보취합 현재 여건 설명서 기술 그룹 워크숍(group workshop)	3	a. 예비적 여건설명서 준비 b. 최종적 여건설명서 준비와 검토 c. 바람직한 여건설명서 준비 종합단계	공적 부문 관광관계자 선택된 관광사업주 선택된 관광사업협회 대표자 관광문제 상담자	• 관광개발, 마케팅, 산업구조, 인식 그리고 지원서비스 등과 관련하는 관광지의 현재 여건을 기술한 설명서 준비 • 관광개발, 마케팅, 산업구조, 인식 그리고 지원 서비스 등과 관련해서 관광지의 바람직한 여건을 기술한 설명서 준비 +
목적설정 전력수립 목적 및 전략기술 그룹 워크숍	4	a. 관광계획목적 명확 b. 대체전략의 확인과 바람직한 전략선택 c. 관광계획목표의 규정 목표설정과 전략수립 그리고 목적설정단계	공적 부문 관광관계자 선택된 관광사업주 선택된 관광사업협회 대표자 관광문제 상담자	• 관광계획목적 설명서 • 시각적인 대체전략 제시 • 전략설명서 • 선택된 전략 합리성 • 관광계획목표 설명서 +
계획구체화 보고서 작성 보고서 제시 보고서 검토	5	a. 관광계획의 목표달성을 위해 필요한 프로그램/활동, 역할 그리고 재무사항을 기술 b. 관광계획 보고서 안을 작성 c. 관광계획 보고서의 검토와 수정 계획개발단계	공적 부문 관광관계자 관광문제 상담자	• 프로그램과 활동목록 • 공적 · 사적 부문의 역할과 책임기술 • 필요한 자본규모와 조달 창구 • 특정한 개발과 마케팅기회의 기술 • 계획실행 시각표 • 관광계획/보고서
		계획실행		

그림 9-8 • 관광계획과정의 개념모형

Chapter 09 학습문제

01. 다음중 관광자원에 대하여 잘못 설명한 것은?

① 관광주체가 지니는 관광행동

② 관광객체가 지니는 모든 자원

③ 관광사업적 측면에서 경제적 가치를 지니고 있는 자원

④ 관광객의 호기심 대상으로 경제성을 지니고 있는 자원

02. 다음 중 관광자원을 분류할 때 자연자원에 해당하는 것은?

① 축제　　② 예술

③ 온천　　④ 문화재

03. 다음 중 문화적 관광자원이라고 할 수 없는 것은?

① 종묘　　② 창경궁

③ 서울성곽　　④ 고수동굴

04. 다음 중 광의의 관광자원으로 짝지어진 것은?

① 온천 - 문화재 - 솟대 - 다목적댐

② 동굴 - 온천 - 국립공원 - 오름

③ 종묘 - 창덕궁 - 숭례문 - 서울성곽

④ 유형문화재 - 무형문화재 - 민속자료 - 기념물

05. 다음 관광자원 분류 중 인문적 관광자원과 거리가 먼 것은?

① 박물관　　② 기후풍토

③ 사회공공시설　　④ 도시공원

06. 다음 중 관광자원의 특성과 관계없는 것은?

① 가치의 변화성 ② 가치의 다양성
③ 가치의 고정성 ④ 가치의 매력성

07. 다음 중 우리나라의 무형문화유산 중 유네스코 세계문화유산으로 등록된 것은?

① 종묘제례악 ② 가족제사풍속
③ 경주 양동마을 ④ 불국사 석굴암

08. 다음 우리나라의 무형문화유산 중 유네스코 세계문화유산으로 등록되지 않은 것은?

① 농악 ② 줄다리기
③ 남사당놀이 ④ 사물놀이

09. 다음 중 유네스코 세계유산으로 지정된 한국의 기록유산이 아닌 것은?

① 조선왕조실록 ② 동의보감
③ 명심보감 ④ 난중일기

10. 다음 중 우리나라의 문화유산관광자원으로서 유네스코 세계문화유산으로 등록된 것은?

① 동묘 ② 경복궁
③ 용인 민속촌 ④ 남한산성

11. 다음 중 관광자원 개발의 목적을 잘못 표현한 것은?

① 관광사업업의 영리 목적
② 국토의 균형개발 목적
③ 국민의 소득증대 목적
④ 지역경제발전과 고용증대 목적

12. 다음 중 우리나라의 전국 관광종합개발계획 내용으로 관광개발권역 설정을 바르게 설명한 것은?

① 10대 관광권 25개 소권으로 설정

② 8대 관광권 25개 소권으로 설정

③ 5대 관광권 24개 소권으로 설정

④ 9대 관광권 18개 소권으로 설정

13. 다음 중 관광산업을 진흥하고 관광객의 다양한 욕구충족 활동을 위하여 각종 관광시설을 종합적으로 개발하는 관광거점지역으로서 관광진흥법에 의해 지정된 곳을 무엇이라고 하는가?

① 일반관광지

② 관광특구

③ 관광단지

④ 지정관광지

14. 다음 중 〈보기〉의 관광지 설명 내용에 해당하는 곳은?

> 〈보기〉
> - 자유로운 활동을 보장하여 외래관광객 유치를 촉진한다.
> - 관광진흥거점지역으로 육성하기 위하여 관광진행법 제23조2의 규정에 의거 지정한 곳이다.
> - 관광지 지정 요건으로는 최근 1년간 10만 명 이상의 관광객이 방문하고, 지역이 명확히 구분될 수 있는 곳이어야 한다.

① 자연공원

② 관광단지

③ 관광특구

④ 관광농원

15. 다음 중 문화재 등록기본법에 따른 정식 궁궐이라고 할 수 없는 것은?

① 경복궁 ② 창덕궁

③ 덕수궁 ④ 창경궁

정답

01. ① 02. ③ 03. ④ 04. ① 05. ② 06. ③ 07. ① 08. ④ 09. ③ 10. ④ 11. ①
12. ③ 13. ③ 14. ③ 15. ③

PART

03 관광사업의 이해

CHAPTER 10 관광사업의 기초 개념

1절 관광사업의 개념과 발전

1. 관광현상으로서의 개념

관광현상(觀光現象)이란 현대사회에서의 기업적 관광사업의 토대가 되는 관광의 모든 움직임을 말한다. 그러나 관광현상 본래의 뜻은 인류 발생과 더불어 존재하였다고 볼 수 있기 때문에 삶의 터전을 찾기 위해서 이동하게 된 원시인의 소박한 생활 패턴에서 근원을 찾아볼 수 있다.

인간이 지구상에서 최초의 생활을 시작한 순간부터 이동이 비롯되었다고 볼 수 있으며, 인류의 문명이 '틀'을 갖춘 시기에서 문물의 왕래가 이동현상을 촉진시킴으로써 원시적 관광현상이 발생하게 되었다고 보아야 한다. 그러나 이같은 경향의 관광현상은 산업혁명 이후 인간이 새로운 변혁기에 접어들면서 급격히 발달한 교통수단에 의해서 촉진되었다고 본다. 이같은 현상은 역사적 · 지리적으로 인류에게는 보편적으로 적용된다.

관광사업은 역사적으로 보아 근대에 들어 발생한 것이므로 지리적으로는 지역적 · 민족적 격차가 있다. 대개는 공업화의 확립과 더불어 관광사업이 급속하게 발생하는 지역이 있지만 현실적으로는 관광사업의 개발이 부진하고 미미한 지역도 많다. 인류가 관광대상을 의식하고 그 효과를 인식하게 된 것이 관광사업 발생의 시초가 되었다. 그런 뜻에서 관광현상은 관광사업의 모태(母胎)라고 할 수 있다.

관광사업은 관광객의 이동현상에서 사람과 사람이 서로 접촉하면서부터 관광사업이 성립되기 때문에 관광사업의 존재 양태가 관광현상을 좌우하게 된다. 따라서 관광사업을 올바르게 육성 · 진흥시키기 위해서는 관광현상을 충분히 관찰 · 조사하고 그 자료를 정확하게 파악하는 것이 중요하다.

따라서 관광현상의 특수성에는 직관성(直觀性) · 이동성 · 경험성 · 광역성(세계성 · 우주성) · 행동성 · 자율성 · 목적성 · 포괄성 · 오락성 · 대상성(對象性) · 생활성 · 대중성 · 역사성(지속성) · 변화성 · 다각성 · 공공성 등의 광범위한 내용이 내포되어 있다.

2. 관광사업과 관광산업의 개념 정의

관광사업이란 Tourism의 용어개념을 내포하고 있으므로 관광객의 욕구를 충족시켜 주기 위하여 서비스를 제공하는 제반영업의 총체로서 business 개념이라고 할 수 있다. 왜냐하면 관광사업은 관광과 서로 인과관계를 형성하고 상호 밀접한 불가분의 관계를 유지하면서 관광의 효용과 관광사업의 제반 효과를 높이기 위한 다양한 관광행동으로서 그 범위가 광범위하기 때문이다. 즉 영어에서의 Tourism 개념은 원래 관광 그 자체인 동시에 관광사업까지도 그 의미를 내포하고 있으므로, 현대사회에서는 관광사업을 Tourism의 개념으로 보는 것이 타당하다고 할 수 있다.

관광산업은 각종 개별적 관광사업의 복합체 개념을 의미하므로 관광기업이란 말을 쓰기도 한다. 이는 영어에서의 Tourism Industry라는 용어에 해당되는 의미이므로 관광산업을 표현하는 데는 적절하다고 할 수 있으나, 관광의 정신적 · 문화적 효과를 위한 활동까지도 포함시켜야 하는 관광사업의 개념에는 적합하지 못하다. 원래 Industry라는 의미는 주로 경제적 효과에만 중점을 두는 표현이기 때문이다.

현대는 대중관광시대(Mass Tourism Age)를 맞이하여 관광현상이 사회적으로나 경제적으로도 큰 비중을 차지하고 있을 뿐만 아니라 그 의미도 중요시되고 있다. 그러므로 종래의 개념에 만족할 것이 아니라 현대관광사업을 설명하는 데 합당한 개념이 필요하다.

관광사업개념은 관광객의 욕구에 대응해서 서비스하는 영업으로만 생각했으나,

이제는 관광사업이 단순히 관광관련기업으로만 성립되는 것이 아니라 역할이나 기능이 광범위하고 그 효과도 경제적 효과뿐만 아니라 경제외적 효과도 포함된 폭넓은 사업활동으로 재인식되어야 한다. 관광사업에 대한 외국 학자들의 이론을 살펴보면 다음과 같다.

다나카(田中喜一)는 "관광사업이란 관광왕래를 유발하는 각종 요소에 대한 조화적 발달을 도모함과 동시에 그의 일반적인 이용을 촉진함에 따라 경제적 · 사회적 효과를 노리기 위해 알선 · 접대 · 선전 등을 행하는 조직적인 인간활동이다."라고 말했다. 즉, 각종 관광관련 시설과 교통정비 및 자연적 · 문화적 관광자원에 따른 개발과 보호 · 보존의 의미를 부여하고 있다. 또 그는 관광사업은 다른 사업과는 달라서 여러 성질(복합성 · 다각성 · 변동성 · 전체성 · 서비스성 등의 특수성)의 인적 · 물적 요소와 결합해서 종합가치를 만들어 내는 것으로 설명한다. 그리고 관계 사업자의 능력만으로는 충분한 진가를 발휘할 수 없으며, 오로지 그들의 자유자재의 활동에만 맡긴다고 한다면 업자의 편견적 · 타산적 행위에 의해 관광가치를 상실할 우려도 있다고 주장한다(田中喜一, 1973).

이노우에(井上萬壽藏)는 "관광사업이란 관광왕래에 대처하고 이것을 수용 또는 촉진하기 위해 행해지는 모든 인간활동의 총체이다."라고 주장하면서 관광과 관광사업의 개념구성을 [그림 10-1]과 같이 설명하였다. 일본 교통공사(1972)는 "관광사업은 관광현상이 가져온 여러 가지 효과를 인정하고 관광현상에 따른 일부의 요소를 조직화하여 훈련을 실시하고, 그 체계를 정비하게 됨으로써 국가번영과 인류복지 증진에 크게 기여케 하는 다목적적이고 총체적인 활동"이라고 정의한다.

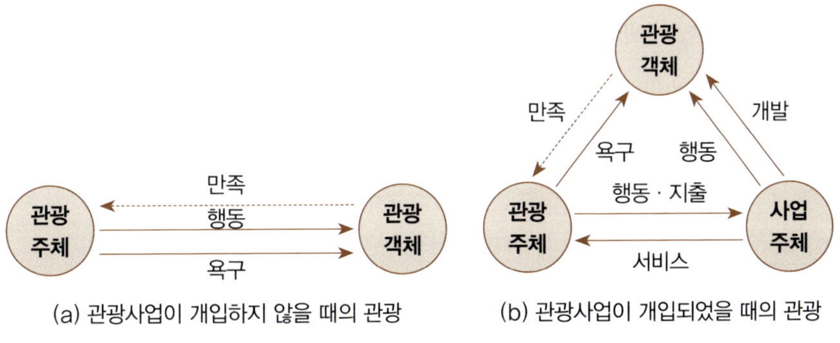

그림 10-1 • 관광과 관광사업의 개념구성

관광사업은 관광객들에게 특별한 관광상품을 전달해주는 것으로써 가장 중요한 생산품으로 항공 · 호텔 · 크루즈 등과 같은 상품을 들 수 있다. 또한 관광사업은 어느 지역에서 팔리는지에 개의치 않고 거의 독점적으로 관광상품을 공급하는 것이며, 관광조직과 비즈니스측면에서 다양한 형태를 갖고 있다(UNWTO, 1991).

관광사업은 관광객들과 공급자들 정부 사회공동체와 관련되어 발생하는 모든 과정과 수익행위라고 정의될 수 있으며, 관광객들에게 환대서비스와 매력을 줄 수 있는 모든 주위 환경을 포함한다(Goeldener & Ritchie, 2006). 여행경험 측면의 관광왕래 측면 등 산업서비스의 다양한 활동들로 구성된다. 즉, 수송서비스, 숙박서비스, 식음료서비스, 쇼핑서비스, 오락, 테마파크 등 관광자들의 개인과 단체에 제공될 수 있는 유용한 환대서비스라고 정의할 수 있다.

관광사업이란 관광왕래에 대처하여 애용하고 촉진하기 위해 행하는 일체의 활동을 의미한다. 이러한 개념은 관광왕래가 자연적 흐름인데 이것을 그대로 방관하거나 내버려두게 되면 관광사업은 존재하지 않을 것이라는 점이다. 가령 관광왕래에 대처한다 하여도 이를 처음부터 배격한다든가 억제하는 일은 관광사업 범주에 들 수가 없다. 그러나 관광왕래를 조정하거나 때로는 제약을 가하는 경우가 있어도 그것이 관광의 가치와 효과를 인식하고 이에 대처하는 활동이라면 관광사업의 범주 안에 속한다고 보아야 한다.

관광사업의 구성을 살펴보면 단순히 관광관련 기업만으로 성립되는 것이 아니라 정부와 공공단체까지도 구성원으로 간주해야 함을 알 수 있다. 관광사업을 넓은 의미로 해석하면 크게 네 가지 요소로 구성되어 있다.

첫째, 주체인 관광객과 이들을 공급하는 관광시장, 둘째, 객체인 관광객을 유인하는 관광자원, 셋째, 매체인 교통기관과 호텔, 모텔 등의 관광숙박업 · 음식 · 운동 · 오락 · 휴양 등의 관광객 이용시설업 등의 관광관계기업과 서비스가 포함되어 있고, 넷째, 관광사업 추진기관인 정부나 지방공공단체, 공익법인 등이 그것이다.

관광사업은 내용에 따라 능동적인 면과 수동적인 면으로 구분할 수 있다. 전자는 선전이며, 후자는 수용태세이다. 관광사업은 활동범위에 따라서 국내관광사업과 국제관광사업의 두 가지로 분류하기도 한다. 좁은 의미로 해석하는 관광사업이란 관광육성사업을 가리키며, 이의 주체는 개인이나 사기업 등이 아니라 국가나 지방공공단체 혹은 공익성을 띤 법인 등으로 공익적 각도로 이루어지는 활동을 말할 수 있다. 왜냐하면 관광사업은 관광여행자의 많고 적음을 따지는 것이 아니라 관광의 이용성과 사업효과에 따라서 평가되기 때문이다. 관광사업은 자신의 직접적인 이윤추구를 목적으로 하고 있는 것이 아니라 모든 국민이 그 성과를 향유함과 더불어 관광사업의 번영을 통해서 국가나 지역사회의 발전에 공헌함을 목적으로 하는 공익성을 띠고 있다.

그러나 일반적으로 관광사업과 관광산업(관광기업)을 동일시하는 경우가 대부분인 이유는 관광사업활동이 관광산업(관광기업)의 그늘에 가리기 쉬운 성질을 가지고 있기 때문이다. 특히 관광사업분야에서 관광객의 관광행동에 대한 직접적인 서비스 관련부분은 관광관련 기업에 위탁하고 있으므로, 좁은 의미에서 본다면 관광산업활동을 관광사업으로 착각할 수도 있다. 그러나 분명한 것은 관광산업은 관광사업에 포함된 개념이라는 것이다. 그리고 관광산업은 관광사업의 하위시스템(Sub-system)으로 보아야 한다.

3. 관광사업의 발전

교통기관과 각종 매스컴의 발달로 각 지역의 문물이 소개되고 미지의 세계와 위락을 찾는 관광여행이 유발되어 일반 서민들도 관광을 즐기는 생활화된 대중관광시대가 되었다. 이에 따라 관광사업은 관광여행에 대응하는 여행관련사업으로서 그 기능을 수행하여 왔고 이러한 대응은 시대적으로 많은 변화를 가져왔다. 현대의 관광사업을 교통기관 · 숙박시설 · 관광조직 및 관광현상 등으로 구분하여 그 특징적인 면을 살펴보면 〈표 10-1〉과 같이 자연발생적 관광사업, 매개서비스적 관광사업, 개발조직적 관광사업 등 세 가지의 발전단계로 설명할 수 있다. 이러한 발전구분을 관광사업의 경영 유형별 발전단계로 보면 자연발생적 관광사업, 매개형 관광사업, 개발조직적 관광사업으로 나눌 수 있다.

1) 자연발생적 관광사업

자연발생적 관광사업이란 고대로부터 19세기 중엽에 이르기까지 이루어졌던 관광사업을 말하며, 자연발생적 기생형 관광사업이라고도 한다. 전반적으로 일반 여행자나 관광객의 증가에 따라서 자연적으로 발생하고 운영되었으나 관광객의 적극적인 유치를 노린 영업활동도 있었다.

또한 교통은 주로 말 · 마차 · 가마 · 목조선 등에 의하여 운반되었고, 숙박시설은 여인숙이 지배적이었다. 그리고 관광객은 고관, 부호, 귀족 등의 특권계급층의 피서 · 피한과 서민들의 종교적 관광이 특징을 이루고 있었다.

표 10-1 • 관광사업의 발전단계 요약

발전단계	시대	경영유형	사업 주체	주요 기업	관광객층
자연발생적 관광사업	고대에서 19세기 중엽까지	기생형 관광사업	기업	우마차, 노새, 당나귀 목조선, 주막	귀족, 무사, 고관 등의 특권계층과 서민층의 종교적 관광여행사
매개서비스적 관광사업	19세기 중엽부터 제2차 세계대전 (1945년)까지	매개형 관광사업	기업 국가	철도, 주막기선, 호텔, 여관, 여행알선업체	특권계층과 서민층 일부의 여행자
개발 · 조직적 관광사업	제2차 세계대전 (1945년) 이후	개발형 관광사업	기업 국가 공공단체	철도, 선박, 항공기, 자동차, 호텔, 여관, 여행알선업체, 관광 관련업체, 관광개발 추진기관	일반 대중(국민관광)의 여행자

2) 매개서비스적 관광사업

매개서비스적 관광사업이란 19세기 중엽부터 제2차 세계대전 이후에 이루어졌던 관광사업을 말하며, 이는 서비스적 매개형 관광사업으로 발전하였다.

인류 사상 최초의 철도 개통(1825년, 영국)과 증기기선의 취항(1840년대)으로부터 일기 시작한 교통혁명, 20세기에 들어 자동차의 발달, 나아가서 항공기에 의한 정기 국제항로의 개설(1916년, 베를린 → 비엔나 → 이스탄불 간)은 종래까지의 관광에 관한 인식 및 양상을 바꿔놓았고, 관광객의 증가에 따라 관광호텔, 여관 및 관광알선업자 등이 나타났다. 스타틀러(E. M. Statler)와 부머(L. Boomer), 힐튼(Hilton) 등 호텔 경영자의 창의와 노력으로 미국의 호텔은 대형화, 대중화했고 근대화하기 시작했다.

이 기간 동안 관광사업은 눈부신 발전을 해왔으나 그 중에서도 뚜렷하게 나타난 특징은 교통업, 여행알선업, 숙박업이 관광사업의 핵심적인 위치를 차지한 것이다. 또한 이 세 부류의 관광사업은 관광객과 관광대상의 중간에서 적극적인 알선과 서비스를 제공하게 되었으며, 스스로의 창의와 노력으로 관광왕래를 촉진시켰다.

또한 제1차 세계대전의 종결(1917년) 이후 세계 각국의 관광사업은 그 성격을 완전히 일변하여 국제관광의 진흥을 이루었다.

3) 개발조직적 관광사업

개발조직적 관광사업이란 제2차 세계대전 이후 이루어진 관광사업을 말하며, 조직적 개발형 관광사업으로의 발전을 의미한다. 특히 이 기간의 관광사업은 철도 · 자동차 · 선박 · 항공기 등의 발달을 배경으로 선진공업국을 중심으로 비약적인 발전을 이루었다. 이 당시의 관광사업 특징은 다음과 같다.

첫째, 북부 유럽에서의 Social tourism 보급에서 볼 수 있듯이 관광사업을 국민복지 차원에서 국가시책으로 촉진하려는 인식이 높아졌다. 이른바 Mass tourism 시대가 되었다. 또한 대형호텔 건설과 관광시설의 확충 등 수용태세의 정비와 함께 해외관광 선전과 PR에 본격적인 힘을 기울이기 시작하였다.

둘째, 국제적으로 관광조직이 지역적 관광기구로 확대되었고, 국내에서는 지방조직으로부터 전국적인 조직으로 통합 · 정비되었다. 또한 관광의 중요성과 인식을 보급하기 위한 국제적 기념행사가 성행하였고, 관광종업원에 대한 연구도 활발하게 진행되었다.

셋째, 관광사업이 국제관광왕래의 촉진을 도모하며 종래의 수동적 · 소극적인 입장을 버리고 적극적인 수요개발에 나섰다. 그리고 관광기업에 관한 경영개념의 확립과 기술혁신에 따른 경영기술 및 방식에도 획기적인 발전을 가져왔다. 이와 함께 관광자원의 보호 · 개발 및 관광 루트의 설정, 관광의 이미지 쇄신을 위한 노력이 경주되어 단순한 서비스산업에서 국가기간산업 및 전략산업으로 그 위치를 확고히 하였다.

2절 관광사업의 특성

개념상으로 본 기본 특성은 관광사업의 효과를 촉진시키기 위한 목적적인 조직활동이므로 그 조직의 구성도 다양성을 띠고 있는 것이 특성이다. 즉 복합성 · 입지의존성 · 공익성과 기업성 · 매체성 · 양면성 · 다각성 · 공공성 · 변동성 등의 기본 특성을 지니고 있다.

1. 관광사업의 일반적 특성

1) 복합성

관광사업의 복합성이란 관광여행 일정에서 수행되는 여러 과정과 같이 복합적으로 이루어지고 있다는 의미를 말한다. 그 중에서도 여행업 · 숙박업은 그 중추적 업종을 이루고 있으며, 산업적 측면에서 관광사업은 복합산업으로서의 특성을 지니고 있다.

또한 관광사업은 국가와 공공기관이 참여해서 공익을 목적으로 행해지는 공익사업과 민간이 주도하는 영리 목적의 사익사업이 있는데, 보다 건전한 관광사업의 발전을 도모하기 위해서도 관민의 융합된 능률적 조직이 필요하다. 따라서 관광사업은 관광객에게 직접적으로 대응하는 것과 간접적 · 측면적으로 대처하는 여러 업종과 기관으로 구성되는 조직상의 복합성을 띠고 있는 것이 특성이다.

2) 입지의존성

관광사업은 관광자원에 의존하고 있는 경우가 대부분이므로 관광자원의 우열이 중요하며, 그 경영적 입지조건에 따라 크게 영향을 받을 수 있다. 또한 관광산업적 측면에서 다음과 같은 기본적 특성을 지니고 있다.

첫째, 불연속적 생산형태의 산업이다. 즉 관광사업은 관광객의 내방에 의해 경제활동이 시작되는데, 관광객의 내방은 계절별 · 월별 · 시간별로 그 변동이 크게 나타날 뿐만 아니라 관광객의 임시적 행동에 좌우되기 때문에 불연속적인 생산형태를 갖게 된다.

둘째, 생산 · 소비형 산업으로 이루어진다는 점이다. 즉 관광사업은 순간생산과 순간소비형태를 기본으로 하고 있기 때문에 생산과 소비가 동시완결적으로 이루어진다. 따라서 호텔 객실과 같은 상품은 저장이 불가능하므로 경영상의 탄력성이 적다.

셋째, 노동 장비율이 높은 산업이다. 즉 관광기업의 대형화 및 고급화 경향에 따라 노동 장비율(유형고정자산액/종업원수)이 높아져는 경향이다. 창업기의 투자액이 크면 클수록 경영환경 및 경영조건과 경영기반의 안정이 중요시되고, 정치 · 경제 · 사회의 안정관계에 따른 부가가치의 상품화가 중요과제로 대두된다. 그 예로서 국내 불안을 초래하는 국가는 관광산업의 불황을 면치 못하게 된다. 그러므로 관광사업은 이러한 불안요인을 해소시키는 데 최선의 노력을 다해야 한다.

2. 관광사업의 6대 기본특성

1) 공익성과 기업성

관광사업은 관련업종의 복합체로 성립되는 특수성 때문에 공익성과 기업성을 포함하고 있으며, 사적 관광기업을 통해서 공익목적을 달성하려고 하는 사업체이다. 따라서 관광기업이라고 할지라도 개인 수익만을 목적으로하는 경영은 허용되지 않는다. 관광의 목적이 관광객의 위락적 가치와 정신적 문화성에 있는 것과 마찬가지로 관광사업의 목적도 관광소비에 따른 가치에 있으므로 관광소비에 의한 사업이윤만을 추구해서는 안 된다.

공익성과 기업성의 인식에 따른 관광효과는 일반적 효과와 직접적 효과로 분류하고, 이에 따라 다시 국제관광과 국내관광 효과로 분류된다. 국제관광의 효과 측면에서는 국위선양, 국제친선 증진, 국제문화교류를 들 수 있고, 국내관광효과 측면에서는 국민보건 증진, 근로의욕 증진, 교양 향상 등을 들 수 있다.

관광효과
- 국제관광 — 국제친선 증진, 국제문화 교류 촉진
- 국내관광 — 보건 증진, 근로의욕 증진, 교양 향상

관광사업의 경제적 효과는 국민경제적 측면에서 외화획득과 국제수지 개선 또는

기술협력 및 국제무역의 증진효과를 들 수 있고, 지역경제효과로서는 소득효과, 고용효과, 산업효과 등을 들 수 있다.

- 관광경제효과
  - 관광경제효과(외화획득효과)
  - 지역경제효과
    - 고용효과, 소득효과, 산업훈련효과, 조세효과, 산업기반시설 정비효과, 경제외적효과

관광사업의 진흥육성에 따른 부차적 효과로서 자연과 문화재의 보존관리, 공원의 정비, 교통시설, 상 · 하수도시설, 의료시설 등의 사회생활 환경시설의 정비 향상 그리고 인적 교류를 통한 문화효과 등을 들 수 있다. 이런 효과는 모두 공익성과 기업성으로 인식되어 관광사업 진흥의 기조가 되어 있다. 그렇지만 이런 효과를 실질적으로 거둘 수 있게 할 사적 관광기업은 경합적인 개별적 기업활동을 기본으로 하고 있으므로 반드시 공익성에 적합하도록 적용한다고는 볼 수 없다. 그러므로 관광사업은 개별기업활동의 특징을 살리면서 공익성을 높이도록 관광기업을 유도하는 일이 주요한 과제이다. 따라서 관광사업은 공익성과 기업성의 조화로운 발전을 도모하는 데서 그 존재 의의를 찾아볼 수 있다.

2) 매체성

관광사업을 위하여 주체인 관광객과 객체인 관광자원과를 결합시켜 주는 매체(media) 역할을 제공해 주는 특성을 말한다.

매체는 관광조직과 관광환대로 구성되며 또한 관광조직은 관광시설과 관광편의로 구분된다. 특히 이들 매체를 다시 세분하면 교통기관 · 도로 및 운수교통시설 등의 공간적 매체와 숙박시설 · 휴게시설의 시간적 매체와 관광알선(tourism agency) · 관광안내(tourism guide) · 관광선전(tourism propagation) 등의 기능적 매체로 구분할 수 있다.

3) 양면성

수동적인 면과 능동적인 면이 상호 의존관계를 가지고 조화 있게 발전시켜 나아가는 것을 의미한다. 즉 수동적인 면이란 접대와 관광시설 정비를 말하며, 능동적인 면이란 선전 · 알선 등을 말한다.

4) 다각성

관광사업을 하는 데 있어서 자연 · 문화 · 사회 · 교육 · 경제 · 무역 · 정치 · 역사 · 지리 등 그 관련 분야가 광범위할 뿐만 아니라 다각적인 성격을 띠고 있는 것을 의미한다. 따라서 관광사업에 종사하는 사람은 인격을 갖추고 유능해야 하며 세계적인 (Global) 감각과 교양을 갖추어야 한다.

5) 변동성

관광사업은 정치 · 경제 · 사회 · 소득상황 등 각종 변화에 따라서 흥망성쇠가 좌우되는 특성을 지니고 있다. 특히 관광사업은 국제적인 성격을 띠고 있기 때문에 경기변동의 영향을 받기 쉽다. 따라서 국제관광 배출시장과 수용시장의 동향을 조사하여 변동사항에 따른 사업수행이 이루어져야 한다. 이와 같은 변동성은 관광객의 증감 및 관광수입의 증감에 큰 영향을 미치기 때문이다.

6) 관광서비스성

관광서비스성이란 관광사업의 본질이며, 관광상품의 근본이 되는 것으로서 경제불황을 극복할 수 있는 특성을 지니고 있다. 그러므로 관광객에게 제공되는 서비스는 국제적 환대(International Hospitality)로 바뀌어 상대방에게 전달되므로 결과적으로 국제친선을 도모하게 된다. 특히 관광서비스는 사업적 관점에서 하나의 상품이며, 국가이익과 직결되고, 국제친선과 상통한다는 점에서 관광서비스를 제공하는 과정에서 주체성과 국가의식이 확립되어야 한다. 그러므로 관광종사원의 자격을 국가가 법률로 정한 이유가 여기에 있다.

또한 관광서비스는 판촉효과를 가져오는 특성을 갖는다. 만족된 즐거움을 준 서비스는 재판매, 판매 확대를 창출하고 다시 찾고 싶어하는 국가의 이미지를 심게 됨으로써 단골손님이 기하급수적으로 늘어나게 된다. 서비스의 극대화는 어디까지나 고객만족(Customer Satisfaction)을 가져오는가에 달려 있다. 즉 미소짓는 표정(Smile), 신속한 동작(Speed), 성실성(Sincerity) 등 3S 정신과 G, C, S 정신, 즉 선의(Good-Will), 협동(Cooperation), 봉사-기여(Service)의 정신과 자세가 중요하다.

그리고 관광서비스부문 세계 일류화를 위해서는 소비자 마음에 쉽게 와 닿을 수 있는 서비스가치를 정립하고, 이를 중심으로 경영전략을 수립해야 한다.

제조업에서 고객이 원하는 것이 품질이라면 노동집약적인 무형의 서비스산업에서는 서비스가치(Service Value) 제고가 경쟁우위 및 차별화된 상품으로 가치를 발휘할 수 있다.

관광서비스부문 경쟁우위를 확보하고 있는 글로벌 기업들의 공통점은 소비자들이 서비스 상품을 구매할 때 긍정적인 생각과 아울러 서비스 브랜드를 연상케 한다. 즉, 세계적 글로벌 호텔체인으로 성장한 메리어트(Marriott)는 출장 중 어디를 가도 편안히 머무를 수 있다는 '집과 같은 안락함'을 월트디즈니(Walt Disney)는 '가족의 유대'를 서비스 브랜드로 나타내고 있다.

또한 의료관광 측면의 미국 존스홉킨스(Johns Hopkings) 병원의 '난차병 환자의 마지막 희망', 유통서비스 부문 세계 1위 기업인 월마트(Wal-mart)는 매일 최저가 상품을 내세우는 'Every Day Low Price'로 고객이 원하는 상품을 원하는 시점에 합리적인 가격에 제공한다는 서비스는 브랜드를 연출하고 있다. 〈표 10-2〉는 관광서비스부문 일류조직의 서비스가치를 나타내고 있다.

표 10-2 • 관광서비스부문 일류조직의 서비스가치

구분	핵심서비스가치	기업(조직)위상
월마트스토어	EDLP(Every Day Low Price)	• 포춘선정 'Global 1위 기업'('05년) • '세계에서 가장 존경받는 기업 1위'(포춘 '04년)
메리어트호텔	집과 같은 편안함	• 파이낸셜 타임즈 선정 'Global 417위'('05년) • 포춘선정 '가장 일하고 싶은 기업선정'(8년 연속)
존스홉킨스병원	난치병 환자의 마지막 희망	• 15년 연속 최우수 병원('91~'05년)(유에스뉴스&월드리포트) • 17개 전문 과목 중 16개가 3위권 이내('04년, 유에스뉴스&월드리포트)
월트디즈니	가족의 유대	• '세계에서 가장 존경받는 기업 18위'(포춘 '04년) • 놀이공원 입장객 세계 1위(어뮤즈먼트비즈니스, '05년)

관광서비스업은 유형의 제품을 제공하는 제조업과 달리 무형의 상품을 파는 서비스산업으로 소비자의 감성에 많이 의존하는 특징이 있으므로 서비스가치 정립이 필요하다. 그러나 관광서비스업이라고 무조건 고객에 대한 친절이나 저가격정책이 능사는 아니며 명확하고 차별화된 가치 제공이 무엇보다 중요하다. 즉, 고객이 원하는 가치를

훼손하지 않는 성장전략이 서비스 일류를 지속하는 비결이며, 무엇보다도 세계 어디와 비교해도 내세울 수 있는 글로벌화된 관광상품으로서의 특화된 가치를 지녀야 한다.

3. 관광사업의 국제적 연계 특성

후진국이나 개도국의 무역구조는 수출보다 수입주도형을 이루고 있어 국제수지면에서 항상 적자를 면하지 못하고 있다. 이는 후진국이나 개도국가들의 무역구조상의 특징이다. 이러한 역조현상을 정상화하기 위해 각국에서는 무역적자에서 오는 외화부담을 덜고 수입 및 부채 변제를 위한 국제수지개선책의 일환으로 무역 외의 수입으로서 국제관광에 의한 외화수입에 의존하는 경향이 높다. 그것은 국제관광소비가 개도국의 수입고에 상당하는 환수이익을 가져다 주기 때문에 일반무역보다는 유리한 외화수입원이 되고 있어 국제관광사업에 대한 의존도가 높다.

그러나 국제관광사업에 대한 의존도가 높으면 높을수록 자국 국민이 외래관광객을 따라 소비행동을 모방하기 쉬우므로 자칫 잘못하면 허영과 과소비 풍조를 조장하기 쉽다. 관광산업이 과도기에 있는 국가일수록 관광사업에 의한 중간소비를 억제시켜야 하며, 국제관광사업에 수반하는 관광소비재 수입내용이 여타 수입산업을 능가하지 않도록 조정해야 한다.

국제관광사업에 대한 과대의존성으로 말미암아 외래관광객용 소비물자 수입이 증대하면 이는 국제수지계정상(國際收支計定上)의 소비품목의 추가수입을 초래하는 결과가 되어 개도국의 국제관광사업은 악화되고 국가경제에 불안을 초래하게 된다는 사실을 잊어서는 안 될 것이다.

4. 관광사업의 기본법적 특성

관광기본법은 관광진흥의 방향과 시책의 기본을 규정함으로써 ① 국제친선의 증진, ② 국민경제의 향상, ③ 건전한 국민관광과 국민생활의 안정에 기여한다라고 되어 있다.

① 국제친선의 증진이란 방한한 외국인과 한국인과의 친선교류로 인간적으로 친

밀해진다는 것이다.

② 국민경제의 향상이란 관광 외화획득에 의한 국제수지 개선과 관광을 대상으로 하는 민간인의 기업활동이 활발해진다는 뜻이며, 특히 관광은 경제활동이 저조한 소외지역의 경제발전에 기여하게 된다.

③ 건전한 국민관광과 국민생활의 안정이란 현대사회에서 국민생활의 여유와 인간의 삶의 보람을 상실하게 되는 세파 속에서도 건전한 국민관광은 그러한 것을 회복시키는 의의를 갖고 있다.

Social Tourism의 시대를 맞이하면서 경제적 또는 기타의 이유로 관광에 참가하지 못하는 소외계층까지 공공기관은 적극적으로 육성원조해야만 하며, 정부와 관광행정기관이 적극적으로 추진하는 의무를 가지고 있음을 뜻한다. 이러한 의미에서 관광행정의 내용은 관광기본법의 제정 후 문화체육관광부는 매년 관광시장정보를 연차보고서에서 공표하게 되어 있다.

관광사업의 사업 주체로서 공공기관의 역할이 높아진 이유는 상술한 배경에 첨가해서 자연환경의 파괴문제와 소비자보호의 문제가 필요하기 때문이다. 관광의 대중화에 의한 관광수요의 증대와 민간기업에 의한 적극적인 관광개발이 때로는 문제를 야기시키고 있다. 자연환경이 자손만대까지 한국인의 공유재산이라는 점에서, 이의 파괴 방지 및 적극적인 보호는 당연히 정부와 지방자치단체 및 전국민의 역할로 중요시된다. 또한 소비자보호의 문제란 관광을 둘러싼 민간의 기업활동에서 안전 및 요금체계의 명확화등 공공기관이 맡아야 할 역할이 있다.

5. 관광사업의 외화가득률 특성

관광사업은 국가적인 차원에서 볼 때는 외래관광객들이 소비한 여행수입으로 국가경제 발전에 필요한 투자재원을 조달할 수 있는 좋은 방안이 된다.

세계관광기구(WTO)에 의하면 세계관광수요는 매년 약 4.3% 성장을 보이고 있으며, 관광객도 매년 10억 3천 5백만 명에 이르고, 이에 따른 관광수입은 1조 750억 원에 이르고 있다고 발표하였다. 또한 한국관광공사에 의한 통계에 따르면, 우리나라는 외래관광객 1,114만 명, 관광수입 135억 원, 관광지출 165억 원에 달하고 있다.

그동안 관광산업은 주요한 외화획득원으로서 고도경제성장에 큰 밑거름이 되었으며, 그동안 꾸준한 발전을 거듭하여 세계적 관광대국으로 성장하였다.

관광산업은 외화가득률이 높은 무공해 수출산업으로 일명 굴뚝 없는 생산공장과 같다. 산업의 발달에 따라 점점 늘어나는 공해 증가와 같은 환경파괴의 위험이 없는 녹색산업이며 교통, 상·하수도 등 관광기반시설의 확충과 생활권 중심의 균형 있는 관광자원의 개발로 국민복지증진 차원에서는 물론 경제활성화에도 큰 역할을 담당하는 미래산업의 하나이다. 따라서 우리는 관광산업을 적극적으로 진흥시켜야 한다.

관광객의 입국에서 출국까지의 관광과정별 저해요인을 없애며, 관광자원의 개발 및 관광시설의 대폭적인 확충 방안을 마련하고 관광입국으로서의 투자계획을 제시해야 한다. 이러한 측면에서 선진 각국은 관광산업의 성장 잠재성과 중요성을 일찍부터 인식하고 관광을 환경·첨단산업과 함께 21세기의 3대 주요 전략산업으로 집중·육성하고 있는 것이다.

6. 관광사업의 현대적 특징

1) 공적 기관의 역할증대

관광사업의 현대적 특징은 그 기본적인 성격과 구성에서도 기술한 것처럼 사업주체의 복합성과 관련이 있기 때문에 공적 기관의 역할이 비약적으로 증대된 점을 들 수 있다. 공적 기관이 관광에 적극 참여하게 된 것은 교통·통신·상하수도·에너지·치안·보안 및 안전 등의 공공서비스가 관광진흥에 중요한 역할을 담당하게 되었기 때문이다. 관광기본법에 명시된 관광현상은 국제친선 증진, 국민경제 향상, 건전국민관광 발전에 이바지해야 한다.

국제친선 증진이라 함은 외래관광객의 내방에 의하여 우리 국민들과 직접 교류가 이루어지는 것을 뜻하고, 국민경제 향상이란 외화가득률에 의한 국제수지의 개선은 물론 관광을 대상으로 하는 민간의 관광기업활동이 활발해진다는 뜻이다. 그리고 건전국민관광 발전이란 현대사회에 살고 있는 국민은 일상생활 속에서 인간성을 상실하기 쉽기 때문에 관광을 통해서 이러한 인간성 회복을 시켜주는 데 큰 의의가 있다. 따라서 소외된 계층을 관광에 참여시킬 수 있으려면 공적 기관이 적극적 지원을 아끼지

말아야 할 것이다.

또한 공적기관의 역할이 높아지게 된 이유는 자연환경의 파괴문제와 소비자 보호문제가 중요시되기 때문이다. 자연환경은 우리의 자손들까지 포함한 전 국민의 공유재산이므로 파괴를 방지하고 적극적으로 보호하는 것은 정부나 지방자치단체가 해야 할 당연한 역할이다. 그리고 소비자 보호문제는 관광을 둘러싼 민간기업의 활동이 활발해지면서 요금체계나 각종 시설의 안전과 위험성이 문제시되고 있다. 이와 같은 측면에서 공적기관이 담당해야 할 역할이 많아졌다고 볼 수 있다.

2) 민간기업의 확대 및 다양화

관광사업을 구성하고 있는 각종 관광사업은 민간기업의 활발한 사업활동에 의하여 점점 확대되면서 다양화하는 점이 현대적 관광사업의 특색이라 하겠다. 이와 같은 경향은 1970년대 초반부터 발전을 보여 왔으며, 영리를 목적으로 하였다.

관광이 대중화되고 그 수요가 많아짐에 따라 관광사업은 다각화 경영으로 더욱 복잡해지고 있다. 즉 과거에 볼 수 없었던 새로운 관광시설이 등장하고 숙박업도 대형화하는가 하면, 민간기업의 독자적인 창의와 연구로 성장산업으로 발전하고 있다.

관광사업은 민간기업이 호텔업에 진출하면서 시작되었는데 이는 숙박업으로서 관광사업의 중추적인 역할을 차지하게 되었다. 특히 그 당시의 국제관광공사(한국관광공사)가 워커힐호텔 등의 운영권을 민간기업에 불하하면서(1965~1968) 한국관광사업의 중심세력이 확장되었으며, 재벌기업들이 각지에 호텔을 건립하여 계열업체로 경영하고 있을 뿐만 아니라 세계의 대형 호텔들과 체인을 맺고 경영하고 있다. 이외에도 콘도미니엄, 리조트, 에버랜드(자연농원), 스키장 등 야외 레크리에이션 시설을 개발하는가 하면, 각종 관광사업에 진출하고 있다.

정부가 철도를 민영화하여 만약 사유철도로 운영하게 된다면 리조트, 테마파크 등 야외 레크리에이션을 즐길 수 있는 체재형 관광지가 더욱 확대될 것으로 전망되고 있다.

3절 관광사업의 구성과 조직

1. 관광사업의 내용과 범위

관광사업은 광범위하고 다양한 복합사업으로서 양면성을 지니고 있다. 따라서 그 사업의 범위와 내용을 명확히 제시한다는 것은 쉬운 일이 아니다.

우선 관광사업은 크게 나누면 사기업적 관광사업과 공익적 관광사업으로 구분할 수가 있다. 사기업적 관광사업은 관광객의 관광행동에 직접 대처하게 되는 영리목적의 활동이며, 즉 교통 · 숙박 · 여행알선 · 레크리에이션 · 관광객 이용시설, 각종 인적 · 물적 서비스 등의 영리목적이 중추적 사업내용이 된다. 이런 경우 각 업종은 기본적으로는 각각 개별 영업활동을 통해 관광객을 상대로 대처하고 있으나, 관광왕래의 촉진과 관광객의 유치 및 홍보활동은 각 업종별로 공통의 이익을 가져다 주므로 관광선전, PR활동과 각종 행사는 사기업적 관광사업에 있어서의 주요한 연계사업이 될 수 있다.

공익적 관광사업은 관광시책의 추진을 통한 관광사업의 진흥 촉진을 도모하고 관광 관련기관 및 사기업적 관광사업에 대한 지도육성과 관광객 유치활동 강화, 수용태세의 만전을 꾀하는 등의 각종 사업이 중심이 된다. 그의 구체적인 내용과 범위는 유동적이지만 그 기본적인 내용은 다음과 같이 열거해 볼 수 있다.

① 관광개념의 보급, ② 관광자원의 보호육성과 이용촉진, ③ 관광의 제반시설의 정비개선, ④ 관광지의 개발 · 운영지도, ⑤ 관광선전 매체향상과 선전활동의 촉진, ⑥ 관광의 서비스 향상, ⑦ 관광통계의 정비, ⑧ 관광조사 연구활동의 추진과 실시, ⑨ 국내 · 외 관광관련기관과의 유대강화, ⑩ 관광지원활동 및 지도행정 확립, ⑪ 관광수요 촉진에 관한 시책 등이다.

2. 관광사업의 구성과 조직

관광사업을 구성하고 있는 기관이나 업종은 다종다양하고 복잡하지만 크게 나누어 보면 행정기관 · 공익단체 · 관광관련기업 등으로 구성되어 있다. 즉 [그림 10-2]와 같이 영리목적의 기업과 비영리목적의 기관으로 구성되어 있다.

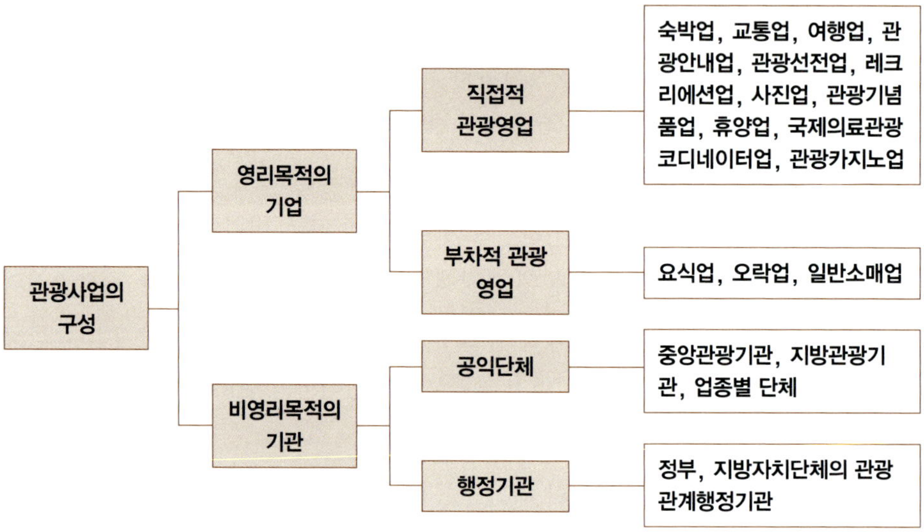

그림 10-2 • 관광사업의 구성 내용

관광행정기관은 정부 각 부처와 각 시 · 도 · 군 단위의 관광행정기관에서 관광시책의 책정과 집행이 중심적 업무가 되지만, 이들 관계기관의 주 업무는 문화체육관광부 관광국이 주로 관광정책업무를 집행하게 된다.

주된 업무는 관광자원의 보전 · 관리, 관광기반시설의 정비, 관광기업의 육성 및 단속, 민간단체의 육성, 관광홍보의 조성 등 건전한 관광사업 발전과 관광왕래 촉진을 도모하는 일이다.

관광공익단체는 해당 관광지의 운영과 발전을 위하여 지방적 특수성에 따른 활동을 하지만, 그 구성은 일반적인 관광사업 구성과 마찬가지로 복잡성을 띠고 있다. 한편 중앙정부는 지방정부를 하부조직으로 하고 업종별 전국 조직을 구성한다. 이들 구성원 상호 간의 제휴를 유지하면서 국가의 관광시책을 원활하게 집행할 수 있도록 도움을 주는 한편, 관광사업의 공익적 효과를 촉진시키기 위한 노력을 다하는 것을 주된 업무로 하고 있다.

관광관련기업은 관광객의 관광행동에 대응하는 직접적 관광기업과 관광객의 부차적 행동에 대응하는 부차적 관광기업으로 구성된다. 관광사업의 구성내용[그림 10-2]을 보면 직접적 관광기업의 업종으로는 숙박업(호텔 · 모텔 · 여관 · 유스호스텔 · 장 · 국민숙사 · 여인숙 · 민박 등), 교통업(철도 · 버스 · 선박 · 비행기 · 렌터카 · 스키리프트 · 로프웨이 등), 여행알선업(일반여행업 · 국외여행업 · 국내여행업 등), 레크리에이션업(해수욕장 · 마리나 · 스키업 · 캠프장 · 관광농장 · 유원지 등), 관광안내업(통역안내업 · 시설안내업 · 투어콘닥터 · 등산가이드 · 레크리에이션 지도 등), 관광홍보업(관광영화 · 관광포스터 · 관광안내서 등), 레스토랑업, 토산품업(제조업 · 소매업), 국제의료관광코디네이터업(운영 · 통역 · 마케터), 관광카지노업이 있다. 그리고 부차적 관광기업의 업종으로는 관광객의 다양한 행동으로 인해 명확히 말하기 어렵지만 직접적 관광행동에 속하지 않는 상업오락이 이에 속한다. 즉 바 · 캬바레 · 요식업 · 영화 · 흥행업(연극 · 음악) · 소매업 · 도박성 오락게임 업종을 들 수 있다.

특히 관광사업의 구성은 행정기관과 민간, 그리고 공익단체가 중심이 되어 사업활동이 행해져야 한다. 따라서 관광사업의 구조[그림 10-3]는 관광주체(관광객), 관광객체(관광대상), 관광매체(관광기업), 정부 및 추진기관(국가 · 지방자치단체) 등의 4자가 상호관련성을 가지면서 구성되는 조직이라고 말할 수 있다.

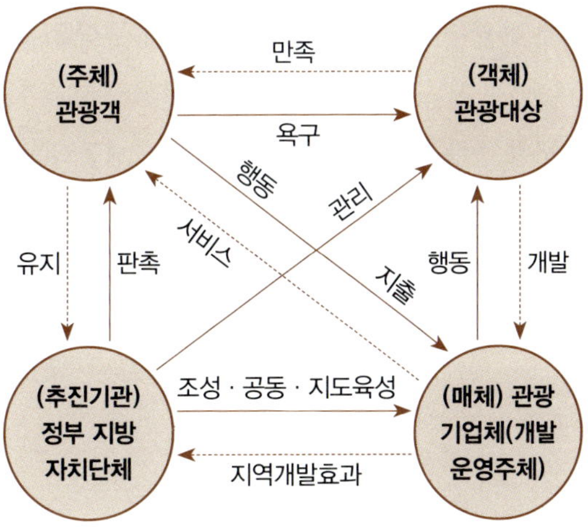

그림 10-3 • 관광사업의 구조

표 10-3 • 관광사업의 주요 구성업종 특화도

특화도	기본구조	주요 구성업종
고	1차 핵심산업	숙박업, 여행업, 관광교통업, 관광객 이용시설업, 편의시설업, 국제의료관광코디네이터업, 카지노업, 국제회의용역업
↕	2차 지원산업	외식산업, 식당용품 공급업, 전기통신업, 주유소업, 신용카드 및 금융서비스업, 소매업 및 상가, 박물관, 문화공간 · 극장, 카메라 · 필름, 지도, 여행서적, 택시서비스업, 스포츠행사업, 공원 및 레크리에이션센터, 낚시 및 사냥업, 일반교통업 등
저	3차 기반산업	건설업, 부동산업, 음식제조업, 판매업, 광고미디어업, 금융관련업, 지도제작업, 안내업, 항공기제조업, 컴퓨터통신업, 전기통신업, 의류제조업, 정유업, 자동차제조업, 주류제조업 등

Chapter 10 학습문제

01. 다음 중 관광현상의 내용에 포함되어 있는 특수성이라고 할 수 없는 것은?

① 직관성　　② 사익성

③ 공공성　　④ 다각성

02. 다음 중 관광사업의 개념이라고 볼 수 없는 것은?

① 관광사업은 관광주체, 객체, 매체 등의 3대 구성요소로 구성된 영업활동이다.

② 관광객 욕구를 충족시켜 주기 위한 서비스를 제공하는 영업활동이다.

③ 관광객 욕구를 충족시켜 주기 위한 인간활동의 총체적인 영업활동이다.

④ 관광사업의 구성은 관광주체, 객체, 매체, 추진기관으로 구성된 영업활동이다.

03. 다음 중 관광사업의 발전단계 과정이 바르게 짝지어진 것은?

① 매개서비스적 관광사업 - 자연발생적 관광사업 - 개발조직적 관광사업
② 개발조직적 관광사업 - 매개서비스적 관광사업 - 자연발생적 관광사업
③ 매개서비스적 관광사업 - 개발조직적 관광사업 - 자연발생적 관광사업
④ 자연발생적 관광사업 - 매개서비스적 관광사업 - 개발조직적 관광사업 -

04. 다음 관광사업의 특성 중 타 사업과 비교하여 가장 중요시되어야 할 특성은?

① 공익성과 기업성　② 양면성과 매체성
③ 변동성과 다각성　④ 복합성과 입지의존성

05. 다음 중 관광사업의 기본적 특성이라고 할 수 없는 것은?

① 지속적 생산형태의 산업이다.
② 불연속적 생산형태의 산업이다.
③ 순간적 생산과 소비가 이루어지는 형태의 산업이다.
④ 노동과 장비율이 높은 산업이다.

06. 관광사업 내용은 직접적 관광사업과 부차적 관광사업으로 이루어지는데 그 중 부차적 관광사업에 해당되는 것은?

① 호텔업　② 여행업
③ 요식업　④ 교통업

07. 다음 중 관광서비스성의 3S 정신이라고 할 수 없는 것은?

① smile　② speed
③ sincerity　④ satisfaction

08. 다음 중 관광사업의 4대 구성요소가 잘못 짝지어진 것은?

① 관광객 - 관광자원 - 관광기업 - 정부기관

② 관광객 - 관광자원 - 관광기업 - 국가기관

③ 관광객 - 관광자원 - 관광기업 - 노조단체

④ 관광객 - 관광자원 - 관광기업 - 지자체기관

09. 다음 중 우리나라 항공사에서 추진하고 있는 TOPAS와 ABACUS란 무엇인가?

① 여행사와 항공사 간의 요금정산시스템

② 여행사와 항공사 간의 이용카드정산시스템

③ 여행사와 항공사 간의 전산예약시스템

④ 여행사와 카드사 간의 전산예약시스템

10. 다음 중 공항에서 행하는 관광객 출입국업무로서의 CIQ 업무에 해당되는 것으로만 짝지어진 것은?

① 보안검사 - 여권검사 - 신체검사

② 출입국수속검사 - 보안검사 - 여행목적지검사

③ 세관검사 - 여행목적지검사 - 보안검사

④ 검역검사 - 출입국관리검사 - 세관검사

11. 다음 중 세계 최초의 여행업 창시자는 누구인가?

① A. Glücksmann ② E. Statler

③ Thomas Cook ④ Marco Polo

12. 중세유럽시대의 필그림(pilgrimage) 관광이란 무엇인가?

① 성지순례여행 ② 온천순례여행

③ 명승지순례여행 ④ 사적지순례여행

13. 여행도매업자를 무엇이라 부르는가?

① Travel Agent ② Principal
③ Package Tour ④ Tour whole saler

정답

01. ② 02. ① 03. ④ 04. ④ 05. ① 06. ③ 07. ④ 08. ③ 09. ③ 10. ④ 11. ③
12. ① 13. ④

CHAPTER

11 관광사업의 기본 업종과 경영

1절 여행업

1. 여행업의 성립과 발전 배경

1) 세계의 여행업 발전

(1) 토마스 쿡 회사의 성립과 발전

근대 유럽시대의 관광발전사에서 여행알선에 관한 업무를 비즈니스(Business)로 만든 사람은 영국의 토마스 쿡(Thomas Cook, 1802~l892)이다. 여행업의 성립은 토마스 쿡에 대한 이야기에서부터 시작하는 것이 상례가 되었다.

그러나 여행에 관한 알선업무 자체는 토마스 쿡 시대 이전부터 있었다고 한다. 근대관광이 성립되기 이전인 5~6세기경에 순례자들은 팔레스티나까지 선박으로 운송하기 위한 예약업무가 베니스에서 이루어졌다고 전해지는데, 종교관계자가 예약업무를 담당하였다고 한다.

17세기 이후 영국의 역마차업자가 예정된 승객명단을 장부에 기록하였는데 여기에서부터 예약(booking)이라는 용어가 생겨났다고 한다. 역마차업자는 당시의 대표적인 교통업자였으므로 현대 여행업의 전신으로 볼 수 있으며, 아메리칸 익스프레스사도 그 전신이 역마차업이었다.

특히 토마스 쿡은 예약업무뿐만 아니라 여행 그 자체에 대한 기획업무도 시작하여 오늘날 여행업의 창시자로 불리게 되었다. 토마스 쿡은 영국 중부의 소도시인 멜본의 한 가난한 가정에 태어나 침례교회의 전도사가 되었다. 그는 1841년의 어느 날 레스터 시에서 개최될 금주대회 참석자를 위해서 철도를 이용한 단체여행을 기획하였는데, 570명의 참가자를 모으게 되어 주목을 받았다. 여기서 힌트를 얻은 그는 단체여행을 사업화하여 런던의 대경마(Derby) 관람과 파리의 산업박람회 등에 많은 관광단을 보냈다. 1872년에는 기선에 의한 세계일주 투어를 실시하여 222일만에 보람 있는 여행을 완료하였다. 그가 착안한 것은 기발한 기획과 대중적인 싼 운임, 폭넓은 선전이었다.

토마스 쿡은 그 이후에도 사업이 순조롭게 발전하여 1924년에는 그 조직을 주식회사로 개편하면서 1927년에는 Wagon Lits사를 합병하는 등 해를 거듭할수록 성장하였다. 제2차 세계대전 직전에는 세계 56개국에 350개의 지점과 10,000명이 넘는 종업원을 가진 세계 최대의 여행사로 발전하였다.

또한 토마스 쿡은 오늘날의 패키지 투어(Package Tour)와 같은 교통기관의 좌석과 숙박시설의 객실을 수반한 기획 여행상품을 판매하여 값싼 요금으로 여행을 제공하였다. 그리고 투어콘덕터(Tour Conductor: T.C)도 배치하였으며(처음에는 쿡 자신이 직접 TC 참여), 여행수속도 대행하고 팸플릿도 작성하여 현대적 여행업무를 수행하였다.

(2) 여행사의 성립과 발전

영국에서 토마스 쿡사가 설립된 이후 1850년 미국에서는 아메리칸 익스프레스사(American Express Company)가 설립되었는데, 이 회사는 서부활극에서 낯익은 역마차 회사인 '웰즈파고'가 그 모체가 되었다.

초기에는 미국의 운송화물을 주업으로 하고 있었으나 그 후 여행업뿐만 아니라 금융업도 경영하였으며, 1891년에는 여행자수표(Travelers Check) 발매사업을 확장하여 세계 최대규모의 여행업체가 되었다.

또한 유럽에서는 이탈리아 여행사(Compagnia Italiana Tourismo: CIT)가 설립되었고, 러시아(구 소련)에서는 인투어리스트(Intourist), 아시아에서는 일본교통공사(Japan Travel Bureau: JTB)가 설립되어 대형 여행업체로 성장하였다.

CIT는 일찍이 외국인 관광객을 유치하기 위하여 에니트(ENIT)라는 반관반민의 관광선전기관을 이탈리아 정부가 1927년에 양도하여 주식회사 형태의 민간기업으로 경영하고 있으나, 주식의 3분의 2를 국유철도가 보유하고 있어 준국가기관 형태로 운영하고 있다. 그리고 관광버스회사 경영, 관광교통기관 운영, 호텔의 구입관리 매각, 피서지 · 피한지 · 관광지 등의 개발을 담당하고 있다.

Intourist는 1929년에 설립된 오랜 역사를 가지고 있는 국가적인 관광기관으로서 러시아 여행사이며, 주로 외국인 관광객의 유치사업과 외래관광객 알선업무를 수행하였다.

JTB는 1912년에 설립된 동아교통공사를 제2차 세계대전 후에 일본교통공사로 개명한 것이다. 1963년부터는 조사 · 연구분야의 공익부문을 재단법인으로 변경하고, 여행업 영업부문은 주식회사로 구조 조정되어 일본 국내에서는 여행의 지도자적 역할을 담당하고 있다.

2) 한국의 여행업 발전

여행업의 역사는 대단히 짧으며, 본격적인 사업으로 성립하게 된 것은 최근의 20년 내지 30년 이내라고 해도 과언이 아니다.

여행업이 최초로 대두된 것은 일제치하인 1914년 일본여행협회(JTB) 한국지사(현 대한여행사의 전신)가 설치되면서부터 이다. 그 당시 일본인들의 만주대륙 진출을 위한 병참지원 목적으로 한반도에 철도를 부설하고 철도여객을 숙박시키기 위하여 주요 철도역에 철도호텔을 건립하고 금강산을 비롯한 각지에 온천을 개발하고 호텔을 건립하였다. 이러한 시설들은 주로 일본인들의 여행편의를 제공하기 위한 것이었고, 영어 · 불어에 능통한 직원을 두어 관광선전업무를 수행하도록 하였다. 일본의 도쿄, 오사카, 시모노세키 등에 선전사무소를 설치 · 운영하여 일본인의 한국 유치활동을 대대적으로 전개하였다. 그러나 일제치하에서 일본인을 위한 관광업이었을 뿐 우리 민족을 위한 것은 아니었다. 일본의 식민지 통치가 종식되고 해방 후 우리 정부가 수립되면서 우리 손으로 관광업에 착수하게 되었으며, 1945년 2월 17일 교통부 육운국에 관광과가 설치됨으로써 관광분야에 관심을 갖기 시작하였다.

1948년에 최초의 외국인관광단(Royal Asiastic Society) 70명이 2박 3일 일정으로 경주, 제주 등지를 여행하였다. 서울–온양온천 간 관광전세버스 운영면허를 처음 발급하였고, 미국의 노스웨스트, 팬아메리칸 항공사의 한국영업소가 조선호텔에서 영업을 개시하였다. 그리고 1950년을 전후하여 대한여행사의 새로운 창설과 온양, 대구, 설악산, 서귀포, 무등산 등에 관광호텔을 개업하였으나, 6 · 25전쟁으로 사실상 관광은 중단되었다.

1962년에는 국제관광공사가 설립되어 한국관광의 해외선전, 관광객 편의제공, 관광객 유치업무를 수행하기 시작했고, 1963년에는 교통부의 관광과가 관광국으로 승격하여 독자적인 관광행정을 펴나가게 되었다. 한편 같은 해에는 특수법인 대한관광협회중앙회(현 한국관광협회)가 설립되었다. 또 도쿄, 뉴욕 등지에는 최초의 한국해외선전사업소가 개설되었다.

1965년에는 제4차 PATA총회가 서울에서 개최되어 한국관광이 대외로 크게 홍보되었을 뿐만 아니라, 국민들의 관광에 대한 인식을 크게 고조시키는 계기가 되었다. 1962년 관광통역안내원 시험실시에 이어 1965년부터 관광호텔종사원 자격시험제도가 실시되었다.

1970년대에 들어서면서 교통부와 당시의 국제관광공사 등에 의해 관광진흥개발활동이 본격적으로 전개되었으며, WTO, ASTA, EATA 등 국제관광기구에 가입하여 국제협력의 기반을 다지기 시작하였고, 국제여행알선업체도 주요 해외시장에 조직망을 확보하고 관광객 유치를 위하여 경쟁 상대국과 치열한 판촉경쟁을 전개하였다.

1975년은 정부가 국제관광진흥을 위한 기본방향을 경제개발계획에 포함시켜 관광산업을 주요 전략사업으로 육성 · 발전시키기로 함으로써 관광산업지원책이 수립되었으며, 이를 계기로 매년 꾸준한 신장을 이룩하면서 1980년대 이후 대량관광시대를 여는 기틀을 마련하였다.

이후 86아시안게임, 88서울올림픽, 89국민해외여행 전면자유화, 94한국방문의해 설정, 2002월드컵 유치, 2018 평창동계올림픽 유치 등 다양한 관광이벤트 개최와 관광수용태세 개선 및 적극적인 해외홍보활동 전개에 힘입어 많은 외래관광객을 유치하여 국제여행업도 활성화되었다.

여행업은 다양한 국민관광 수요충족을 위하여 허가제에서 등록제로 전환하고, 종래의 항공운송대리점 업무도 일반여행업에 통합하는 등 관광사업법을 개정하여 시행함으로써 여행업체가 크게 증가하게 되었다.

2. 여행업의 개념과 성격

1) 여행업의 개념

여행업이란 일반대중 여행자에게 여행과 그에 부수되는 일체의 서비스를 판매하는 활동을 말한다. 따라서 여행업을 경영하는 업체를 여행사(Travel Agent)라고 한다.

여행사란 한 개 내지 두 개 이상의 다른 업주나 단체(Principal)로부터 위탁을 받아 여행 및 여행에 관련되는 서비스를 판매하는 회사를 말한다. Principal이란 여행업자에 의해 대리되는 법인 또는 회사를 의미한다.

여행사는 일반여행자와 관광의 하부구조를 형성하는 교통기관(항공 · 선박 · 철도)이나 호텔 등의 중간에서 매매자로서의 역할을 담당하게 된다. 그렇기 때문에 Principal의 입장에서 보면 여행사는 여행대리점이 된다. 여행사는 보통 Principal과의 명확한 계약에 의해 Principal을 대신하여 여행자와 계약을 체결하게 되며, 이것을 취소하거나 변경할 수 있는 권한을 부여받는 대리인(Agent)을 지정하면 각 지방에 판매영업소를 두지 않아도 되므로 Agent 매상에 대한 소정의 수수료(Commision)만을 지불하면 된다.

그러므로 여행사는 여행자에게 Principal을 대리하여 여행에 따르는 서비스를 판매하는데, [그림 11-1]에서 보는바와 같이 여행자에게 직접 판매할 수도 있고 다른 여행업자를 통하여 판매하는 경우도 있다. 여행산업체 중 여행도매업자는 스스로 여행을 기획하고 수배한 여행상품을 일정한 가격으로 여행자에게 판매하기도 하나, 대부분은 여행소매업자에게 판매하는 경우가 많다. 이러한 경우 여행도매업자는 스스로가 여행소매업자에게 일종의 Principal이 되는 것이다. 이러한 입장에서 볼 때 여행도매업자를 Tour Whole Saler라고 부르며, 이러한 업자에 의하여 기획된 여행상품을 패키지여행(Package tour)이라고 부른다. 또한 이 패키지상품을 도매로 구입하여 일반여행객에게 판매하는 여행업자를 여행소매업자(Retailer)라고 한다.

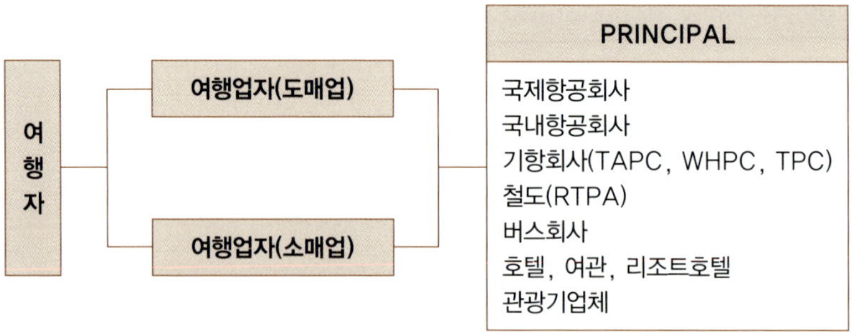

그림 11-1 • 매체로서의 여행업자

2) 여행업의 성격

여행업의 성격은 여행자와 교통기관, 숙박업 그리고 모든 관련사업과의 관계를 바탕으로 수배, 알선 등의 업무를 진행시켜 주고 그 대가로 받는 수수료(보수)로 경영하는 여행사(Travel Agent)의 성격을 띠고 있다.

여행업에서의 수입원은 수수료에 의존하고 있다. 그런데 그 수입은 Principal로부터 받는 판매수수료, 여행자로부터 받는 수수료, 대리점업으로서의 판매수수료 등 크게 세 가지로 나눌 수 있다.

여행업은 대리 · 매개 · 중개하는 일의 성격을 지니고 있으므로 많은 자금과 인원을 확보하지 않더라도 영업할 수 있는 특성을 가지고 있다. 그렇기 때문에 관광이 대중화되는 과정에서 여행사가 급증하게 된 것이다. 그로 인해 여행자에게 손해를 끼치는 여행업자도 발생하게 되어 이를 대처하기 위한 관광업자의 금지행위를 정하여 다음과 같이 규제하고 있다.

① 관광사업의 경영 또는 사업계획을 추진함에 있어서 사위(詐僞) 기타 부정한 방법을 사용하는 행위

② 관광사업의 경영 또는 사업계획을 추진함에 있어서 부당한 수수료나 금품을 수수하는 행위

③ 관광사업의 경영 또는 사업계획을 추진함에 있어서 계약이나 약관을 위반하는 행위

④ 관광사업자 상호간의 과당경쟁을 하는 행위

⑤ 제6조의3 제1항의 규정에서 정하는 분양, 회원모집 기타 운영에 관한 기준을 위반하는 행위

⑥ 대통령령이 정하는 관광진흥을 저해하는 행위

여행업의 업무내용이 다양화되고, 종래의 여행자 의뢰에 따른 수배업무를 하던 알선개념은 거의 희박해지고 있다. 그러므로 대중관광(Mass Tourism)에 발맞추어 보다 더욱 다양해질 여행업무를 원활히 수행할 수 있는 경영효율성과 아울러 글로벌 문화경영자로서의 능력이 요구되고 있다.

3. 여행업의 조직과 기능

1) 여행업의 조직(관광진흥법 시행령 제2조 제1항)

여행사의 조직은 내국인을 대상으로 한 국내여행(Domestic Tour)을 다루는 국내여행업과 국외를 여행하는 내국인을 대상으로 한 국외여행업, 국내여행과 국외여행(International Tour)의 업무를 동시에 취급하는 일반여행업으로 조직되어 있다. 일반여행업의 조직은 지역과 기능별로 부문화되어 각각 국내여행부, 외국인의 국내여행(Inbound Tour)을 담당하는 국제여행부, 내국인의 해외여행(Outbound Tour)을 다루는 해외여행부를 두고 있으며 업무기능별로 기획 및 판매부를 두고 있는 것이 특징이다.

조직의 구조는 활동영역들이 어떻게 연결되어 있는지를 나타내준다. 그러므로 조직구조를 보면 활동영역들이 얼마나 전문화되어 있는가를 알 수 있다. 또한 조직구조는 그 조직의 계층과 권한구조를 보여주며, 업무상의 보고체계도 알려준다.

이와 같은 조직구조는 구체적으로 조직의 부문화의 결과로 생성된다. 부문화의 결과 어떠한 조직구조가 형성되느냐에 따라 그 조직의 안정성과 영속성이 좌우된다. 조직의 부문화의 단계를 체계적이고 효과적으로 실행하기 위해서는 우선 조직구조를 결정해야 하는데, 조직구조의 결정요인은 첫째, 과업을 일정한 업무단위로 결합시키는 활동의 전문화, 둘째, 직무기술서나 업무지침과 같은 활동의 표준화, 셋째, 각 하부단위의 기능을 통합하는 조직의 조정, 그리고 의사결정의 집권화와 분권화, 넷째, 업무단위의 크기 등에 의하여 결정된다. 위의 요인을 바탕으로 하여 일반여행업의 조직은 일반적으로 업무기능상 [그림 11-2]와 같이 조직된다.

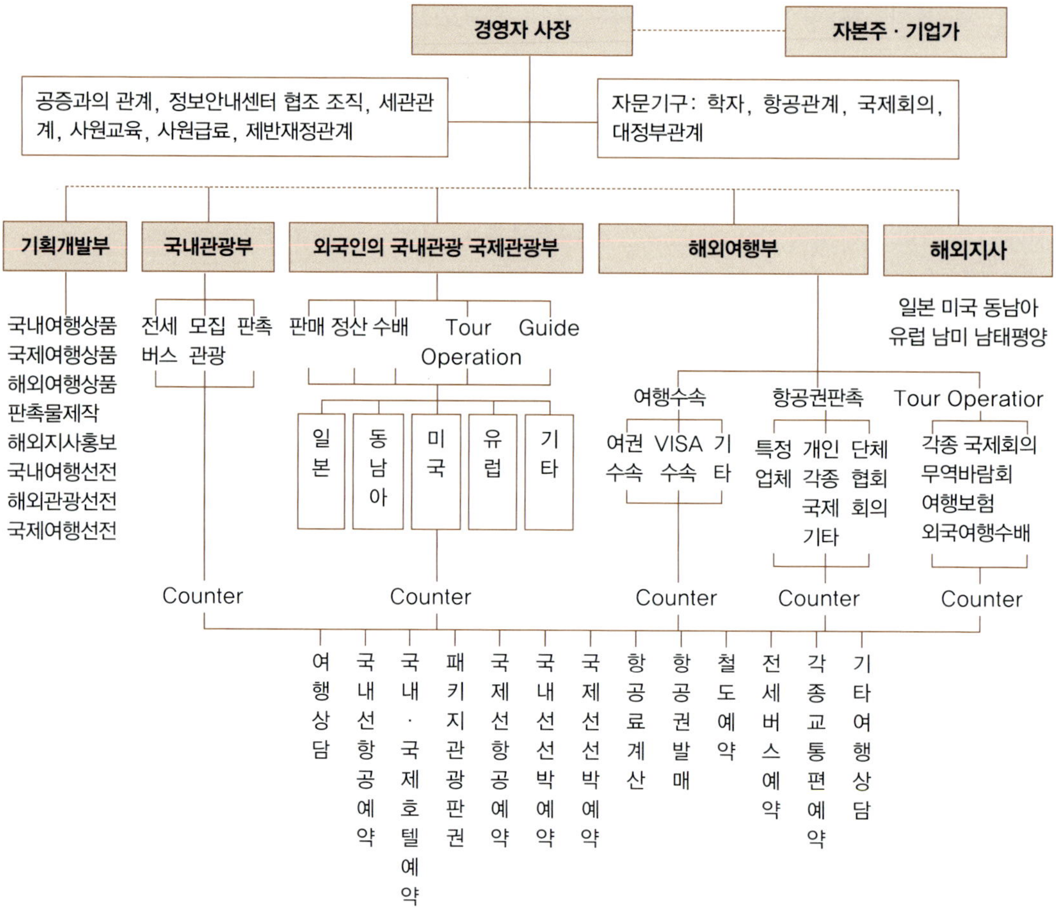

그림 11-2 • 여행사의 조직표

국내관광부는 국내관광에 관련된 업무로 호텔, 운송, 식당 등을 예약하고 고객을 모집하여 관광을 실시하는 업무를 다루며, 국제여행부서는 지역별 전문가에 의한 판매를 하고 구매한 고객들에게 관광서비스 제공을 전담한다. 그리고 해외여행부서에서는 해외여행을 원하는 고객에게 필요한 제반수속 및 여행소재들을 알선하고, 필요에 따라서는 전 여행일정을 하나의 패키지(Package) 상품으로 조성하여 고객에게 제공한다.

또한 여행업무의 기능은 기본적으로 상담, 예약, 수배, 판매, 수속대행, 발권, 여정관리, 정산(부문)으로 조직화되어 있는데, 각 기능별 업무내용은 다음과 같은 일곱 가지 기능을 담당하고 있다.

2) 여행업의 7대 기능

(1) 상담기능

여행자들은 국내외여행을 하기 위해 우선 여행사를 찾게 된다. 이때 여행사는 수집한 정보와 전문지식을 토대로 고객과의 상담(Consulting)을 통해 그들이 필요로 하는 정보를 제공하는 한편, 그들의 문제를 해결하여 주며 자사의 여행상품에 대한 구매를 유도한다. 따라서 여행사는 상담기능을 통해 자사의 제품판매가 성립된다고 할 수 있기 때문에 시의적절한 정보를 신속하게 전달할 수 있는 조직체계를 갖추어야 한다.

정보란 그 효익이 극대화될 수 있도록 가치가 커야 하며, 적어도 정보의 효익은 투입되는 비용보다는 커야만 한다. 일반적으로 정확한 정보일수록 안심하고 이를 의사결정에 이용할 수 있고, 이러한 정보는 질이 높은 것으로 평가된다.

그러나 질이 높은 정보를 획득하는 데에는 더 많은 비용이 소요되는 것이 일반적이다. 정보는 경영자 및 상담자뿐만 아니라 피상담자에게도 올바른 의사결정을 내릴 수 있도록 그 양이 충분해야만 하며, 가장 최근의 유용한 정보(Update)가 요구된다.

현대사회는 '정보홍수의 시대'라고 지칭하고 있으므로 정보의 과잉은 오히려 정확한 판단을 흐리게 하여 실제적으로 중요한 정보를 소홀히 하게 되는 경우가 발생할 수 있다. 따라서 정보의 생명은 적시성(Timeliness)이 대단히 중요하며, 계획과 실행 사이에 편차가 크게 벌어지기 전에 수정조치를 취할 수 있도록 정보제공체계가 확립되어 있어야 한다.

여행사에서 고객상담을 담당하는 직원은 여행에 관한 전반적인 지식과 더불어 자사의 여행상품들에 관해 깊은 지식을 가지고 정확한 정보를 제공해 주어야 한다. 그리고 고객에게 여행상품 구매에 대한 지각된 위험을 감소시켜 신뢰감을 심어줄 수 있도록 하여야 한다. 이는 여행에 수반되는 공식적이고도 제도적인 서류절차는 물론이고 타국의 언어, 기후, 음식, 화폐, 그리고 문화 등에 관한 정확한 정보를 제공하는 능력에 의해서 가능하게 된다.

그러므로 여행산업 근무 종사자는 부단한 연구를 통해 고객들에게 필요한 정보를 적시에 효율적으로 제공해 줄 수 있는 정보능력을 갖추어야 한다. 왜냐하면 여행사의 경쟁우위의 확보는 결국 여행에 관련된 필요한 정보들을 어떻게 획득하고 처리하는가에 달려 있기 때문이다.

(2) 예약 및 수배기능

여행사의 기능은 예약(Booking)과 수배(Arrangement)에서부터 출발하였다. 여행사의 초기단계에는 운송기관의 좌석과 숙박시설의 객실을 장부로 기록해 두고 고객의 요청이 있을 때마다 공급자인 Principal을 대신하여 판매하였다.

그러나 이와 같은 방법은 일정수의 고객을 확보하고 수요발생을 어느 정도 예측할 수 있는 여행사의 입장에서는 1대1에 대응한 판매 자체가 매우 비능률적인 경영이다. 따라서 여행사는 좌석이나 객실을 미리 확보해 두고 수요에 대처할 필요가 있다. 이는 계절적인 수요발생의 편차, 여행사의 경쟁, 정보의 발달에 기인한다.

객실이나 좌석을 확보해 두고 관리하는 방법은 특히 숙박시설 분야에서 더욱 두드러져 여행사는 특정 숙박시설의 객실을 일정량 확보해(Blocking) 두고 이를 통제할 수 있는 시스템을 구축한다. 이렇게 하여 여행사는 고객의 요청별로 한 건 한 건 수배 및 예약을 하지 않고서도 확보한 객실이나 좌석을 대량으로 판매할 수 있게 되고, 계획적 수배에 의한 매입기능이 강화된다. 특히 컴퓨터 예약시스템에 의한 판매관리가 과학적으로 대량매입에 의한 통제 및 관리가 용이하게 되었다.

그리고 매입기능의 발달은 여행사 스스로 여행을 상품화하여 하나의 제품으로 판매할 수 있게 된 계기를 마련해 주었다. 즉 여행사는 사전에 여행소재를 확보하여 두고 확보된 제품들을 패키지로 세트화하여 다른 여행사, 특정단체, 일반모집과 같은 방법을 통해 대량판매할 수 있게 되었다. 이와 같은 여행제품이 여행시장에서 유통되기 시작하자 여행사의 매입업무는 예약과 수배업무에서 독립된 별도의 기능을 갖게 되었다.

(3) 판매기능

여행사의 상품 판매는 크게 섭외판매(Out sales)와 카운터 판매(Counter sales) 두 가지의 형태로 나누어진다. 섭외판매란 여행사의 판매원들이 학교나 특별회원집단과 같은 특정단체를 예상고객(Prospect customers)으로 하여 그 집단에 영향력을 행사할 수 있는 특정인과 직접적인 접촉을 통해서 자사의 여행제품에 대한 정보를 제공하고 당해 제품을 구매하도록 설득하는 판매방법을 말한다. 카운터 판매란 불특정 다수의 일반인들을 상대로 여행사의 카운터에서 상담하고 그들에게 구매를 유도하는 판매방법을 말한다.

일반적으로 과거에는 특정단체를 섭외판매의표적시장으로 삼고, 카운터 판매는 불특정 다수의 일반수요자들을 대상으로 하였다. 그러나 패키지(Package) 상품이 고도로 발달하기 시작하고 그 종류도 다양해짐에 따라 특정단체를 상대로 섭외판매하는 판매방법이 특정매체나 다른 여행사를 통해 판매하는 방법으로 전환되기 시작하였다. 여행사는 주로 개인수요를 대상으로 한 일반모집에 주력하게 됨으로써 과거와 같이 뚜렷하게 양분된 판매방법의 구별이 없어지게 되었다.

특히 여행사들이 취급하고 있는 여행상품의 판매 기능은 자사에서 주최한 여행상품을 자사에서 판매, 타사에서 주최한 여행상품을 자사에서 판매, 운송 및 숙박 등 여행관련기관의 대매(代賣), 여행 연관상품과 여행보험, 각종 쿠폰의 발매 등의 방법이 있다.

(4) 수속대행기능

수속대행이란 여행자가 여행을 할 때 필요한 제반수속을 여행사가 대행하여 주는 기능으로서 여권(Passport), 사증(VISA)을 여행자를 대신하여 취득하게 해주는 것을 말한다.

여권이란 해외여행을 하고자 하는 사람이 반드시 구비하여야 할 여행서류로서, 각국의 정부가 자국민이나 국적이 없는 체류 외국인에게 해외여행을 위해 발급해 주는 공식서류이다. 세계의 모든 국가들은 여행자들로 하여금 여권이나 이에 준하는 문서인 여행증명서를 소지할 것을 규정하고 있다.

여권은 일반여권, 관용여권, 그리고 외교관여권으로 구분되며, 이를 각각 단수여권(1회에 한하여 국외여행을 할 수 있는 여권)과 복수여권(유효기간 5년 기준 만료일까지 횟수에 제한 없이 외국여행을 할 수 있는 여권)으로 구분하고 있다.

사증(VISA)이란 방문하려는 나라의 대사관 또는 영사관이 방문자가 소지한 여권의 유효성과 방문자의 입국 및 체재에 대해 심사하여 입국을 보증하여 주는 일종의 '입국허가서'이다. 그러나 보통 일반관광자는 국가 간 사증의 상호면제협정으로 협정국가나 지역에 사증 없이도 여행을 할 수 있다.

(5) 발권기능

발권(發券)이란 예약에 부수되는 업무로서 여행사가 Principal을 대신하여 고객에게 항공권, 숙박권 및 승차권 등의 쿠폰(Coupon)류를 발권하여 줌으로써 운송회사나 숙박업소 등의 이용에 편의를 제공하는 것을 말한다.

특히 해외여행에서는 항공권의 발권업무가 매우 중요하다. 왜냐하면 여행사에서는 일반적으로 항공권의 발권과 동시에 여행일정표(Travel Itineraries)를 작성하게 되고, 항공운임 및 여행일정에 따르는 제반비용의 산출이 이루어지기 때문이다.

(6) 여정관리기능

여정관리기능은 여행사가 주관한 여행을 실시할 때 여행일정을 예정대로 원활하게 진행하기 위한 일련의 관리활동으로서 여행사의 직원이 동행하는 첨승(添乘)서비스에 의해 이루어진다. 첨승업무란 여행 안내자(Tour Conductor)가 단체여행자들과 동행하여 현지에서 투어에 필요한 일체의 업무를 관장하여 실행하여 주는 서비스활동을 말한다.

여행에 있어서 최대의 서비스란 쾌적성, 편의성, 여행가치, 그리고 안정성의 확보이기 때문에 안내자의 리더십(Leadership), 판단력, 업무처리능력 등에 의해 여정 관리의 우열이 결정된다.

(7) 정산기능

정산업무는 여행이 종료된 후 보고서를 작성하여 비용과 수익발생에 대한 근거서류를 첨부하여 최종 회계처리를 할 수 있도록 하는 업무를 말한다. 따라서 이미 제시된 행사계획서에 근거하여 회사로부터 수령한 여행경비의 집행내역과 Principal에 대해 지불할 금액 등을 기록하고 당해 여행일정으로 인해 발생된 수익(Option Tour, Shopping, 항공권의 대매수수료)과 기타 알선수수료 등을 빠짐없이 기록하여 손익을 확정짓게 된다. 이러한 기능들 간의 관계를 체계적으로 표시하면 [그림 11-3]과 같다.

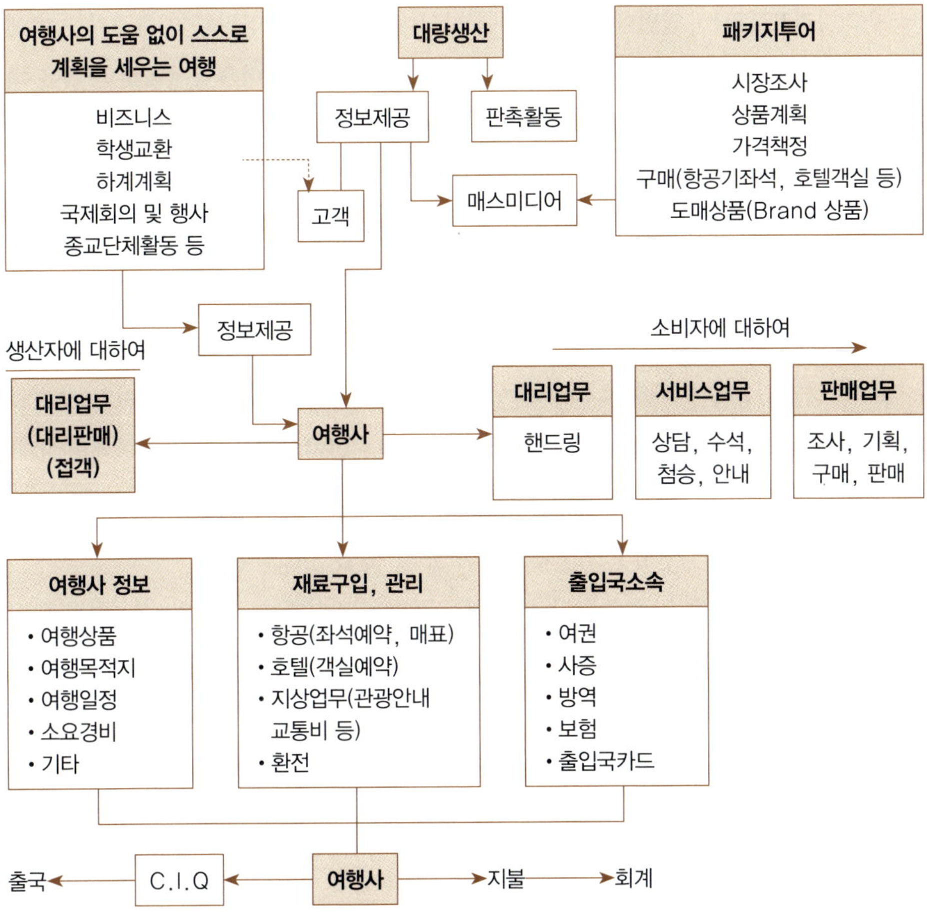

그림 11-3 • 여행사의 업무 및 정산과정

4. 여행업의 업무

1) 여행업의 영업조건과 업무시책

(1) 여행업의 영업조건

여행업의 영업조건은 우선적으로 법적 조건을 완비해야 한다. 여행업은 다른 업종과 비교하여 공정한 거래, 확실한 업무가 행해지도록 거의 모든 국가에 있어 법규제가 되어 있다.

우리나라도 관광사업법에 의한 규제를 하고 있으며, 이를 영위하기 위해서는 법에 기준한 제반수속, 제반규정을 완비하지 않으면 안 된다. 우선 여행알선업의 영업을 개시할 때는 문화체육관광부 장관의 등록 허가를 받아야 하며, 영업보증금의 공탁과 여행요금의 신고, 그리고 여행약관의 제시 등 많은 규제를 받아야 한다.

등록된 여행업의 영업에 대해서는 고객에 대한 거래형태의 명시, 거래조건의 설명, 여행기획면의 교부 및 각 지자체 및 시 · 도 정부의 과대광고의 금지 등 업무사항을 지키지 않으면 안 되게 되어 있다.

또한 영업조건을 준비하지 않으면 안 되며, 그 기본적인 것은 여행업자가 수수료 수입을 확보하기 위해서 필요한 관계 여러 기관이나 업자와의 사이의 제반계약이다. 계약에서 중요한 것은 각 운수기관과 사이에 맺어진 티켓의 판매계약 및 숙박기간 또는 그 밖의 여행관계기관과 맺은 쿠폰 판매계약 등이다.

전자의 경우 티겟을 판매하는 데 대해서는 각각의 회사와 직접 계약되는 것도 있지만, 협회 등 조직기관과 결합되는 것도 있다. 조직기관에는 국제항공운송협회(IATA)나 각 지역의 관계협회 등이 있다. 계약에 의해 국제선의 항공권을 대리판매할 수 있는 IATA 공인의 대리점은 국제여행객을 취급하는 여행업에 있어서의 영업조건이라 할 수 있다.

IATA의 공인기준은 자본력, 신용, 조직, 판매력 등이 기준이다. 쿠폰의 판매계약은 각각의 회사 또는 조직기관과 결합한 쿠폰 양식은 여행업자에 의해 달라지고, 그 발생은 여행업자 명의로 행해진다. 따라서 계약제한은 있으나 엄하지 않고, 중 · 소 여행업자에 있어서는 중요한 수수료의 수입원이 되고 있다. 여행업자로서는 보다 넓게 운수기관이나 관광관계 제업자와 대리판매계약을 결합하여 수입의 기초를 다지는 것이 영업상 중요시되고 있다.

(2) 여행업의 업무시책

여행업은 관광산업의 발전을 위한 동맥과 같은 위치에 있다. 우리 정부는 여행업의 대외개방이 이루어짐에 따라 한국 여행업의 대외 경쟁력을 제고함으로써 개방에 따른 국내 산업의 피해를 최대한 줄이도록 여행사의 경영 개선을 유도하고 있다. 또한 대국민 서비스 향상에 의한 신뢰회복, 여행업 전문인력의 양성 등을 위한 각종 시책을 개발 추진하고 있다. 우리나라 여행업의 등록기준은 관광진흥법 시행령 제2조 제1항에 따라 일반여행업의 자본금은 2억 원 이상이고, 국외여행업은 자본금 6천만 원 이상이며 국내여행업은 3천만 원 이상으로 사무실 소유권과 사용권이 있어야만 등록할 수 있다.

(3) 여행업의 업무현황

① 일반여행업

일반여행업체는 국내 또는 국외를 여행하는 내국인 및 외국인을 대상으로 하는 관광사업체로서 현재 1,949개 업체가 있으며(KNTO), 외국인관광객 유치를 위한 중추적인 역할을 담당하고 있다.

② 국외여행업

국외여행업은 국민의 해외여행에 따른 여권발급업무 및 여권수속대행업무와 해외여행자의 편의를 증진하기 위한 업무를 추진하는 여행업을 말한다. 국외여행업의 추진을 보면, 종전 항공운송대리점업을 1982년도에 등록기준을 강화하여 명칭을 여행대리점업으로 변경하였다가 1987년 7월 그 명칭을 국외여행업으로 다시 변경하고 내국인을 대상으로 하는 국외여행알선업무를 추가시켰다.

현재 등록된 국외여행업체는 7,468개 업체에 이르고 있다(KNTO).

③ 국내여행업

국내여행업은 다양한 국민관광의 수요충족을 위해 장래허가제로 운영되어 오던 국내여행업이 1982년도에 등록제로 변경된 이후 그 업체 수도 282개 업체에서 현재 5,735개 업체로 크게 증가되었다(KNTO).

이는 국민경제 발전에 따른 가처분소득의 증가와 여가시간의 확대 등으로 관광이 국민생활의 중요한 일부분으로 자리잡게 됨으로써 국민관광의 증가에 따른 현상으로 간주된다. 이상의 여행업의 업무현황을 종합적으로 정리하면 여행업의 발전을 위하여 〈표 11-1〉과 〈표 11-2〉와 같이 정의할 수 있다.

표 11-1 • 여행업의 정의

분류		정의
일반여행업	Inbound	외국인의 국내여행을 말하며 외국인 관광객을 대상으로 하여 여행단체나 개인의 국내여행을 수배하고 알선하는 업무
	Outbound	내국인의 국외여행을 말하는 것으로 해외여행을 하고자 하는 내국인 여행자를 대상으로 하여 항공권 판매, 해외여행의 수배와 알선, 해외여행 상품 판매 및 해외여행에 따른 여권, 비자수속 등 기타 서비스를 알선하는 업무
	Domestic	내국국인의 국내여행을 말하는 것으로 국내를 여행하고자 하는 내국인 여행자를 대상으로 하여 국내항공권 및 철도승차권 등의 교통운송기관의 이용권 판매, 국내여행상품의 예약 및 수배, 판매 및 안내 전세버스를 알선하는 업무
국외여행업		국외를 여행하는 내국인을 대상으로 하는 국외여행(Outbound Tour)을 주로 수행
국내여행업		국내를 여행하는 내국인을 대상으로 하는 여행사를 국내여행 관련 수배하고 알선하는 업무를 주로 수행

표 11-2 • 국외여행업의 취급업무

구분	판매 주 수요	특성
간접 판매	• 항공권(전문 대리점, 계약여행사 및 일반 여행사 의뢰) • 여행상품(패키지투어 상품, 허니문, 골프, 인센티브 등)	홀세일여행사(B2b2C, 수수료)
직접 판매	• 기업체 출장, 방문 고객 등 일반(개인고객)항공원	일반여행사
	• 외국기업의 한국지사 직원 출장 항공권	Global Travel agency의 GSA
	• 대기업 출장 항공권(기업체와 여행사간 계약 체결)	IVR(Incentive Volume Rate)
	• 기획여행 상품(패키지투어 상품, 이하 여행상품)	–
	• 개인고객 항공권	패키지 여행사
	• 온라인 판매(항공권, 여행상품 등)	온라인 여행사
	• 성지순례, 산업전시회(이벤트), 유학, 일본 무역상 등 특정 분야 전문 판매 – 인센티브 여행상품과 항공권	전문여행사

(4) 여행업의 업무준칙과 가치창출

① 여행업자의 금지행위(법 제10조)

여행업 발전을 위한 가치창출은 [그림 11-4]에서 보는 바와 같이 관광사업자 또는 사업계획의 승인을 얻은 자는 다음 각호의 행위를 하여서는 아니 된다.

ㄱ. 관광사업의 경영 또는 사업계획을 추진함에 있어서 사위 기타 부정한 방법을 사용하는 행위

그림 11-4 • 한국 여행업의 발전을 위한 과제와 가치창출 모형

ㄴ. 관광사업의 경영 또는 사업계획을 추진함에 있어서 부당한 수수료나 금품을 수수하는 행위

ㄷ. 관광사업의 경영 또는 사업계획을 추진함에 있어서 계약이나 약관을 위반하는 행위

ㄹ. 관광사업자 상호간의 과당경쟁을 하는 행위

ㅁ. 제6조의3 제1항의 규정에서 정하는 분양, 회원모집 기타 운영에 관한 기준을 위반하는 행위

ㅂ. 기타 대통령령이 정하는 관광진흥을 저해하는 행위

② 자격증 취소(제41조)

문화체육관광부장관은 관광진흥법 제38조 제1항의 규정에 의한 자격을 가진 관광종사원이 다음 각호의 1에 해당하는 때에는 문화체육관광부령이 정하는 바에 의하여 그 자격을 취소하거나 6월 이내의 기간을 정하여 업무의 정지를 명할 수 있다.

ㄱ. 부정한 방법으로 자격을 취득한 때
ㄴ. 제6조제1항 각호의 1에 해당하게 된 때
ㄷ. 제40조의 규정에 해당하는 행위를 한 때
ㄹ. 관광종사원으로서 직무를 수행함에 있어 부정 또는 비위사실이 있을 때
ㅁ. 이 법 또는 이 법에 의한 명령이나 처분에 위반한 때

③ 명의이용의 금지(제11조)

관광사업자는 그 사업을 타인으로 하여금 경영하게 하지 못한다. 다만, 문화체육관광부령으로 정하는 바에 의하여 문화체육관광부장관의 허가를 받아 그 일부를 타인으로 하여금 경영하게 하는 경우에는 그러하지 아니하다.

④ 교육실시의무(제17조)

ㄱ. 관광사업자는 문화체육관광부령이 정하는 바에 의하여 그 관광종사원이 교육을 받을 수 있도록 필요한 조치를 하여야 한다.
ㄴ. 제1항의 규정에 의한 교육에 필요한 비용은 당해 관광사업자가 이를 부담한다.
ㄷ. 관광사업자는 유능한 관광인력의 확보를 위한 교육진흥에 적극 협조하여야 한다.

⑤ 여행계약서 교부(제16조의2)

여행업을 경영하는 자는 여행자와 여행계약을 체결하는 때에는 당해 여행서비스에 관한 내용 기타 문화체육관광부령이 정하는 사항을 기재한 계약서를 교부하고, 이를 여행자에게 설명하여야 한다.

⑥ 국외여행 인솔자 T/C 업무

여행업을 경영하는 자가 내국인의 국외여행을 실시할 경우 여행자의 안전 및 편의 제공을 위하여 당해 여행을 인솔하는 자를 둘 때에는 문화체육관광부령이 정하는 요건에 적합한 자를 두어야 한다.(관광진흥법 제13조)

2) 여행업의 업무내용

여행업(travel agency)의 영업업무란 여행객이 상담에 응하여 여행지에 관한 필요한 지식을 제공하고, 여행자를 대신하여 교통편, 숙박예약을 하며 그밖에 행동에 관한 각종의 서비스를 제공하여 일정한 대가를 얻게 되는 업무를 말한다. 한국의 여행업의 종류는 일반여행업, 국외여행업, 국내여행업으로 분류하고 있다. 그리고 여행업의 업무는 다각적으로 판매, 기획, 대리, 대행, 중계, 인수, 접대업무 등으로 다양하다.

그 구체적 업무내용을 보면 다음과 같다.

① 승차권 등 교통준수기관의 표의 판매

② 각종 쿠폰권류의 판매

③ 여행상품의 기획 · 판매

④ 호텔, 식당, 리조트 시설 등의 예약과 수배

⑤ 여권, 비자 등의 수속대행

⑥ 정부여행의 인수

⑦ 첨승, 가이드, 통역안내

⑧ 여행상담과 여행계획의 작성

⑨ 여행독서의 출판 및 안내서의 교부 또는 판매

⑩ 여행수표의 발행

⑪ 여행상해보험의 취급

⑫ travel loan이나 환전 등 금융의 취급(서비스 업무에 대한 수수료의 수입)

5. 현대관광과 여행업의 역할

현대관광에 있어서 여행업의 역할은 점점 커져 가고 있다. 이미 관광사업의 기본성격을 언급한 바 있지만, 각종 서비스를 여행자에게 제공하려고 하는 여행업의 역할은 더욱 중요시된다. 여행업의 역할은 현대관광을 추진하는 매개자로서의 조건을 갖추었다고 볼 수 있으나 한편으로는 새로운 문제가 제기되고 있다. 그것은 관광객이 요구하는 관광내용에 대해서 어디까지 책임을 질 수 있는가 하는 문제이다.

풍요로운 문화적 생활을 하면서도 소비자는 여행업자에게 무엇을 요구하고 있는가에 대하여 여행업자는 대량판매를 전제로 한 상품개발과 조직 편성에만 전념할 것이 아니라, 소비자의 욕구를 어떻게 충족시켜야 하는가 하는 점에 충분한 배려가 있어야 하겠다.

그러므로 여행업자는 고객의 특성을 파악하고 여행을 기획하며 여행자의 요구조건을 충족시켜 줄 수 있는 여행상품을 만들어내야 할 책임이 있다. 그리고 여행소비자에 대한 기업책임, 영업상의 위험부담 등 여행자의 만일의 사태에 대비한 사망 · 상해보험, 여행자의 사고처리를 위한 비용범위 등 각종 보험의 도입도 업계 입장에서 고려해야 한다.

아울러 관광객을 접객하는 종업원은 관광의 교사, 상담자로서 친절과 봉사의 정신으로 손님에게 마음으로부터 만족을 안겨주는 입장에 서 있지 않으면 안 된다. 남에게 봉사하는 일을 통하여 얻는 즐거움은 인간산업(People Business)으로서 여행업의 목적과도 일치한다. 또한 여행업계 종사는 전문지식과 높은 교양과 인격을 갖추고 세일즈를 해야 하며, 국제교류의 촉진과 책임도 다하고자 하는 자세를 가져야 한다.

현대관광은 사람들의 여행목적이 다양화 · 개성화되고 있으므로 고객중심적인 시장세분화 노력과 가치 있는 정보제공이 요구된다. 그리고 여행자의 요구에 응할 수 있는 태세와 기업능력을 강화하여 자본의 유익한 투자와 최적의 인적배분을 통하여 이익을 확보해야 한다.

현대에 들어와 국제관광산업이 오늘날처럼 발전하게 된 배후에는 여행업계의 기여도가 컸으며, 여행업자의 역할이 지대했다.

그리고 여행자 보호문제는 요금관계의 명확화나 위험방지 등의 소비자보호 측면에서 많은 문제가 발생하고 있다. 대중소비사회의 성립에 따라 사회의 구성원이 소비자가 되고 공정한 거래가 성립되기 위해서 소비자 보호가 필요하게 된 것과 마찬가지로 현대관광에서는 안전과 같은 여행자 보호가 큰 과제임에는 틀림없다. 여행자 보호란 여행자의 기본 권리가 침해되지 않도록 하는 행위이다.

여행자의 권리는 ① 여행을 안전하고 쾌적하게 할 수 있는 권리가 있고, ② 사기적인 정보나 부당한 행위로부터 보호받을 권리가 있으며, ③ 다양한 상품 중에서 납득할 수 있는 것을 선택할 수 있는 권리 등이다. 여행자의 이러한 권리를 지켜주어야 하는 것이 현대관광에 있어서의 여행업의 중요한 역할이다.

2절 숙박업

1. 숙박업의 개념

숙박업이란 여행자들의 숙박에 대한 욕구를 충족시켜 주는 사업활동으로 호텔업, 기타 숙박업 등을 말하는데, 관광객을 대상으로 하는 숙박은 관광숙박업이라 한다. 그런데 숙박은 으레 음식에 대한 욕구가 수반되기 때문에 숙박시설과 식음료시설이 함께 설치되는 것이 보편적이다.

숙박업은 다른 산업과는 달리 교통업과 더불어 이루어지는 사업활동이므로 관광사업을 구성하는 가장 중요한 역할을 한다. 특히 숙박업은 체재기능을, 교통업은 이동기능을 갖기 때문에 서로의 관계는 아주 밀접하다고 볼 수 있다.

현대관광에서의 숙박시설은 숙박과 음식을 제공하는 기본적인 장소제공으로서의 역할을 다하고 있을 뿐만 아니라 관광객의 욕구충족을 위하여 다양한 기능을 겸비한 종합적인 시설을 갖추고 있다.

2. 숙박업의 역사

1) 세계의 숙박업 역사

(1) 초기의 숙박업

초기의 숙박업(숙박시설)은 여행의 시작과 함께 발달되었다고 할 수 있다. 사람들이 여행을 시작하면서 숙박할 곳이 마땅하지 않아 노숙을 하게 됨으로써 이에 불편함과 위험을 느끼게 되었다. 이에 따라 여행자의 노숙으로부터 원시적인 숙박시설이 생기게 되었고, 또한 여행자의 증가에 따라 숙박시설이 개선되면서 많은 변화를 가져오게 되어 여행자에게 편의를 제공해주게 되었다.

숙박업(숙박시설)의 역사는 대단히 길지만 획기적인 발전은 20세기 이후부터이다. 19세기 초의 근대적 숙박업의 효시는 독일의 바덴관(Der Badische Hof)이다. 대형호텔의 건설은 1850년대의 파리의 Grand Hotel이 최초이며, 다음이 프랑스의 Hotel du Louvre호텔이다. 또 1874년 베를린의 Kaiser Hof, 1876년 Frankfurter Hof가 건설되었다. 1880년에는 새로운 경영형태의 Ritz 호텔이 출현하였다.

미국 최초의 호텔은 1794년에 건설된 뉴욕의 City Hotel이며, 보스턴에서는 Exchange Coffee House, 또 뉴욕 최대의 건물은 Adelphihotel이었다. 1794년에서 1829년까지 35년간을 미국 호텔의 제일황금시대라고 할 수 있다. 1829년 초일류호텔인 Tremont Hotel이 보스턴에 건설되고, 뉴욕에는 세계 제일의 고급호텔인 Woldorf Astoria호텔, 또 덴버에는 Brown place호텔이 건설되었다.

20세기 들어와 근대호텔 경영개념을 도입한 Ellsworth Milton Statler가 탄생했으며, 1908년에 개업한 Buffalo의 Statler호텔은 Commercial Hotel로 유명했다.

그러나 1930년 이후 미국에 경제공황이 시작되면서 그동안 활발한 움직임을 보이던 미국의 호텔업계에 재난이 몰아닥쳤다. 이 때문에 수많은 미국의 호텔들이 도산하게 되었으며, 'Woldorf Astoria'도 문을 닫게 되었다. 금융업자들의 호텔에 대한 투자기피 현상은 제2차 세계대전 이후까지 계속되었으며, 그 결과 미국은 호텔 건설이 부진해졌다. 그후 다른 나라들의 수도에 대형호텔들이 들어선 후에야 대형호텔 건축이 다시 활기를 띠기 시작하였다.

(2) 근대 이후 현대의 숙박업

호텔산업의 근대화는 제2차 세계대전 이후에 국제적으로 발달하기 시작하였다. 1946년에 미국의 호텔산업은 95%라는 최고 객실사용률을 기록했다. 그러나 1948년까지만 해도 전체 호텔의 4.7%, 객실 수를 따져보면 12.7% 정도만이 호텔체인에 속해 있었다. 제2차 세계대전 후 대형 체인호텔인 The Hilton Hotel corporation과 Sheraton corparation of America가 모습을 드러내게 되었다. 이 시기에 Inter Continental 호텔도 라틴아메리카에서 사세(社勢)를 확장하기 시작했다.

1947년 2월에 IHA(International Hotel Association)의 첫 번째 공식모임이 벨기에 수도 브뤼셀에서 IHA연맹 초청으로 개최되었다. 그 당시 IHA회원 16개국 호텔협회와 1,359명의 개인 회원이 고작이었다. 첫 번째 IHA연례 총회는 같은 해 9월 파리에서 열렸는데 이때는 23개국의 호텔협회와 개인회원이 2,000명으로 늘어났다. 총회는 꼬박 닷새동안 진행되었는데, 그때 취급했던 안건들이 요즈음 국제호텔의 등급기준, 여행사무소와의 사업거래, 국제여행의 저해요인연구, 판촉 및 홍보 등에 관한 의제였으며, 오늘날의 IHA총회의 안건과 비교해 볼 때 크게 다를 바가 없었다.

전후의 급속한 고속도로망의 확장과 1950년대 초의 자동차 증가추세로 모터 호텔(Motor Hotel)이 증가하리라는 것을 예견하기도 했다. 초기에는 호텔과 모텔(Motel)은 현격한 차이점을 보여주었다. 우선 규모면에서 비교가 안 될 정도였고 건축 비용, 토지 가격, 시설이나 운영면에서 모두 큰 차이를 나타냈다.

호텔산업계에 전후의 발전상 중에서 가장 중요한 사건이 1952년 테네시주 멤피스에서 일어났다. 이때 케몬스 윌슨(Kemmons Wilson)이 홀리데이 인(Holiday Inn)의 문을 연 것이다. 길가에 커다랗게 번쩍이는 간판을 내건 이 모텔(Motel)은 미국 국민들에게 모텔(Motel)로 통칭하는 개념으로 일반화되었다.

1950년대 말 유럽의 고객들이 지중해 연안을 새로운 여행 목적지로 선호하게 되자 비행기 전세산업이 획기적인 거보를 내딛게 되었다. 서부 유럽에서는 이러한 사실이 대량의 단체관광여행과 휴양지 호텔 신축붐을 일으키는 계기가 되기도 했다.

1959년에 보잉 707기가 대서양 횡단 정기노선에 배치되었다. 이 새로운 정기여객기가 대서양을 횡단하여 여행하는 시간을 8시간으로 단축시킴에 따라 대서양 횡단 호화여객선 여행시대는 종말을 고하게 되었다. 이때 제트기시대 도래로 수송이 한층 신속해지고 값싸며 점점 넓은 지역으로 확산됨에 따라 상용여행과 휴가여행이 성행하게 되었다. 이러한 일련의 과정에 따라 런던, 파리, 로마, 아테네, 노테르담 등 유럽 대륙의 도시에 대규모 현대시설을 갖춘 호텔이 점점 늘어나게 되었다.

그러나 이때까지만 해도 장거리여행은 항공여행 요금이 비싼 편이었기 때문에 비교적 부유한 계층의 사람들에게나 가능한 일이었다. 1960년대 들어서면서 기술개발로 건축기술이 개선되어 모텔과 호텔건축에 콘크리트, 철강, 조립식 건축자재를 사용하게 되었다. 이러한 최신 기술로 1963년에 '홀리데이 인'체인이 한 주일에 하나씩 호텔을 오픈시킴으로써 세계 최대의 호텔객실(35,000개)을 보유하고 있던 쉐라톤을 능가하게 되었다.

1960년대 중반에 이르자 신축 모텔들은 호텔에서 전통적으로 행해오던 편의시설을 모두 제공했다. 그 결과 위의 두 가지 형태의 숙박시설이 합병하여 모터 호텔(Motor

Hotel)로 알려진 편의시설로 전환되었다. 그런데 모텔이 더 많은 서비스를 제공하다보니 운영비용이 상승하여 경쟁에서 가장 유리한 점이었던 가격 면에서 별 차이가 없게 되자 시장 점유율이 낮아지는 결과를 초래하였다.

그러나 생각해 보면 그러한 일은 불가피하기도 했다. 왜냐하면 소규모의 독립운영체제를 택한 모텔은 점점 한계수익에 가까이 몰리게 되고, 그 대신 홀리데인 인이나 쉐라톤호텔 등과 같은 대형호텔체제가 시장을 점유하는 것이 당시의 상황이었기 때문이다. 이러한 사태는 미국에서 시작되어 후에 점차 전 세계적으로 퍼져나가게 되었다.

1969년 조지아주 아틀랜타시에서 문을 연 하얏트리젠시(Hyatt Regency) 호텔은 안뜰이 달린 홀을 둔 혁신적인 건축설계로 초기에 경제적인 성공을 거두자, 1970년대 전 미국에 호텔 건축 붐을 일으키는 계기가 되었다. 이 시기에 '힐튼'과 '쉐라톤' 등은 각종 연차총회 등을 유치할 목적으로 대형호텔을 오픈하였다.

1974년은 에너지 위기로 자연히 유럽의 호텔건축 경향이 멈칫하지 않을 수 없었으나, 당시 아랍 석유국가들이 부유해지자 그 결과로 여러 중동국가의 수도에 호텔을 짓는 일이 급증하게 되었다.

여러 가지 제약과 정치적 갈등, 에너지 위기 등으로 인플레가 심해지고 테러리즘이 판을 침에 따라 객실이용이 영향을 받게 되고, 사업 확장이 저해되었으나 모든 일에는 주기가 있는 법이어서 한 차례의 불황이 끝날 때마다 호텔산업은 한층 활기차게 되살아나곤 했다.

1980년대 이후 2000년대에 이르러서는 세계관광객 중 호텔 이용자들의 요구가 변화됨에 따라 여행산업도 세분화 내지 복합화되었고 대형화한 객실 증가, 가치향상형 경영의 다각화라는 경영방침도 변하게 되었다. 특히 세계 대부분의 지역에서 각종 숙박업의 호화객실이 점점 늘어나고, 리조트화 되는 경향을 띠게 되었다.

시대구분별 세계의 숙박업 발전단계를 요약하면 〈표 11-3〉과 〈표 11-4〉와 같다.

표 11-3 • 시대구분별 세계 호텔업의 발전단계 요약

시대구분	이용객 (이용자)	투자가의 관심 사업	경영방침의 성격	조직	시설의 성격	경영자(대표자)
여인숙 시대(여행현상의 발생과 함께)	종교적 · 경제적 · 군사적 동기에 의한 여행자	자선사업(자연발생적)	사회적 의무	독립적(소규모)	최저필요조건의 확보	부재(不在)
Grand Hotel 시대(19세기 후반)	특권적 부유층 계급(유한계급 포함)	사회적 명예	왕후 · 귀족, 취미지향, 부가가치의증가	독립적(중소규모)	호화시설 (Deluxe)	Caesar Ritz. Escoffier.
Commercial Hotel 시대(20세기초반)	상용목적의 여행자	이윤추구(중소자본)	비용(Cost)지향형 박리다매	Chain화에 따른 이윤추구	시설설비의 표준화 · 편리화 · 간소화 · 저 Cost화, Hardware 중시	Ellsworth -milton statler. Conrad N. Hilton. Kemmons Wilson.
현대 Hotel 시대(20세기후반)	상용여행자 관광여행자 현지주민	다목적(대자본투자)국민복지(공공투자증대)	마케팅지향형 (경영의 다각화)	체인조직과 독립시설과의 공존	시설의 보편화, 이벤트, 용도개발의 중시	공적 · 사적 경영(기업주)

출처: 原勉, 岡本伸之. 호텔 여관업계. 교육출판사.

표 11-4 • 구미호텔의 경영자와 개관호텔업의 시설

시대구분	대표적 경영자	국별(도시)	호텔명	비고
19세기 초		Baden Baden	Der Badische Hof	근대적 숙박업의 최초임(바덴관) 14~18세기의 Inn보다 호화건물 (응접실, 오락실, 식당, 객실)
1850		Paris	Grand Hotel	독립적 회사조직에 의한 최초의 대형호텔 건설(궁정형)
1855		Paris	Hotel du Louvre	나폴레옹 3세의 발의에 의한 거대호텔이 건설됨
1874		Berin	Kaiser Hof	※ 호텔의 발달순 Hospital → Hostel → Inn → Hotel
1876		Main강변	Frankfurter Hof	
1897	Caesar Ritz (I850~1918)	Paris	Paris Hotel Ritz	Chain식 호화호텔 개업. Escoffier(1846~1935)은 London의 Carlton 호텔에서 20년간 요리장으로 근무함
1899		London	London Hotel Carlton	

계속

시대구분	대표적 경영자	국별(도시)	호텔명	비고
1794~1829 (호텔의 제1차 황금시대)		New York	City Hotel	미국 최초의 호텔(기업호텔)로서 3만명 이용의 뉴욕 시민들의 사교장으로 활용되었다.
	(1794)	Boston	Exchange Coffee House	※ Boston의 Ritz Carlton Hotel은 현재까지도 유명함
		Baltimore	City Hotel	
		Philadelphia	Mansion House	
		New York	Adelphi Hotel	New York에서는 당시 최대호텔
1829~1860 (초 · 근대호텔 시대)	Isaiah Rogers (Tremont호텔 설계자)	Boston	Tremont Hotel(1829) (Bell Boy 고용) annunciator배치	초일류호텔(세계 최초) (근대호텔산업의 아담과 이브) (Boyden의 가족에 위탁 경영)호텔 지배인 고용(세계 최초)
1860~1900 (근대호텔난립) (여행자 사용 소규모호텔)		Chicago	Grand Pacific	당시 새롭게 개업된 호텔들. 미국의 호텔도 동부해안에서 서부해안지역으로 발전해 갔다.
		Chicago	Palmer House	
		Chicago	Sherman House	
		Sanfrancisco	Palace Hotel	
20세기 초엽 20세기 초엽		New York	Woldorf Astoria Hotel	세계1의 호화호텔(47층 건물)(여행자를 대상으로 한 소규모 숙박시설 출현)
		Denvers	Brown Palace	
1908.1.18. (미국 제2차호텔 황금시대 도래)	El1sworth Milton Statler	Buffalo	Statler Hotel	근대호텔의 혁명왕(The Guet is Always Right). Commercial Hotel. (Statler는 65세 사망시까지 7,250실의 호텔 보유)
1920~1930 (미국호텔산업 대공항)		New York	Hotel Pennsylvania Hotel New Yorker Hotel Pierre	
현대식 미국호텔	Conrad-Hilton (1887~1979)	Chicago	Stevens Hotel(1927) Stevens가 매수개업(현재 The Conrad Hilton: 300실) 1960, New York Hilton개업	현재도 세계 제일 큰 호텔(현재의 Conrad Hilton호텔) 객실 3,000실 Statler호텔 매수로 Chain화 Management Contract 방식의 신설호텔 증가(46층의 미국 Convention Hotel이었다.)
미국의 체인호텔	Ernest-Henderson (1897~1967)		Sheraton Plaza (1,300호텔 건설)	Copley Plaza를 매수 체인화함 Hendarson 사후 Conglo Merate로 유명한 ITT회사가 체인 전체를 매수하게 됨

계속

시대구분	대표적 경영자	국별(도시)	호텔명	비고
	Kemmons-Wilson (1981~1979)	미국 Memphis	Holiday Inn(1952) (Resort호텔 등장)	세계 제1위 Motel의 Chain화 (세계최초) 1972, Holiday Inn University가 개교됨
1889		인 천	대불(大佛)호텔	한국 최초의 호텔
1902		서 울	Sontag(孫澤)	한국 최초의 근대식 호텔 출현
1912		신의주	신의주 철도호텔	(철도호텔 출현)
1914		서 울	조선호텔(국영)(구건물)	현 Westing Chosun호텔 전신임
1936		서 울	반도호텔	현 Lotte호텔 자리에 위치
1963		서 울	워커힐 호텔	휴양지(Resort)호텔
1971		서 울	Westin Chosun호텔 (신건물)	옛 조선호텔 자리에 한국 최초로 현대식 조선호텔(504실) 개관.(정부와 미국아메리칸 항공사와 합작)
1979	신격호 회장	서 울	호텔롯데	한국 최초의 대형 현대 호텔 출현 (1,019실, 건물높이 149m, 감시 컴퓨터 설치)
1990 이후	기업인	전국	비즈니스 호텔	호텔의 대중화

출처: 原勉, 岡本伸之. 호텔 여관업계. 교육출판사.

2) 한국의 숙박업 역사

(1) 초기의 숙박업

숙박시설로서 신라시대에는 역(驛)이라는 형태로, 고려시대에는 객사(客舍), 이조시대에는 역(驛)·원(院)·여각(旅閣) 또는 객주(客主)라는 형태가 있었다.

그리고 근대적인 호텔형태로 외국인을 대상으로 탄생된 호텔이란 1889년 일본인 호리쿠다로(掘久大郎)에 의해 건립된 인천 서린동에 위치한 중화루가 호텔로 개칭된 소위 소규모의 '대불(大佛)호텔'의 개관이었다.

최초로 세워진 서양식 호텔은 1902년 손탁(孫澤, Sontag: 당시 러시아 공사 Waber의 처제)이 정동(지금의 이화여고 정문 앞)에 세운 손탁호텔이 한국근대호텔의 효시이다. 1909년에는 고종황제로부터 프랑스 여인이 희사받은 아남(何南)호텔(현 이화여고 정문 앞)이 개업되기도 했다. 또 1912년에는 부산철도 호텔과 신의주철도 호텔이 개관되고, 1914년에는 조선호텔(지하 4층 69실)이 개관되었다. 이어서 1915년에는 금강산 온정리에 금강호텔이, 또 1918년에는 내금강의 장안사호텔이, 1922년에는 평양 유옥

호텔이 개관되었다.

1936년에는 서구식 숙박시설로서 등장한 '반도호텔'(일본인 野口가 건립)의 탄생으로 한국은 최초의 상용 호텔산업의 전환기를 맞게 되었다. 1936년에는 미국의 '스타틀러(Buffalo Statler)호텔'이 최초로 시도한 대중용의 상용호텔 양식을 도입한 한국 최대의 시설 규모를 갖춘 호텔이었다. 그리고 조선호텔이 Deluxe 호텔의 상징이라고 한다면 반도호텔은 상용호텔(Commercial Hotel)의 대표적인 숙박시설이었다고 할 수 있다.

(2) 근대 이후 현대의 숙박업

관광객의 증가추세에 따라 관광산업의 활성화와 발전을 위해 핵심적인 역할을 담당하고 있는 관광호텔이 질적 · 양적인 측면에서 크게 신장세를 보여 '62년에 불과 22개 호텔(907실)에 지나지 않았던 것이 '70년에는 62개 호텔(4,766실)이, '80년에는 123개(18,547실)로 늘어나고, '86년 아시안게임 때에는 172개 호텔(24,560실), '87년에는 221개 호텔(27,963실)이, 또 서울올림픽을 맞은 '88년 말에는 총 276개 호텔에 33,869실의 객실을 확보하였고, '96년 말에는 445개 호텔에 45,729실로 증가하였으며, 2002년 말에는 627개 호텔에 77,759실, 2012년에는 963개 호텔에 119,883실, 2019년에는 1,617개 호텔에 143,416실로 크게 확대되었다.

그리고 새로운 관광수요에 부응하기 위하여 다양하고 저렴한 숙박시설이 국민복지차원에서 요구되어 한국전통호텔업을 비롯하여 가족호텔업, 수상관광호텔업, 휴양콘도미니엄업, 유스호스텔업, 모텔업, 관광호텔업 등의 관광숙박업이 탄생되었다. 관광숙박업이 이렇게 마련되는 이유는 ① 관광수요의 변화로써 오늘날 대중관광시대에 즈음하여 관광의 양적 · 질적인 변화가 진행되고, 그 결과 관광숙박업에 대한 수요가 증가되었기 때문이다. ② 관광과 연계되어 있는 모든 관련산업의 발달에 따라 관광숙박업도 이의 영향을 받아 기술혁신, 노동혁신을 추구할 수 있게 되었다. ③ 관광관련 실무진들의 끊임없는 노력의 결과 때문이었다.

3. 숙박업의 분류와 기능

1) 숙박업의 분류

숙박업은 단순히 사람들을 숙박시키고 음식을 제공하는 장소일 뿐만 아니라 비즈니스 활동으로서의 장소, 사교장소, 레저와 오락장소, 레크리에이션장소, 교육장소 등으로서 거기에 수반되는 모든 인적 · 물적 정보 및 서비스 제공의 장소로 발전되고 있다. 이와 같이 현대숙박업의 성격이 다양화되고 있으므로 일반적 유행에 따라 숙박업의 종류를 분류할 수 있다.

숙박업은 관광기본법에 의하여 호텔, 모텔, 여관, 여인숙, 국민숙사, 호스텔, 콘도미니엄 등으로 분류하고 그 외의 민박, 회관, 기숙사 관광펜션, 한옥 체험, 외국인 관광 도시 민박 등을 들 수 있다.

또한 기본적으로는 도시에 위치하는 숙박시설과 관광지에 위치하는 숙박시설로 분류할 수도 있다. 따라서 전자는 상용여행자, 관광여행자, 도시의 주민 등으로 구성되고, 후자는 전적으로 관광객이 이용하는 숙박시설이 된다.

사업활동 내용에 의하여 분류해 보면 전자는 도시호텔과 도시여관 성격을 띠고, 후자는 관광지 호텔과 관광지 여관의 성격을 띠고 있다. 또한 도시호텔은 단기체재를 지향하는 트란지엔트 호텔(Transient Hotel)과 장기체재를 지향하는 레지덴셜 호텔(Residential Hotel)로 구분할 수 있고, 관광지 호텔은 리조트 호텔(Resort Hotel)과 트래픽 호텔(Traffic Hotel) 또는 스포츠 호텔(Sports Hotel), 콘도미니엄(Condominium) 등으로 구분할 수 있다. 한편 우리나라 관광숙박업은 호텔업과 휴양콘도미니엄으로 크게 분류하고 있으며, 호텔업으로는 관광호텔업, 수상관광호텔업, 한국전통호텔업, 가족호텔업, 호스텔업, 소형호텔업, 의료관광호텔업으로 분류하고 있다(관광진흥법시행령 제2조2항).

2) 호텔업의 분류와 기능

(1) 호텔업의 형태별 분류

① 장소적 요인(입지 조건)에 의한 형태 분류

- 메트로폴리탄 호텔(Metropolitan Hotel): 대도시 대형 고급호텔
- 시티 호텔(City Hotel): 도시 내의 호텔의 총칭
- 다운타운 호텔(Down Town Hotel): 도심지 호텔
- 서버번 호텔(Suburban Hotel): 교외호텔
- 컨트리 호텔(Country Hotel): 산간호텔(골프장 혹은 레크리에이션센터의 기능을 가진 호텔)

- 에어포트 호텔(Airport Hotel): 공항 부근 호텔
- 시포트 호텔(Seaport Hotel): 기항여객의 편의를 위해 제공되는 숙박시설
- 터미널 호텔(Terminal Hotel): 교통의 기점, 종점 호텔(철도역, 공항 등 터미널 빌딩 내의 호텔)
- 하이웨이 호텔(Highway Hotel): 고속도로변 호텔

② 숙박 목적에 의한 형태 분류

- 커머셜 호텔(Commercial Hotel): 상용객용 중급호텔(단기체재객 이용)
- 컨벤션 호텔(Conventional Hotel): 국제회의용 호텔
- 리조트 호텔(Resort Hotel): 보양, 휴양지 호텔(레크리에이션 목적 호텔)

③ 숙박시설에 의한 형태 분류

- 모텔(Motel): 자동차 여행자용 호텔
- 보텔(Botel): 보트 여행자용 호텔
- 요텔(Yachtel): 요트 여행자용 호텔
- 유스호스텔(Youth Hostel): 청소년 호텔

④ 숙박기간에 의한 형태 분류

- 트랜지언트 호텔(Transient Hotel): 1,2박 단기체재객용 호텔
- 레지덴셜 호텔(Residential Hotel): 주거용 호텔(1주 이상의 체재객 대상용 호텔)
- 퍼머넌트 호텔(Permanent): 아파트식 장기체재객 전용호텔

⑤ 요금지불 방식에 의한 형태 분류

- 미국식 호텔(American Plan Hotel): 3식 + 숙박료 병행
- 유럽식 호텔(European Plan Hotel): 숙박료와 음식료 별도(한국 호텔요금에 해당)
- 대륙식 호텔(Continental Plan): 숙박료 + 아침식사료만 지불
- Semi Pension Plan(Demi Pension 혹은 Modified American Plan): 실료 + 조식 + 중식이나 석식 중 1식을 택한 요금제도

⑥ 경영방식에 의한 형태 분류

- 체인 호텔(Chain Hotel): 연쇄경영식 호텔(다점포화 호텔)
- 프렌차이즈 호텔(Franchaise Hotel): 본부가 경영기술을 지도하고 가맹점이 스스로 책임을 지고 경영하는 호텔(홀리데이 인)
- 인디펜던트 호텔(Independent Hotel): 단독 경영 호텔
- 코포레이션 호텔(Corporation Hotel): 주식회사식 호텔

⑦ 규모에 의한 형태 분류

- 소형 호텔(Small Hotel)
- 중형 호텔(Middle Hotel)
- 대형 호텔(Large Hotel)

⑧ 기타 형태 분류

- 인(Inn): 여관, 여인숙
- Pension: 유럽의 전형적 하숙인 여인숙(1박3식). 오늘날에는 대개 싼 값의 조식과 침대가 제공됨.(Semi Pension 혹은 Demi Pension Plan은 1박2식 제도이다.)
- Mansion: 대저택, 최근의 신설 고급 아파트
- Corpolas(고급 아파트): Corporative House(공동주택의 약칭). Avitasion(분양 객실을 갖는 고급 아파트)
- Lodge: 특정기간만 Open하는 숙박시설(Ski Lodge)
- Eurotel: 유럽의 분양방식 호텔
- Pardor: 스페인 민속 숙박
- Hotelera: 스페인어의 호텔
- Caravansary: 대상 숙박업소(낙타를 이용할 때에 출현된 숙박업소)
- Monastery: 수도원(종교 순례자가 이용하는 숙박업소)

(2) 5대 분류별 호텔의 기능

① 상업 호텔

상업 호텔(Commercial Hotel)은 상업을 목적으로 여행하는 고객을 대상으로 영업하는 호텔이다. 그러나 이 상업 호텔은 상업뿐만 아니라 광의의 사업을 포함한 포괄적인 개념을 지니고 있으며, 일명 상업 호텔이라고도 한다. 상업 호텔의 고객은 대부분이 회사원, 상공업자, 금융업자, 무역업자 및 사업을 목적으로 여행하는 기술자들이며, 이들의 유치를 대상으로 하는 호텔을 상업 호텔이라고 한다.

상업 호텔은 고객이 사업 활동에 편리한 장소에 위치하게 되며, 호텔의 시설도 그들의 사업활동에 대한 편리성을 제공하여야 한다.

상업 호텔의 고객은 객실에 책상과 컴퓨터(Computer), 전화, 라디오(Radio), 텔레비전(Television), 목욕실(Bathroom) 등을 가지고 있는 객실을 소유한다.

미국의 상업 호텔은 두 가지 개혁을 하고 있다고 한다. 이 두 가지 개혁은 스튜디오(Studio)식 객실과 자동차를 타고 숙박등록을 할 수 있는 레지스트레이션 데스크(Registration desk)이다. 스튜디오식 객실(The Studio type guest room)은 사무에 편리하며, 침대와 긴의자(Divan)가 되도록 설계되어 있으므로 좁은 장소의 객실에서는 이상적인 것이다. 그리고 자동차를 타고 호텔에 들어올 수 있는 주차시설은 자동차를 위주로 여행하는 고객에게 편리를 제공할 수 있으며, 호텔이 모텔(Motel)의 경쟁을 타개하려는 경영정책의 하나라고 볼 수 있다.

상업 호텔에 투숙하는 고객은 추가요금의 지급 없이 텔레비전, 라디오, 전화, 욕실이 객실에 비치되어 있다. 이러한 호텔은 대부분이 간이식사를 할 수 있는 그릴(Gril1)과 커피숍(Coffee Shop)을 가지고 있으며, 고전적인 형식을 갖춘 분위기에서 전통적인 정찬과 수준 높은 서비스를 받을 수 있는 정식 식당도 구비하고 있는 것이 보통이다.

② 단기체재 호텔

단기체재 호텔(Transient Hotel)은 단기로 호텔을 이용하는 고객을 주대상으로 영업하는 호텔이다. 이와 같은 호텔은 두 가지 양상으로 구분할 수 있다. 그 하나는 역이나 공항 또는 항구와 같은 특수한 지역에 위치하여 여행자들이 단기적인 투숙이나 휴식을 목적으로 이용하는 호텔이다. 다른 하나는 도시에 있는 호텔 중에서 상업 호텔이나 장기투숙 호텔을 제외하고는 대부분 단기체재 호텔에 속한다고 볼 수 있다.

단기체재 호텔에는 도시의 큰 호텔도 포함되고 있는데, 이들 호텔의 특징은 호텔에서 일반적으로 갖추고 있는 커피숍(Coffee shop), 식당, 칵테일 라운지(Cocktail Lounge) 외에 고객이 즐길 수 있는 나이트 클럽(Night club)과 오락시설을 갖추고 있으며, 단체 관광객(Group Tourist)을 많이 유치하고 있다.

③ 장기숙박 호텔

장기숙박 호텔(Residential Hotel)은 주로 미국에서 볼 수 있으며, 대다수의 미국인들이 본래부터 호텔에서 장기간 체재하면서 생활하는 습관이 있는 국민으로 이들의 요구를 개발하여 건립한 호텔이 장기숙박 호텔이다. 아직 한국에는 이와 같은 호텔은 없다.

이러한 장기투숙용 호텔은 실제상으로 아파트 건물(Apartment Building)로서 호텔 종사원이 객실의 청소와 정리, 정돈을 하고 식당을 갖추고, 객실의 식사서비스를 하며, 칵테일 라운지(Cocktail lounge)를 운영하는 장기숙박 호텔(Residential Hotel)도 있다.

이 호텔은 식사부문이 소규모이고, 기업의 영리상에서 보다 거주자의 편의를 위한 공익성 사명이 더 크다. 일부 장기숙박 호텔은 음식부문을 일체 외래업자에게 임대하여 운영토록 하고, 호텔측에서는 식당경영을 하지 않는 호텔도 있다. 또한 어떤 장기숙박 호텔은 가족용 대형특실로 된 호텔에서 사용하는 필수품을 제공해 주는 호화판 호텔도 있고, 청춘남녀에게 독실만을 제공하는 호텔도 있다. 이러한 호텔은 숙박업에서 일부분에 해당되지만 미국인의 생활양식에 미친 기능적인 공헌이 크다고 하겠다.

④ 휴양지 호텔

휴양지 호텔은 도시에도 있으나 그 대부분은 해변, 산악지대 또는 온천장에 위치하고 있다. 휴양지 호텔로서의 리조트 호텔(Resort Hotel)은 대부분의 고객이 관광과 휴양을 목적으로 찾는 호텔이기 때문에 관광대상(Tourist Object)으로서 관광자원이나 관광상품(Tourist Products)은 관광객에게 대하여 매력성과 유인성을 지니고 있다.

대부분의 휴양지 호텔들은 계절적으로 영업을 하므로 여름 휴양지는 여름에만, 겨울 휴양지는 겨울에만 영업을 한다. 그러나 오늘날에는 이러한 휴양지 호텔들이 연중무휴의 호텔 경영을 하는 경향이 두드러지게 나타나고 있다. 휴양지 호텔은 휴가를 즐기는 고객들과 오락과 휴식 · 유흥을 추구하는 고객을 대상으로 한다. 휴양지 호텔들의 영업 특징은 1주일간 영업 활동 중 주말의 영업이 호텔영업 이익에 지대한 영향을 미치고 있는 것이 특징이다.

여름 휴양지 호텔이나 겨울 휴양지 호텔은 다 같이 일반적인 호텔의 서비스를 고객에게 제공하면서도 휴가를 즐기는 고객으로 구성되어 있기 때문에 고객을 위한 편의제공이 필요하다.

온양관광호텔 · 백암관광호텔 · 부곡온천관광호텔 등이 온천휴양지 호텔이며, 부산해운대의 조선비치호텔(Chosun Beach Hotel) · 경포대관광호텔 · 설악파크호텔 등은 전형적인 하계 리조트호텔이다. 그리고 종합관광시설로는 쉐라톤워커힐(Sheraton Walker Hill)과 도고 레저 타운(Dogo Leisure Town)이 한국 최대의 리조트 호텔이다.

⑤ 모텔과 모터 호텔

모텔(Motel)과 모터 호텔(Motor Hotel)은 상용이나 휴양목적으로 여행하는 고객을 대상으로 하는 호텔이다. 모텔이 제공하는 상품이나 서비스는 호텔이 제공하는 것과 거의 유사하다.

즉, 새로 건축된 모텔과 호텔은 그 상품과 기능면에서 구별하기가 어려워졌다. 차이점으로는 무료주차장을 건설하여 고객의 편의를 제공하는 호텔은 많지 않으며, 모텔은 대부분이 수영장 시설을 갖추고 있다.

미국인은 가족간에 여행을 하려는 경향과 교통수단으로 자동차를 이용해 여행하는 경우가 점점 늘어나게 되었으며, 자동차여행 가족의 기호, 취미, 욕구는 현저한 변화를 초래하게 되었다. 그들은 우선 여행과 자신의 교통수단인 자동차여행에 편리한 모텔을 찾는다. 모텔에서는 객실에 새로운 비품을 갖추고 융단(Carpet)을 설비하였으며, 텔레비전과 수영장(Swimming Pool)은 고객을 유치하는 매력물이 되었다.

모텔(Motel)은 80개에서 100여 개의 객실을 갖추었고, 중소 호텔과 분류상의 혼동을 야기시켰으며, 모텔에 대한 새로운 정의가 필요하게 되었다. 다시 말하면 모텔과 호텔의 구분 또는 이 양자와 모터 호텔을 구분하기 어렵게 되었다.

모텔과 호텔은 서로 완전히 분리되거나 이질적인 기업은 아니며, 거대한 모텔을 모터 호텔이라고 부르고 있다. 최근에 이르러 모텔은 모터 호텔(Motor Hotel)을 닮아가고 있다. 이런 경향의 좋은 사례는 샌프란시스코(SanFrancisco)의 힐튼 호텔(Hilton

Hotel)을 들 수 있다. 이 호텔은 건물 내부에는 자동차 차고가 있고, 그 주위에 객실이 마련되어 있어서 자동차로 호텔에 도착한 고객은 현관(Front)으로 차를 타고 들어와서 차에 앉아서 숙박등록 카드(Registration Card)에 숙박 · 기록을 할 수 있고, 객실이 위치한 주차장에 차를 정차시킨 후 객실에 들어가게 된다.

고객은 호텔 현관을 보행하지 않고, 격식을 갖추지 않고도 숙박을 할 수가 있으며, 현관 서비스맨(Service Man)에게 팁(tip)을 줄 필요도 없이 객실에 이르고, 그의 자동차는 실제적으로 그의 객실 바로 밖에 주차하고 있는 것이다.

모텔 전문가인 브리너(Stephen W. Brener)는 모터 호텔은 단기 숙박시설로서 하나의 재산이며 제2차 세계대전 이후에 완전히 현대화되었거나 건축된 것으로, 연중 영업을 하고, 최소한 50명의 단체고객을 수용할 수 있어야 하며, 호텔 구내에서 자유로운 주차가 가능해야 한다고 정의하고 있다.

(3) 기타 숙박업의 기능

① 유스호스텔

유스호스텔(Youth Hostel)은 청소년을 위한 숙박시설로서 젊은이의 집을 뜻한다. 이것은 영리를 추구하는 일반기업과 달리 청소년에게 여행을 장려하는 동시에, 이들에게 저렴한 가격으로 숙박시설을 제공하는 목적으로 설치한 일종의 사회복지건설이다.

유스호스텔 운동은 청소년들의 여행 욕구를 충족시키고, 심신을 단련할 뿐만 아니라 여행을 통하여 국내외의 지리 · 역사 · 문화 · 풍물 · 산업 등의 지식을 넓히게 하며, 전체 활동의 좋은 습관을 체득케 하고, 봉사와 협동정신을 길러 청소년들로 하여금 건전한 신체와 정신을 함양시키려는 데 그 목적이 있다.

- 유스호스텔의 특성은 공공시설(식당 · 집회장 · 도서실 · 음악감상실 · 운동장) 등을 갖추고 있어 남녀가 공동으로 이용할 수 있으나 객실은 엄격히 구분되어 있다.
- 식당에서는 셀프서비스(Self service)가 원칙이며, 원하는 사람은 취사를 할 수 있도록 되어 있다.
- 각종 운동기구와 등산장비가 준비되어 있다.

유스호스텔은 간소 · 청결 · 저렴한 것이 특징이며, 오늘날 세계 각국에서 고조되어 가는 소셜 투어리즘(Social Tourism)의 영향을 받아서 널리 보급되고 있다.

유스호스텔 운동이 최초로 시작된 것은 1909년 독일의 알테나(Altena)의 한 초등학교 교사인 리처드 쉬르만(Richard Schirmann)이 그 학교 학생들에게 소음과 매연의 거리에서 벗어나서 깨끗한 공기를 호흡하고, 휴식과 건강을 위하여 방학 중에 사용하지 않는 학교를 빌려 숙사로 이용하면서 학생활동을 한 것이 이 운동의 시초이다.

1932년에 국제 유스호스텔 연맹이 창설되어 가입회원에게 배부되는 회원증제도가 성립되었으며, 이 회원증은 국제적으로 통일되어 있으므로 어느 나라의 유스호스텔이든지 이용할 수가 있고, 저렴한 요금으로 여행을 할 수 있다.

유스호스텔은 숙박 시에 지켜야 할 규칙이 있으며 투숙객은 이 규칙을 준수해야 한다. 예를 들어보면 담배는 지정된 장소에서 피워야 하며, 밤 10시에는 전기를 끄고 취침하여 아침 일찍 기상하여야 하고, 침구정리와 청소는 스스로 한다. 유스호스텔의 운동은 대부분이 정부나 공공단체가 그 주체가 되며, 운동의 목적에 부합되는 공공적 사명을 더 큰 목적으로 하고 있는 것이다.

한국에서는 1991년 유스호스텔이 국민호텔로 전환되었으며, 청소년을 위한 유스호스텔은 문화체육관광부장관 직속소관으로 이관되었다.

② 민박제도

민박(Home Visit System)이란 본래 숙식제공을 본업으로 하지 않는 민가가 방문객을 숙박시켜 영업활동을 하는 숙박시설로서 계절적 · 임시적으로 영업하는 민가의 부업을 말한다.

그런데 국제관광에서 인기를 모으고 있는 민박제도(home visit system)는 특수목적으로 여행하는 외국인 관광객을 그 여행의 목적에 비추어 필요한 경우 등록된 가정에서 숙박하게 하는 것을 가리킨다. 다시 말하면 외국인 관광객에게 일반 가정을 방문 혹은 숙박시켜서 접대하는 제도를 말하는데, 관광객이 낯선 외국을 여행하게 되면 누구나 그 나라의 이국적인 풍경에 파묻혀 보고 싶어 하고, 그 나라의 고유한 인정, 풍속, 습관, 가정생활에 대한 호기심을 갖게 마련이다.

외국인 관광객을 자신의 가정에 방문 · 숙박시켜서 가정의 일상생활, 교육, 음식과 분위기를 체험하게 하고, 가족과 한 자리에서 단란하게 환담을 나눌 수 있는 민박제도는 관광이 종래까지 보여주는 관광(Sightseeing Tourism)에서 가정 관광(Home Visit Tourism)으로 관광욕구의 다양화 · 심도화의 경향에 따라 국제 관광의 중요한 관광형태로 등장했다.

그러나 그 명칭은 일정하지 않아서, 예를 들면 덴마크에서는 Home Visit를 가리켜 Meet the Danes라 부르며, 스웨덴에서는 Sweden at Home, 영국에서는 Pivot Hospitality라 부르는데 그 내용과 제도의 취지는 동일하다.

서울시는 1973년 최초로 'Home Visit Program'을 작성하고, 이를 실시하기 위하여 각 구청을 통하여 외국인 관광객을 자기 가정에 수용하기를 희망하는 사람을 모집하였다. 이때 외국어를 할 수 있는 가족의 유무, 생활정도 등 여러 가지 점을 고려하여 적격자로 등록된 가정은 173가구에 달했다. 그것이 1983년 ASTA 총회, 국제의회연맹(IPU) 총회 등 각종 국제행사를 치르면서 '88년 올림픽 대책의 하나로 확대 · 실시되어 외국인에게 좋은 이미지를 심어주었다. 현재는 관광편의시설업으로 구분하여 '외국인관광도시민박업', '한옥체험업' 등으로 운영되고 있다.

따라서 가정방문은 일반가정의 실내가구라든가 방 장식, 가정교육, 음식, 생활습관 등을 비롯하여 한국가정의 생활상과 분위기를 맛보게 하며, 가족을 구성하고 있는 각 계층과의 격의 없는 대화를 나눌 수 있는 기회도 갖게 되어 국제관광의 효용에도 기대된다. 그리고 상호이해를 통한 국제친선을 도모하는 데 무엇보다도 효과적이라 말할 수 있으며, 민간외교 면에서도 많은 실효를 거둘 수 있는 이점이 있다.

③ 체인호텔

체인호텔이란 호텔 상호간의 대외선전과 홍보 · 알선 · 편의제공 등을 보다 효과적으로 증진시키기 위하여 호텔업계 간의 협약을 체결하고 공동보조를 취하면서 영업하는 호텔을 말한다.

체인호텔의 외형적 협약형태는 국제간의 조직체인 국제호텔 체인과 국내 호텔 간의 약정을 맺는 국내호텔 체인 두 가지가 있는데, 어느 경우든 상호간의 협약에 따라 체인 회사와의 사이에 공동판매 촉진, 공동홍보, 회사원 임직원에 대한 할인제 실시, 회원사의 고객에 대한 상호 편의제공 등을 공동으로 거래하는 것을 주 내용으로 하고 있다.

국제 간의 체인호텔 협약에서는 상호 기술개발 및 원조나 훈련, 연수교육의 교류 등이 포함된다.

4. 호텔업의 특성

1) 호텔의 특성

호텔은 다른 사업이 갖지 않는 독특한 개성을 지니고 있다. 이 개성을 우리는 호텔의 특성이라 보고, 그 구체적인 내용을 주로 호텔의 운영, 시설 및 경영의 문제와 관련하여 다음 몇 가지로 요약할 수 있다.

(1) 운영상의 특성

호텔은 '임시적 가정'으로 생활할 수 있는 느낌을 가져야 하므로 호텔을 이용하는 고객에게는 마치 가정과 같은 안도감과 유쾌한 시간을 최대한으로 보장해 줄 수 있도록 운영해야 할 의무가 운영상의 특성이다. 물론 법률적 강제규정은 아니라 하더라도 호텔이 환대산업(Hospitality Business)의 주인격인 역할을 감당하는 본래의 특성으로 미루어볼 때 이는 마땅히 베풀어야 할 성질이다. 이 점을 강조할 때 서비스는 가장 중요한 문제인 동시에 또한 어려운 과제이기도 하다.

따라서 호텔 서비스의 본질을 바탕으로 한 운영상의 특성을 살펴보면 다음과 같다.

첫째, "호텔은 단 한 가지 서비스를 판매하는 특성을 가지고 있다. 특히 서비스의 질에 따라 보잘 것 없는 서비스를 판매하는 호텔은 보잘 것 없는 호텔이 되며, 훌륭한 서비스를 판매하는 호텔은 훌륭한 호텔이다. 스타틀러 호텔이 세계에서 가장 훌륭한 서비스를 고객에게 판매하고자 함이 곧 이 호텔의 궁극적 목표이다."

둘째, 호텔기업의 운영적인 특성은 협동이다. 호텔은 각기 상이한 여러 부문의 기능을 가지고 있다. 현관을 비롯하여 각 계층의 서비스 및 객실 서비스에 이르기까지 다양한 서비스와 주어진 직무가 있다. 이러한 직무를 수행하는 것은 한 조직의 궁극적 목표로써 고객 서비스에 귀착하는 것이다. 그러므로 모든 각 부문은 제각기 주어진 직무를 원만히 수행하여야 하며, 그럼으로써 기업 이윤추구를 도모할 수 있는 것이다.

또한 이 목표를 수행하는 데 절실히 요청되는 것은 각 부문 간의 협동이다.

종업원 상호간의 부단한 협동의식이 충만함으로써 부문 사이의 기능을 가장 원활하게 유지할 수 있으며, 이로써 고객 접대에 충실을 기대할 수 있다.

셋째, 호텔은 종업원의 작업조건이 가장 유리하다는 특성을 가지고 있다. 호텔은 어느 기업에서보다 그 작업조건이 유리하다. 정결한 환경이 최대의 제품 서비스로 제공되는 이유로 말미암아 호텔종업원의 작업상 조건은 자연적으로 가장 훌륭하게 평가되는 것이다.

넷째, 호텔기업은 연중무휴로 운영하는 것이 특징이다. 호텔의 이용객은 집을 떠난 사람 혹은 휴일을 즐기고자 하는 사람들이다. 그러므로 이러한 고객의 특성으로 말미암아 호텔기업은 남이 놀 때 더 한층 경영상 수입을 기대할 수 있는 기회를 갖게 되므로 연중무휴로 운영을 계속하는 특성을 가지고 있다.

(2) 시설상의 특성

호텔업의 특성을 시설 면에서 고찰할 때, 다음 몇 가지 뚜렷한 특성을 찾아볼 수 있다.

첫째, 호텔시설은 다른 어떤 산업시설보다도 최초의 고정투자비(Investment)가 높은 특성을 지니고 있다. 방대한 규모의 투자를 요하는 호텔은 다른 일반 산업시설이 연차적으로 확장 및 재투자를 할 수 있는 데 반하여, 호텔시설은 그 시설 자체가 하나의 제품으로서 판매되어야 할 특성 때문에 부분적 · 연차적 투자는 사실상 불가능하다. 이것이 호텔기업이 갖는 숙명적인 최대의 불리한 점이기도 하다.

둘째, 호텔시설의 훼손 정도가 어느 시설에 비해서 보다 높은 것이 특성이다. 호텔시설은 일반 제품과는 달리 고객이 이용하든 혹은 이용하지 않든 간에 부단히 훼손 · 소모되어 가므로, 결과적으로 경제적 가치 내지 제품으로서의 효용가치를 상실하게 됨을 의미하는 것이다.

일반적으로 다른 시설은 시설 자체가 어디까지나 부수적 성격을 띠게 됨으로써 그 효용이 비교적 장기성을 갖는 데 반하여 호텔시설은 시설 자체가 하나의 제품으로서 고객에게 어필되어야 하기 때문에 결과적으로 그 노후화가 가장 심한 편이다.

셋째, 호텔은 비생산적 공공장소(Public space)를 필연적으로 가져야 하는 불리점이 있다. 그 대표적 예로서 로비(Lobby)를 들 수 있다.

호텔은 개인전용의 기본시설과 공공의 이용을 전제로 하는 '퍼블릭 스페이스'의 2개 부문으로 크게 나눌 수 있다. 후자의 경우 식당, 라운지 등은 생산적 요소인 데 반하여, 고액투자의 로비 등은 비생산적 요소로서 비싼 지대 및 건축비를 감안한다면 달갑지 않은 요소임에는 틀림없으나, 이는 호텔이 가지는 숙명적 특성으로 받아들이지 않을 수 없다.

(3) 경영상의 특성

호텔업의 특성은 경영면을 고려해 보면 여섯 가지의 특성을 가지고 있다.

첫째, 호텔기업은 기계화의 한계성을 내포하고 있다. 두말할 필요도 없이 호텔기업은 인적 서비스의 판매가 커다란 하나의 제품으로 간주되고 있는 특수성이 있다. 그러므로 오늘날 고율의 인건비 지출 억제를 위해 일부 호텔기능의 기계화를 촉진하여 반복적인 인적 노력을 어느 정도 감당하고 있는 경향이 있다. 프런트업무 중 일부를 기계화로 대체하는 것이 그 한 예이기는 하나, 호텔기업은 궁극적으로 인적 서비스를 배제하고는 기대할 수 없기 때문에 이의 한계성은 자명한 것이다. 이것은 벨맨 등을 로봇으로 대체한 호텔의 풍경을 상상할 수 있기 때문이다.

둘째, 호텔의 제품은 이동할 수 없는 특성도 아울러 지니고 있다. 호텔의 주된 제품은 객실과 식음료와 서비스로 구분된다. 객실과 식음료는 유형적 제품인 데 반하여 서비스는 무형적 제품이다. 일반적으로 다른 제품은 판매원에 의해 견본으로서 고객에게 제시될 수 있으나, 호텔제품은 고객이 스스로 제품을 찾아와 구인하는 특성이 있다. 호텔경영에 있어서 판매촉진은 결과적으로 구매시점의 광고를 최대한으로 활용하여야 함을 아울러 제시하고 있다.

셋째, 호텔기업은 고정자산 구성의 과대한 점유에 비하여 수익률의 낮은 비율은 가장 큰 경영상의 난점으로 평가된다. 호텔기업은 고정자산이 전체시설의 절반 이상을 차지함으로써 높은 고정자산의 구성비를 보여주며, 수익률 발생이 쉽지 않으므로 자본가의 투자의욕을 유발하지 못하는 난점도 있다.

넷째, 호텔의 높은 고정비 지출은 경영의 난점을 추가한다. 일반적으로 기업의 지출을 고정경비와 변동비로 구분할 때 호텔기업은 다른 기업에 비해 높은 고정비를 감수해야 할 숙명을 지니고 있다. 연료비, 전기료, 인건비 등 '퍼블릭 스페이스'와 관련된 모든 경비는 호텔의 고정경비로서 일정한 수준을 유지하여야 하는 데에 경영상의 커다란 애로가 있다.

다섯째, 호텔은 수입의 불안정성이 다른 기업에 비해 더욱 심하다. 호텔기업은 여행객을 주 대상으로 한 발전된 기업이므로 계절적인 영향에 크게 좌우되는 여행현상과 정비례하고 고객의 증가와 감소를 가져옴으로써 기업운영의 불안정성은 피할 수 없다. 휴가의 조절과 교통수단의 발달, 그리고 지역사회의 새로운 소득층의 호텔이용 등으로 인해 종전과 같은 심한 호텔수입의 불안정성은 다소 극복하게 되었으나, 리조트 호텔은 아직도 이의 타격에서 벗어나지 못하고 있는 형편이다.

여섯째, 호텔의 제품은 저장할 수 없다. 일반제품은 오늘 팔지 못하면 내일 판매할 기회를 바라며 저장할 수 있다. 그러나 호텔의 객실은 오늘 팔지 못하면 그날의 그 방은 다시 팔 수 없는 특성을 갖고 있다.

2) 호텔의 일반적 특성

호텔기업은 일반적으로 총 자본금 중 70~80%가 고정자본이며, 건물의 설계 및 규모와 각종 시설의 우열이 그 호텔의 가치 및 경영에 큰 영향을 준다. 그리고 일반적으로 호텔의 건물은 일반 건물 수명보다 빨리 노후화되는 특성이 있다. 그러므로 사용연한은 20~30년으로서 이 기간이 경과하면 호텔은 대개 새로 건축하여야 된다고 보고 있다. 1941년 미국의《국내세수의 요람(Bureau of Internal Review)》저자 불리틴(Bulletin)이 그의 저서에서 고정자산의 사용연수를 기술한 것에 의하면, 철근 콘크리트조 호텔 건물의 표준수명을 50년으로 잡고 있다. 그리고 이는 일반건물 사용연수의 40년과 같다고 하였다.

다시 말하면 호텔 건물이 40년을 경과하면 일반건물 50년 사용한 것과 동일하게 보아야 한다는 것을 의미한다. 현행 법인세법여행규칙에서는 건물의 감가상각 사용연수를 용도별로 구분하여 관광호텔의 철근콘크리트조 또는 철근콘크리트조 건물의 경과에 사용연수를 40년으로 정하고 있는 것도 위와 같은 호텔 건물의 노후화 취지에 따른 입법조치이다.

(1) 관광상품의 특수성

상품(Goods, Product)은 판매를 목적으로 생산된 재화라고 할 수 있다. 상품에는 형태를 갖춘 유형적 상품과 일정한 형태가 없는 무형(Invisible)의 상품이 있다. 관광상품(Tourist Product)은 무형의 상품 서비스의 특수성이 크다. 관광상품은 관광객을 만족시킬 수 있는 유형·무형의 상품으로서, 즉 호텔에서 음식류·기념품·특산물과 같은 상품과 관광안내·객실제공과 같은 무형적인 물적 서비스의 상품과 종사원의 인적 서비스가 포함되어 하나의 상품으로 판매되는 것이다.

호텔의 주상품인 객실은 고정화되어 있어서, 그 당일에 팔리지 않으면 다시는 팔 수가 없을 뿐만 아니라 수용객실을 초과하는 판매도 할 수 없다. 즉, 상품판매에 장소적 · 시간적 · 양적 제약을 받고 있다. 다시 말하면, 상품의 가치는 당일에 판매하지 않으면 그 상품의 가치를 유형적으로 저장할 수 없는 성질을 지니고 있으며, 상품의 장소적 이전이 불가능하다. 음식판매는 고객의 주문에 따라 판매가 이루어진다. 음식의 조리가 곧 판매로 연결되며 생산과정과 판매과정이 동시에 이루어지므로 조리된 음식은 고객의 식사를 위하여 제공된다. 그리고 호텔식당의 식품은 일반제조업과 같이 완제품화하여 대량생산을 할 수도 없는 특수성이 있다.

(2) 종사원에 대한 의존성이 높고 연중무휴영업의 특수성

호텔의 상품은 객실, 음식(음료), 기타 부대시설이나 호텔에 대한 고객의 태도를 결정하는 것이 고객이 받는 서비스인 것이다.

호텔경영의 특징은 인간 대 인간의 상행위이며, 사람에 중점을 둔 사업임을 강조하고 있다. 오늘날 기계문명의 발달은 모든 산업을 기계화하고 자동화하지만 호텔 사업에 있어서는 기계화, 자동화도 한계가 있을 것이라고 생각한다.

호텔업에 대량생산(Mass Production)기술이 적용된다고 할지라도 진실한 사람의 봉사활동은 기계화나 자동화가 될 수 없으며, 오직 서비스를 생명으로 하는 환대사업(Hospitality Industry)이다. 일반적으로 "고객은 항상 정당하다"는 원칙이 적용되는 호텔에서 천차만별의 손님에게 모두 흡족한 접대를 하기란 여간 어려운 일이 아니다. 호텔의 종사원은 손님의 숙박체재를 위하여 고객에게 만족스러운 봉사를 확신시키려고 노력하고 있다.

그리고 호텔업은 계속하여 영업하는 연중무휴의 영업이다. 호텔 종사원들은 다른 사람들이 공휴일을 즐기거나 쉬고 있는 동안에도 일을 해야 한다는 것을 뜻한다. 호텔과 고객 간의 대인관계는 휴일이 있을 수 없으므로 종사원은 항상 근무를 하여 고객에게 봉사를 하여야 한다. 고객이 환락과 휴식을 즐기고 있을 때 그 고객의 즐거움이 자기 봉사의 표현이라고 생각해야 된다.

또한 어느 기업을 막론하고 그 국가의 경제 · 사회면의 변화와 국가정세에 영향을 받지 않는 기업은 없겠으나 호텔업만큼 민감하게 영향을 받는 기업은 흔치 않을 것이다. 경제적 불황기나 전시에 있는 기업의 침체현상은 어느 기업에서나 볼 수 있지만, 여기서 강조하고자 하는 점은 경제의 발전은 새로운 기술개발과 경영방법의 연속적인 변화를 가져오는 것이므로, 한 국가의 경제발전에 호텔업도 병행하여 시대발전에 부응하여야 한다는 점이다.

호텔은 외적으로는 호화롭게 현상을 유지하는 것같이 보이지만 사실상 쇠퇴하는 것으로 간주될 수밖에 없다. 이 경우의 사례로 미국 뉴욕에 있는 리츠호텔(Ritz Hotel)을 들 수 있다. 지금으로부터 50여 년 전에 개업한 리츠호텔은 그 당시에 유명하였던 호텔로, 리츠호텔의 서비스는 최고라는 호평을 받았으나, 시대에 따라 적응하지 못함에 따라 현재에 와서는 쇠퇴했고, 폐쇄하게 되었다고 한다. 이 사례는 한국 호텔 경영자에게 좋은 교훈이 되며, 한국 호텔 기업도 시대에 뒤떨어지지 않은 현대기업으로서 경영방법과 경영기술을 연구하여야 한다.

5. 호텔의 업무부서와 직무내용

1) 부서별 직무내용

(1) 객실부문

객실부문(Room Division)은 지배인 또는 부지배인에게 직접 책임이 있는 직무로서 현관사무실, 현관서비스, 하우스키핑의 3가지 부문으로 형성되어 있다.

① 현관사무실(Front Office)

현관사무실은 주임이나 현관지배인(Front Office Manager) 또는 객실과장의 지휘·감독 아래 있으며, 호텔 내부에서 가장 중요한 부서이다. 그 세부적 직무내용은 다음과 같다.

- 고객의 영접
- 객실의 지정
- 객실의 키(Key) 및 우편물의 취급
- 정보의 제공 및 고객불평의 해소와 안내

- 모든 요금의 계산
- 체크아웃 처리 등

현관사무실의 근무는 호텔 최고경영자를 지망하는 종업원들이 한 번은 거쳐야 할 중요한 업무이기도 하다.

② 현관서비스(Front Service)

현관서비스 직무는 주임의 지휘·감독하에 있으면서 직접적으로 호텔의 수입을 취급하는 것은 아니나, 다른 생산적 서비스를 위해 불가결한 업무이다.

일정한 위치의 서비스맨은 고객의 영접을 위해 단정한 모습으로 다음 사항의 업무에 종사하여야 한다.

- 현관에서의 영접
- 수하물의 신속처리
- 객실의 체크 인 및 에스코트
- 객실안내
- 정보요청에 대한 신속처리 등

③ 하우스키핑(Housekeeping)

하우스키핑의 업무는 주임 하우스키퍼의 감독·지시 아래에 있으며, 이 부서의 주요 직무내용은 다음과 같다.

- 객실 내 고객의 불편유무 확인
- 객실청결 유지 및 정돈
- 공유면적(Public Room) 및 복도청결 유지
- 객실 및 공유면적의 위생상태 유지
- 고객의 객실기록 유지

(2) 케이터링 부문(Catering Department)

케이터링 부문(Catering Department)은 지배인 혹은 부지배인의 감독 하에 두는 부서이며 호텔에 따라서 부지배인을 두지 않는 경우에는 '식당지배인(F&B. Manager)'을 둔다.

이 부문은 최고경영자와의 직결된 위치로서 연락관(Liaisonman)이라는 별칭을 듣기도 할 정도로 중요한 부서이다. 호텔의 여러 제품판매 가운데서도 호텔수입의 극대화에 가장 크게 이바지할 수 있는 가능성을 가지고 있는 곳이다.

(3) 관리부문

관리부문(Management and Executive Department)은 위에 언급한 두 개의 기본제품 판매부문(일명 영업부문) 이외의 기능을 유지시키고 호텔영업을 통제 · 조정하는 모든 부서를 총칭하여 편의상 관리부문이라 한다.

관리부문의 카테고리에는 특수기능의 부문과 전문적 참모기능의 두 부문으로 구성되어 있다.

① 특수기능부문

- 전화부문(Telephone Department): 호텔 내부 및 외부 고객과 호텔의 실무기관의 연락업무이다.
- 세탁부문(Laundry Department): 호텔의 수입원천이라기보다 고객의 편의 및 종업원의 신속한 세탁업무 처리를 위한 기능이다.
- 기계부문(Engineering Department): 객실, 퍼블릭 스페이스 등 전체 호텔의 전기 · 냉방 · 난방 · 보일러 등의 유지 · 수선 · 보수업무의 기능이다.

② 전문적 참모기능

- 인사부문(Personnel Department): 종업원의 후생, 노무, 동태, 채용, 훈련 및 교육, 해고 및 경영합리화를 위한 효율증대방안의 연구 등 인사관리 전반에 걸친 업무이다.
- 구매부문(Purchasing Department): 주로 대규모 호텔에서 발전을 보이고 있는 부문조직으로서 물품의 판매 · 조달기능이다.
- 판매촉진과 광고부문(Sales Promotion and Advertising Department): 호텔제품의 판매촉진을 위해 전문적 연구, 시장조사, 고객 동태조사, 광고 등을 전달하는 기능을 갖고 있으며, 고객의 유치가 더욱 강조되고 있다. 아울러 항공 및 여행판매업자(Travel Agent)들과의 협조와 아울러 PR의 역할이 중요시 되고 있다.

- 회계부문(Accounting Department): 호텔의 수입금처리, 기술의 정리, 이익금관리, 자산 · 자본의 명세정리, 현금의 수납 · 지출 등 호텔기업의 회계 전반에 걸쳐 책임을 갖는 부서이며 주로 지배인 내지 영업담당 책임자의 감독하에 있다.
- 오락부문(Entertainment Department): 대규모 호텔 혹은 리조트호텔에서 볼 수 있는 발전된 호텔 직무의 새로운 유형에 속한다. 연예, 음악, 흥행, 사교파티 등을 주 업무로 담당하는 부서로서, 별도의 오락담당 지배인을 두는 경우(대규모의 호텔)와 영업지배인 감독(소규모의 경우)하에 두는 형태가 있다.

2) 호텔종사원의 서비스 기본자세

호텔업은 사회에서 차지하는 비중이 커지고 있음을 인식할 때 앞으로 호텔맨은 지금까지와는 다른 높은 차원의 각오로 모두 지혜를 모아 고객 서비스에 최대의 노력을 경주해야 한다. 그러기 위해서는 서비스의 원점으로 돌아가 기본에 충실해야 한다.

호텔을 이용하는 고객은 뉴 미디어 등 생활의 고도 기술화의 영향으로 오히려 인적서비스에 대한 요구와 역할에 대한 기대가 높아져 호텔상품 중 Hospitality의 비중이 커지고 있다. 경쟁을 계속하고 있는 서비스업계도 이제는 Hard(시설, 설비, 집기, 비품)면에서의 경쟁으로부터 Soft면의 시스템 경쟁으로 변화하고 있으며, 서비스업은 서비스의 차별성을 요구받고 있다. 이에 따라 호텔종사원의 서비스도 이제는 휴먼웨어(Humanware) 서비스에 더욱 치중되어야만 한다.

특히 호텔을 이용한 고객이 이 호텔을 계속 이용하겠다든가 두 번 다시 안 오겠다는 것은 제공되는 휴먼웨어 서비스의 질에 의해서 결정된다는 것을 생각할 때 호텔업의 발전은 인적 서비스에 크게 의존된다는 것을 알 수 있다. 특히 호텔맨으로서 갖추어야 할 3S + 7S(S.C.E.E.C.H.H)의 서비스 기본정신을 습관적으로 실천에 옮길 수 있어야 하겠다.[1)]

또한 호텔종사원의 서비스 기본자세는 고객에게 감사하는 마음을 갖도록 하는 노력과 아울러 훌륭하고 가치 있는 일에 대한 긍지를 스스로 갖고 최선을 다하는 자세에 있다고 본다.

---

1) 3S(Smile, Speed, Sincerity) + 7S(Service, Cleanliness, Efficieney, Economy, Courtesy, Honesty, Hospitality)의 7대 요건이다.

6. 관광숙박업의 등록기준과 등급기준

1) 호텔업의 등록기준(관광진흥법 시행령, 별표1)

(1) 관광호텔업 : 객실 30개 이상으로 욕실과 샤워시설을 갖추고, 대대와 건물의 소유권을 확보하여야 한다.

(2) 수상관광호텔 : 객실 30실 이상으로 욕실과 샤워실을 갖추고, 공유수면관리 및 매립에 관한 법률, 또는 하천법에 따라 관리청으로부터 점용허가를 받아야 한다.

(3) 한국전통호텔업 : 전통가옥의 형태를 갖추고 욕실과 샤워시설을 갖추고 있어야 한다.

(4) 가족호텔업 : 객실 30실 이상으로 욕실과 샤워시설을 갖추고, 가족단위의 객실별 취사시설이나 층별 공동취사장이 설치되어 있어야 한다.

(5) 호스텔업 : 개별 관광의 숙박에 적합한 객실을 갖추고, 샤워장과 취사장 시설을 갖추고 있어야 한다.

(6) 소형호텔업 : 객실 30실 이하로 욕실과 샤워실을 갖추고 있으며, 대지와 건물소유권을 가져야 한다.

(7) 의료관광호텔업 : 객실 20실 이상으로 욕실과 샤워시설을 갖추고, 객실별 취사시설이나 층별 공동취사장이 갖추어져 있어야 한다.

2) 휴양콘도미니엄의 등록기준

객실 30실 이상으로 취사장, 숙박시설, 매점, 문화체육공간 시설을 갖추고 대지 및 건물의 소유권을 확보해야 한다.

3) 관광숙박업의 등급기준(관광진흥법 제119조)

문화체육관광부장관은 숙박업의 효율적 유지 · 관리를 위해 다음과 같이 등급을 정할 수 있다.

- 호텔업의 등급 : 1성급~5성급
- 등급결정평가요소 : 서비스 상태, 객실과 부대시설 상태, 안전관리 등에 관한 법령 준수 여부

3절 관광교통업

1. 관광교통업의 성격

1) 관광과 교통업

관광과 교통업은 서로 밀접한 관계를 가지고 발전해 왔고 또 발전하고 있다. 본래 관광이란 이동을 본질적 요소로 하고 있는데 이러한 이동을 담당하는 것은 교통시설이다. 따라서 교통시설은 관광객이나 재화 및 정보를 장소적으로 이동시켜 주는 서비스를 제공해 주기 때문에 이것이 바로 관광교통업이다.

관광자원이 아무리 훌륭하게 잘 개발되어 있다 하더라도 교통시설이 충분히 정비되어 있지 못하면 관광사업은 크게 발전할 수 없다. 그러므로 관광은 교통을 필연적으로 수반하는 현상이라고 할 수 있다. 특히 교통업은 관광객 왕래를 촉진시키는 매개체로 발전되어 왔다. 관광과 교통과의 관계를 살펴보면 교통업은 관광에 편익기능을 제공하고 그러한 편익기능의 향상이 관광객 왕래를 증진시켜 주었다. 즉, 교통기관은 공간적 거리를 촉진함으로써 관광객 · 재화 · 정보 등을 전달하는 수단과 기술로 발전하였다.

현대사회의 관광은 옛날처럼 걸어서 이동하는 여행은 좀처럼 생각할 수가 없고 자동차나 기차, 선박, 항공기 이용이 국제관광증진에 크게 기여하고 있다. 때문에 이러한 수송기관을 이용하여 관광객 또는 재화를 장소적으로 이동시켜 주는 서비스를 상품으로 하여 판매하고 그 이윤을 추구하는 관광교통업이 발달하였다. 민간기업과 지방공공단체가 운영하는 공영사업도 이에 포함된다.

2) 관광교통업의 기본적 성격

관광교통업은 단순히 관광교통 측면에서만 분석해서는 안 된다. 왜냐하면 교통수단은 장소적 이동을 목적으로 하는 교통서비스라는 상품을 판매하는 것이기 때문에 시간적 · 공간적으로 분리할 수가 없기 때문이다. 즉 경제적인 관점에서 볼 때 관광객이 지불하는 운임과 통근하는 사람들이 지불하는 운임, 그리고 물자를 운반하고 지불하는 운임은 그 성격을 달리하여 지불된다. 관광과 교통업과의 관련을 중요시하는 관광과 교통업의 기본적 특성만을 고찰해 보면 다음과 같다.

(1) 즉시재(무형재)

즉시재(卽時財: Instantaneous Goods)란 교통서비스(교통용역)를 말하는데 이를 무형재(無形財: Invisible Goods)라고도 부른다. 일반적으로 유형재(有形財)는 반드시 일정한 형상과 존속기간을 가지며 그 생산과 소비는 각기 다른 장소와 시간에서 행해지는 것이 보통인데, 즉시재는 생산되는 그 순간에 소비되지 않으면 쓸모가 없다. 즉 생산이 소비이고 소비가 생산이기 때문에 재고가 불가능하다. 이것은 교통수요에 대하여 항시 대처할 수 있는 수송시설이 사회적으로 존재하지 않으면 안 된다는 의미이다. 그러나 수요가 항상 일정수준을 유지하지 않기 때문에 교통업의 어려움이 있게 마련이다.

(2) 수요의 시간적 · 지역적 편재성

수요의 시간적 · 지역적 편재성은 러시아워(Rush Hour)에서 나타나는 바와 같이 시간 또는 지역에 따라 큰 파동이 있는데, 이 파동은 1일, 1주일, 1개월, 1년간으로 구분해 보면 제각기 특징을 나타내고 있다.

일반적으로 말해서 통근이나 업무여행과 같은 생산적 교통수요인 경우에는 성수기(Peak-season)와 비수기(Off-season)의 파동은 대체로 일정한 형을 유지하며 안정되어 있다. 그러나 관광여행이나 쇼핑과 같은 소비적 교통수요의 경우에는 연간을 통한 계절적 파동은 비교적 안정되어 있다고 볼 수 있으나, 1주일이나 1일과 같은 단기간의 파동은 날씨나 사회적 조건에 따라 크게 변동되기 쉽다. 특히 관광교통은 통근과 같이 직장에 가기 위해서 교통기관을 이용하는 것과 같은 파생수요(Derived Demand)와는 달리, 교통기관을 이용하는 그 자체가 목적으로 되어 있는 본원적 수요(Elemental Demand)이기 때문에 수요의 탄력성(Elasticity of Demand)이 매우 크다.

이같은 교통업의 기본적 성격은 운임이 급작스럽게 인상되었다고 해서 통근이나 업무상의 출장을 포기할 수는 없으나, 관광여행은 그 영향을 받아 위축되기 쉽다. 따라서 관광교통은 소득의 탄성치(彈性値)도 크고 다른 한편에서는 경기변동의 영향도 받기 쉽다.

그러나 일반적으로 특정재화(서비스)에 대한 수요는 처음에는 사회적 · 문화적인 성격을 띠게 되나 점차 소비관습으로 정착하게 되고, 나아가 생활의 필요도가 높은 것으로 전환되는 것이 통례이다. 관광교통은 그런 의미에서 보면 아직은 과도기적 현상에 놓여 있다고 할 수 있다.

(3) 자본의 유휴성

자본의 유휴성이란 관광 비수기 때에는 항상 자본의 적재여력이 있다는 말이고, 자본이 유휴화되고 있다는 것을 뜻한다. 도로, 운반용구, 동력이라는 교통수단을 구성하는 3대 요소를 생각해 본다면 교통업의 총비용 가운데서 차지하는 감가상각비, 고정인건비, 고정적 유지보수비 등 이른바 고정비(固定費: Fixed Cost)의 비율이 높고, 그 때문에 조업도의 증가에 따른 단위당 고정비의 감소가 강하게 작용하므로 조업도가 높은 만큼 평균 비용이 감소된다. 이러한 것은 교통수요의 파동이 심하여 '경제의 규모(Economics of Scale)'가 명백하지 못하다. 이 때문에 교통업은 산업체 간 경쟁이 매우 치열하다.

(4) 독점성과 외부경제의 내부화

일정한 노선을 갖고 있는 교통업은 처음부터 그 지역에 자연적 독점성을 갖게 된다. 그 때문에 대체교통기관이 없는 경우에는 운임이 껑충 뛰어 올랐다고 해서 그 교통기관을 이용하지 않을 수 없다. 이와 같은 독점에 따른 폐단이 따르기 때문에 교통업에 대한 통제가 요구된다.

노선을 가지는 교통사업은 그 주변지역에 큰 영향을 준다. 예를 들면 철도가 생김으로써 주변 지역의 농가나 공장에는 보다 용이하게 농산물이나 제품의 출하가 가능하게 되고, 통근권에 들어감으로써 지가(地價)가 상승하게 된다. 이와 같은 것을 '외부경제'라 부르며, 교통업은 지역적인 독점성을 갖기 때문에 연변지역의 토지 매매에서 이익을 얻거나 혹은 터미널에 백화점이나 상가를 동시에 운영한다든가 하여 교통수요를 창출함으로써 외부경제를 내부화할 수 있는 특성을 가지고 있다.

2. 관광교통기관의 발달

관광을 가능하게 한 배경들 중에서 가장 중요시할 수 있는 것은 교통수단의 정비라고 볼 수 있다. 고대국가들 중에서도 교통수단이 가장 잘 정비되어 관광을 번영시켰던 로마제국을 그 대표적인 국가로 들 수 있다.

18세기 후반 제임스 와트(J. Watt)의 증기기관 발명으로 인해 산업 전반에 미친 영향으로 산업혁명과 더불어 자본주의 세계가 열리고, 스티븐슨(Stephenson)이 발명한 증기기관차에 의하여 1825년에는 영국의 런던에서 근거지인 스톡턴(Stockton)과 달링턴(Darlington) 사이에 철도가 개통되었다. 19세기 말에는 범선 대신 기선이 출현하여 세계의 관광왕래를 비약적으로 발전시켜 관광대중화의 길을 열게 되었다.

관광교통시설로서는 일반 교통수단과 특수 교통수단으로 구분하여 생각할 수 있다. 전자는 관광객의 거주지로부터 관광목적지에 이르는 여객수송을 맡고 있는 교통수단을 말하고, 후자는 관광지 내에서 유람적인 여객수송과 관광객수송을 맡고 있는 교통수단을 말한다.

1) 철도의 발달과 관광

철도는 원래 일반 여행수단으로서 관광전용노선은 거의 없었지만 터널이나 철교 등의 관광가치를 조성하는 시설들이 만들어지면서 그 자체가 관광여행에 큰 몫을 차지하게 되었다. 따라서 현재에도 변함없이 높은 관광성을 지니고 있으나 고속버스와 항공기 출현으로 철도의 가치가 떨어지고 있다. 그 이유는 가까운 거리는 자동차에, 먼 거리는 항공기에 점유율을 빼앗기고 있기 때문이다. 그래서 미국이나 유럽에서는 특수철도를 제외하고는 사양사업의 하나로 보고 있는 경우가 많다. 아직도 철도 이용률이 높은 나라는 일본의 신간센(시속 200km), 프랑스의 TGV(시속 250km) 등을 들 수 있다.

1899년 경인선이 개통된 이후 많은 산업철도가 지속적으로 발달하여 안전하고 편리한 교통수단으로서 국내외 관광객들에게 널리 이용되고 있다.

정부는 열차의 속도와 운행빈도를 높이고 객차를 최신형으로 고급화하여 여행환경을 쾌적화하는 한편, 승차권 전산발매제도를 확대 · 정착시키고 신혼열차, 계절관광열차 등 관광상품을 개발하여 주요 관광지와의 연계수송체계를 도입하는 등 여행의 편의를 증진시키는 데 노력하고 있다.

또한 철도이용객에게 신속·정확한 서비스를 제공하기 위해 1990년 7월부터 자동음성응답장치를 개발, 서울·부산·대구·광주역 등에 설치하여 열차시각 및 운임의 자동안내는 물론 전화연결 승차권 예약업무를 처리하고 있으며, 한국통신의 음성정보장치를 활용하여 여행객이 전국 각지에서 전화에 의한 철도안내를 받을 수 있도록 하였다.

1989년 9월부터 실시하고 있는 승차권 전화예약제도는 이용자가 계속 증가추세를 보이고 있으며, 여객승차권 구입을 보다 편리하게 하기 위하여 승차권 자동발매기를 개발, 주요역에 설치하여 여객이 직접 신용카드로 승차권을 구입할 수 있도록 하였고, 1993년 5월부터는 철도이용 불편해소를 위해 새마을호 개·집표를 생략하였으며, 장애인과 노약자 보호를 위하여 역 구내 승강장까지 승용차 출입을 허용하고 있다. 또 승강기 안내표, 승강장 번호표, 운임표, 열차시각, 철도운임, 철도노선도, 관광지도, 외국인용 관광상품 안내 등도 영문판(국·영·한문병기)으로 제작배포하고 있다.

남·북한 간의 관계개선에 따라 통일대비 및 남·북한 간의 경제·관광교류를 지원하기 위해 분단으로 끊어진 경의선, 경원선, 금강산 철도를 연결하는 사업이 진행되고 있다. 새마을호와 무궁화호 열차이용객에 대한 통신편의 제공을 위해 무선공중전화기를 확대설치하고 있으며, 1995년 11월 서울역에는 여행객과의 원활한 의사소통을 위해 매표창구를 개조하였다.

또한 대전지방철도청 19개 지역의 매표창구 앞에는 단말기 모니터 설치를 선두로 이를 전국적으로 확대, 설치하였다. 관광지 연결 철도상품 판매, 철도시설 개량 및 관광행사 관련 특별 열차운행(신혼열차·일반관광·계절관광)도 하고 있으며, 초고속철도(KTX)가 개통되어 관광활동에 큰 도움이 되고 있다.

2) 도로의 발달과 관광

자동차 도로교통이 발달하면서 철도교통과는 다른 관광형태로 관광지와 숙박시설이 출현되고 이에 따른 주차장 정비문제가 등장하게 되었다.

자동차교통은 해가 거듭될수록 매년 눈부신 발전을 해왔으며 이에 따라 렌터카

(Rent Car), 전세버스(Chartered bus), 자가용 승용차(My Car) 등이 격증하여 관광여행에 큰 몫을 하게 되었다. 특히 대부분 지역에서도 목적지까지 비행기로 가서 그곳에 내리자마자 자동차로 바꿔 타는 플라이 앤드 드라이브(Fly and Drive) 여행방식이 유행하기에 이르렀다. 이와 같은 자동차교통의 발달은 고속도로 발달과 더불어 중 · 장거리 이동에 큰 변화를 가져다주었다.

또한 여행방식에 따라 교통업도 세 가지 형태로 발전하게 되었다. 즉 여행용 버스를 이용하는 방식, 렌터카를 빌려 주는 자동차 대여회사 방식, 자가용 승용차를 여행지로 가지고 가는 방식 등을 들 수 있다. 따라서 최근에는 대여자동차업으로서 렌터카가 발전하고 있는데 이는 고속도로 발달과 도시의 교통 혼잡에 따른 주차난에서 비롯되었다. 미국을 비롯한 세계적 렌터카 회사로는 허츠(Hertz), 아비스(Avis), 내쇼날(National) 등을 들 수 있다.

자동차교통의 발전에 따라 모텔(Motel), 오토캠프장(Autocamp), 트레일러 하우스(Trailer House), 로텔(Rotel)과 같은 교통과 숙박시설을 겸한 이동수단으로서의 새로운 숙박시설이 탄생되었다. 모텔은 자동차 여행자를 대상으로 한 도로변에 설비된 숙박시설이고, 트레일러 하우스는 침대와 조리실을 배치한 소형가옥을 자동차로 끌고 다니는 가족여행용 자동차를 말하며, 오토 캠프장은 자동차 여행자를 위하여 건설된 캠프장을 말한다. 그리고 로텔은 독일에서 출현한(1966) 26인승 2층 관광버스로 만들어진 '움직이는 호텔'인데 1층은 바(Bar)와 TV를 즐기는 좌석이 있고 2층에는 샤워시설과 주방이 달린 침실로 꾸며져 있다.

도로교통 발달에 따른 관광교통업으로서는 택시, 고속버스, 렌터카, 전세버스, 자가용 승용차, 시외버스업 등이 중요한 위치를 차지하고 있다.

그 중 전세버스는 단체관광객 수송에 주로 이용되고 있으며, 신혼여행지에서는 렌터카 영업도 활발히 진행되고 있는 편이다.

3) 항공기의 발달과 관광

항공기 사업은 오늘날에 있어서 가장 급성장한 교통업이라고 할 수 있다. 국제관광객들의 항공이용도는 교통기관 중에서 가장 높은 비중을 차지하고 있으므로 항공교통의 발달은 관광과 밀접한 관계를 가지고 있다.

특히 항공운송업은 장거리 교통수단으로서 국제관광 발전에 크게 기여하고 있다. 국제선 운항현황을 보면 대만과 최초로 항공협정을 체결한 후 대한항공과 아시아나항공이 취항함으로써 국제관광객 수용에 큰 역할을 담당하고 있다. 그리고 진에어, 에어부산, 제주항공, 이스타항공, 티웨이항공 등의 저비용 항공사(Low Cost Carrier)가 국제선 수송을 시작하고 있다.

또한 국내선 운항을 살펴보면 서울에서 부산노선을 비롯하여 여러 노선에 대한항공과 아시아나, 제주항공 등 저비용 항공사가 취항하고 있어 국내관광발전에도 큰 도움을 주고 있다.

최근 항공업계의 동향을 보면 [그림 11-5]와 같으며, 우리나라와 세계 여러 나라와의 항공협정체결과 항공교통성장률을 보면 〈표 11-5〉와 [그림 11-6]과 같다.

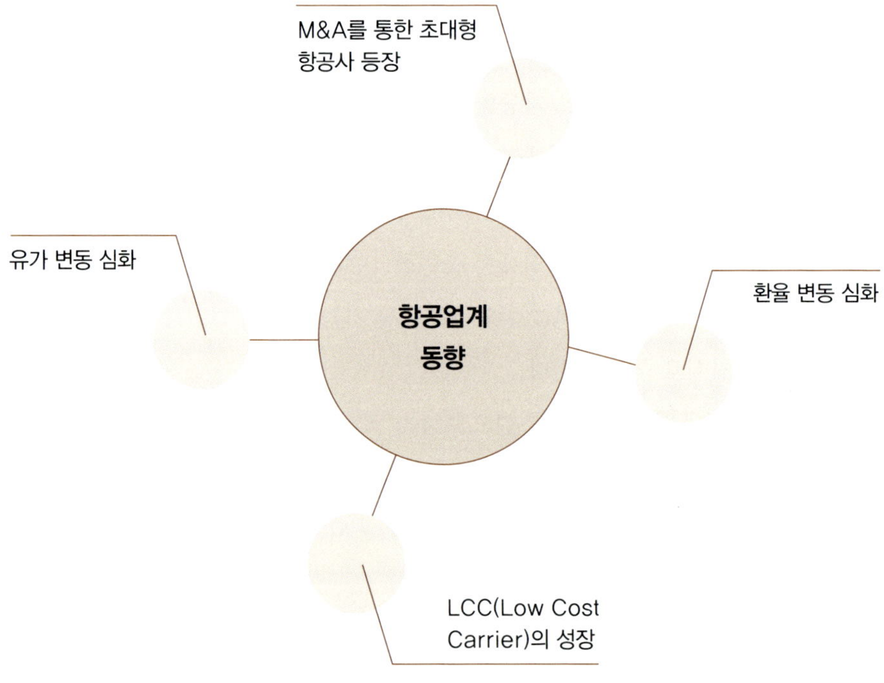

그림 11-5 • 항공업계의 동향

표 11-5 • 항공협정 체결국가 현황

지역	국가
아시아(22)	중국, 태국, 일본, 부르나이, 인도, 몽고, 베트남, 말련, 홍콩, 필리핀, 싱가폴, 우즈베키스탄, 마카오, 인니, 파키스탄, 카자흐스탄, 키르기스탄, 네팔(이상 복수제)
	미얀마, 방글라데시, 몰디브, 스리랑카(이상 단수제)
미주(7)	미국, 칠레, 캐나다, 브라질, 아르헨티나(이상 복수제)
	파나마, 멕시코(이상 단수제)
대양주(3)	피지, 호주, 뉴질랜드
구주(25)	영국, 네덜란드, 벨기에, 스위스, 오스트리아, 독일, 폴란드, 유고, 체코, 러시아, 루마니아, 몰타, 불가리아, 핀란드, 덴마크, 노르웨이, 우크라이나, 스웨덴, 포르투갈, 룩셈부르그(이상 복수제)
	프랑스, 그리스, 스페인, 헝가리, 이탈리아(이상 단수제)
중동(10)	오만, UAE, 바레인, 이란(이상 복수제)
	사우디아라비아, 요르단, 터키, 쿠웨이트, 이라크, 이스라엘(이상 단수제)
아프리카(10)	이집트, 수단, 튀니지, 남아공, 모로코(이상 복수제)
	리베리아, 지부티, 케냐, 가봉, 나이지리아(이상 단수제)
계	77개국(복수제 55개국, 단수제 22개국)

출처: 국토교통부 항공국

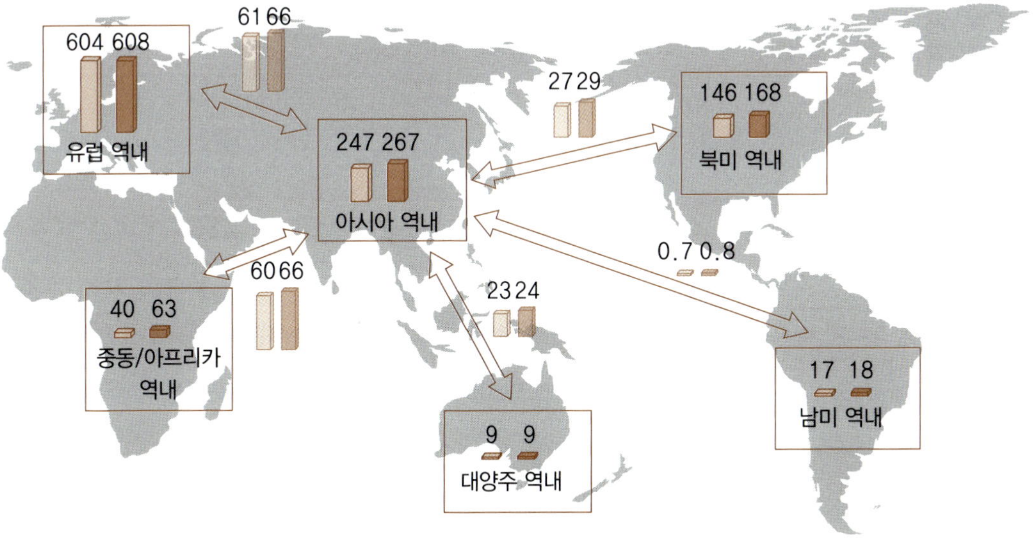

그림 11-6 • 전 세계 항공여객 성장률 예상 분포도

4) 선박의 발달과 관광

선박(여객선)은 근대관광의 교통수단으로 중추적 역할을 담당해 왔으나 항공기 출현으로 쇠퇴하게 되었다. 그러나 한국에서는 대외무역의 활성화에 힘입어 해상관광개발 및 해안도서지방의 교통수요에 따라 관광객 운송수단으로써 그 수요가 증가되고 있으며, 백령도, 울릉도, 금강산까지 관광지화되어 도서지방과 북한지방(장전)을 운항하는 항로가 현대화 및 쾌속화되어 있다.

국내 선박로는 목포~홍도, 포항~울릉도 등 23개 항로가 개설되었고, 카페리호는 부산~제주, 목포~제주 등 9개 항로에서 관광객을 운송하고 있다. 한편 부산~시모노세키, 하카다, 인천~중국, 속초~장전(북한) 등 관광해상교통수단을 적극 개발하고 있다.

또한 국제적으로 살펴보면 퀸 엘리자베스(Queen Elisabeth)호, 코스타크루즈와 같은 호화 여객선, 카페리(Ferry Boat), 수중관람선(Hydrofoil Boat), 허버크래프트(Hover Craft) 등이 출현하여 특이한 해상 관광역할을 담당하게 되었다. 특히 허버크래프트는 영국에서 개발한 압축공기를 이용한 수륙 양용 배로서 도버해협을 횡단하는 쾌속정이므로 인기가 높아 항공기의 일종으로 구분하고 있다. 이와 같이 선박의 발달은 관광발전에 많은 영향을 미치고 있다.

3. 교통기관 발달과 관광의 대중화

1) 시대적 거리의 단축

관광교통은 거리의 문제가 아니라 왕복시간의 거리가 중요시되는 것이다. 관광목적지가 근거리에 위치하고 있다 하더라도 교통기관이 불편하면 이동하는 시간 거리는 멀어지기 때문이다. 예를 들면 서울에서 부산까지의 거리는 과거 옛날에는 1주일 정도가 걸린 거리이지만 현대교통기관이 발달함에 따라 2시간 정도로 시간적 거리가 단축된 것을 알 수 있다.

교통기관의 발달은 관광지로의 이동을 편리하게 할 뿐만 아니라 잠재적 관광자원을 개발하는 데에도 크게 이바지하고 있다. 따라서 시간적 거리의 단축은 관광의 대중화를 촉진시켜 주고 체재형 관광 및 여행숙박비도 절감할 수 있게 되었다. 그런 의미에서 교통기관의 발달은 관광사업 활성화를 촉진시키기 위한 시간적 거리 단축에 큰 의의를 갖게 되었다.

2) 경제적 거리의 단축

경제적 거리 단축이란 대중교통이 발달하고 대량운송체제를 갖추게 됨으로써 교통시설을 이용하는 사람이 많아지고 이에 따라 거리에 비하여 운임이 싼 교통업이 성립될 수 있는 것을 말한다.

경제적 거리의 단축은 시간적 거리의 단축과 함께 관광을 대중화시키는 데 큰 역할을 하였다. 반면에 항공기의 발달은 시간적 거리는 단축시켰으나 경제적 거리는 멀어지게 되었다. 즉 운임이 비싸서 즐거운 여행에는 이용하기가 어렵다는 것이다. 그리하여 항공기의 경우 전세(Charter) 형태의 싼 요금인 차터운임이 생겨났고, 또한 전세기의 단체할인운임의 일종인 벌크운임(Contract Bulk Inclusive Tour) 제도가 생겨나게 되었다.

벌크운임이란 여행업자가 항공기 좌석을 미리 다량으로 구입하여 확보해 두었다가 관광여행객에게 객실수배와 함께 세트화해서 여행상품으로 판매하는 것을 말한다. 이것은 보통운임의 거의 50%에 팔기 때문에 대중관광의 경제적 거리를 단축시켜 주는 데 큰 역할을 하였으며, 서울에서 제주도까지의 경제적 · 시간적 거리의 단축으로 즐거움을 위한 관광여행이 대중화할 수 있는 여건을 갖추게 되었다.

4. 관광교통과 현대적 과제

1) 모터리제이션과 관광

모터리제이션(Motorization)이란 교통수단을 동력화한다는 의미로서 자동차 이용의 보급을 뜻한다. 따라서 개인이용률이 높은 자가용차는 즐거운 관광여행을 위한 이동수단으로서 새로운 가능성을 제공하였다. 관광여행을 위하여 이동할 때에 임의성을 빼앗기면 관광 그 자체에 흥미를 잃게 되므로, 열차나 항공기에 비하여 자가용차는 관광이동수단으로서 일반대중에게 어필하게 되는 것이다.

철도의 이용은 점(點)의 관광을 실현시켰고, 버스의 이용은 선(線)의 관광을 실현시켰다면 자가용 자동차는 면(面)의 관광을 실현시켰다고 볼 수 있으므로 모터리제이션 교통사업은 관광에 큰 변화를 주었다. 따라서 면의 관광은 관광목적지와 그 과정에 있어서 관광행동 범위의 폭을 넓혀 주는 관광이기 때문에 자가용차에 의한 관광교통업은 더욱 증가될 것이다.

2) 관광교통업의 현대적 과제

관광을 성립시키고 가능하게 하는 것은 자동차에 의한 이동관계가 크므로 관광행동의 확대가 공해를 유발하고 자연을 훼손케 하는 경향을 발생시키므로 여기에 문제가 있다고 본다. 최근에는 자가용차의 발달로 인하여 여행거리가 멀어지고 있는 반면에 체재기간은 단축되고 있다. 자가용차를 이용한 여행목적에는 드라이브를 겸한 사람들이 늘어나고 있어 밀폐된 자동차가 사람들의 만남을 차단하는 경향이 많다. 특히 교통기관은 안정성 · 고속성 · 편리성 · 쾌적성 등을 위해 발달해 온 것처럼 이러한 기능을 다하기 위하여 자동차회사가 설립되었다. 그러나 차량증가로 인한 배기가스 · 소음 · 교통체증 등의 공해가 자연환경과 인간생활환경에 미치는 영향은 큰 사회문제가 될 뿐만 아니라 관광교통을 생각해야 하는 과제가 되고 있다.

Chapter 11 학습문제

01. 다음 중 여행업의 7대 기능이 순서대로 바르게 짝지어진 것은?

① 상담 - 예약, 수배 - 판매 - 수속대행 - 발권 - 여정관리 - 정산
② 예약, 수배 - 판매 - 상담 - 발권 - 수속대행 - 정산 - 여정관리
③ 발권 - 판매 - 수배 - 예약 - 수속대행 - 여정관리 - 발권
④ 상담 - 판매 - 예약 - 발권 - 여정관리 - 수속대행 - 정산

02. 국내, 국외를 여행하는 관광객을 대상으로 영업하는 여행업을 무엇이라 하는가?

① 일반여행업 ② 국내여행업
③ 국외여행업 ④ 특수여행업

03. 다음 중 랜드 오퍼레이터(Land Operator)란 무엇인가?

① 일반전문여행업자 ② 소매전문여행업자
③ 도매전문여행업자 ④ 수배전문여행업자

04. 우리나라에서 여행사 등록 시 일반여행업으로 등록할 수 있는 기본자금은 얼마인가?

① 5천만 원 이상 ② 6천만 원 이상
③ 1억 원 이상 ④ 2억 원 이상

05. 우리나라 여행사에서 판매하고 있는 기획된 여행상품이란 어떤 것인가?

① 중저가 관광상품 ② 패키지 관광상품
③ 개별 관광상품 ④ 소매 관광상품

06. 우리나라에 1902년 최초로 세워진 서양식 호텔은?

① 대불호텔 ② 손탁호텔
③ 반도호텔 ④ 조선호텔

07. 1936년 건립된 한국 최초의 서구식 상용호텔은?

① 롯데호텔 ② 조선호텔
③ 반도호텔 ④ 대불호텔

08. 관광진흥법 시행령 제22조 제2항에 의허 호텔업 등급은 무궁화 몇 개로 구분하는가?

① 2개 등급 ② 4개 등급
③ 5개 등급 ④ 7개 등급

09. 호텔 분류 중 장소적 입지조건에 의한 호텔은?

① 리조트호텔 ② 시티호텔
③ 레지덴셜 호텔 ④ 체인호텔

10. 다음 중 여행과 관련된 호텔업의 특징과 거리가 먼 것은?

① 시설의 조기노후화가 빠르다.
② 투자한 자본의 회전율이 낮은 편이다.
③ 호텔의 제품은 저장이 불가능한 상품이다.
④ 호텔의 제품판매는 계절의 영향을 받지 않는다.

11. 다음 중 관광진흥법 제2조에 의거 관광숙박호텔업에 해당되지 않는 것은?

① 유스호스텔 ② 휴양콘도미니엄
③ 컨트리호텔 ④ 요텔

12. 다음 중 호텔 용어인 Paging service란 무엇인가?

① 호텔에서 물건을 찾아주는 서비스
② 호텔에서 식당을 안내하는 서비스
③ 호텔에서 프런트를 찾아주는 서비스
④ 호텔에서 손님을 찾아주는 서비스

13. 다음 중 국내 저가항공사와 관계없는 것은?

① 제주항공 ② 이스타항공
③ 아시아나항동 ④ 티웨이항동

14. 다음 중 관광교통업의 기본적 성격이라고 볼 수 없는 것은?

① 자본의 유휴성

② 유형재로서의 존속성

③ 일정노선의 독점성

④ 수요의 시간적, 지역적 편중성

15. 다음 중 우리나라에서 기항지 상륙여행(Shore Excursion) 시간을 몇 시간을 한계로 하고 있나?

① 48시간 ② 52시간

③ 70시간 ④ 72시간

정답

01. ① 02. ① 03. ④ 04. ④ 05. ② 06. ② 07. ③ 08. ③ 09. ② 10. ④ 11. ②
12. ④ 13. ③ 14. ② 15. ④

CHAPTER

12 관광사업의 기타 업종과 경영

1절 국제회의업

1. 국제회의업 개념과 의의

국제회의업이란 국제적 회의를 통해 얻어지는 제반 업무에 관한 지식산업으로서 이에 발생되는 수익사업을 의미한다. 따라서 관광수요를 유발할 수 있는 국제회의시설업으로서의 컨벤션산업이라고 할 수 있다.

국제회의업 육성의 목적은 국제회의를 촉진과 아울러 원활한 개최를 지원하여 국제회의 산업을 육성 진흥함으로써 관광산업의 발전과 국민경제의 향상 등에 이바지함을 목적으로 한다. 우리나라 국제회의산업육성에 관한 법률은 1996년 12월 30일 법률 제5210호로 제정되었고, 그 후 수차례 개정을 거쳤으며, 2011년 8월 4일 최종 개정된 후 현재에 이르고 있다.

컨벤션산업은 컨벤션센터의 운영과 관련된 설비 및 서비스 관련산업, 전시관련산업을 지칭하나, 다양한 연관 산업 효과를 가지고 있어 경제적 파급효과가 매우 높은 산업이며, 관광, 레저산업, 숙박, 유통, 식음료, 교통, 통신 등과 관련된 종합산업(Complex Industry)이며 지식기반사업(Knowledge-based Industry)으로서의 고부가가치산업이다.

컨벤션(Convention)이란 통상적으로 공인된 단체가 정기 또는 부정기적으로 각국 대표가 참가하는 회의를 의미하고, 어원적 정의로 함께(con)라는 뜻의 접두어와 만나다(vene)라는 어근의 합성어가 상징하듯 함께 만나다라는 의미를 갖는다.

국제회의에 대한 개념은 컨벤션, 전시회의 개념과 혼합되어 현재 사용되고 있으며, 그 개념에 대한 정의는 사전적, 법률적, 학문적, 국제기구의 기준에 의거하여 사용되고 있다.

세계 각국은 회의, 인센티브, 컨벤션, 전시회(MICE-Meeting, Incentive, Convention, Exhibition)에 대하여 유치경쟁을 벌이고 있으며, 경제가 발전하고 세계화 추세에 따라 컨벤션에 대한 수요는 급격히 증가하고 있으며 그 규모도 대형화 전문화되어 가고 있다.

MICE산업이라고 통칭되는 국제회의업은 국제회의 시설업과 국제회의 기획업으로 분류되고 있다. 국제회의 시설업은 대규모 관광 수요를 유발하는 국제회의를 설치 · 운영할 수 있는 업을 말하고, 국제회의 기획업은 대규모 관광 수요를 유발시킬 수 있는 국제회의 계획, 준비, 진행 등에 필요한 업무를 행사 주관자로부터 위탁받아 대행하는 업을 말한다.

국제회의업은 국제회의업무를 효율적으로 수행하기 위한 계획, 준비, 진행 등 제반업무에 관한 지식을 산업적으로 육성시키고자 국제회의 산업육성에 관한 법률을 제정하였다. 그리고 1998년에 관광진흥법을 개정하여 국제회의 용역업을 국제회의 기획업으로 명칭을 변경하고 국제회의 시설업을 추가하여 국제회의업으로 확대하였다. 2005년에는 국제회의업에 대한 문화체육관광부장관 또는 시 · 도지사의 등록 권한을 각각 시 · 도지사 또는 시장 · 군수 · 구청장에게 이양하였다. 이에 따라 국제회의업산업이 비약적으로 발전하고 있다.

또한 컨벤션에 대한 개최수요가 지속적으로 증가함에 대응하여 대규모의 컨벤션센타의 건립과 수용체계의 정비, 국제회의기획업의 진흥에 관한 정책적 노력의 일환으로 '국제회의산업 육성기본계획'에 따라 전문인력 양성 전문자격증 제도를 2002년 4월에 도입하였다(국제회의산업육성에 관한 법률 제10조).

그러나 국내의 국제회의유치를 위한 국제회의장 시설, 기획, 마케팅 등의 전문인력 부족과 컨벤션에 필요한 관광 편의시설 등의 측면에서 아시아경쟁국인 싱가포르, 홍콩, 중국, 일본 등과 경쟁하고 있다.

따라서 국제회의에 대한 개념을 정의하면 다음 표 〈표 12-1〉과 같이 요약할 수 있다.

표 12-1 • 국제회의에 대한 개념 정의

구분		국제회의 개념
사전적 정의	The Oxford English Eictionary 1970	일반적인 목적 아래 사람을 모으거나 모이는 행위로 특히 정치적, 사회적, 종교적 문제를 심의 검토, 토의하거나 입안을 위하여 모이는 일반적인 집회
	동아 새국어사전(1997)	국제적인 이해 사항을 토의, 결정하기 위하여 여러 나라의 대표자가 모여서 여는 회의
법률적 정의	일본컨벤션법(1994)	2개국 이상이 참가하고 상당수의 외국인이 참가하는 회의, 토론회, 강습회 기타 이외 유사한 집회로서 관광여행 그외 외국인을 위한 관광 및 교류를 목적으로 하는 행사
	국제회의 육성에 관한 법(1996)	국제기구에 가입한 기관 또는 법인, 단체는 5개국 이상 참여, 참가자 300인 이상, 100인 이상의 외국인이 참여, 3일 이상 진행되는 회의
학문적 정의	Berkman et al(convention managmet & service 1984)	특정한 목적을 달성하기 위한 사회단체나 정당원들 간의 회의, 사업이나 무역에 있어서의 호의, 정부 또는 정치가 간의 회의로 통상 공인된 단체가 3개국 이상에서 대표가 참가하는 정기적 부정기적 회의
	김복만(1987)	국적을 달리하는 특정 다수인이 특정 목적이나 가치재를 중심으로 모여 회합하거나 지식, 정보 등을 교류하는 행사의 총체
국제기구적 정의	UIA	국제기구가 주최하거나 후원하는 회의이거나 국제기구에 소속된 국내단체가 주체하는 회의 중 ① 참가국수 5개국 이상, ② 전체 참가자 수 300명 이상, ③ 참가자 중 외국인이 40% 이상, ④ 회의 기간이 3일 이상의 4가지 조건을 만족하는 회의를 말한다.
	KNTO	국제기구 본부에서 주체하거나 국내단체가 주관하는 회의 중 참가자 수가 3개국 이상이고 회의기간은 2일 이상이며 외국인 참가자 수는 10명 이상인 회의로 정의하고 있다.

2. 국제회의 종류와 형태별 분류

- 미팅(Meeting) : 일반적인 회의
- 컨벤션(Convention) : 정보전달을 위한 일반적 회의
- 세미나(Seminar) : 주로 교육 목적을 띤 회의로서 30명 이하 규모로 행해지는 전문가 주도의 발표, 토론회의
- 포럼(Forum) : 사회자의 주도하에 이루어지는 동일 분야 전문가들이 청중 앞에서 벌이는 공개토론회

- 워크숍(Workshop) : 어떤 문제 해결을 위해 특정 문제나 과제에 관한 새로운 지식, 기술, 아이디어 등을 교환하는 회의
- 심포지엄(Symposium) : 전문가들이 제시된 안건의 연구결과를 가지고 청중 앞에서 벌이는 공개토론회
- 컨퍼런스(Conference) : 컨벤션과 비슷하나 토론이 많이 열리는 것이 특징
- 콘글레스(Congress) : 유럽 지역에서 사용하는 국제규모 회의
- 원격회의(Teleconference) : 통신시설을 이용하여 국가 간에 개최되는 회의
- 패널토의(Panel Discussion) : 사회자와 연사 간의 공개토론 중 청중의 의견을 발표하는 회의

3. 국제회의의 효과와 특성

국제회의 관련 산업의 경제적 파급효과와 정치, 경제, 사회, 문화 측면의 영향력에 대해 강조하고 있다. 국제회의를 유치함으로서 경제적, 정치적, 문화적으로 미치는 영향은 매우 다양하며, 국제회의의 진흥은 국제적인 인적교류 및 참가자 상호간의 직접적인 정보교환으로 국제간의 상호이해의 증진을 도모하는 데 필수적이다. 따라서 국제회의의 중요성을 재인식하고 이에 필요한 인프라 구축과 지원에 대한 연구를 마련해야 하며 소프트(Soft)부분의 성장을 도모해야 한다.

개발도상국은 선진국의 대열에 들어가기 위해서 국제회의를 통해서 선진국의 노하우를 직접적으로 수용하여, 국제협력 및 산업발전에 필수적인 역할을 한다. 이러한 국제회의가 유치되면 회의관련 사업체의 수익증대에도 큰 도움이 된다. 각종 국제회의의 개최되는 빈도가 증가함에 따라 각 관련 분야의 국제화와 질적 향상은 물론 일반 국민의 자부심 및 의식 수준 향상을 꾀할 수 있고, 호텔(국제회의 시설), 국제회의용역업체(PCO), 여행사, 항공사, 이벤트 회사의 수익을 증대시키는 효과가 있다.

또한 국가적인 측면에서는 개최국의 국익신장에 기여하며 국제적인 영향력과 외교력을 상승시키는 데 기여한다. 우리나라의 경우 비수교국이나 비동맹국대표가 다수 참가함으로써 평화통일 외교정책 구현에 기여하게 되고, 국제회의 참가자가 해당 분야의 영향력 있는 고위지도급 인사로 구성되므로 민간 외교적 차원에서 파급효과가

크다고 할 수 있다.

아울러 국제회의에 참가하는 각국 대표들은 해당 국제회의의 내용이 참가자 자신과 밀접한 관계를 가지고 있으며, 일반관광객과는 달리 국제회의 개최국에 대해 비교적 충분한 심적 준비기간을 가지고 관심사항에 대한 자료나 정보를 수집하게 되므로 국가의 효과적인 이미지 부각에 용이하다. 그리고 회의 참가자들은 자신들이 국제회의 참가를 주위의 동료, 친지, 관련단체, 주요 인사들의 접촉 시에 의논함으로서 국가 홍보에도 큰 효과를 가져다 줄 수 있다.

4. 국제회의의 시장현황

국제회의 시장으로 대표되는 나라는 싱가포르를 들 수 있는데 이 나라는 국제회의 산업이 잘 발달되어 있다. 특히 MICE(Meeting, Incentive, Conference, Exhibition)로 통칭되고 있는 상업여행, 이벤트 분야에서 싱가포르는 지속적으로 신규 기록을 세우고 있다.

관광수입 총액 중 약 40%가 MICE 분야에서 지출되었으며, 세계적으로 파리, 비엔나 등 오랫동안 선호된 도시를 넘어 국제적으로 국제회의가 많이 열리는 도시로 거듭나고 있다(Union of International Assosiations: UIA, 2013).

싱가포르 관광청은 마리나 베이에 금융센터와 함께 대형 리조트를 오픈시킨 후 F1, Youth Olympic 등 다양한 세계적인 이벤트를 개최한 바 있으며, 이러한 대형 이벤트로 인한 관광수입은 105억 달러에 이르고 있다.

UIA(국제단체연합) 발표에 따르면 일본은 연간 세계 4위의 국제회의 개최 결과를 나타내고 있으며, 세계에서 개최율도 매년 약 7.4% 증가시키고 있다. 또한 중국에서 개최되는 회의 · 전시는 연간 약 4천여 건이며, ICCA(국제회의협회), SITE(국제인센티브 관광고급책임자협회), MPI(국제회의 전문인력 연합회) 등 관련 기관의 예측에 따르면, 2020 중국 MICE 시장은 현재의 5배 규모로 성장할 것으로 예측하고 있다. 중국이 21세기 최대의 MICE 개최국이 될 것으로 추정하고 있으며, 전체 순위는 1위 아메리카, 2위 프랑스, 3위 싱가포르, 4위 일본, 5위 스페인으로 예측하고 있다.

UIA는 1907년에 설립되어, 6만을 넘는 국제기관, 국제단체 등에 관한 정보조사,

통계편집 등을 행하는 비영리, 비정부단체로 브뤼셀에 본부를 두고 있다.

특히 UIA의 국제회의 인정 기준은 국제기관 · 국제단체 본부가 주최 혹은 후원하는 회의로써, ① 참가인수 50명 이상, ② 참가국수 3개국 이상, ③ 개최기간 1일 이상을 국제회의로 인정하고 있다.

또한 '국제기관 · 국제단체'가 아닌 경우의 회의는 ① 개최국 이외 참가자가 적어도 총 참가인수의 40%, ② 참가인수 300명 이상, ③ 참가국수 5개국 이상, 개최기간 3일 이상인 경우에 한하며 인정하고 있다. 그리고 참가인수 조건을 채우지 못해도 전시회를 병행할 경우 참가인원 조건을 채우는 것으로 본다. 참가국수 및 개최기간에 대해, UIA가 확인하지 않은 경우 각국이 종래 기준에 맞는 것으로 보고한 회의에 대해서도 국제회의로 인정하고 있다.

따라서 우리나라 정부에서도 17대 신성장동력의 하나로 지정된 MICE 산업에 대한 정보 인프라를 확충하고, 국가경쟁력을 강화하고자 MICE 정보시스템(K-MICE)을 구축하여 서비스를 실시하고 있다.

한국관광공사에서 구축한 K-MICE는 MICE 업계 이해관계자의 수요 분석을 통하여 MICE 정보화 방향과 시스템 기능을 설계하여 정보의 통합관리 기능 및 각종 온라인 사업지원 프로세스의 인트라넷 역할을 하고 있다.

K-MICE의 주요 기능으로는 MICE 행사정보 등록 및 조회, 통계분석 등 MICE 통합정보 제공, 국제회의 유치/개최지원, 전시박람회 참가 등 각종 온라인 사업지원, MICE 업계 간 커뮤니케이션 및 마케팅 지원을 위한 온라인 협업 공간, 메신저, 커뮤니티, CRM 솔루션 제공 등이 있다.

영문 K-MICE 에는 Venue Finder, RFP 메뉴의 기능강화를 통하여 해외 MICE 바이어들이 필요한 정보를 찾고, 국내 MICE 업계와 쉽게 접촉할 수 있도록 지원하고 있다. 아울러 기존 코리아 MICE 뷰로 웹사이트를 대체하여 국문과 영문 페이지가 각각 운영되며, 한국관광공사의 관광정보포털사이트(www.visitkorea.or.kr)를 통해 접속하거나 www.koreamice.org로 직접 접속할 수 있다. 그리고 국내의 국제회의 시장 현황 및 산업체에 대한 사항은 한국 컨벤션산업협회(www.conventionassociation.org), 한국 MICE협회(www.micekorea.or.kr), 한국 국제회의 전문기획사 협회(www.kacpo.or.kr) 등을 통하여 알 수 있다. 국내컨벤션 관련 사이트로는 한국관광공사 코리아 컨벤션 뷰로(www.koreamice.org), 서울컨벤션뷰로(www.miceseoul.com), 부산컨벤션뷰로(www.

busancvb.org), 대구컨벤션뷰로(www.daegucvb.com), 제주컨벤션뷰로(www.jejucvb.or.kr), 대전컨벤션뷰로(www.dcckorea.or.kr), 인천컨벤션뷰로(www.into.or.kr), 광주컨벤션뷰로(www.gwangjucvb.or.kr)를 통하여 살펴볼 수 있다.

국내컨벤션 센터의 사이트와 컨벤션 관련 국제기구 현황을 살펴보면 〈표 12-2〉, 〈표 12-3〉과 같다.

표 12-2 • 국내 컨벤션 센터 사이트

센터명	웹사이트
코엑스(COEX)	www.coex.co.kr
벡스코(BEXCO)	www.bexco.co.kr
대구전시컨벤션센터(EXCO)	www.excodaegu.co.kr
제주국제컨벤션센터(ICC)	www.iccjeju.co.kr
한국국제전시장(KINTEX)	www.kintex.com
김대중컨벤션센터	www.kdjcenter.or.kr
창원컨벤션센터(CECO)	www.ceco.co.kr
인천국제컨벤션센터(INTO)	www.songdoconvensia.com
대전국제컨벤션센터(DCC)	www.dcckorea.or.kr

표 12-3 • 컨벤션 관련 국제기구 현황

협회명	본부위치	웹사이트
ICCA (International congress & Convention Assocoation)	네덜란드 암스테르담	www.iccaworld.com
UIA (Union of International Associations)	벨기에 브뤼셀	www.uia.org
IAPCO (The International Association of Professional Congress Organisers)	영국 남부 Ryde	www.iapco.org
DMA (Destination Marketing Association International)	미국 워싱턴 DC	www.destinationmarketing.org
SITE (Society of Incentive & Travel Executives)	미국 시카고	www.site-intl.org
ASAE (American Society of Association Executives)	미국 워싱턴 DC	www.asaenet.org
CIC (Cinvention Industry council)	미국 워싱턴DC	www.conventionindustry.org

계속

협회명	본부위치	웹사이트
IAEE (International Association of Exhibitions &Events)	미국 텍사스 달라스	www.iaee.com
MPI (Meeting Professionals International)	미국 텍사스 달라스	www.mpiweb.org
PCMA (Professional Convention Management Association)	미국 시카고	www.pcma.org
AACVB (Asian Association of convention & Visitor Bureaux)	-	www.aacvb.org
AIIC (Association Internationable des Interpretes de Conference)	스위스 제네바	www.aiic.net
IAAM (International Association of Assembly Managers)	미국 텍사스	www.iaam.org
SGMP (Society of Government Meeting Professionals)	-	www.sgmp.org
ACOM (Association for convention Operations Management)	-	www.acomonline.org
AIPC (Association International des Palais de Congres)	벨기에 브뤼셀	www.aipc.org
EVVC (Healthcare Convention & Exhibitors Association)	미국 조지아 아틀랜타	www.hcea.org
IPCAA (International Pharmaceutical Congress Advusory Association)	스위스 Basel	www.ipcaa.org
JMIC (Joint Meetings Industry Council)	벨기에 브뤼셀	www.themeetingsindustry.org

2절 관광쇼핑업

1. 관광쇼핑업의 개념

쇼핑은 사회적 오락활동으로 물건 구경하기(Window Shopping)란 용어로 사용하고 있으며, 쇼핑상품(Shopping Goods)은 소비재로 구분되고 있다. 한편, 관광쇼핑(Tourism Shopping)은 구매의사를 가진 자가 그 욕구를 충족시키기 위하여 관광목적지에서 재화와 용역을 살펴보고 구매하는 행위로 정의할 수 있다. 또한 관광쇼핑은 관광소비행위 과정을 통하여 관광목적지와 그 지역에 사회·문화적·경제적 영향을 미친다.

관광지에서의 쇼핑이란 그 주체가 어디까지나 관광객들이므로 지역주민들의 일반적 쇼핑행위보다 먹기, 구경하기와 같이 관광쇼핑에서 부수적으로 일어나는 행위들이 더욱 중요성을 더하고 있다. 관광쇼핑이 거의 모든 관광자가 관광목적지에서 쇼핑활동을 즐기고 있다는 사실을 고려할 때, 그들의 욕구에 따라 관광지에서 물건을 구매하는 행위를 포함하여, 먹기, 구경하기 등 그 과정에서 부수적으로 일어나는 모든 행위로 볼 수 있다. 이렇듯 오늘날 쇼핑은 관광활동에서 주요한 부분을 차지하고 있으며, 최근 관광객들이 다양한 활동에 참여하면서 적극적으로 여행의 즐거움을 찾는 경향이 높아지고 있다.

따라서 관광쇼핑은 이제 더 이상 관광의 부수적 행위가 아니라 숙박이나 볼거리와 같이 대등한 관광객들의 중요활동의 하나이다. 관광객들은 관광지를 선택할 때 그곳에서 좋은 물건을 살 수 있는지, 또 여행지에서 구입한 물건들의 품질이나 가격 등이 신뢰할 수 있는 것인지에 대해 점점 더 많은 관심을 보이고 있다. 뿐만 아니라 쇼핑경험은 여행에서 돌아온 후 여행경험을 판단할 때에도 관광이미지 형성에 큰 영향을 미치고 있다.

쇼핑은 관광목적지를 결정하는 데 중요한 요소로 떠오르고 있으며, 이는 유·무형의 역사 문화관광자원이 충분치 못하여 쇼핑관광이 중요한 부분을 차지하고 있는 사례를 살펴볼 수 있다. 이러한 사례로 싱가포르나 홍콩 등의 나라가 우리보다 외국관광객의 유치나 관광외화 획득 측면에서 관광 정책 전략적 쇼핑거리 개발과 쇼핑관광객 유치에 단연 앞서고 있다.

관광쇼핑업은 국내 관광산업 중에서 큰 비중을 차지하고 있고 더 큰 성장의 필요성이 대두되고 있으므로 쇼핑산업 경쟁력에 대한 연구가 요구되고 있다. 그리고 관광객들에게 많은 시간과 돈이 할애되는 관광활동에 쇼핑이라는 사실에도 불구하고 쇼핑은 아직까지 경시되는 경향이 있다. 관광소비자들에 대한 자극을 증가시키는 방법 중 하나는 새로운 관광지에서 그 지역의 특산품점이나 새로운 관광쇼핑몰 등에서 쇼핑을 하는 것이 될 수 있다. 또한 이것은 관광자들로 하여금 일상의 스트레스 탈피, 육체적 운동, 다른 사람과의 의사소통 그리고 새로운 지적 자극 및 사회화 측면의 감각적 자극을 줄 수 있다. 그리고 관광쇼핑행동에 있어서 감각추구성향은 새롭고 다양한 것을 통해 자극 및 즐거움을 추구하는 데 영향을 미칠 수 있다. 감각추구성향이 높을수록 관광쇼핑행동과 높은 상관관계가 나타난다.

2. 관광쇼핑의 특성과 효과

관광쇼핑의 특성은 관광자의 계속적인 구매 및 유대관계를 맺게 해주는 촉매제로서 관광객의 수요를 충족시키고, 그 나라 전통문화를 보급시킴은 물론 국제친선과 우호의 매체 역할도 가능케 하며 비수기 관광산업 육성의 촉진제 역할도 할 수 있는 것이 특성이다.

또한 관광쇼핑은 관광쇼핑상품의 구매를 통한 관련 산업에 있어 외화가득률이 가장 높은 업종인 동시에 각 지역문화, 풍습, 기술수준 등이 집약되어 있다는 점에서 관광정책에서 중요한 관심대상이 될 수 있다. 따라서 관광쇼핑의 활성화는 이와 관련된 모든 사업의 발전을 촉진시킴과 동시에 구매상품취급분야의 고용증대효과를 가져온다. 그리고 고용기획의 증대는 새로운 구매력을 낳게 하고, 수요를 확대시키며, 이른바 관광 승수효과를 나타내게 된다.

관광쇼핑은 쇼핑 그 자체의 동기에 의해서도 이루어지지만 다른 목적의 관광에 부수적으로 이루어지는 겸목적이고 복합적 특성을 지니고 있다. 즉 순수하게 쇼핑을 목적으로 구매하는 것과 아울러 먹는 것을 즐기고, 감상하는 순수관광과 방문, 공용 및 회의 참가, 스포츠 레저관광, 산업관광 등 참가 후 쇼핑하는 겸목적의 특성이 있다.

또한 관광목적지에서 일차적으로 상품을 구매함으로 인하여 관광사업자에게 어떠한 경우라도 화물운반비를 배제할 수 있으며, 이를 통하여 지역 경제의 기여를 통한 외화가득률을 높이고, 지역문화의 상품화 및 관광 정책적 발전에 일정한 역할을 한다.

관광쇼핑의 효과 측면에서 그 나라가 관광국으로서 얼마나 성공적으로 성장하였는가를 측정하는 방법 중의 하나로 쇼핑부문 및 유흥오락부문의 지출규모나 비중을 살펴보고 있다. 관광지출은 일반적으로 크게 교통비(항공료 제외), 숙박비, 음식비, 쇼핑비, 유흥비로 구분된다. 이것은 관광쇼핑으로 인하여 관광수요의 증대, 창출을 유발할 수 있고, 겸목적 관광의 활성화와 균형발전에 직 · 간접으로 기여할 수 있기 때문이다. 그리고 관광에서 쇼핑은 쇼핑상품(기념품, 토산품, 특수산품)의 쇼핑을 통한 만족감, 욕구충족으로 인하여 관광의 활성화를 기할 수 있다.

특히 관광쇼핑의 효과는 크게 관광, 경제, 사회 · 문화적 효과의 세 부분으로 나누어 볼 수 있다.

첫째, 지역 특산품 및 전문생산품 생산가능과 유발효과를 가져와 제품의 품질향상을 기대할 수 있다. 또한 쇼핑을 통해 그 지역의 특색과 지역만의 문화를 이해할 수 있으며, 지역문화 및 특색 또한 체험할 기회를 제공받고 이해하는 데 효과적이다.

둘째, 경제적 효과로는 관광쇼핑을 통한 외화가득률이 산업생산품 수출로 이어져 미래의 관광 쇼핑상품 개발에 지대한 영향을 미치는 효과가 있다.

셋째, 관광적 효과로는 관광지에서 기념이 될 만한 추억을 남기는 기념품 구입이 관광지의 이미지를 전달해 주는 관광매개체의 기능을 할 수 있다.

3. 관광쇼핑 행동 요인

관광기념품 구매 시 관광객이 중요하게 생각하는 행동 요인은 한국 문화가 반영된 기념품, 가격의 적절성, 재질의 독특성, 디자인, 역사 · 문화적 상징성, 가격, 색채 미, 포장의 용이성과 같은 제품관련 요인과 종업원의 신속성, 친절성, 전문성 등의 서비스 요인을 들 수 있다. 이렇듯 관광쇼핑은 관광기념품의 역사 · 문화적 상징성, 독특성과 희귀성, 창조적 아이디어, 정선된 원료 및 세련된 기법, 포장의 용이성과 휴대의 간편성, 가격, 색채미와 디자인, 실용성과 가능성과 같은 특성이 구매의도에 영향을 미친다. 이에 대한 대표적인 예로서 [그림 12-1]와 같이 세계적인 와인 생산지로 500년의 와인 생산 역사를 자랑하는 부르고뉴 와인 쇼핑 상품 소개를 들 수 있다.

① 라벨에 지역명칭만 쓴 지역명칭와인(les appellation Regionales), ② 지역명칭과 포도밭 명칭을 같이 쓰는 프리미에르 퀴르(les appelation Premier Crus), ③ 포도밭 명칭만 쓰는 최상급 와인 그랑크뤼(les appellation Grands Crus) *CHAMBOLLE MUSIGNY는 지역명칭 *LECHARMES는 프리미에크뤼급 포도밭 명칭 *LE MUSIGNY는 그랑크뤼 포도밭 명칭

그림 12-1 • 부르고뉴 와인쇼핑 상품소개

관광쇼핑정보 탐색활동에 영향을 주는 요인에는 구매에 소요되는 시간과 비용, 선택을 잘못했을 때의 지각적 위험부담, 소비자, 즉 관광자의 개성, 제품에 부여하는 가치, 과거의 경험이나 여러 출처에서 얻은 정보가 충분한가의 여부, 정보탐색활동에서 관광객이 얻은 만족감 등을 들 수 있다.

관광쇼핑자의 대안에 대한 평가기준에는 객관적 기준과 주관적 기준이 있는데, 객관적 기준은 제품 자체의 속성으로 구성된 것으로 이에는 가격, 포장, 디자인, 성능 등이 포함된다. 이에 비해 주관적 기준으로는 관광객의 가치와 동기 및 정보와 경험 등이 있다.

관광자는 선택대안들을 비교 · 평가하여 자신의 지불능력에 비추어 가장 맘에 드는 대안에 대한 구매의도를 가지고 구매하게 된다. 그러나 이 구매의도가 반드시 최종적인 구매로 이어지는 것은 아니다. 왜냐하면 그 상표가 상점에 없어서 소비자가 다른 상표를 살지도 모르고 혹은 덜 선호되는 상표가 대폭으로 할인판매되고 있어 그 상표를 선택할지도 모른다. 구매과정은 특정상표에 대한 구매결정뿐 아니라 그 상표를 취급하는 여러 점포들 중 한 점포의 선택 및 그 점포 내에서의 쇼핑과정이 포함되기 때문이다.

또한 관광자는 관여수준과 과거 구매경험에 따라 다양한 구매유형을 보인다. 지난번에 구매했던 상표를 재구매하거나 또는 새로운 상표로 전환할 수 있으며, 계획 없이 충동구매를 하기도 한다. 관광쇼핑의 구매 후 평가단계는 관광자가 선택한 제품이나 서비스가 얼마나 욕구충족을 해주었는가 하는 욕구충족 정도를 평가하는 단계로써, 자신의 구매결정에 대한 성공도를 측정할 수 있는 수단을 제공해 준다. 이것은 자신의 경험을 넓혀 새로운 구매 및 재구매결정을 할 때 도움을 주는 것이다. 그리고 평가에 대한 결과는 기억 속에 저장되어 미래의 상품구매 의사결정과정에서 유용한 지식과 정보로 활용되며 재구매 확률을 증대시킬 뿐 아니라 다른 사람들에게 상품에 관하여 추천하는 구전커뮤니케이션을 일으키게 된다. 이러한 관광자의 관광쇼핑행동 이후 기본적으로 만족 또는 불만족을 느끼게 되는데, 만족에는 제품(쇼핑환경을 포함)과 관련된 만족, 의사결정과정과 관련된 만족, 사회적 · 정신적 만족 등이 있다.

그러나 인지된 제품과 기대 사이의 차이가 존재할 경우 관광객의 불만족이 생기게 된다. 또한 관광자들은 일단 구매과정을 출발하였다 해도 언제든지 중도에서 철회하거나 또는 어느 특정단계를 거치지 않고 직접 구매행동에 진입할 수도 있다. 특히 그

제품을 구매한 경험이 전혀 없다거나 고가품이고 구매빈도가 극히 낮거나 위험이 높은 경우를 제외하고는 실제로 대부분의 제품과 관련한 관광객의 관광쇼핑행동은 일상적인 것이라고 할 수 있다.

그리고 관광 중 여행의 여러 목적 중 관광객의 쇼핑 성향은 쇼핑 판로 결정과 상점 선택에 영향을 미친다. 특히 쾌락적 쇼핑 성향이 큰 소비자들은 상점의 질이나 다양성 등의 중요성을 상대적으로 높게 평가하는 집단으로, 쾌락적 쇼핑에 관심이 매우 높다.

또한 상품의 가격, 교통, 입지의 편의보다는 상표, 상품의 다양성, 유행성, 디자인 등과 더불어 상점 분위기 같은 이미지의 인식과 깊은 관련이 있으며, 쇼핑의 쾌락적 측면을 더해 줄 수 있는 오락환경 이미지의 인식과도 관련이 있다. 그러므로 관광자의 쾌락적 쇼핑 성향은 관광 중 쇼핑 시 추구하는 가치로 관광객의 관광선택 및 상점선택에도 영향을 미치고 있을 뿐만 아니라 관광쇼핑 환경에 관계된 관광쇼핑행동 요인에도 영향을 미치고 있다.

3절 관광객 이용시설업

1. 관광객 이용시설업의 정의(관광진흥법 제3조 제1항)

관광객 이용시설업은 관광객을 위하여 운동 · 오락 · 음식 또는 휴양 등에 적합한 시설을 갖추어 관광객들이 이용할 수 있도록 하는 사업을 말하며, 또한 대통령령이 정하는 2종 이상의 시설 또는 체육시설의 설치 · 이용에 관한 법률에 의한 2종 이상의 체육시설과 숙박시설 등을 복합적으로 갖추어 이를 회원 기타 이용자에게 이용하게 하는 사업을 말한다.

관광객 이용시설업의 종류는 관광진흥법 시행령 제2조 제3항에 의하여 전문휴양업, 종합휴양업, 자동차야영장업, 관광유람선업, 관광음식점업, 외국인전용유흥음식점, 외국인전용 관광기념품판매업 등으로 구분된다.

2. 관광객 이용시설업의 종류(관광진흥법 시행령 제2조 제1항)

1) 전문휴양업

관광객의 휴양이나 여가선용을 위하여 일정한 장소에 음식 · 숙박시설, 운동 · 오락시설, 민속 · 문화자원소개시설, 관람시설, 농 · 어촌휴양시설 등 휴양에 적합한 시설을 갖추어 이를 이용하게 하는 업으로서 문화체육관광부령이 정하는 바에 의하여 종류는 세분된다.

2) 종합휴양업

제1종 종합휴양업은 관광객의 휴양이나 여가선용을 위하여 일정한 장소에 두 종류 이상의 전문휴양업시설을 갖추고 이를 관광객에게 이용하게 하는 사업을 말하고, 제2종 종합휴양업은 관광객의 휴양이나 여가선용을 위하여 일정한 장소에 관광숙박업 시설을 갖추고 이와 복합적으로 두 종류 이상의 전문휴양업시설이나 체육시설을 설치하여 이를 관광객에게 이용하게 하는 사업이다. 따라서 회원을 모집할 수 있는 두 종류 이상의 등록체육시설업 시설을 갖추고 이를 회원이나 기타 이용자에게 이용하도록 하는 업을 말한다.

3) 자동차야영장업

자동차를 이용하는 여행자의 야영 · 취사 및 주차에 적합한 시설을 갖추어 이를 관광객에게 이용하게 하는 업이다.

4) 관광유람선업

해운업법에 의한 해상여객운송사업면허를 받은 자 또는 유선 및 도선사업법에 의한 유선사업의 면허를 받거나 신고한 자로서 선박을 이용하여 관광객에게 관광을 할 수 있도록 한 사업이다. 관광유람선업에는 일반 관광유람선업과 크루즈업이 있다.

5) 외국인전용 관광기념품판매업

외국인관광객에게 물품을 판매하기에 적합한 시설을 갖추어 국내에서 생산되는 주원료를 이용하여 제조 또는 가공된 물품을 판매하는 업이다.

6) 관광공연장업

관광객을 위하여 공연시설을 갖추고 한국전통가무가 포함된 공연물을 공연하면서 관광객에게 식사와 주류를 판매하는 업이다.

설치 기준에 의하면 실내 관광공연장과 실외 관광공연장으로 구분할 수 있다. 실내 관광공연장은 100 m^2 이상의 무대를 갖추고 출입구를 비롯한 안전시설을 갖추어야 한다. 또한 실외 관광공연장은 70 m^2 이상의 무대를 갖추고 남녀구분된 수세식 화장실을 갖추어야 한다.

4절 관광편의시설업

1. 관광편의시설업의 정의

관광진흥법의 규정에 의한 관광사업 외에 관광진흥에 이바지할 수 있다고 인정되는 사업이나 시설로서 문화체육관광부령이 정하는 바에 의하여 지정된 사업을 말한다.

2. 관광편의시설업의 종류와 지정기준

관광진흥법 시행령 제2조 제6항의 규정에 의한 관광편의시설업의 종류는 대통령령이 정하는 바에 의하여 이를 세분할 수 있다. 특히 관광사업법 제3조 제2항 제5호의 규정에 의하여 관광편의시설업으로 지정할 수 있는 사업의 종류는 다음과 같다.

1) 관광사진업

외국인 관광객을 대상으로 이들과 동행하며 기념사진을 촬영하여 판매하는 업이다.

2) 여객자동차 터미널시설업

여객자동차 터미널법에 의한 여객자동차 터미널사업면허를 받은 자로서 관광객의 이용에 적합한 여객자동차 터미널시설을 갖추고 이들에게 휴게시설 · 안내시설 등 편익시설을 제공하는 업이다.

3) 관광유흥음식점업

식품위생법에 의한 유흥주점 영업허가를 받은 자로서 관광객의 이용에 적합한 시설을 갖추어 이를 이용하는 자에게 주류 기타 음식을 제공하고 노래와 춤을 감상하게 하거나 춤을 추게 하는 업을 말한다.

4) 외국인전용 유흥음식점업

식품위생법에 의한 유흥주점 영업허가를 받은 자로서 주한 외국군인과 외국선원 등 외국인 이용에 적합한 시설을 갖추어 이를 이용하는 자에게 주류 기타 음식물을 제공하고 노래와 춤을 감상하게 하거나 춤을 추게 하는 업을 말한다.

5) 시내순환관광업

여객자동차운수사업법에 의한 여객자동차운송사업의 면허를 받거나 등록을 한 자로서 버스를 이용하여 관광객에게 시내 및 그 주변 관광지를 정기적으로 순회하면서 관광할 수 있도록 하는 업이다.

6) 관광식당업

식품위생법에 의한 일반음식점 영업허가를 받은 자로서 관광객의 이용에 적합한 음식제공시설을 갖추고 이들에게 특정국가의 음식을 전문적으로 제공하는 업을 말한다.

7) 관광펜션업

숙박시설을 운영하고 있는 자가 자연 · 문화체험관광에 적합한 시설을 갖추어 관광객에게 이용하게 하는 업이다.

8) 관광궤도업

궤도운송법에 따른 궤도사업의 허가를 받은 자가 주변관람과 운송에 적합한 시설을 갖추어 관광객에게 이용하게 하는 업이다.

9) 한옥체험업

한옥(주요 구조부가 목조구조조로서 한식기와 등을 사용한 건축물 중 고유의 전통미를 간직하고 있는 건축물과 그 부속시설을 말한다)에 숙박체험을 할 수 있도록 적합한 시설을 갖추어 관광객에게 이용하게 하는 업이다.

10) 외국인 관광객 도시민박업

국토 계획 및 이용에 관한 법률 제6조 제1조에 따른 도시지역(농어촌정비법에 따른 농어촌 지역 및 준농어촌지역은 제외한다)에 거주하고 있는 주민이 가정집을 이용하여 외국인 관광객에게 한국의 문화를 체험할 수 있도록 숙식등을 제공하는 업이다.(관광진흥법 시행령 제3조 제6항) 또한 게스트하우스업이라고도 부른다.

5절 유원시설업

1. 종합유원시설업

유원시설업이란 놀이시설 또는 놀이기구를 갖추어 이를 관광객에게 이용하게 하는 업을 말한다. 이는 관광진흥법 제31조 및 제33조의 규정에 의하여 대규모의 대지 또는 실내에서 안전성 검사대상 놀이기구 6종류 이상을 설치 · 운영하는 업을 의미한다.

2. 일반유원시설업

일반유원시설업이란 놀이시설 또는 놀이기구를 갖추어 이를 관광객에게 이용하게 하는 업으로서 관광진흥법 제31조 및 제33조의 규정에 의한 안전성 검사대상 놀이기구 1종류 이상을 설치 · 운영하는 업이다.

3. 기타 유원시설업

기타 유원시설업은 종합유원시설업과 일반유원시설업 이외의 놀이시설 또는 놀이기구를 갖추어 이를 관광객에게 이용하게 하는 업을 말한다. 특히 관광진흥법 제31조 및 제33조의 규정에 의한 안전성 검사의 대상이 아닌 놀이기구를 설치 · 운영하는 업이다.

6절 카지노업

1. 카지노업의 정의

카지노업이란 관광진흥법 제21조의 허가요건에 따른 전용영업장을 갖추고 주사위 · 트럼프 등 특정한 기구 등을 이용하여 우연의 결과에 따라 특정인에게 재산상의 이익을 주고 다른 참가자에게 손실을 주는 행위 등을 하는 영업을 말한다.

2. 카지노업의 준수사항

1) 카지노업자의 준수사항

카지노업자는 관광진흥법 제28조 제1항에 의한 다음과 같은 행위를 해서는 안 된다.

(1) 법령에 위반되는 기구를 설치하거나 사용하는 행위

(2) 법령에 위반되는 기구 또는 시설을 변조하거나 사용하는 행위

(3) 허가받은 전용영업장 외에서 영업을 하는 행위

(4) 내국인(해외이주법 제2조의 규정에 의한 해외이주자를 제외한다)을 입장하게 하는 행위

(5) 과도한 사행심을 유발하는 등 선량한 풍속을 해할 우려가 있는 광고 또는 선전을 하는 행위

(6) 제26조 제1항의 규정에 의한 영업종류에 해당하지 아니하는 영업을 하거나 영업방법 및 배당금 등에 관한 승인을 얻지 아니하고 영업하는 행위

(7) 총 매출액을 누락시켜 제30조 제1항에 따른 관광진흥개발기금 납부금액을 감소시키는 행위

(8) 19세 미만인 자를 입장시키는 행위

(9) 정당한 사유 없이 그 연도 안에 6일 이상 휴업하는 행위

이상과 같이 카지노업자는 카지노업의 건전한 육성 · 발전을 위해 카지노업의 영업준칙을 준수하여야 한다(관광진흥법 제28조 제2항). 이 경우 당해 영업준칙에는 카지노업의 영업 및 회계 등에 관한 사항이 포함되어야 한다.

2) 카지노영업소 이용자의 준수사항

카지노영업소를 이용하는 자는 그 사업자에게 문화체육관광부령이 정하는 과도한 사행심 유발행위 또는 선량한 풍속을 해하는 행위를 요구해서는 안 된다.

그리고 카지노영업소에 입장하는 자는 외국인(해외이주법 제2조의 규정에 의한 해외이주자를 포함)임을 확인하기 위하여 여권 등 신분 확인에 필요한 사항을 묻는 때에는 이에 응하여야 한다(관광진흥법 제29조).

3) 카지노업자의 결격사유(관광진흥법 제22조)

(1) 19세 미만인 자

(2) 폭력행위 등 처벌에 관한 법률 제4조에 따른 단체 또는 집단을 구성하거나 그 단체에 따른 집단에 자금을 제공하여 금고 이상의 형을 받고 형이 확정된 자

(3) 조세를 포탈하거나 외환거래법을위반하여 금고 이상의 형을 선고받고 형이 확정된 자

(4) 금고 이상의 실형을 선고받고 그 집행이 끝나거나 집행을 받지 아니하기로 확정된 후 2년이 지나지 아니한 자

(5) 금고 이상의 형의 집행유예를 선고받고, 그 유예기간 중에 있는 자

(6) 금고 이상의 형의 선고유예를 받고 그 유예기간 중에 있는 자

(7) 임원 중에 (1)항부터 (6)항까지의 규정 중 어느 하나에 해당하는 자가 있는 법인

7절 의료관광업

1. 의료관광업의 개념

의료관광업이란 건강증진과 치료 및 보양을 목적으로 하는 환자들에게 관광활동과 결합하여 병원 의료서비스를 제공하는 관광사업을 의미한다. 이를 역사적 측면에서 살펴보면, 고대 이집트의 온천여행, 유럽인들의 미네랄워터를 사용한 류머티즘 치료여행, 피부병 등의 치료여행, 캐러비안 섬사람들의 건강 활동을 위한 바다목욕, 중세 일본인들의 온천을 이용한 치료행위 등에서도 살펴볼 수 있다.

특히 의료관광업은 건강을 위한 검진 및 치료와 휴양 및 여가, 문화체험 등이 연계된 다목적 전략산업으로 관심이 집중되고 있는 새로운 관광산업이다.

따라서 우리나라 의료기관을 찾은 외국인 의료관광자의 국적을 보면 미국인(23.2%)과 일본인(21.6%) 외에 중국인, 러시아인, 캐나다인, 몽골인, 중동인 순으로 나타나고 있다(대외경제정책연구원, 2010). 그리고 의료관광상품의 내용을 살펴보면 종합적인 의료진단으로부터 한방치료, 코 성형수술, 지방흡입 수술, 치과교정, 라식수술 등 선택의료 상품에 이르기까지 다양하다. 통계에 의하면 의료관광객은 한 사람당 수백만 원에서 수천만 원까지 지출하며 체제기간도 일반관광객에 비해 두 배 가까이 된다(한국문화관광연구원, 2018)고 한다.

우리나라는 2009년 5월 외국인 환자 유치행위 허용(의료법 제27조 제3항, 법 제27조 제4항 및 제27조의2 신설)하여 제한적이지만 국제관광 측면의 의료관광업 활성화에 발판을 마련하였다. 그리고 관광진흥법 시행령 제8조의 제2항은 외국인 의료관광유치지원관련 기관(2009.10.7), 제8조의3에 외국인 의료관광지원책을 신설하였다(2013.11.29).

현재 미용성형 등을 중심으로 한 치료 중심의 환자가 다수이며 투자개방형 영리법인이 도입되지 못하였지만, 의료기관을 찾는 해외 의료관광자가 지속적으로 늘어나고 있는 추세이며 JCI(Joint Commission International: 국제의료기관평가위원회) 인증 의료기관도 지속적으로 늘어나고 있다(한국병원협회, 2010). 그리고 의료관광업은 말레이시아, 태국, 쿠바, 인도, 요르단, 이스라엘, 리투아니아, 싱가포르, 남아공과 같이 개발도상국과 같은 나라에서 붐을 이루고 있으며, 전 세계적으로 매년 700만 명 이상의 관광자가 의료를 목적으로 타 국가를 방문하고 있다. OECD 국가의 의료시장 규모는 3조 2000만 원에서 약 5조 달러에 달할 것이라고 보고되고 있다(UNWTO, 2009).

현재 싱가포르, 태국, 말레이시아, 인도 등 우리의 주변 경쟁국들이 '의료허브' 구축을 목표로 의료관광 육성에 발 벗고 나서는 것은 바로 의료관광을 통해 관광산업의 고부가가치를 창출할 수 있는 신시장 창출이 가능하기 때문이다. 그들은 병원의 환자 유치활동을 비롯한 수익다각화 사업 등이 제한되고 있는 우리나라에 비해 일반병원의 주식상장까지 허용하고 있으며, 말레이시아의 경우 병원이 호텔, 골프장 등과 연계하여 휴양인지, 치료인지 구분되지 않을 정도의 수준 높은 의료관광서비스를 제공하고 있다.

우리도 선진국에 비해 낮은 가격과 상대적으로 높은 의료기술 수준으로 의료여행국으로서 경쟁력을 갖추고 있다고 볼 수 있으나, 전략적인 관점에서 보다 더 적극적으로 의료관광 한국의 강점을 홍보하고, 잠재고객들에 대한 체계적인 유치 전략을 수립해야 한다. 이와 함께 미용, 성형 일변도에서 탈피하여 암 치료, 외과적 수술 및 진단 방사선과 같이 우수한 의료기술을 활용한 고부가가치 의료 여행상품 개발을 서둘러야 한다. 아울러 이미 태국, 싱가포르 등 의료여행이 활성화된 국가와의 차별화전략을 세워야 한다.

2. 국내외 의료관광업의 현황

국내 병원의 종합적인 의료기술 수준은 미국 등 선진국의 87% 수준에 도달하고 있는데 특히 성형과 치과분야에서는 더욱 높은 경쟁력을 보유하고 있으며, 가격적인 측면에서도 선진국에 비해 경쟁력이 높은 것으로 조사되고 있다. 특히 선진국과 비교한 저렴하고 치료 측면의 높은 질적 의료서비스(암 · 성형 · 산부인과 · 치과 · 임플란트 · 한방 · 외과 · 피하 지방치료 등)가 경쟁력 있는 의료관광상품으로 인식되고 있다(한국보건산업진흥원, 2007).

세계적으로 의료산업의 특화 및 자원화를 성공적으로 이루어낸 나라는 싱가포르와 태국이다. 싱가포르의 래플스(Raffles)종합병원은 세쌍둥이 수술로 세계적 인지도를 확보하고 있으며, 태국은 저렴한 비용으로 치료와 수술, 회복, 휴식, 관광까지 원스톱으로 마칠 수 있는 메디컬 투어를 정부차원에서 주요 관광상품으로 육성하고 있다.

그리고 의료관광 측면에서 아시아 국가가 주목받고 있는 요인은 무엇보다도 북미지역에 비해 1/10 정도의 값싼 의료비용이다. 아시아지역에서의 관광객 평균소비액은 1일 평균 152달러가 지출되지만, 의료목적의 방문객은 이보다 2.5배가 높은 약 383달러를 지출하고 있어, 어떤 부분보다 높은 구매력을 가진 목표시장(Target Market)으로 분류되고 있다.

또한 북미나 유럽지역에서 암환자의 경우 진단 후 치료까지 평균 약 6개월이 소요되지만 아시아지역의 경우 빠르면 1주일 내에도 치료서비스를 받을 수 있다. 이에 따라 의료부문 전문가들은 아시아지역의 의료관광이 향후 5년 내 5배 정도 성장할 것으로 전망하고 있다. 이에 따른 국내외 주요 국가의 의료관광업 현황을 살펴보면 〈표 12-4〉와 같다.

표 12-4 • 국내 · 외 주요 국가의 의료관광 현황

구분	각국의 의료관광업 현황
국가	주 요 지 표
한국	• 외국인 환자 유치행위 허용(법 제27조제3항, 법 제27조제4항 및 제27조의 2 신설)–외국인 환자의 유치를 위한 행위를 허용함으로써 의료기관의 자율성과 의료서비스의 경쟁력을 높일 수 있을 것으로 기대됨. • 1만6천 명에 달하는 재미 한인의사들의 모임인 '재미한인의사 협회(KAMA)'는 조직화를 위해 데이터베이스를 구축하고, 권역별, 주별로 지부를 창설하는 한편, 한국의사협회 및 해외 거주 한인 의사들과의 교류 협력을 강화. • 한국 병원으로는 처음으로 서울 아산병원은 로스엔젤레스 및 뉴욕에 사무실을 개소하여 동부관광과 협약을 체결 후 동부관광에 간호사 1명을 상주시킴, 동부관광과 아산병원은 뉴욕일원 한인 및 미국인들에게 항공 및 숙박이 포함된 의료관광 패키지를 판매, 판매상품들은 기본 종합검진 외 전문 암 검사가 포함된 3~4개의 패키지로 구성
태국	• 태국 공중보건부(Ministry of Public Health)는 태국 의료관광은 전년 대비 12~15% 증가를 예상(태국 무역협회).–태국관광청은 태국의 의료관광산업이 가지는 경쟁력으로 특유의 환대문화, 현대적인 의료기술과 숙련된 의료진, 상대적으로 저렴한 의료비용을 언급하며, Gulf Co-operation Council(GCC)회원국 국민들의 체류기간을 기존 30일에서 90일로 연장하는 방안을 승인
싱가포르	• 항공사 및 여행사, 종합병원을 하나로 묶는 전략적 파트너십 프로그램을 바탕으로 싱가포르 관광청, 싱가포르 항공, 래플스(Raffles)종합병원을 통합한 세계적 수준의 의료관광패키지 마련. • 싱가포르 정부는 일찍이 의료허브를 표방하고 국가 차원의 의료수준 향상 및 고급의료서비스 개발, 지원금 확대, 민간병원의 자유 투자 및 마케팅 허용 등의 전략을 구사해오고 있으며, 싱가포르 관광청(STB)에 의하면 현재 의료혜택을 받기 위해 싱가포르를 방문한 외국인 환자 수는 약 50만 명임

계속

구분	각국의 의료관광업 현황
국가	주 요 지 표
말레이시아	• 말레이시아는 아시아의 저렴하고 정교한 의료관광 허브로 각광받기 시작하여 현재 341,288명의 의료관광객을 유치. 외국인 환자의 출신국가는 인도네시아 72%, 싱가포르 10%, 일본 5%, 유럽 3%, 인도 3%로 조사되었고, 페낭, 말라카, 조호르바루가 가장 인기 있는 지역. • 정부와 민간병원이 협력하여 전략적이고 국가적인 의료관광 진흥정책 계획 중이며 9차 개발계획에서 정부는 건강관리분야의 발전을 위해 103억 링깃의 예산을 책정하고, 해외 홍보동영상에 말레이시아 보건의료 현황을 포함하여 브랜드이미지 메이킹을 위해 노력 중, 시장의 범위를 기존 인도네시아, 싱가포르에서 베트남, 캄보디아, 중동, 미국, 유럽 및 캐나다로 넓히고 있음.
인도	• 15년간 고관절 표면 치 환술의 하나인 'Birmingham hip replacement'를 특화해 오고 있는 바, 전반적 의료서비스에 대한 마케팅 활동보다는 특정 의료서비스에 초점을 맞춘 마케팅활동이 성공요인. • IMTA(Indian Medical Travel Association)는 캐나다 주재 인도대사관 및 의료관광 에이전시인 Surgical Tourism, Canada와 공동으로 최초의 의료관광 컨퍼런스를 개최. 인도관광 부는 세계적인 브랜드 아이덴티티를 확립키로 결정한 결과, "믿을 수 없이 놀라운 인도"(Incredible India)로 인도를 세계의 베스트 관광지로 홍보하기 위한 브랜드명으로 선정하고, 브랜드 선정과 병행하여 의료관광, 골프관광을 포함한 새로운 관광 상품들을 기획하고 있음.
UAE, 두바이	• 두바이 헬스 케어 시티(DHCC)는 30억 달러의 선진 의료 연구 기관과 제약 회사, 생물 공학 회사들을 유치하였으며, UAE의 의료시장이 2015년 437억 디르함으로 성장할 것이라 전망함(두바이 상공회의소). • UAE 국내 환자를 대상으로 실시한 병원선택 시 우선 고려사항 8개를 조사한 결과 다음과 같은 순서로 나타남: 의사의 역량(최우선 고려 사항), 청결, 고객서비스, 의료비, 친절함, 응급서비스, 위치, 보험.
레바논	• 레바논 Clemanceau 종합병원 의료관광 유치 전략: John Hopkins 종합병원과 제휴, JCI 인증 획득하고, 국제환자를 Clemanceau 종합병원으로의 추천, 각국 대사관, 다국적 기업 및 NGO와 계약 체결하여 의료관련 백그라운드를 가졌거나 간호업무를 담당하였으며, 교육된 담당직원들로 구성된 국제사무소(International office) 설치
요르단	• 인구 6백만으로 GDP의 9%를 의료서비스에 쓰고 있으며, 약 100개 이상의 종합병원이 총 11,049개의 침실을 보유하고, 종합병원 중 60개가 개인병원으로 이들 100개 종합병원 중 4개가 JCI 인증을 받았음. • 요르단은 세계 5번째로 1972년 최초의 콩팥 이식수술을 실시한 걸프지역의 주요한 의료관광허브이며, 요르단을 방문한 외국인 의료관광객 수는 25만 명, 수익은 약 7억 달러이고, 의료관광객 중 미국 국적자는 1,800명, 영국 국적자는 1,200명, 캐나다 국적자는 400명 정도임.
미국	• 미국 보험사들과 고용주들이 보다 많이 의료관광을 실천할 것으로 예상, 보험회사들이 'global healthcare'정책을 개발하여 환자들이 자신들의 건강상 수요에 의해 다른 나라를 여행할 수 있게 될 것으로 예측함, MTA(Medical Tourism Association)은 관광공사 및 한국보건사업진흥원과 공동으로 서울코엑스에서 Global Healthcare & Medical Tourism Conference Korea를 주최, U-헬스서비스시스템 도입(1997년 원격의료를 허용, 보험수가 인정), 원격진료시스템을 차세대 국책사업으로 추진.

계속

구분	각국의 의료관광업 현황
국가	주 요 지 표
캐나다	• 의료협회의 회장인 Dr. Albert Schumacher는 "캐나다 현지에서는 CAT촬영을 받기 위해서만 3개월을 기다려야 하고, 전문의를 만나기 위해서는 4개월을 기다려야 하며, 수술시간을 얻기 위해서는 6개월을 기다려야만 한다"라고 현 실정을 언급하며, 이러한 캐나다의 의료상황에 점점 더 많은 캐나다인들은 제3세계 국가 소재 최첨단의 시설에서의 저렴한 수술과 간호로 눈을 돌리고 있음을 지적함.
일본	• 일본 관광청은 '인바운드 의료관광에 관한 검토회'를 설립하고 의료관계자 및 법조관계자, 여행업계 관계자 등과 함께 추진하여 인바운드 의료관광의 모델을 구축하고 전국적인 보급을 꾀함. • 중국을 중심으로 모니터 환자를 10~20명 모객하여 일본 병원에서의 검사 및 간단한 치료를 받게 하는 한편, 체재기간 중 관광도 실시, 항공권 수배 및 의료통역, 병원 내 외국어 표시 및 안내 등 의료관광 추진을 위한 과제를 추출하겠다는 모니터 투어 실시함, U헬스 서비스시스템을 도입하여 원격의료 진료의 활성화(차세대 국책사업으로 추진).
독일	• 최근 독일인들은 불가리아를 의료관광지로 많이 방문하고 있음: 저렴한 가격에 시설 또한 독일과 비교해 결코 뒤떨어지지 않으며 의료기술 또한 선진국에서 의료교육을 받은 의사들이 대부분이라서 믿을만하다고 판단하고 있으며, 흑해를 끼고 있는 불가리아의 아름다운 자연경관 또한 매력의 하나로 꼽힘. • 정부가 적극 의료관광을 홍보하고 있는 나라 중 하나로 의료관광협회(MTA, Medical Tourism Association)와 공조하여 박람회 등을 개최하여 정치적 로비 활동을 통해 관광 산업을 지원하고 있음, -의료관광홍보활동은 의사와 환자가 만나는 단계부터 시작하여 퇴원 후 귀국까지의 단계를 포함하는 준비(preparation)-현실화(Realization)-퇴원(Discharge)의 3부분으로 나누어 진행함. • 독일의 의료관광객 유치를 위한 조치로는 모든 종합병원에서 번역서비스 제공, 전화 및 웹사이트를 통한서비스, 걸프 국적자를 타깃으로 한 럭셔리 병실 및 현지신문 및 국제신문 제공, 다국어 메뉴제공, 전 세계적인 TV 채널제공, 병원시설 및 기타 정보 이해를 위한 다국어병원 브로셔 제공, 본국의사들이 후속조치를 할 수 있도록 다국어 의료기록(medical report) 제공, 시내 유명호텔 및 럭셔리샵과의 계약을 통해 환자 동반자에게도 안락한 환경을 제공함.

3. 의료관광업의 선택속성

의료관광업 선택속성이란 의료관광에 속한 여러 가지 속성 중 어떤 것에 우선순의를 두고 선택하느냐에 대한 개념이다.

따라서 의료관광업의 중요한 선택속성은 믿을만하고 안전한 치료활동이 가장 중요한 선택속성으로 조사 분석되고 있다. 그리고 외국인 환자를 위한 원스톱 치료시스템, 훌륭한 휴양 및 숙박시설, 뛰어난 역사 문화관광지의 순으로 보고되고 있다. 여기서 믿을만하고 안전한 치료활동이란 외국인 의료관광자의 특성을 고려한 안전한 치료행위, 불필요한 진료 규제, 가격대비 가치 있는 치료서비스 수준으로 나누어 볼 수 있다.

그리고 훌륭한 휴양 및 숙박시설은 효율적인 가격, 편안하고 깨끗한 숙박시설, 입맛에 맞는 음식의 수준을 나타낸다.

또한 뛰어난 역사문화관광지란 가치 있는 문화 및 역사관광유적지의 볼거리, 먹 거리, 즐길거리의 수준을 나타낸다. 외국인 환자를 위한 원스톱 치료시스템이란 신속성, 수용성, 타국과 비교가치적인 우수한 의료관광시스템을 나타낸다. 아울러 각 속성의 수준별 효용을 살펴보면 믿을만하고 안전한 치료활동에서는 가격대비 가치 있는 치료서비스가 가장 높았고, 훌륭한 휴양 및 숙박시설에서는 입맛에 맞는 음식의 수준이 높게 조사되고 있다. 뛰어난 역사문화관광 지속성에서는 즐길거리 속성 수준이 가장 높게 나타났고, 외국인 환자를 위한 원스톱 치료시스템에서는 신속성의 수준 효용이 높게 분석되고 있다. 특히 의료관광업은 [그림 13-5]에서 보는 바와 같이 의료관광상품의 선택속성 수준의 상대적 중요도를 살펴보아야 한다.

현재 각국은 전 세계적으로 엄청난 부가가치를 창출하는 산업으로 인식되고 있는 의료관광 선진국으로 가기 위한 치열한 경쟁을 하고 있다. 그리고 세계 주요 국가의 의료관광현황은 의료관광서비스 측면에서 우리의 보다 큰 변화를 요구하고 있다.

의료관광 선택속성에 대한 상대적 중요도에서 알 수 있듯이 의료관광자들을 위한 네 가지 중요한 속성, 즉 첫째, 믿을만하고 안전한 치료활동, 둘째, 외국인 환자를 위한 원스톱 치료시스템, 셋째, 훌륭한 휴양 및 숙박시설 넷째, 뛰어난 역사문화관광지 등에 대한 전략적 관리는 잠재의료관광자의 유치는 물론 재방문 및 충성고객 활성화를 위하여 전략적으로 고려하여야 할 사항이다.

8절 크루즈관광업

1. 크루즈관광업의 개념과 현황

'크루즈관광업(Cruise Tourism industry)'은 단순한 운송이라기보다는 '위락'을 위한 선박여행으로 숙박, 식사, 음주, 오락시설 등 관광객을 위한 각종 편의시설을 갖춰 놓고 수준 높은 서비스를 제공하면서 승객들을 안전하게 원하는 관광지까지 운송하는 여행업이다. 휴식과 여행을 동시에 즐길 수 있는 것이 특징인 크루즈관광업은 여객선 자체가 휴식처이며 관광지로서의 사업장이다(CLIA, 1995).

그러므로 크루즈관광의 개념은 강, 해상을 대상으로 한 SIT(Special Interest Tour) 성격이 강한 위락선박여행으로, 선내에서의 다양한 여가활동과 다수의 매력적인 항구 방문 및 해안에서의 수상 레크리에이션 활동 등을 통해 관광욕구를 충족시키는 여행이라고 정의할 수 있으므로 이를 대상으로 이루어지는 여행업의 일종이다.

오늘날 크루즈는 과거 부유한 특권계층, 혹은 노년층의 전유물로 여겨지던 것과는 달리 다양한 계층과 연령을 포괄하고 있으며 선박들은 점차 대형화 추세로 가고 있다. 그리고 많은 크루즈들이 최고급의 정찬과 편안한 휴식을 최고의 가치로 두어왔으나, 최근의 크루즈들은 보다 활동적이고, 많은 경험과 다양한 볼거리와 배울 거리를 제공하는 방향으로 변화하고 있으며 일정과 기항지도 동서양을 넘나들며 보다 다양화되고 있다.

현재 세계 크루즈 시장은 매년 지속적인 수요 증가와 성장잠재력이 확대되고 있으며, 동북아 지역을 포함한 아시아 크루즈 시장은 지속적인 경제성장과 함께 독특한 관광목적지로서의 지리적 · 입지적 조건이 양호하여 새로운 관광시장으로 부상하고 있다. 일반적으로 크루즈하면 5대양을 누비는 초대형 호화유람선만을 떠올리기 쉽지만 보트크루즈, 리버크루즈 등도 있고, 크루즈를 이용한 허니문크루즈, 디너크루즈, 원나잇크루즈 등을 비롯한 각종 테마로 구성된 크루즈 상품까지 종류가 매우 다양하다. 세계관광기구(UNWTO) 통계에 따르면, 1990년 450만 명에 지나지 않던 크루즈 여행객이 2006년 1,200만 명으로 연평균 10%의 성장률을 기록했고, 2015년 이후부터 현재까지 매년 2,500만 명으로 20% 이상의 성장률을 나타내고 있다. 이제 크루즈관광은 일부 부자들의 전유물이 아닌 누구나 편하게 이용할 수 있는 대중화 시대에 접어든 것이다. 싱가포르의 경우 크루즈를 이용하여 싱가포르를 방문한 승객 수는 지난 10년간 6.5%까지 매년 증가하고 있으며 2012년에는 91만 3,000명의 수치를 기록하였으며, 2019년에는 150만 명에 달하고 있다(싱가포르관광청, 2019).

또한 중국의 온라인 여행사이트(Qunar.com, 2019)에서 조사한 발표에 따르면, 한국은 중국인 소비자들에게 가장 환영받는 '크루즈 관광시장 목적지'로 파악되고 있다. 그 중 부산, 인천, 제주도 등이 중국인 관광객들에게 환영받고 있으며, 조사대상 중

44%가 크루즈 탑승기간은 7~9월로, 여름휴가기간을 이용해 다녀왔고, 여행기간에 대해서는 48%가 6~7일의 일정이라고 답하고 있다. 크루즈에서 가장 즐기는 행동으로 81%가 '미식탐험'으로 밝히고 있으며, 그 외로 선상 위에서 마술공연 보기, 걷기, 골프 등의 운동프로그램, 선상 면세품 구매, SPA(온천)체험 등을 들고 있다.

특히 상하이 소비자들은 해외여행 조건상 여러 모로 편하고 새로운 여행스타일을 추구하는 경향이어서 크루즈 시장의 주력군이 되고 있으며, 동반자로는 연인과 함께 크루즈 여행을 하는 낭만적인 소비자들이 가장 많았고, 그 다음으로는 가족여행/노인 여행, 또래들의 졸업여행 등으로 조사되고 있다. 중국 국민소득의 증가, 해외여행의 자유화, 핵가족 중심의 휴가 등 사회적, 경제적 여건 변화로 크루즈선 인바운드 시장의 활성화가 현실화되고 있는 것이다.

오션크루즈의 장점은 크루즈 자체가 운송 · 숙박 · 식사 등 서비스를 포함하기 때문에 많은 지역 및 국가의 유명관광지를 가장 편안하고 즐겁게 방문할 수 있다는 점이며, 리버크루즈(River Cruise)의 장점은 강을 따라 발달한 대도시와 소도시를 둘러보기 적합한 여행수단으로 운영되고 있다는 점이다. 현재 전 세계적으로 리버크루즈가 발달한 지역은 여행의 효시라 할 수 있는 유럽지역이며, 유럽의 경우 강과 바다가 연계된 다국 간을 운항하는 크루즈상품도 많이 개발돼 있다. 그리고 크루즈에 오픈에어발코니, 스카이비스트로, 아트리움, 갤러리, 프리미엄라운지, 파노라마비스트로, 자쿠지(Jacuzzi)와 각종 레스토랑, 피트니스 센터 등의 시설을 겸비하고 있으며, 상품 비용에 모든 식사나 로컬 투어를 포함하고 있다.

또한 러시아, 북미, 남미, 중국, 동남아, 아프리카, 오세아니아 등 전 세계 많은 나라에서는 강을 이용한 리버크루즈(River Cruise)관광이 상당히 발달돼 있다. 리버크루즈 관광 상품으로 인기 있는 대표적인 사례는 나일강 크루즈, 세느강 크루즈, 미시시피리버크루즈, 허드슨강 크루즈, 로멘틱 라인강크루즈, 모젤강 크루즈, 다뉴브강 크루즈, 볼가강 크루즈, 양자강 크루즈, 아마존강 크루즈, 말라카 리버크루즈, 도톤보리 리버크루즈, 클라키(Clarke) 리버크루즈 등이 다양한 테마여행 코스로 알려져 있다. 그리고 리버크루즈 상품도 출발일이 확정돼 있어 상담이 용이하고 항공, 보험 등을 함께 판매하면서 여행사가 추가 수익을 낼 수 있는 구조로도 운영되고 있으며, 선상에서의 각종 이벤트와 파티 등 엔터테인먼트 프로그램이 진행돼 여행자와의 선상생활로 색다른 추억을 만들어 주고 있다. 아울러 연령의 제한 없이 전 연령층으로 시장이 점차 확대되어

가는 추세에 있으며, 여기에 고급 저가 순항상품의 개발판매로 리버크루즈 관광객의 수요는 앞으로도 계속 증가될 것으로 예상된다. 한편 우리나라는 관광진흥법 시행령 제2조3항에 크루즈업을 해운법에 따른 순항(順航) 여객운송사업이나 복합해상여객운송사업의 면허를 받은 자가 편의시설을 갖춘 민박을 이용한 관광객에게 관광을 할 수 있도록 하는 업으로 규정하고 있다.

한편 우리나라는 3면이 바다로 둘러싸여 있고, 아름다운 강을 가지고 있으며, 지정학적 위치로 볼 때 유럽과 마찬가지로 크루즈산업이 발전할 수 있는 천혜의 여건이 골고루 갖춰져 있다고 할 수 있다. 이제 크루즈 여행은 일부 부자들의 전유물이 아닌 누구나 편하게 이용할 수 있는 대중화의 시대에 접어들고 있다.

크루즈선 보유현황을 살펴보면 전 세계 크루즈선은 261척(당일 크루즈선 제외)이고, 시장 수용능력은 약 1,437만 명이며, 크루즈선의 시장 점유율은 대형 3사가 117척(81%)을 소유하고 있으며, Carnival사 73척(44%), Royal Caribbean사 28척(25%), 스타 크루즈그룹사 16척(12%)을 각각 소유하고 있다(Cruise Industry News, 2015).

또한 크루즈선 건조 금액으로는 세계 선박시장의 30%(70억 달러)에 달하는 여객선과 크루즈선 시장은 이탈리아 핀칸티에리, 핀란드 크베너마사, 독일 메이어베르프트, 프랑스 아틀란틱 등 유럽 4대 메이커가 거의 독점하고 있다.

한편, 우리나라의 크루즈여행 산업은 현대상선의 금강산 크루즈, 평택항의 스타크루즈 운항 등으로 크루즈여행의 활성화를 기대하였으나, 현재 평택과 인천, 부산 등에서 국제 간의 정기페리선만 운항되고 있는 실정이며 대부분 당일유람선(Day Cruise)으로 연안여객선 형태로 운항되고 있다.

2. 크루즈관광업의 선택속성

선택속성은 소비자가 상품을 선택할 때 중요시 여기는 선택대상에 속한 성격을 의미하며, 상품을 선택하여 이용하고 난 이후에 지각되는 만족도를 의미한다. 따라서 선택속성을 상위개념의 속성이라고 한다면, 하위개념의 속성은 속성 만족도라고 할 수 있다.

크루즈관광업 선택속성은 대개 종업원의 서비스 태도, 시설의 다양성, 크루즈 상품 요금, 크루즈 경로의 매력도, 선상의 이벤트, 크루즈 선상의 숙박서비스를 들 수 있다.

또한 크루즈관광객 참가선택속성으로는 여러 가지 속성 중 크루즈여행의 차원 높은 서비스, 크루즈 여행문화관리 속성, 크루즈 경로 및 상품속성에서 통계적으로 영향력 있는 요인으로 분석되고 있다. 또한 크루즈관광객들은 관광상품 선택속성에 대하여 만족하면 할수록 재참가 및 타인에게 추천할 의사가 높은 것으로 파악되고 있다. 이에 관한 조사분석연구에 의하면, 우리나라 시장에서는 한국과 일본 · 중국을 연계한 크루즈 상품의 선호도가 높게 나타나고 있으므로, 한국을 기점으로 하는 크루즈상품이 개발되면 마케팅 측면의 강점으로 부상될 수 있음을 알 수 있다. 이에 따른 크루즈관광 참가자의 선택속성요인과 측정항목을 살펴보면 〈표 12-5〉와 같이 요약할 수 있다.

표 12-5 • 크루즈관광 참가자의 선택속성

요인명	측정항목	요인 적재값	고유값	분산 설명력	신뢰계수
크루즈관광의 차원 높은 서비스	종사원의 깨끗한 옷차림 식음료의 질 높은 서비스 고객에 대한 친절성 고객을 위한 서비스 불편사항신속처리 선내 객실서비스 다양성	0.845 0.805 0.765 0.732 0.695 0.735	4.594	33.79	.832
크루즈관광 문화관리 속성	선상의 유흥시설 다양성 다양한 레크리에이션 시설 선상에서의 쇼핑시설 선상카지노 시설 선상의 다양한 스포츠시설 낭만적 · 독특한 분위기 해상의 기후 및 날씨 크루즈 선박의 안전성	0.865 0.736 0.669 0.656 0.634 0.714 0.636 0.743	3.452	19.43	.765
크루즈 경로 및 상품속성	기항지의 관광매력도 기항지의 자연 및 문화접촉 선상에서의 서비스요금 동반자를 위한 부가서비스 적정한 크루즈의 요금 숙박의 안락함 크루즈상품의 선상이벤트 출항지까지의 교통수단 광고내용의 신뢰성	0.769 0.745 0.759 0.735 0.678 0.683 0.759 0.732 0.684	3.271	14.56	.819

9절 외식산업

1. 외식산업의 개념과 의의

외식산업이란 관광객에게 음식물을 제공하는 사업으로서 일명 음식관광산업이라고도 한다.

음식관광(Food Tourism)은 최근 관광객 욕구의 다양성과 고급화, 문화상대주의적 가치관의 보편화 등으로 인해 관심이 증대되고 있는 부문이다. 영어로는 초점에 따라 음식 자체가 관광동기의 첫째 요소인지 아니면 부차적인지에 따라 다소 의미의 차이가 있는 'Food Tourism'또는 'Culinary Tourism' 및 'Gourmet Tourism(미식가 관광)' 등으로 쓰이고 있다. 관광에 있어 음식은 일찍이 로마시대의 'Gastronomia'에서 보듯이 역사 · 문화적으로 의미 있는 이미지와 경험을 선사하는 중요한 요소로 여겨졌다.

현대에도 일상적 음식소비와는 달리 관광이라는 비일상적 상황에서의 음식소비는 특별한 의미와 즐거움을 준다. 따라서 음식은 하나의 문화이자 엔터테인먼트로서의 역할을 하는 매력물이라고 할 수 있다.

한편, 와인이나 커피, 멕시칸 · 이탈리안 요리 등 관련 분야에의 정통 욕구로 인해 유명한 곳을 방문하는 것과 같은 음식관광은 이를 통해 관련 음식에 대한 조예가 깊어질 수 있다는 점에서 'Serious Leisure(진지한 여가)'의 형태로도 볼 수 있다.

즉, 음식이 자신의 라이프스타일을 표현하는 하나의 요소로 인식하는 것이다. 그리고 음식은 문화적 엔터테인먼트이면서 라이프스타일 표현의 요소이기 때문에 고유한 관광경험을 강화하여 관광목적지와의 관계를 증진시킬 수 있다. 우리나라 관광진흥법 시행령 제2조 제6항 라항목에는 관광식당업을 관광객이 이용하기 적합한 음식 제공시설을 갖추고 특정국가의 음식을 전문적으로 제공하는 업으로 규정하고 있다.

이를 통해 관광목적지의 방문객 수 및 체재일수 증가에 기여할 뿐만 아니라 음식점 방문객 수의 증가, 부가적으로 지역농산물의 새로운 판로개척, 지역음식의 상품화가능성을 높이는 기업 및 요리학교 설립 등 지역경제 활성화에 미치는 직 · 간접적인 영향력 또한 크다.

2. 외식관광상품 콘텐츠의 중요성

관광 콘텐츠 측면에서 음식은 관광객을 유인하는 문화적 매력일 뿐만 아니라 음식에 기초한 관광상품 개발을 통해 틈새시장을 개척함으로써 기업에게는 시장기회를, 관광목적지에는 마케팅의 기회를 제공할 수 있다. 그리고 관광과 농업생산 사이의 경제적 연결고리를 강화시켜 관광목적지 경제의 건전한 발전에 기여할 수 있다. 관광상품 콘텐츠 개발의 맥락에서 음식은 지역경제발전에 기여하는 경제적 측면이 중요하다. 이를 위해서는 각 지역의 특색 있는 음식의 단순한 보전뿐만 아니라 보다 창의적으로 해석하고 시장의 틈새를 사업성장의 기회로 활용하는 기업가적 마인드를 갖춘 사업자 육성의 필요성도 크다.

이러한 점에서 관광목적지의 경우 IT 등 벤처기업 육성을 위한 인큐베이터 등의 정책적, 제도적 지원을 지역음식 분야에서도 보다 적극적으로 해야 할 필요성이 요구 된다. 음식점 관광 사업에서 거론되는 성공요인을 보면, 외식산업의 특성을 고려하여 상품력, 입지경쟁력(또는 점포력), 서비스력, 관리력이나 실내장식, 주차시설, 효율적인 설계, 즐거운 분위기, 차별화된 메뉴, 합리적인 가격, 양질의 서비스, 청결함 등의 다양한 외식관광상품 콘텐츠(그림 12-2)가 중요한 성공요인이라고 할 수 있다.

그림 12-2 • 다양한 외식관광상품 콘텐츠

그러나 음식점과 같은 소규모 사업체의 중요한 성공요인은 소유자이자 경영자 자신의 역할에 달려 있다.

특히 외식관광상품으로서의 음식점의 경우는 PLC(Product Life Cycle)의 주기가 빨리 변한다. 이에 따라 유행을 선도하느냐 뒤따라가느냐에 따라 성공확률의 차이가 심하다.

그리고 지역음식점은 관광객을 대상으로도 하지만 다수의 고객은 지역주민이다.

이는 지역문화와 지리적 특성과 같은 지역의 특수성이 반영되어 있기 때문에 관광객의 입맛뿐만 아니라 지역민의 입맛을 얼마나 충족시킬 수 있는가도 컨텐츠의 중요한 성공 포인트이다.

10절 관광사업지원업

관광사업지원업이란 국내관광산업의 진흥과 발전에 필수적인 분야로서 비록 관광법규상 관광사업으로는 지정되지 않으나 직·간접으로 관광사업이 활성화될 수 있도록 지원하는 사업을 총괄하여 칭하는 말이다.

사업의 종류는 관광오락·스포츠시설업, 교육문화시설, 각종 레저시설업과 기타 업종 등의 새로운 관광산업을 들 수 있다. 앞으로 산업사회가 발전하고 경제구조가 고급화되면서 이에 못지 않게 고도의 서비스산업이 발전될 전망이 크기 때문에 더욱더 새로운 지원산업이 출현하게 될 것이다.

1. 관광오락·스포츠시설업

관광오락·스포츠시설업은 그 시설의 매력으로 말미암아 관광왕래를 촉진하고, 관광객의 체재를 장기화하며, 그로 인한 관광소비는 한 나라의 관광외화수입 증대에 기여한다. 따라서 오락시설이나 스포츠시설의 개발 및 운영이 관광수입 가운데서 차지하는 비중이 대단히 크다.

대중관광의 보급과 함께 관광여행의 내용 및 형태도 다양해지고 있으므로, 이에 대비한 오락시설의 정비·확충과 내용면의 다양화가 요구되고 있으며 스포츠시설의 대량설치를 통한 구조적·질적 향상이 요청된다.

관광위락시설 중에는 관광객을 주된 대상으로 하는 관광사업의 입장에서 보면 유원지·극장·한식요정·나이트클럽·카지노 등의 오락시설과 관광전망대·스키장 · 스케이트장 · 볼링장과 같은 대표적 스포츠시설 등이 모두 이 안에 포함된다. 그러나 이밖에도 해수욕장 · 풀장 · 유선장 · 캠핑장과 수련장 등을 포함시킬 수 있으며, 온천장의 모든 위락시설 또한 이에 포함된다고 말할 수 있다.

관광오락시설의 대표적인 예는 전형적 오락공원인 미국의 디즈니랜드 · 라스베이거스, 유럽의 모나코나 아시아의 마카오 싱가포르 등지에서 성황을 이루고 있는 카지노 등을 들 수 있다.

또한 스포츠시설의 예로서는 해변의 경우는 마리나(Marine)와 해수욕장, 내륙의 경우는 스키장을 들 수 있다. 관광객이 관광지에 체재하는 기간 내에 이용하는 이같은 시설은 장차 이동형 관광으로부터 체재형 관광 또는 활동하는 관광이 보편화되고 있는 경향에 따라 점차 그 내용이 풍부해질 것이다. 또한 반대로 말하면 이러한 시설을 정비 · 확충시켜 가는 것이 관광객의 체재기간을 장기화하고, 관광소비증대의 효과도 거둘 수 있다.

관광객의 오락 · 스포츠시설은 숙박시설과 함께 관광사업에 있어서는 필요불가결한 것이라 할 수 있는데, 한국은 아직 그 수와 종류가 부족하고, 그 내용도 빈약하여 영업실적도 부진한 상태에 놓여 있다고 본다.

또한 경영형태를 보면 상업적 오락업으로 독립된 경영체를 이루고 있는 것과 호텔이나 야외시설의 부대시설 혹은 겸업부문으로 경영하는 형태 및 관광지나 온천지 등에서 전업으로 경영하는 것 등 여러 가지 형태를 들 수 있다.

이같은 대규모의 관광레크리에이션시설에 대한 수요가 증대하고 있는 오늘날 이에 대한 정비 · 확충은 관광산업의 균형된 발전을 위해서도 필요할 뿐만 아니라, 국민보건의 향상과 증진을 위해서도 꼭 필요한 시설이라 하겠다.

2. 교육 · 문화시설업

동물원 · 식물원 · 수족관 · 박물관 · 민속자료관 · 미술관 등을 교육 · 문화시설이라 말하는데, 이런 시설도 관광시설로서 매우 중요하다. 특히 이같은 대형화 · 야외화한 시설이 관광자원으로서 강력한 유인력을 갖기 때문이다. 예를 들면, 용인의 한국민속촌과 에버랜드(자연농원)는 국내 · 외의 많은 관광객을 유치하였을 뿐만 아니라 중요한 교육 · 문화적 관광대상으로서 각광을 받고 있다.

박물관, 미술관 등의 교육시설도 관광시설로서의 특색을 지니고 있으며 그 자체가 유인력을 가지는 관광대상이 된다. 이러한 국립박물관은 서울 · 경주 · 광주 · 부여 · 진주 등지에 개설하여 많은 관광객을 유치하고 있고, 이를 이용하는 관광객도 매년 증가하고 있는 추세이다.

또한 박물관과 더불어 민속자료관이 관광대상으로 주목을 받고 있으며, 그 지역 사람들의 과거의 생활양식을 더듬어 볼 수 있는 민속자료가 전시되어 있는 것이 보통이다. 이같은 시설은 현대인의 교육관광에 대응하고 있다고 할 수 있는데, 그 예로 온양의 민속자료관, 제주의 자연박물관이 그 대표적이다.

박물관과 민속자료관의 야외화한 시설이 등장하고 있는 것도 최근의 경향이다. 한국에서는 용인 민속촌과 안동 하회마을, 경주 양재마을, 제주 성읍민속마을 등이 그 한 예이다. 가장 좋은 예로서는 미국 버지니아주에 1932년 록펠러재단에 의해서 개장한 '콜로니얼 윌리엄스 파크(Colonial Wiliams Park)'는 과거로부터 배울 수 있다는 이 공원의 설립취지를 말해 주고 있다.

서울 패밀리랜드(과천시), 올림픽 레저타운(양평) 및 도투락월드(경주) 체육 · 오락시설 · 야영장 등의 시설을 비롯하여 허브랜드(포천) · 동식물원 · 자연학습장 · 산책도로 · 올림픽공원 등은 동양의 신비를 소개하고 한국의 참모습을 부각시키고 있는 테마관광타운이라 할 수 있다. 이들은 관광시설인 동시에 교육시설로서도 커다란 의미를 갖게 된다.

3. 골프장업

골프장은 다음과 같이 3개종으로 나누어지고 있는데 각 종류별 정의와 기능은 다음과 같다.

첫째, 회원제 골프장업은 골프를 하기에 적합한 시설을 갖추어 이를 일반이용자보다 유리한 조건으로 이용할 수 있도록 약정한 회원 및 기타 이용자에게 이용하게 하는 사업을 말하며, 대중골프장업은 골프를 하기에 적합한 시설을 갖추어 이를 일반이용자에게 이용하게 하는 사업으로 일명 퍼블릭골프장업을 말한다. 또한, 간이골프장업은 약식골프를 하기에 적합한 시설을 갖추어 이를 일반이용자에게 이용하게 하는 사업을 말한다.

둘째, 업종별 기능은 주건물 · 총용지면적 · 시설규모(주건물의 식당면적 · 주차장면적 · 티그라운드 및 그린 면적과 장애물 또는 그린 수와 기타 시설) · 홀의 규격(단거리 · 중거리 · 장거리 홀 등) 및 회원 수(회원제 골프장업) 등에 따라 다소 다르지만 업종별로 등록기준이 관광진흥법에 규정되어 있다.

회원제 골프장의 면적은 9홀(396,000m 이상), 18홀(666,000m)이 있으며, 초과시는 9홀마다 264,000m 이상을 확보해야 한다. 또 코스는 9홀을 기준으로 하고, 회원수는 9홀(990인 이내), 18홀(1,800인 이내)을 원칙으로 하나, 18홀 초과시는 9홀마다 600인 이내로 추가 확보해야 한다. 그리고 대중골프장업의 면적은 9홀(316,000m), 18홀(530,000m)인데, 여기에 편의시설 및 골프용구 운반차 등의 장비를 비롯해서 주차시설 · 조경 · 방재시설 등이 구비되어 있어야 한다.

또한, 간이골프장업은 용지면적이 20,300m 이상이고, 3홀 이상으로 홀의 평균길이는 70m 이상이어야 한다. 특히 장비와 편의시설, 주차시설만 갖추면 된다. 골프장업은 문화체육관광부에 속해 있다.

4. 면세점업

1) 면세점업의 개념

면세점(Duty-free Shop)이란 소비를 목적으로 수입되는 외국산 상품과 자국의 유통상품에 부과되는 관세를 자격을 갖춘 특정인에게 일정한 장소를 정하여 면세로 판매하는 점포를 말하는 것이며, 그러한 면세품을 판매하는 영업을 면세점업이라고 한다.

면세점에서 판매되는 상품은 수출로 간주하기 때문에 저렴한 가격으로 판매된다. 따라서 유통판매를 촉진시켜 외화가득률을 높일 수 있으므로 국제수지 개선에도 크게 기여하게 된다. 또한 면세점업은 외국인 여행자들로부터는 외화획득원이 되고 내국인 여행자들에게는 외화 유출을 감소시킬 수 있는 관광산업이다. 그러므로 국가적 차원에서 본다면 정책적으로 보호 · 육성되어야 할 산업이다.

면세점에서 판매하는 상품은 주로 외국수입품(양주, 향수, 담배 등)과 국산품(보석, 인삼, 전통공예품, 향토기념품 등) 등이다. 특히 각국의 국제공항에는 보세구역을 설정하여 외국으로 반출할 외국물품을 판매하는 보세판매장을 두고 있다.

2) 면세점의 역사

면세점의 발달은 중세기에 들어 시작되었다고 볼 수 있다. 대항해시대를 맞이하여 항구의 상인들에게 항해에 필요한 음식물과 비품을 공해상에서 소비되는 가격으로 값싸게 공급해 주던 것에서 비롯되었다. 그 후 이러한 관습이 계속 파급되어 국제공항의 여행자까지 확대되었으며, 국경을 떠나는 여행자들에게 이용되던 점포가 면세점으로 발전하게 되었다.

현대식 면세점을 만든 최초의 국가는 프랑스이다. 1959년 만성적 무역적자를 보충하고 관광산업을 진흥시키기 위하여 공항, 항만의 보세구역 내에 면세점을 개장하고 백화점과 일반상점에도 면세점 허가를 내주었다. 이로 인하여 전 세계로 면세점업이 파급되었다고 볼 수 있다. 따라서 우리나라는 1962년 국제관광공사가 설립된 이후부터 시작되었다. 특히, 우리나라는 1964년 주한 외국인을 위한 특정외래품판매소로 문을 연 한남체인을 시작으로 1967년에는 김포국제공항에 민간업체와 함께 공항면세점을 개설하였고, 1986년부터는 김포공항, 김해공항, 제주공항, 부산공항, 인천공항, 평택 페리호항에 면세점을 개설하여 한국관광공사가 독점 운영하였다. 그후 1990년대에 들어와서 민영화가 추진되면서 시내 호텔과 백화점에도 면세점을 운영하게 되었으며, 2000년대에는 여행업체에서도 면세점을 운영할 수 있게 되었다.

3) 면세점 종류의 분류

(1) 구매에 따른 면세점

면세점의 종류는 구매자의 세금부과 여부에 따라 〈표 12-6〉과 같이 사전면세점과 사후면세점으로 분류된다. 사전면세점이란 구매상품의 세금이 외국인 관광객이 구매하기 전에 면세된 상태에서 판매하는 면세점을 말하며, 사후면세점이란 외국인관광객이 세금이 부과된 상태에서 구입한 구매물품에 대하여 구매자의 거주지로 세금상당액을 송금하여 주는 면세점을 말한다. 이와 같은 사후면세점제도는 서비스 확대 차원에서 선진국에서 실시하고 있다.

표 12-6 • 면세점의 분류

구분		면세근거	면세된 세금	면세대상자	면세물품	입금 결제
사전면세점	보세 판매장	관세법 제17조 (1968. 1. 1)	관세	외국인 관광객 출국내국인(단, 공항출국장에서 물품인도)	수입물품, 모피, 보석 등 보세가공품, 인삼제품 등 국산품	제한 없음
	관광기념품 판매장	부가가치세법 시행령 제26조 5항 5호 (1969. 1. 1)	부가 가치세	외국인 관광객	관광기념품, 일상용품	제한 없음
사전면세점	외국인 전용 매점	특별소비세법 제17조 (1968. 1. 1)	특별 소비세	주한 미군 및 외교관 주한외국인	보석제품, 귀금속, 가전제품 등	외화
	기지촌 면세점	부가가치세법 시행령 제26조 제1항 제6호 (1977. 7. 1)	부가 가치세	외국인 관광객	모피류, 의류, 피혁제품 등 일상용품, 주류	외화
사후면세점	외국인 관광객 면세 판매장	국세감면구제법 제74조 개정(법률 제3722호 1984. 4. 9)	부가 가치세 특별 소비세	5만원 이상 구입품	특별소비세가 과세되는 보석제품과 총포 · 검도, 중독성의 약품 등 법령에 의하여 거래가 규제되는 물품 외에는 모두 면세됨.	제한 없음

출처: 이선희. 면세점 분류. 대왕사. p. 407.

특히 관광진흥을 위해 외국인 관광객이 국내에서 구입한 상품에 대해서는 출국할 때 부가가치세와 특별소비세를 환불받을 수 있는 사후면세점제도를 시행하고 있다. 외국인 관광객들은 국내에서 상품을 구입한 뒤 상품판매확인서를 교부받아 출국할 때 이를 제출하면 상품값에 포함된 부가가치세와 특별소비세를 환급받게 된다.

(2) 지역에 따른 면세점

① 공항면세점(Airport Duty-free Shop)

국제공항의 보세구역 내에 설치된 면세점으로 상품의 종류가 다양하고 지역특산물도 구입할 수 있는 면세점을 말한다. 이곳은 주로 국제여행 시에 출입국 내 · 외국인이 활용하고 있으므로 Departure Shop, Arrival Shop, Departure Arrival Shop이라고 부른다.

② 항공기내면세점(In-flight Duty-free Shop)

공항 면세점에서 미처 상품을 구입하지 못한 여행자에게 면세품 이용기회를 부여하기 위하여 항공기 내에서 탑승객에게 면세품을 판매하는 면세점을 말한다. 따라서 상품이 단조롭고 제한적이다.

③ 페리면세점(Ferry Duty-free Shop)

국제적으로 운항하는 국제페리면세점과 항구에 설치된 면세점을 말하는데, 가격도 저렴하고 상품도 다종다양하며 자동차도 판매하는 것이 특징이다.

④ 기타 면세점(Other Duty-free Shop)

면세점 외에는 백화점 내의 면세점, 시내면세점, 군인면세점, 외교면세점, 국경면세점, 국제유람선 면세점 등을 들 수 있다. 특히 외국인 전용면세점과 백화점 내의 면세점에서는 상품의 국내 유출을 막기 위하여 주문 후 공항납품제도(Pre-order System)를 적용한다.

Chapter 12 학습문제

01. 국제회의 전시산업을 무엇이라 하는가?

① 카지노산업 ② 마이스산업
③ 컨벤션산업 ④ 리조트산업

02. 국제회의 용역업체를 무엇이라 하는가?

① UIA ② MICE
③ PCO ④ CEO

03. 다음 중 우리나라의 고양시에 위치하고 있는 한국국제전시장에 해당하는 것은?

① COEX　　② BEXCO
③ EXCO　　④ KINTEX

04. 다름 관광사업 종류 중 관광진흥법 시행령 제2조 제3항에 의거 관광객 이용시설업에 해당되지 않는 것은?

① 전문휴양업　　② 종합휴양업
③ 관광유람선업　　④ 관광식당업

05. 다음 중 관광진흥법 시행령 제2조 제3항에 의거 관광객 이용시설업에 해당되지 않는 것은?

① 관광펜션업　　② 관광사진업
③ 관광공연장업　　④ 관광유흥음식점업

06. 다음 중 관광진흥법 제22조에 따른 카지노업자의 금지행위(결격사유)를 바르게 설명한 것은?

① 허가받은 전용 영업장 외에서 영업하는 행위
② 외환거래법 위반으로 금고 이상의 형을 받고 영업하는 행위
③ 19세 미만인 자를 입장시키는 행위
④ 19세 이상인 자를 입장시키는 행위

07. 다음 중 세계 최초로 개장한 주제공원은?

① 용인 에버랜드
② 도쿄 디즈니랜드
③ 로스엔젤레스 디즈니랜드
④ 롯데월드 디즈니랜드

08. 다음 중 외식산업의 구성요소와 거리가 먼 것은?

① 음식 가격 ② 독자성
③ 식음료 ④ 인적서비스

09. 다음 중 국제회의 성격을 가장 바르게 표현한 내용은?

① 대중성 ② 단면성
③ 경제성과 공익성 ④ 일반성과 사익성

10. 다음 중 제시된 특정 주제를 놓고 전문가들이 청중 앞에서 벌이는 공개토론형식으로 청중들도 질의 토론에 참여할 수 있는 형식의 회의형태를 무엇이라 하는가?

① 워크숍 ② 포럼
③ 컨퍼런스 ④ 심포지엄

정답

01. ② **02.** ③ **03.** ④ **04.** ④ **05.** ③ **06.** ④ **07.** ③ **08.** ② **09.** ③ **10.** ④

CHAPTER

13 관광사업의 효과와 과제

1절 관광사업의 경제적 효과

1. 국제수지의 개선효과

관광은 즐기기 위한 여행인 동시에 일련의 소비활동에서 비롯된 복합적 현상이다. 관광객의 행동 자체가 곧 소비활동이며, 여행 도중 소비된 금액은 여행하기 이전에 취득한 것이어야만 하고, 그런 뜻에서 관광온 사람과 함께 금전의 이동을 뜻한다.

관광객의 소비활동에 의해 생산되는 각종 관광사업의 이윤을 경제적 효과라고 칭하며, 이를 보다 세분하면 국제수지 개선과 지역경제의 기여효과로 구분된다.

관광의 국제수지 개선효과는 외화획득과 경제발전, 기술협력과 국제무역의 증진효과를 기대할 수 있고, 지역경제의 기여효과로는 소득효과 · 고용효과 · 산업관련효과 그리고 주민의 복지증진효과 및 생활환경의 개선효과와 함께 지역개발을 추진함에 있어서도 선도적인 효과를 기대할 수 있다.

국제관광은 외화획득에 기여하지만 무역수지가 크게 흑자로 돌아갈 경우에는 관광지출을 증대시켜야만 국제수지의 균형을 유지하게 되며, 이런 면에서도 국제수지 개선에 기여하게 된다.

국제관광에 비해서 국내관광의 경제적 효과는 일반적으로 경시되기 쉽다. 이유는 국제관광이 관광외화수지에 직결되는 반면에 국내관광은 관광재화의 국내획득과 재분배를 가져다줄 뿐이라는 평가가 있기 때문이다. 그러나 국내관광은 지역경제발전에 크게 기여하게 됨은 말할 것도 없고, 재화의 지역적 이동에 영향을 미치게 되므로 삶의 질 개선과 행복지수(Happiness Index)를 높이는 데 기여한다.

국제관광의 경우에서도 숙박, 관광기념품 구입이라는 구체적인 소비활동은 특정 지역을 중심으로 행해지는 것이며, 그런 뜻에서 국제 · 국내관광을 불문하고, 관광의 경제적 효과는 무엇보다도 지역경제발전에 크게 기여하게 된다.

특히 경제적 효과에 따른 관광사업은 단일산업으로는 가장 큰 세계 최대의 고용산업이며 무공해 환경친화적 산업으로서 여행수입은 국제수지 개선에 기여하게 된다. 예를 들면 관광수입은 약 56억 달러로 컬러TV 5천만 대 수출효과와 같으며, 외래관광객 5명 유치는 소형자동차 1대 수출효과와 같다. 그리고 연간관광호텔 객실 1실 판매수입은 소형승용차 2대 수출과 동일한 효과를 갖게 된다. 이것은 무역외 수입총액의 19%, 총수출액의 5%를 점유하는 것과 같으므로 관광산업은 최대의 단일산업으로서 21세기 산업을 주도할 것으로 전망된다.

2. 국민경제의 소득효과

관광사업은 관광자와 관광대상을 결부시켜 줌으로써 그 대상지로서의 국가 또는 지역경제 발전에 크게 기여한다. 관광소비 구조를 보면 대부분이 교통비 · 숙박비 · 식사비 · 오락비 · 상품구입비 등이므로 이들의 관광소비는 직접적으로 국가나 지역의 소득과 직결되게 된다. 따라서 특유한 관광상품이나 서비스의 수요증대는 지역경제뿐만 아니라 국민경제의 소득효과에 큰 영향을 미친다.

관광경제가 수요와 공급관계나 시장원리를 적용하는 것은 그 자체가 일반 경제활동과 같은 것이라고 할 수 있으며, 수요자(관광객)가 공급자에게 직접 찾아옴으로써 경제활동이 성립된다는 점이 특징이다. 따라서 관광객의 경비는 그 나라의 관광외화수입원이며, 외국관광객의 증가는 외화가득률 증대에 직접 기여하게 된다.

관광산업은 관세장벽이 없는 인적 교류에 의해 이루어지는 보이지 않는 수출무역(Invisible Export)으로 국제수지 개선에 기여하며, 무공해산업이고, 자연 그대로가 관광자원이므로 자원이 거의 소모되지 않는 자원절약적 산업이기도 하다. 관광산업은 노동집약적 산업으로서 인적 서비스가 주가 되므로 각종 고급인력에서 미숙련노동력까지 포함한 다양한 인력을 필요로 하므로 고용효과가 매우 크다. 그 외에 국민소득 창출은 물론 관광관련업체가 각종 세금을 납부함으로써 국가재정 수입에 크게 기여한다.

관광산업의 역할을 경제 · 사회 · 문화 · 정치 · 교육 · 건설 · 안보 · 심리 등 측면에서 볼 때 국가발전의 원동력이 되며, 외화가득률이 가장 높기 때문에 한국은 1975년도부터 관광산업을 전략산업으로 규정하고 국가의 기간산업으로 발전시킴은 물론 백색산업 또는 시대적 종합산업 · 평화산업으로 육성시키고 있다. 관광수입은 국민경제 내부의 소득과는 성격이 다른 국가경제 외부로부터의 소득의 유입이기 때문에 국민경제의 소득을 창출하는 효과를 나타낸다.

3. 관광사업의 소득승수효과

관광객의 관광소비는 관광지 소속 국가의 경제권으로 외화 혹은 관광수입으로 인한 관광산업의 관광수입을 직접수입(Direct Revenue)이라고 한다. 관광사업자들이 관광수입을 재소비할 때에 직접수입의 일부는 그 지역의 경제권 밖으로 누출(Leakage)된다. 이 경우에 관광소비의 2차 수취인이 되는 생산 및 판매업체는 그들의 상품 판매수입을 2단계 소비한다. 이러한 관광객의 직접소비가 한 경제 내에서 유통되면서 관광소득이 소비되고 그 소비가 또 다른 소비를 촉진하여 관광소득승수(Tourist Income Multiplier)를 형성한다.

관광객으로부터 발생한 호텔수익은 호텔종사원의 인건비로 배분되고, 지역여행사와 상점에도 간접적인 수입이 발생한다. 이와 같이 호텔투숙관광객의 소비는 그 지역경제에 광범하게 확산되며, 그 과정에서 일부 금액은 누출된다. 이러한 경제의 파급과정을 통하여 승수효과는 이미 발생된 것이다.

국제관광수입은 외화 획득을 의미하며, 한 국가의 전반적인 경제를 향상시키는 데 영향을 미친다. 또한 경제학자들은 승수가 양날의 칼과 같다고 말하고 있으며, 투자와 수출 또는 관광수입의 급격한 감소는 승수에 의해 국민소득이 감소되는 점을 시사한다.

"관광수입이 경제에 유입되면 그것은 그 경제권에 영향을 미친다. 일부의 금액은 경제권에서 저축이 되고 또는 수입품의 구매를 한다. 이것을 소비의 제1회전이라고 하며, 소비의 일부는 소비의 제2회전에서 또 소비된다. 즉 관광 달러는 한 경제 내에 유입되어 소비되고 재소비되어 경제를 촉진하고 또 다른 소비를 유발시킨다. 이와 같이 한 경제권에 남아 있는 관광소득이 소비되고 재소비되어 관광소득승수가 된다. 따라서 관광소득으로 인한 화폐가 경제권에 많이 남을수록 누출은 적어지고 승수효과(Multiplier Effect)는 커진다."

관광소비는 목적지의 경제권에 외화의 유입을 발생시키는 무형적인 수출이다. 따라서 관광사업은 서비스업의 특성 때문에 높은 외화가득률로 국가경제에 기여도가 크다.

$$외화가득률 = \frac{국제관광수입 - (선전광고비 + 외래객상품구입비)}{국제관광수입} \times 100$$

관광소비로서의 화폐회전분석을 통한 조사결과를 보면 화폐가 처음 지출된 이후 연간 3.2~4.3회 회전한다. 이것은 미국 상무성과 PATA가 공동으로 가맹국을 대상으로 실시한 조사보고서에서 분석되고 있다.

4. 관광사업의 고용승수효과

관광고용승수는 외래관광객의 최소한의 단위소비 지급증가가 그 지역 내의 고용기회를 얼마나 증대시켰는가를 나타내는 승수이다. 구체적으로 관광소비증가를 통해 창출되는 직접 고용량 및 2차 고용량(간접고용량 + 유발고용량)에 대한 비율을 의미한다. 그러므로 고용기회의 증대는 새로운 구매력을 낳게 하고 수요를 확대시켜 이른바 고용승수효과를 나타나게 한다.

고용승수효과 공식

$$EP = E \times \frac{54}{100} \times W$$

(EP = 고용자수, E = 관광수입, W = 임금, $\frac{54}{100}$ = 관광수입의 54%가 임금으로 지불되고 있다는 뜻)

또한 관광소비의 증대와 관광사업의 활성화는 직접 · 간접으로 지방자치기관의 세수를 증대시키는 데 크게 기여한다. 세수의 증대는 공공서비스의 향상을 가져오고 이것이 바로 지역사회발전에 크게 기여하는 결과가 된다.

〈조세부담효과 공식〉

$$T = E \times 3.2 \times \frac{10}{100} \text{ (T = 세입, E = 관광수입)}$$

[$\frac{10}{100}$는 조세부담률, 3.2 = 승수〈연간 3.2회(후진국)〉 내지 5.5회(선진국의 관광소비가 국민경제 내부에 회전한다는 공식의 뜻)]

$$T = E \times K \times mpf$$

(T = 세입, E = 관광수입, K = 승수, mpf = 조세부담률)

관광사업의 발전은 직접 상하수도, 전력공급 등으로 그 지역의 성격과 기반시설 정비에 크게 기여한다. 다시 말하면 관광사업이 그 지역사회개발을 촉진시켜 생활환경을 근대화시키는 데 기여하게 된다.

2절 관광사업의 사회적 · 문화적 효과

1. 교육적 효과

관광은 관광객의 직접체험을 통하여 뛰어난 교육적 효과를 얻게 된다. 관광을 통해 견문확대와 새로운 지식을 얻게 되며, 또 변화에 의한 욕구충족을 하게 된다. 관광의 교육효과는 이와 같은 직접체험을 통해 얻어지며, 견학 · 시찰여행이라는 배경에는 직접체험에 의한 지식의 증대라는 데 기대가 예상된다.

일반적으로 건강에의 공헌, 사회생활에의 적응경향, 재생산력의 창출이라고 하는 3개의 여건을 가진 레크리에이션이라고 칭하며, 관광은 이같은 여건을 모두 갖추고 있다. 따라서 관광은 레크리에이션 활동에 의한 효과가 크다고 할 수 있다. 즉, 관광이라고 하는 직접체험을 통해 심신의 피로회복과 사회적 매너 및 규율을 배우고, 일과 면학에의 활력을 증강시키는 효과가 크다. 이들의 효과는 국민생산수준에서 평한다면 국민후생적 효과라고 칭할 수 있다.

우리는 일과 여가를 통해 인간의 위락욕구충족과 인간성 회복을 꾀하려고 하며, 사회변화의 영향으로 파생되는 가지각색의 많은 현대적 욕구를 일상생활을 떠난 미지의 환경에서 직접체험으로 충족된다고 기대하게 된다. 이와 같이 관광의 교육적 효과는 직접적 체험을 통하여 얻어지는 것에 대한 평가이다.

2. 레크리에이션적 효과

레크리에이션(Recreation)이란 사회생활의 범주 안에서 인간생활의 변화를 추구하는 목적으로 행하는 활동이므로, 관광은 이러한 레크리에이션 활동에 의하여 효과를 높일 수 있다. 그러므로 관광레크리에이션이란 말은 관광을 통하여 심신피로를 회복하고 활력을 증진하는 효과를 갖게 된다. 이러한 효과를 국민생활 측면에서 본다면 국민후생복지 효과로 볼 수도 있다.

특히 기분전환을 위한 관광여행은 국민건강에 공헌할 뿐만 아니라 생활에 대한 의욕을 높여주는 효과를 가져오기 때문에 사회적 학습, 매너습득, 집단훈련 등 교육적 활동과 결부되어 사용되기도 한다. 수학여행은 교육적 목적으로 행하지만, 집단생활을 체험시킨다는 점에서는 레크리에이션 효과가 크다.

3. 문화적 효과

관광이 지니고 있는 하나의 문화적 효과는 관광이 이질문화를 전달하는 매개로서의 기능을 수행함으로써 이루어진다. 타국과 타 지역의 옛 문화는 상인과 여행자와 예술인들에 의해 전달되어 왔다. 'Silk Road'가 교역뿐만 아니라 동 · 서문화의 교류에 크게 기여했다는 것은 주지의 사실이다. 이탈리아의 여행가 마르코 폴로(Marco Polo)의 체험으로 쓰인 《동방견문록》은 당시 14세기 초엽로서는 최초의 상세한 동양의 소개였으며, 이로 인해 유럽인의 동양에의 관심을 높였고, 뿐만 아니라 신항로와 신대륙발견의 원인이 된 결과를 초래하게 되었다.

관광은 필연적으로 '옛것'에 관한 애착과 소중함을 국민에게 인식시켜 주고 '과거'와 '현재'의 조화를 이루는 계기를 마련해 준다. 국가 또는 각 지방의 전통문화와 풍속 등은 가장 중요한 관광자원이 되고 있어 이를 보존 · 계승하려는 노력은 전통문화를 더욱 발전시키고, 향토애와 애국심을 고취시키며, 서로 돕고 이해하는 기반 위에 문화 민족의 긍지를 갖게 한다. 또 외래관광객에게 우리의 고유관광자원을 소개 · 선전함으로써 한국을 해외에 올바로 인식시키게 된다. 이는 관광객 유치증대를 위한 관광선전이면서 국가홍보로 국위를 선양한다는 데 큰 의의를 찾을 수 있다.

관광객이 찾아드는 지역에서는 반드시 그 지역주민과 여러 가지 형태의 교류와 접촉이 이루어지므로 상호 무지로 인해 발생되는 오해 · 편견 · 의혹 · 공포 등을 해소하고 이해를 증진하며, 상호 친밀해짐으로써 인간성 형성과 협동을 이룩할 수 있다. 그리고 국제간에 있어서도 관광객의 상호왕래에 의한 국제친선과 문화교류의 향상에 크게 기여하게 된다. 따라서 민간외교로서의 관광의 역할은 문화의 전달매개로서의 큰 효과가 있다.

4. 국제친선적 효과

관광은 외래관광객의 국제적 왕래를 통하여 여러 가지 효과를 가져오게 되는데, 이러한 효과를 국제친선적 효과라고 한다.

관광은 지역과 지역 사이, 국가와 국가 사이에 문화를 전달하며 국제 간의 상호이해를 증진시킨다. 그러므로 국제관광왕래의 증대는 민간외교 역할로서의 기대효과가 크다. 따라서 상호이해를 증진시키는 데는 몇 가지 단계가 필요하다. 즉, 접촉하는 단계(Contact), 대화하는 단계(Communicate), 신뢰하는 단계(Confide)가 필요한데 국제적 관광왕래는 그러한 기회를 자연스럽게 만들어 주는 효과가 있다.

3절 관광사업의 제반효과와 과제

1. 관광사업의 마이너스효과

1) 관광객 매너의 마이너스효과

관광사업의 여러 효과를 경제적 효과와 문화적 효과로 대별해서 설명했으나, 이들은 모두 상호유기적인 관련성을 갖고 있다. 그러나 이들은 긍정적 관광효과(플러스효과)에서 큰 기여를 하고 있는 측면이지만, 부정적 영향을 끼치는 '마이너스효과'도 발생하므로 여기서 여러 가지 문제가 제기된다.

국제관광의 활성화는 외화획득과 국제수지 개선이라고 하는 경제적 효과와 함께 국제친선이라고 하는 문화적 효과를 함께 높이는 데 있으나 '매너(관광윤리)'를 분별하지 못하는 관광객의 언행으로 인해 자국의 국위를 떨어뜨리는 역효과를 가져온다는 점이 문제가 된다. 또 경제적으로도 관광객이 상품과 서비스 수요를 급증시킴으로써 물가상승 등의 국민경제에 '마이너스효과'를 가져다준다.

2) 지역사회에 미치는 마이너스효과

관광은 지역경제적 소득효과가 크므로 지역경제개발에 이바지할 뿐만 아니라 국제적으로는 외화획득 효과가 크므로, 저개발국가에서는 경제개발의 기반을 조성하는 데 도움이 되는 것으로 생각된다. 따라서 관광수입이 증대되고 고용기회가 확대되는 가시적인 효과가 나타난다.

그러나 고소득자인 관광객과 저소득자인 지역주민과의 접촉에서 발생되는 지역사회에 미치는 영향은 여러 가지 마이너스효과를 가져올 위험성이 있다.

① 관광지에 있어서 도덕성이 낮아지는 문제, ② 물가상승으로 국민경제에 미치는 문제, ③ 관광객과 지역주민 또는 국민과의 사이에 발생되는 긴장과 위화감 문제, ④ 관광사업으로 파생되는 오락과 유흥 등의 사치성 사업으로 미풍양속을 해치는 문제 등을 들 수 있다.

특히 관광효과에서는 미처 마이너스효과에 대한 예측을 하지 못했던 일이 있을 수도 있고, 플러스효과로 생각했던 것이 상황에 따라 마이너스효과로 나타날 수도 있기 때문에 플러스효과와 마이너스효과를 전체적으로 파악하는 것이 중요하다. 이와 같이 여러 가지 효과가 상호관련성을 지니고 있다는 점을 인식하고 여기에서 발생하기 쉬운 마이너스효과를 제거하기 위한 노력이 필요하다.

3) 자연환경에 미치는 마이너스효과

관광사업이 가져오는 여러 가지 긍정적인 효과(플러스효과)는 한 국가 및 지역의 경제 · 문화 등 다방면에 기대효과를 충족시켜 주기도 하지만 관광지의 개발로 인한 자연의 파괴도 부수적으로 파생되고 있다. 규모가 큰 위락 및 숙박시설로 인한 오폐수의 다량 발생은 물론 많은 관광객의 출입에 따른 자연의 훼손도 따르며, 도로의 개설과 시설물 설치로 인한 자연파괴의 폐해도 일어나고 있다.

그러므로 관광지 개발에는 친환경적인 차원에서 자연환경을 훼손하지 않고 관광지를 개발하여 환경을 보존하고 또 친환경적인 시설을 함으로써 그 지역의 종합적인 개발의 일익을 담당할 수 있어야 하겠다.

2. 관광사업의 과제

관광은 국가홍보와 국제친선, 국민복지증진, 지역균형발전의 촉진 등 다목적인 효과를 가져다주고 있다. 특히 관광사업은 지방자치제 실시에 따라 부각되고 있는 지역개발 측면에서 볼 때에도 제조업에 비하여 원재료 등의 자원소비율이 낮고, 무공해산업일 뿐만 아니라 농 · 어촌 1차 산업과의 연계성이 뛰어나다. 그리고 고급인력에서 미숙련 노동인력에 이르기까지 다양한 인적자원을 필요로 하기 때문에 부존자원이 빈약하고 낙후된 개발지역에서는 가장 적합한 전략산업이라 하겠다.

관광은 경제뿐만 아니라 사회 · 문화 등 다방면에 미치는 효과가 크며, 특히 전통문화의 보전 및 발전에도 기여하고 있으며, 국제교류 및 상호이해증진을 통해 세계평화에 이바지한다는 점에서도 관광의 중요성은 더욱 강조되고 있다.

미국과 캐나다를 비롯한 관광선진국에서는 지방자치단체별로 관광이 지역 발전에 미치는 효과 등 관광의 중요성을 강조하며, 지역주민들의 자발적인 참여를 유도하고 있다. 한국의 경우는 일부 계층의 무분별한 해외여행형태로 관광산업에 대한 올바른 이해가 부족했던 점을 고려하여 관광의 위상을 재정립하고자 관광인식 제고사업을 적극 추진하고 있다.

일부계층의 호화 · 사치 · 퇴폐성 해외여행 형태를 근절시키고 급격히 증대되고 있는 여행지출을 억제하기 위하여 TV · 라디오 · 잡지 등 언론매체와 밝은사회운동본부, 소비자보호단체 등을 통하여 대국민 계도와 캠페인을 전개해 나가는 한편, 대학생의 건전한 해외 배낭여행을 유도하기 위하여 배낭여행자에 대한 사전교육도 실시하고 있다. 그리고 여행업체에 대한 지도, 감독도 병행하여 일반 및 해외여행업체 지도 · 점검도 강화해 나가고 있으며, 호화사치성 여행상품을 판매한 업체에 대하여는 사업정지, 과징금부과 등 강력한 행정처분을 하는 반면에 정부의 건전관광 의지를 전파하기 위하여 여행업체 임직원에 대한 교육도 강화하고 있다.

또한 관광산업에 대한 행정규제를 완화하여 기업의 자율성을 제고시키고, 관광사업자가 매 3년마다 갱신등록을 받도록 하는 제도를 폐지하여 관광사업자의 편의를 증진시키고, 관광특구제도를 도입하여 영업의 제한을 완화하여 관광외화획득을 증대시켜 나가고 있다.

세계는 닫힌 세계(Closed world)에서 열린 세계(Opened world)로, 닫힌 마음에서 열린 마음으로 변화된 자세를 요구하고 있다. 범세계주의(Globalism)라는 세계화 시대를 맞아 이제 전 세계가 하나의 도시국가로 변하여 상호작용과 협조와 제휴가 지속적으로 일어나고 있다. 바야흐로 21세기의 국경 없는 지구촌시대를 맞아 국민들은 시야를 넓혀 올바른 여가생활문화를 정착시켜 나가야 할 시점에 와 있다. 따라서 우리는 부가가치가 높은 관광산업의 중요성을 더욱 인식하고 21세기 관광선진국 입국을 위한 관광진흥은 물론 국민복지관광진흥을 위한 많은 과제를 해결하기 위하여 노력해 나가야 할 것이다.

Chapter 13 학습문제

01. 관광사업의 가장 중요한 경제적 파급효과와 거리가 먼 것은?

① 국민경제 소득승수효과 ② 국민경제 고용승수효과

③ 국민관광지 개발확대효과 ④ 국제수지개선효과

02. 다음 중 관광사업의 사회문화적 효과와 관계가 없는 것은?

① 문화적 효과 ② 교육적 효과

③ 국제친선효과 ④ 경제적 효과

03. 다음 〈보기〉의 문장 중 ( ) 안에 들어갈 말들로 바르게 짝지어진 것은?

〈보기〉 바야흐로 국경 없는 지구마을시대를 맞이하여 우리는 ( )가 높은 관광사업의 중요성을 더욱 인식하고, 관광선진국 진입을 위한 ( )은 물론 ( )을 위한 많은 과제를 해결해 나가도록 노력해야 할 것이다.

① 부가가치 - 관광진흥 - 국민복지관광진흥

② 소득수준 - 외화 획득 - 국민관광지 개발

③ 관광 수요 - 관광 개발 - 국제수지 개선

④ 소비가치 - 소득수준 - 지역사회관광진흥

정답

01. ③ 02. ④ 03. ①

CHAPTER 14 관광홍보와 관광마케팅

1절 관광홍보

1. 관광홍보의 의의와 중요성

관광홍보(선전)란 해외에 산재하고 있는 고객층에게 자국의 문화 · 전통 · 축제 · 관광자원 · 관광시설 등에 대한 특색을 알리고, 자국의 관광매력을 전파함으로써 고객에게 관광동기를 불러일으키게 하는 다각적으로 선전을 실시하는 모든 행위라고 할 수 있다.

관광선전은 국제관광수요 증강을 도모하기 위한 최대의 유효방책이므로 각국이 모두 그 실시에 절대적인 노력을 경주하고 있다. 그리고 국제관광 수출입 증진을 위한 가장 중요한 촉진정책의 하나로 되고 있으며, 관광지에 보다 많은 관광객의 왕래를 촉진시킴으로써 경제적 · 사회적 또는 문화적인 효과를 얻는 데 그 목적이 있으며, 그 점에 주안점을 두고 있다.

관광산업에 대한 선전은 다각적인 내용을 갖게 되므로 광고(Advertisement)나 PR에서 그치는 것이 아니라 관광업체가 통상적으로 고객에게 제공하는 서비스까지도 선전효과를 얻을 수 있기 때문에 소재는 광범위하다고 할 수 있다.

또한 관광홍보(선전)는 다른 생산업과는 달리 그 효과가 국제성을 띠고 있기 때문에 항상 그 배후에는 국가이익을 고려하지 않을 수 없다. 한 사람의 '가이드'가 안내업이라는 '비즈니스'에도 국가를 대표하는 민간외교관으로서의 책무가 있는 것과 마찬가지로 해외관광홍보에는 다양한 형태가 있다.

1) 관광의 해외홍보

광고에는 광의와 협의의 두 개의 뜻이 있는데 광의의 광고는 퍼블리시티와 PR을 포함한다. 협의의 광고에 대해서 미국광고협회(American Marketing Association: AMA)는 다음과 같이 정의를 내리고 있다.

"광고하는 것은 이름을 명시한 광고주(스폰서)에 의한 모든 유료형태의 아이디어 · 상품 혹은 서비스의 비간접적인 제시와 선전이다."라고 규정하고 있다. 다시 말하면 협의의 광고는 정보 · 메시지를 전달하는 등의 형식을 가리키는데, 언어 · 회화 · 도식 · 음향 · 조화 · 색채 · 형상 · 기호 등의 수단을 구사하여 상품 · 서비스 등을 고객이나 일반 대중 또는 여행업기관에게 주지시키는 일을 말한다. 따라서 광고는 특정의 광고매체(신문 · 잡지 · 라디오 등)를 사용하여 광고주가 일정한 광고요금을 지불함으로써 실시된다.

2) 관광의 퍼블리시티

퍼블리시티(Publicity)란 관광상품 · 서비스에 관한 수요를 비간접적으로 자극하는 활동을 말한다. 또한, "퍼블리시티는 신문 · 잡지 · 라디오 · TV 등의 매스미디어에 대하여 상품 · 서비스 등에 관한 정보를 제공함으로써 이를 기사 또는 뉴스로 보도하도록 하는 것"이라고 했다.

광고가 유료게재이고 광고주를 명시하는 데 반하여, 퍼블리시티는 대개가 무료게재로서 제공자를 명시하지 않는다. 또한 퍼블리시티는 광고와는 달라서 기사의 내용이나 게재를 할 것인가 아닌가 하는 문제는 모두 편집자의 선택 권한에 속한다. 그러나 퍼블리시티도 협의의 광고와 마찬가지로 자국의 관광대상 · 산업 · 경제 · 문화 등의 관광 일반환경을 국제관광시장에 주지시키기 위한 수단이라 하겠다.

3) 관광의 PR

PR(Public Relations)은 대중과의 모든 관계를 알린다는 의미를 말하는데 매체를 사용하지 않는 것이 보통이다.

특히, 여행사나 항공회사가 발행하는 각종의 관광안내서도 매우 유효한 PR이 된다. 또 이들 여행사나 항공회사가 채택하는 이른바 Package Tour제도 역시 효과가 대단히 크다. 아무래도 관광객 수용에 관한 일반적인 소개에 지나지 않는 soft sale 방식보다는 관광의욕을 현실적으로 실현하고 있는 구체적인 여정의 작성 · 비용계산 · 숙박안내 등의 Hard Sale 방식이다. 이러한 의미에서 항공회사가 발행하는 각종 관광브로셔(Tourism Brochure)의 효과는 대단히 크다고 말할 수 있다.

관광홍보는 관광이 정신적이며, 이미지 형성에 중요할 뿐만 아니라 다수 대중의 소비행위이므로 선전 · 광고에 의해 크게 영향을 미치고 있다. 그리고 단순히 관광수요의 유인에만 그치지 않고 그 나라 자체의 선전도 되며, 정치적인 성질을 내포하고 있다는 점에 그 중요성이 있다.

관광은 본래의 정신적인 욕망이면서 다분히 심리적 영향에 좌우되기 쉽다. 많은 관광지에서는 그의 풍경미와 휴양가치 외에도 사적(史蹟)과 각종 문화재 등이 충분히 관광가치를 구성하고 있다. 이와 같은 요소는 관광선전에 의해 형성됨이 중요하다.

2. 관광홍보의 기능

관광의 해외홍보(선전)기능을 분류하면 다음과 같다.

① 고지기능(Information Function): 해외의 고객, 즉 관광객층과 일반대중에게 자국의 관광매력을 고지하는 기능으로 고지선전이라고도 한다.

② 설득기능(Persuading Function): 해외의 잠재적 고객을 방문하도록 여러 가지 선전매체를 통해 설득하는 선전기능(설득선전)이라 할 수 있다.

③ 반복기능(Repetition Function): 해외의 고객에 대하여 강력한 인상을 줌으로써 반복방문을 촉구시키는 선전기능(반복선전 · 인상선전)을 말한다.

④ 창조기능(Creating Function): 고객에게 국제관광에 관한 확고한 이미지를 주어 새로운 수요를 환기하고 창조하는 기능을 말한다.

그러나 이와는 별도로 국제관광의 해외홍보(선전)기능을 그 선전 목적에 입각하여 분류해 보면 다음과 같다.

① 개척기능(Pioneer Function): 신시장에 대하여 국제관광시장 개척을 위한 기능을 수행하는 기능을 말한다.

② 확대기능(Extending Function): 이미 개척한 국제관광의 해외배출시장을 강화하고 확대하기 위한 기능이다.

③ 유지기능(Maintenance Function): 개척해 놓은 국제관광의 해외시장을 계속 확보하는 기능을 말한다.

특히 관광홍보 시에는 관광상품이 무형의 상품이고 재고가 없는 상품이며, 환불받지 못하는 상품, 인적 서비스 비중이 큰 상품, 이동이 불가능한 상품, 저장이 불가능한 상품, 변화에 민감한 상품이란 점을 인식해야 한다.

3. 관광홍보방법과 조직

관광홍보기능에 따른 판매방법도 일반상품과 다르다고 보겠다. 그러기에 관광선전을 '무형의 상품'에서 '유형화시킴'의 제1차적인 특성을 고려해야 되며, 관광행위가 성립될 때 관광매체(Tourism Media) 역할의 중대함을 인식하게 된다. 특히 관광업계는 선전물 제작과 광고행위가 기업성패의 열쇠를 가지고 있다고 해도 과언이 아닐 것이다.

한국 관광을 해외에 알리기 위한 관광상품선전도 해외시장의 잠재관광객을 대상으로 TV · 라디오 · 신문 · 잡지 · 팸플릿 · 선전책자 등을 통하여 이루어지고 있다. 이 같은 광고물은 외국인들에게 한국관광이 보다 더 신선하고 밝은 이미지를 갖도록 하는 동시에 관광동기를 유발하여 관광행위를 촉진하게 된다. 또한 매력적인 관광상품의 선전효과를 높이기 위해서 시장별로 선전전략을 수립하여 시장특성을 고려한 관광상품의 선전방법을 꾀해야 한다. 앞으로도 건전한 관광기업을 위해 경제적으로는 합리적이고 효과면으로는 능률적인 방안을 모색해야 한다.

한국관광공사는 세계 주요 관광시장을 개척하기 위하여 〈표 14-1〉과 같이 해외조직망(지사 · 사무소 · 대행소)을 운영하고 있다.

표 14-1 • 한국관광공사 해외조직망 현황

<table>
<tr><th colspan="2">지사</th><th>선전 대행소</th><th>주요 활동내용</th></tr>
<tr><td>일본지역(5)</td><td>도쿄, 오사카, 나고야, 후쿠오카, 삿포로</td><td></td><td rowspan="5">1. 관광시장조사
2. 관광관계 언론인, 전문인과의 유대
3. 해외홍보 및 광고 선전
4. 광고선전의 효과 측정
5. 외국관광업계기관과의 업무 제휴
6. 국제회의행사 및 참가
7. 한국 관광업계와의 해외동향 파악 및 지원
8. 한국관광상품기획</td></tr>
<tr><td>동남아 지역(6)</td><td>타이페이(대만), 홍콩, 북경, 방콕, 싱가포르, 시드니(호주)</td><td></td></tr>
<tr><td>미주지역(5)</td><td>뉴욕, 시카고, 로스앤젤레스, 토론토, 상파울루</td><td>하와이</td></tr>
<tr><td>유럽지역(4)</td><td>프랑크푸르트, 파리, 밀라노, 런던</td><td></td></tr>
<tr><td>계</td><td>20</td><td></td></tr>
</table>

해외지사는 한국관광상품을 유도하기 위한 여행업계와의 협력활동, 관광객 유치를 위한 홍보활동, 관광박람회, 전시회 등 관광행사의 참가, 기타 관광정보 수집 및 국제기구와의 협력활동을 하고 있다.

해외지사와 선전사무소의 주요 사업내용을 보면 현지인(소비자)들의 해외관광 문의에 대한 정보제공(서신 · 전화 · 내방상담) · 설명회 · 홍보촉진 · 공동선전 · 여행상품 개발지원을 하며 잠재시장에는 현지인들과의 대행계약을 통해 선전대행소를 운영하고 있다.

특히 관광선전활동의 일환으로 관광객 유치전략을 다양화와 심층화로 관광시장의 저변을 확대해 나가면서 매력적인 관광상품을 집중 홍보하고 있다. 또 효율적인 관광홍보를 위해 홍보효과가 가장 높은 현지 TV를 집중적으로 활용하고 있으며, 해외주재기관 및 모든 업체를 통해 특수유치활동을 전개하고 있다. 즉, 관광홍보 매체를 활용하여 외국인 언론인 초청, 해외여행업자의 초청, 주한미군 가족의 방한초청, 외국의 관광유람선 유치 등 다방면에 걸쳐 유치활동을 벌이는 동시에 관광시장의 극동 관광루트화를 추진해 나가고 있다.

4. 관광홍보의 현대적 과제

관광홍보에 있어서 관광지의 PR을 축으로 한 '프로모션 믹스'에 의해 소비자를 향한 일관된 소구체제(訴求體制)를 구축하려면, 먼저 공통목표를 명확하게 할 필요가 있다. 이것이 확립되면 비로소 판촉의 여러 활동은 강력한 시스템(System)으로서의 효과를 발휘할 수가 있다.

홍보 목표는 홍보가 '마케팅 시스템'의 하위 시스템인 이상 상위 우선의 원칙에 따라 마케팅 목표를 기준으로 선정되어야 한다. 그래서 각 관광지마다 그곳의 여러 관광기업들은 물론 감독관청, 교통기관, 여행대리점 등의 관계기관의 협의하에 무엇을, 언제, 어디서, 누구에게, 얼마로, 어떤 경로를 통해, 어떻게 판매해야 할까에 대해 구체적인 마케팅 목표를 명확히 하고 또한 신중히 결정해야 한다. 그리고 현재에서 미래에 걸친 시장동향 · 시장규모 · 소비자동향 등의 환경 추이 및 관광지로서의 '판매소구점(Selling Points)'의 현상과 앞으로의 개발계획 등에 관한 정보를 수집 · 분석한다. 그리고 자신의 경영자원 동원력을 가미해서 책정되는 장기계획이 미리 작성되어 있도록 하는 것이 바람직하다.

마케팅 목표의 달성을 위해 어떻게 기여하는가 하는 관점에서 관광지로서의 PR 목표와 각 관광기업의 개별적인 마케팅 목표가 설정되고, 이 양자가 다시 각 기업마다의 판매촉진 목표의 틀(Frame)을 잡는다. 이렇게 해서 관광홍보는 하나의 '시스템'으로서 목표의 공통화가 이루어진다.

관광홍보 목표의 시스템은 [그림 14-1]에서 보는 바와 같이 모두가 구체적인 내용을 담고 가능한 한 수량화되어 있어야만 한다.

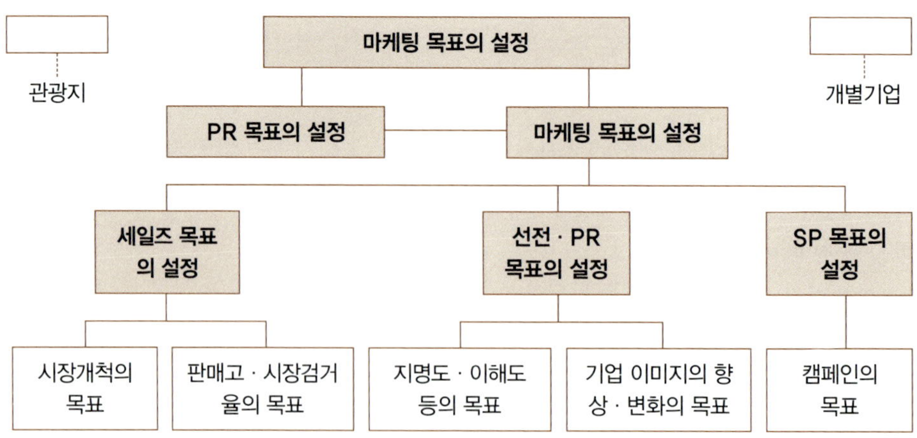

그림 14-1 • 관광홍보 목표의 시스템

일반적으로 DAGMAR이론(Defining Advertising Goals for Measured Advertising Results: 광고효과 측정을 위한 광고목표의 설정)의 도입 이래로 홍보목표로서는 지명도나 이해도의 '이미지' 비율이 지표로써 채택되는 것이 보통이다. 주지하는 바와 같이 소비자가 정보를 입수하고부터 구매행동에까지 이르는 데는 '지명 → 이해 → 흥미 → 결의' 등의 심리이행과정을 거치게 되는데, 이것을 수량화해서 목표값을 정확히 정할 수 있어야 하는 것이 과제이다.

즉, 이해도에서는 그 관광지의 특징 등을 몇 %의 사람이 알고 있는가, 흥미도에서는 그 관광지로 몇 %의 사람이 가기를 원하고 있는가 등의 인지도를 중요시하여 판매성과를 높이는 것이 주요 과제라 하겠다.

2절 관광마케팅

1. 관광마케팅의 개념

관광마케팅이란 관광객 위주로 관광활동에 관련되는 상품이나 서비스를 만들어 판매하는 것을 말한다. 그러므로 관광사업을 발전시키기 위해서는 관광 대상을 매력 있는 것으로 만들어 관광객을 증대시켜야 한다. 이와 같이 관광객 수요를 증대시키기 위해서는 공급자측이 관광객에게 무엇을 구하려고 하는가를 파악하고 이것을 조사 · 분석하여 상품화를 계획하고 판매를 촉진하는 여러 가지 활동을 관광마케팅이라고 한다.

또한 관광마케팅은 일반 시장원리의 마케팅 수단을 도입하여 관광상품이나 서비스를 공급자로부터 수요자에게 원활히 유통될 수 있도록 조정하는 활동을 말한다. 그러므로 관광마케팅을 이해하기 위해서는 일반 시장원리에 입각한 마케팅의 정의를 인식해야 한다.

마케팅이란 판매활동의 총칭으로서 생산자로부터 소비자 또는 이용자에게 상품이나 서비스의 유통을 인도하는 여러 가지 실무활동을 수행하는 것이다. 즉, 생산자가 상품을 만들어 그것을 도매상과 소매상을 거쳐 소비자에게 전달되기까지의 활동으로서 광고와 선전을 포함하는 활동이다.

마케팅의 기능은 3대 활동기능을 가지고 있다. 첫째 소비자의 욕구나 시장상황을 정확히 파악하기 위한 정보수집활동(Marketing Investigation)이고, 둘째 구입가능성이 있는 것을 상품화하는 활동(Marketing Planning)이며, 셋째 광고매체를 사용하여 소비자에게 정보를 전달하는 활동(Sales Promotion)이다.

특히 마케팅은 경영원리의 한 수단으로 적용되어 기업의 목적달성을 위한 활동으로 더욱 중요시되었다. 따라서 일반적인 마케팅과 관광마케팅은 다 같이 소비자의 욕구를 충족시키기 위한 수단으로서의 그 원리를 적용하는 방법은 동일하다고 할 수 있다. 단, 차이가 있다면 관광마케팅(Marketing in Tourism)은 소비자로서의 대상이 관광객이라는 점과 거래되는 상품이 서비스라는 무형상품이라는 점일 뿐이다.

관광마케팅은 관광서비스의 수급관계가 지역 간 또는 국제간에 원활히 교류될 수 있도록 직접 · 간접의 여러 가지 활동으로서 관광객에게 관광의욕을 유발시키고 그 의욕을 충족시키기 위한 수단방법의 관광시장활동이라고 말할 수 있다. 따라서 관광마케팅이 한 나라의 국내관광시장을 대상으로 하게 되면 국내관광마케팅(Marketing for Domestic Tourism)이라고 할 수 있고, 외국관광시장을 대상으로 할 때에는 해외관광마케팅(Marketing for Export Tourism) 또는 국제관광마케팅(Marketing for International Tourism)이라고 부른다. 그러나 이 양자 모두는 특정한 시장의 시장개척을 목적으로 하는 사업활동이므로 그 기본 개념은 동일하다.

관광마케팅은 관광객에 대하여 관광욕구를 충족시켜 주고 만족시켜 주는 것을 목적으로 하는 관광사업활동이다. 그러므로 관광마케팅은 단순한 시장조사 · 계획 · 선전 · 광고 등에 불과한 것이 아니고 이들의 모든 것을 포함한 광범위한, 개념을 갖는다.

관광마케팅믹스(Marketing Mix)란 각종 마케팅 수단을 종합(혼합)한 것을 말하며, 표적시장(Marketing Target)에 대한 각종 마케팅 수단을 결합하여 그 목적달성을 극대화하는 것이다.

매카시(J. McCrathy)는 마케팅의 임무를 상품 또는 서비스의 판매를 통해서 특정소비자집단의 욕구를 충족시켜 주는 것으로 파악하고, 이 목적을 위해서 마케팅전략을 무엇보다도 먼저 수립 · 수행하는 것이 마케팅 관리자의 첫째 임무라고 하였다. 그리하여 이 소비자의 욕구충족을 마케팅관리의 가장 기본적인 목적으로 보고, 이 목적달성을 위한 수단으로 소비자 분석과 제품 · 경로 · 가격 및 촉진의 분석 및 믹스를 중시하였다.

기업은 자사제품에 유리한 소비자 반응을 불러일으킬 수 있는 마케팅 수단을 전략적으로 믹스하여 표적시장에 투하함으로써 소비자의 반응이 환기될 수 있다. 따라서 믹스전략은 최소의 비용으로 최대의 반응을 불러일으키게 하는 마케팅 수단(통제가능 변수 4P's)을 통제 불가능한 환경변수(정치적 · 경제적 · 사회적 · 문화적 환경 등)에 최적으로 혼합시키는 것이다.

2. 관광마케팅의 성격과 기능

1) 관광마케팅의 성격

현대는 마케팅의 시대라고 불리며, 기업은 고객에 대한 마케팅 활동을 중시하고, 모든 기업활동 가운데서 우선권을 부여하고 있다. 그것은 오늘날 기업의 주위에는 갖가지 불확실성이 존재하여, 기업은 그와 같은 불확실성의 기초 위에서 활동하지 않으면 안 되는 운명이다.

그러나 기업은 그와 같은 불확실성을 안고 그대로 활동하는 데만 그치지 않고, 그것을 조금이라도 흡수하여 가능한 한 확실한 것으로 만들고자 노력한다. 예를 들면, 선전을 통해 자기 회사의 상품(또는 서비스)을 소비자나 이용자에게 소개하여 좋은 인상을 심어주려고 한다. 선전도 마케팅의 한 수단이지만, 비단 선전에 한하지 않고 일반적으로 마케팅은 불확실성의 성격을 가지고 있다.

관광의 경우 관광지(국가, 지방, 특정한 시설의 각 수준을 포함)의 존재를 많은 사람들에게 알리려고 한다. '관광선전'은 아주 오래 전부터 있었다. 그러나 소비자의 욕구를 만족시키기 위하여 여러 가지로 대책을 세우는 활동을 구성요소로 하는 마케팅은 매우 최근의 일이다. 관광수요가 있다고 하여도 그것이 극히 한정되었던 단계에서도 교통 · 숙박을 비롯한 공급도 적었기 때문에 공급능력이 있다는 것을 널리 전달할 필요성도 적었다. 관광수요가 증대하고 관광의 대중화로 관광객층이 넓어지면서 거기에 대응하기 위해 공급자측도 증대하게 된다. 그러나 이러한 수요와 공급은 서로가 직접 결합되지 못하고, 관광시장에서 서로 확인되지 못한 채 마주 서는 상태에 머무르고 있는 것이며, 공급자측이 수요의 내용을 충분히 파악한다는 것은 곤란하고, 수요자측도 그대로의 상태로는 의욕만 있다고 하여도 무엇이 어디에 있는지, 어떻게 하면 그것을 이용할 수 있는지 등을 알 수는 없다.

관광의 수요와 공급을 연결할 수 있게 공급자측이 행하는 활동의 총칭이 관광마케팅이며, 그것이 본격적으로 등장하게 된 것은 수요의 증대화를 나타내게 된 대중관광의 시대가 되면서부터라고 하겠다. 관광마케팅 성격이 정보수집활동, 상품화 계획, 판매촉진활동의 세 가지 성격을 가지고 있다는 점에서는 관광마케팅도 일반 마케팅과 같다고 할 수 있다. 그러나 관광은 재화의 이용이 아니고 서비스의 이용이므로, 욕구의 파악과 상품화의 의미가 무형적이라는 점이 특색이다.

서비스에 대한 욕구는 개인차가 크고, 또한 계절 등의 조건에 의해서도 변화될 뿐만 아니라, 그때의 상황에 의해서도 변할 수 있는 등 불안정성을 지니고 있다. 그것은 또한 좋다, 나쁘다 등의 평가도 다른 조건의 영향을 받기 쉽기 때문이다.

관광에 있어서 '상품'이라는 개념도 상당히 애매한 것이 되지 않을 수 없다. 관광상품은 규격화하고 융통성이 있는 상품이라기보다는 관광객을 유인할 수 있는 시설과 서비스가 복합된 것을 총칭하는 말이다. 즉, 수요에 대응하려 내놓은 것을 편의상 상품이라 부른다.

관광사업은 단지 물건을 파는 것이 아니라, 사람이 살고 있는 생활공간의 일부인 레저공간을 파는 행위이다. 더구나 이러한 레저공간은 인간생활 가운데서 어느 정도 자유화의 정도가 높은 것이다. 예를 들면, 먹거나 입는 것은 모든 사람에게 필수적인 것이다. 그러므로 어떤 경우에 어떠한 수요가 얼마만큼 발생할 것인가를 정확히 파악할 수 있다. 그러나 레저공간에는 그러한 부분이 적고, 사람들의 미묘한 생활의식 · 기호 · 취미 등에 좌우되는 경우가 허다하다. 그 외에 이러한 부분은 각기 인간의 개성, 다양성에 뿌리를 박고 있어서 불확실성은 매우 높다고 말할 수 있다. 더욱이 레저공간을 판매하는 것은 어떤 장소에 관광자를 모이게 함으로써 이루어지므로, 관광객을 유치하여야 한다는 점에서 입지가 중요시된다. 그렇기 때문에 관광사업은 다른 사업 이상으로 마케팅에서 불확실성을 띠고 있다.

2) 관광마케팅의 기능

관광이 성립되려면 관광시장에서 수요과 공급이 적절히 결합되지 않으면 안 되는데, 그 정확한 수행을 담당하는 것이 곧 관광마케팅의 기능이다.

관광서비스를 제공하는 공급자측이 수요자에게 그들이 구하고자 하는 관광서비스를 원활히 제공하기까지 상품화 계획, 요금결정, 유통경로, 입지선정, 접대체계, 광고선전, 판매촉진, 정보수집 등 여러 가지 활동이 필요하다. 이와 같은 활동들을 수행하는 관광마케팅의 기능은 기본적으로 관광시장계획(Market Planning)과 관광시장선전(Market PR and Advertisement)의 두 가지로 크게 나눌 수 있다.

마케팅의 입장에서 본다면, 관광시장계획은 구입될 가능성이 있는 것을 상품화하는 활동(Market Planning)에 해당되며, 관광시장선전은 광고 등을 사용하여 정보를 소비자에게 전달하는 활동(Sales Promotion)에 해당된다.

관광시장계획이나 관광시장선전은 모두가 관광객의 수요증가를 위해서 실시된다. 관광시장계획은 관광시장에 있어서 관광객에게 충분한 만족을 줄 수 있도록 각종의 시장계획을 수립하여 이것을 실천하는 기능이며, 관광시장선전은 수요시장에 있는 예상관광객에 대하여 각종의 관광정보를 제공하여 설득함으로써 관광수요를 환기시키는 기능이다.

해외관광도 관광시장에서는 일반상품유통과 마찬가지로 관광서비스의 수요와 공급 간의 경제적 거리는 현저히 확대되는 경향이 있다. 그대로 내버려 둔다면 시장의 불투명성이 증대되어 공급자는 수요자의 개별적 · 구체적 상황을 전혀 모르게 되며, 수요자에게도 똑같은 현상이 일어나게 된다. 이렇게 되면 수요와 공급의 원활한 결합을 기대하는 것이 점점 어려워진다. 마찬가지로 관광마케팅에 있어서도 정보유통의 강화를 통해서 관광시장의 투명성을 높이는 일이 중요한 것으로 본다.

정보유통에는 예상관광자를 통하여 정보를 수집하는 관광시장조사 측면이 있는 반면에, 예상관광객에게 정보를 제공함으로써 관광서비스의 판매를 촉진하는 관광시장 계획선전이란 측면이 있다. 관광선전으로 대표되는 관광시장선전이 유효하게 전개되려면, 관광수요에 동기를 주어 적극적으로 수요 스스로가 공급에 접근하게끔 작용하는 것이 필요하다. 말하자면 관광시장 선전은 관광서비스의 수요를 자극함으로써, 수요 스스로가 공급에 접근하도록 하는 기능이다. 이와 같이 관광시장선전은 관광자를 증대시키기 위하여 행해지는 일체의 활동으로서 광의의 판매촉진을 의미한다.

관광서비스의 판매를 촉진하기 위해서는 관광시장 선전의 수행만으로는 그 목적을 달성하기 어렵고, 마땅히 다른 관광시장활동과 조화를 이루어야 하는데 그것은 바로 관광시장계획이다.

관광시장계획은 관광시장선전과는 달리 관광수요시장에서 수집된 관광정보를 바탕으로 관광 공급자측이 관광서비스의 공급을 변용하여 수요에 접근하는 관광마케팅에 있어서 또 하나의 기본적인 기능이다. 다시 말하면, 잠재관광객이 모여 있는 특정한 시장을 목표로 그 시장의 예상관광자가 어떤 여행을 원하며, 또 어떤 방법으로 여행상품을 살 것인가에 대한 그들의 욕구와 취향에 맞는 상품을 개발하여, 이를 효율적으로 적용시키는 것이다.

관광시장계획을 수립하는 과정에서 다루어져야 할 기본적인 과제는 시장 설계제도의 작성이라 하겠다. 이는 관광시장에 관한 여러 가지 상황분석을 위한 기술적인 방법으로서 시장분석, 경쟁자분석과 함께 관광상품계획, 판매계획 및 재무계획 등이 그 주요 내용을 이루고 있다.

이와 같은 관광시장계획은 관광시장에 공급되는 관광서비스를 양적 · 질적으로 관광객의 욕구에 합치시키는 활동인데, 이것이 실천됨으로써 비로소 관광서비스는 관광기업이 지향하는 팔고 싶어하는 관광서비스로부터 사고 싶어하는 관광서비스로 병용이 가능하게 된다.

관광시장선전이나 관광시장계획에서도 그 어느 한쪽만으로서는 수요와 공급이 원활한 결합을 구하기는 어렵다. 시장환경의 현장과 동향에 따라 양자의 보조를 맞춘 종합구조(Total System)로서의 마케팅이 전개될 때에 이 마케팅믹스를 통해서 수요와 공급의 결합이 비로소 원활해진다.

3. 관광마케팅의 현대적 과제

1) 관광시장조사의 여러 가지 과제

관광마케팅에서 잊어서는 안 될 것이 정보수집활동이며, 이를 '관광시장조사'라고 한다.

관광시장조사란 글자 그대로 '관광시장'에 관한 조사의 총칭이며, 특정한 관광지에 찾아오는 관광객 수의 파악, 관광루트와 관광객의 여러 특성에 관한 분석, 여행동태의 분석 등이 그 대표적이다.

관광시장조사는 관광의 현상을 이해하기 위하여 미래를 예측하고, 그 대책을 검토하기 위하여 반드시 필요하며, 그러기 위해서는 갖가지 정보수집활동이 포함된다. 관광은 복잡한 요인으로 구성되어 있고, 관광을 어떤 각도에서 파악하느냐 하는 입장의 차이에 따라 필요한 정보도 달라진다. 그렇기 때문에 조사 자체를 즐겁게 응할 수 있도록 하는 배려가 있어야 한다. 공적기관에서 시행하든, 민간기업에서 실시하든, 관광객을 대상으로 하는 조사는 정보수집활동인 동시에 정보제공활동을 겸하게 되기 때문에 'Action and Research'의 형식을 취하는 경우가 많다는 점에 유의할 필요가 있다. 잠재적인 관광객조사는 소비자조사에 지나지 않으나, 관광의 경우는 응답자의 지식면에서 개인차가 상당히 크며, 대상을 파악하기에 따라 결과가 크게 변하는 수가 많다.

2) 관광상품과 관광객 보호의 여러 가지 과제

관광에 있어서의 '상품'은 일반상품과는 기본적으로 다른 성격을 띠고 있다. 물론 관광에 있어서도 관광기념품과 같은 재화인 경우도 있지만, 이 경우도 포장지 등에 포함하여 '상품이미지'의 비중이 높아져, 이른바 정보적 요소가 강한 상품이 되기 쉽다. 예를 들면 '여행상품'이라고 하는 패키지 투어(Package Tour)는 교통과 숙박을 중심으로 한 일괄상품, 즉 한 세트(Set)이며, 이것을 구입함으로써 손쉽게 여행에 참가할 수 있다. 명칭이 있고, 가격이 표시되었고, 누구든지 구입할 수 있다는 점에서 '상품'이라 볼 수 있는 기본적인 조건을 가지고 있으나, 판매하고 있는 것은 겉(외축)뿐이고, 속(품질분석)은 직접 판매할 수는 없다. 곧 관광상품의 효용은 관련되는 개개인과 기관과의 서비스와 관광객 자신과의 상호작용에 의해서 결정되므로 상품의 질은 불안정한 것이 되기 쉽다. 이것은 서비스가 생산 곧 소비형의 상품으로서 그때그때 이루어지는 것과 밀접한 관계가 있지만, '즐거움을 위한 여행'이라는 점에도 있다고 생각된다. '즐거움'이란 본질적으로 개인차가 있는 불안정이므로, 그것에 대응하는 '상품'도 불안정한 것은 당연하다고 하겠다. 따라서 관광에 있어서 시장계획과 시장선전을 생각할 경우에는 상품질의 하한(만족을 주도록 하는 정도)을 제도적(System)으로 설정한 위에서 언제나 보다 좋은 것을 위한 노력이 필요하게 된다.

관광객 보호의 문제에 대하여 논하여 보면, 관광이 대중화되었다고 하는 것은 관광에 대한 지식이 부족한 사람들이 많이 있음을 뜻한다. 대중 소비사회의 설립에 따라 사회의 구성원이 소비자가 되고, 거기에 공정한 거래가 성립되기 위하여 소비자 보호가 필요하게 된 것과 마찬가지로 관광객의 보호가 현대적 과제이다.

관광객의 보호란 관광객의 기본적 권리와 마찬가지로 다음과 같은 세 가지 점을 들 수가 있다.

첫째, 관광은 안전하고 쾌적하게 할 수 있는 권리, 둘째, 사기적인 정보나 부당한 표시로부터 보호를 받을 수 있는 권리, 셋째, 많은 것 중에서 납득할 수 있는 것을 선택할 수 있는 권리 등이다.

관광객의 이러한 권리를 지키는 것이 관광사업에 대해 요구될 수 있으며, 관광마케팅의 기본적인 과제라 할 수 있다. 안정성에 문제가 있는 숙박시설을 선전한다든지, 관광기념품의 실물 내용이 다르거나 하는 등은 관광객의 기본적 권리를 침해하는 것이다. 그리고 그것을 일반대중의 비판과 강한 반발과도 연결된다는 것을 이해할 필요가 있다. 따라서 관광마케팅은 관광객의 권리를 지키고, 보다 나은 관광의 발전을 지향하는 성실성과 깊은 이해가 있어야 한다.

3절 장소마케팅

1. 장소마케팅의 등장 배경

1990년대 이후 세계화와 지방화의 국면 속에서 각 지역들의 상대적 역학관계는 새롭게 변화하였고, 이렇게 급변하는 상황 속에서 살아남기 위하여 지역 간의 경쟁은 날로 치열해지고 있다. 이러한 이유로 도시재상을 위한 일련의 도시개발전략들이 구상되기 시작하였고, 각 지역의 독특한 역사와 문화는 도시개발전략의 핵심적 수단으로 인식되었다. 특히 도시에 대한 장소가 기존에 가지고 있던 퇴락한 이미지를 재구축함으로써 지역경제의 활성화와 지역주민의 사회적 통합을 이루려는 도시문화전략들이 중요한 지역정책으로 부각되었다. 이 일련의 과정에서 등장한 것이 '장소마케팅(Place Marketing)'이라는 장소의 상품화 · 차별화 전략이다. 이제 장소는 단순한 생활의 터전이 아니라, 자유경쟁시장에서 자본의 유입을 위해 서로 경쟁하는 사회 · 경제적인 터전으로 여겨지고, 장소는 상품화되고 소비되며 광고될 뿐만 아니라 판매되는 대상으로 간주되고 있다.

2. 장소마케팅의 개념 정의

장소마케팅은 다양한 학문분야에서 연구되어 왔다. 그러나 경영학, 경제학이나 심리학과 같은 비공간적 학문에서는 장소의 공간적인 성격을 연구에 통합시키지 못했기 때문에 도시가 장소라는 기본적 속성에 포함되지 못하는 경우가 많았다. 반대로 지리학과 같이 공간적인 성격에 관심이 많은 학문에서는 장소의 연구에 있어서 시장에 대한 체계적이고 종합적인 분석을 결합시키지 못했다. 물론 지리학에서도 공간활동과 시간의 관계를 연구한 문헌들이 있고, 이것들이 중요한 기여를 한 것은 사실이지만, 장소마케팅이라는 용어에 함축된 도시와 시장 사이의 포괄적인 관계를 분석하려고 시도한 적은 거의 없었다. 그러므로 장소라는 공간을 관광학 측면에서 관심을 갖기 시작하는 단계이기 때문에 이에 대한 공식화된 개념 정리는 없는 실정이다.

지리학에서의 장소는 관광학에서의 관광지 또는 관광자원이 있는 곳, 관광활동이 펼쳐지는 곳으로 대체될 수 있기 때문에 관광지의 마케팅에 있어 장소마케팅을 도입 · 적용하는 연구가 시작되기를 바라는 마음으로 장소마케팅을 소개하고자 한다. 이제까지 발표된 지리학 분야의 정의를 보면, 유우익은 "특정 장소가 자신의 특성을 살리는 정책을 펴고 보다 긍정적인 이미지를 부각시켜 홍보함으로써 관련 기업이나 지역민, 관광객 등을 유치하는 전략"이라고 하였다. 신혜란은 "도시에서 공공, 민간의 다양한 주체들이 산업 재구조화를 통한 도시 재활성화를 위해 이동하는 기업이나 주민, 관광객을 유치하려는 자원관리 기술"이라는 광범위한 정의를 내렸다. 공자원은 최근 "특정 장소(또는 도시)의 문 · 역사 · 자연적 특성을 바탕으로 보다 좋은 이미지를 부각시킴으로써, 기업 · 지역주민 · 관광객들을 유치하기 위한 모든 전략"을 장소마케팅이라고 정의하였다.

이상과 같이 장소마케팅은 지리적 관점에서의 장소와 경영학의 마케팅이 접목되어 나타난 새로운 개념으로 관광학 측면에서는 장소 속에 내재되어 있는 문화 · 역사적 현상 · 지리적 특성들을 관광객에게 마케팅함으로써 많은 관광객들이 그 장소를 방문하도록 유도하거나 이미지에 남게 하여 추후 관광상품이나 관광지역을 선택할 시점에 선호될 수 있도록 하는 일련의 새로운 마케팅 개념이라 살 수 있다.

이는 일반 관광마케팅보다 폭넓게 응용될 수 있는 개념으로 '각종 사상이 충전되어 있는 지역'이라는 장소를 마케팅하기에 관광 측면에서뿐만 아니라 호텔, 광고, 영화 등 다양한 분야와 접목하여 활용될 수 있는 포괄적 마케팅 개념이라 할 수 있다.

3. 장소마케팅의 유형

일반적으로 장소마케팅을 펼치는 목적은 크게 세 가지로 나눌 수 있는데, 먼저 지역경제 활성화, 지역이미지 제고, 마지막으로 지역 주민의 자긍심 고취라고 할 수 있다. 이상의 목적을 달성하기 위해 다음의 세 가지 유형의 모델을 결합하여 사용하고 있는데 구체적으로 보면 다음과 같다.

첫째, 문화산업모델(Cultural Industries Model)로서 기존에 도시의 경제를 유지시켰던 기반산업이 쇠퇴하여 더 이상 제기능을 수행하지 못하는 경우에 이전의 산업을 대체할 수 있는 새로운 문화산업을 개발하여 도시의 재활성화를 도모하는 경우에 사용된다. 이는 경제적으로 이익을 가져다 줄 수 있는 문화상품을 생산하고 널리 보급하는 것이기 때문에 문화는 도시를 성장시키는 중요한 원천이 된다. 이 모델에서 문화는 상업적 문화산업의 형태로 나타나며, 도시의 수요자 중 관광객을 유치하기 위해서 노력한다.

둘째, 통합모델(Integration Model)로서 주민들에게 자신이 살고 있는 지역에 대한 정체성과 애착심, 정주의식 등을 높이는 것을 상위목표로 삼는데 도시의 수요자 중 지역주민에게 관심을 두는 모델로, 도시의 정체성을 확립하고 주민들의 소속감을 높이며, 생활에 대한 기대수준을 높이는 것이 가장 중요한 목표이다. 이 모델은 주로 도심재개발이나 도심에서 지역축제를 개최하는 방법을 사용하는 데 적용된다.

셋째, 촉진 또는 소비자 중심주의모델(Promotion or Consumer Model)로서 도시의 좋은 이미지를 부각시키는 데에 중심을 두는 모델로, 도시의 수요자 중 관광객과 기업에게 관심을 둔다. 이때 도시가 과거에 가지고 있던 부정적인 이미지는 없애고 활기차고 깨끗하다는 등의 새로운 이미지를 선전하여 수요자(고객)를 끌어들이려고 할 때 적용하는 모델이다. 이 모델은 예술을 도시의 촉진수단으로 사용하였던 미국의 도시선전주의(City Boosterism)에서 처음 나타났으며, 이후 유럽의 많은 도시들도 이 방법을 사용하여 도시관광의 활성화를 위해 사용되었다. 이때 사용하는 문화는 고급스럽고 품격 높은 문화도시의 이미지를 강조하기 때문에 고급예술을 지향하고 혼합용도 개발이나 문화지구의 조성을 통해 사무실을 이용하면서 동시에 상점이나 레스토랑, 그리고 문화시설물 등을 이용하게 하는 상승작용을 일으킴으로써 도시 재개발 계획에까지 이득을 가져다 줄 수 있다.

이상의 세 가지 모델들은 현재 도시의 이미지를 활성화하기 위해 적용하고 있는데, 이를 관광지나 관광자원에 적용하여 응용이 가능한 부분으로 어떠한 요소가 가장 부각되느냐에 따라 분류한 것이지, 서로 배타적인 것이 아니라 최상위 목표에 따라 마케팅 믹스 전략처럼 결합하여 사용하고 있다.

Chapter 14 학습문제

01. 다음 관광홍보 중 퍼블리시티(publicity)에 대하여 잘못 설명한 것은?

① 퍼블리시티란 매스미디어를 통하여 제공된 정보를 기사나 뉴스로 보도하는 것이다.
② 퍼블리시티란 제공된 정보를 무료로 게재하고 제공자를 명시하지 않는다.
③ 퍼블리시티란 일반 광고와 달리 전적으로 편집자의 게재선택권을 갖는다.
④ 퍼블리시티란 관광 일반환경을 관광업체에 한하여 주지시키는 수단이다.

02. 다음 중 관광의 일반적 해외홍보기능을 잘못 분류한 것은?

① 고지기능 ② 설득기능
③ 반복기능 ④ 유지기능

03. 다음 중 DAGMAR 이론에 소비자가 정보를 입수하여 구매행동에 이르기까지의 심리이행 과정으로 바르게 짝지어진 것은?

① 지명 - 이해 - 홍미 - 결심 - 구매
② 결심 - 홍미 - 이해 - 구매 - 지명
③ 홍미 - 결심 - 지명 - 이해 - 구매
④ 구매 - 이해 - 홍미 - 지명 - 결심

04. 다음 중 마케팅믹스의 개념을 잘못 설명한 것은?

① 각종 관광 마케팅 수단을 종합한 것
② 관광 표적시작에 대한 각종 마케팅 수단을 결합한 것
③ 관광객의 욕구충족을 통한 이윤추구를 창출하는 것
④ 최대비용으로 최소반응을 일으키게 하는 수단을 혼합시킨 것

05. 일반적 마케팅의 4P 전략에서 관광마케팅은 5P 전략이라고 할 수 있다. 다음 중 5P 전략이 바르게 짝지어진 것은?

① price - product - place - promotion - package
② price - product - place - promotion - people
③ place - product - price - promotion - point
④ product - point - package - promotion - people

06. 다음 중 관광마케팅 수단의 3대 요소라고 할 수 없는 것은?

① 관광상품 시장계획 ② 관광상품 시장홍보
③ 관광상품 시장조사 ④ 관광상품 시장판매

07. 다음 중 관광시장세분화 요건에 해당되지 않는 것은?

① 실질성과 집행력 ② 시장 크기의 규모성
③ 관광객의 접근가능성 ④ 측정가능성

08. 다음 중 관광상품의 성장기 마케팅 전략으로 부적절한 것은?

① 새로운 개척시장의 추구

② 새로운 관광유통경로 활용

③ 새로운 관광상품 가격 인상

④ 새로운 서비스 요소 추가

정답

01. ④ **02.** ④ **03.** ① **04.** ④ **05.** ② **06.** ④ **07.** ② **08.** ③

참고문헌

김상훈 · 김종은 (1997). 관광학개론. 도서출판 범하.

김종은 (1997). 관광학개론. 형설출판사.

김종은 (2000). 관광학원론. 현학사.

김관식 외 (2007). 관광사업론. 현학사.

김영미 (2015). 문화유산 관광동기가 체험 및 만족과 행동의도에 미치는 구조적 영향관계. 경희대학교 박사학위 논문.

김도영 (2008). 국외여행인솔업무론. 현학사.

김도영 (2012). 관광상품 기획을 위한 관광콘텐츠론. 현학사.

김도영 · 김맹선 (2008). 의료관광 마케팅 전략 모형에 관한 연구. 관광연구저널, *22*(*2*), 261-281.

김도영 외 (2013). 국제의료관광 코디네이터. 박문각.

김성귀 (2003). 어촌관광 유형별 개발지침 연구. KMI.

경희대학교 관광정보연구소 (2005). 관광전문 전자상거래(B2B) 도입방안 연구(2005).

김봉석 (2003). 국제전시 참가자에 있어서 전시자(Exihibitor)의 선택요인에 관한 연구. 관광연구저널, *17*(*2*), 113-128.

김상무 (1991). 관광사업론. 계명대출판부.

김영규 · 박정향 (2008). 저가항공사의 브랜드 이미지와 고객만족, 전환장벽, 브랜드충성도와의 관계. 관광연구, *231*, 362-380.

김의근 (2010). 국제회의 개최지 선택요인을 고려한 경쟁력 평가연구-16개 시 · 도를 대상으로-, 관광 · 레저연구, *22*(*3*), 501-520.

김충호 (1980). 호텔경영학. 형설출판사.

김형서 외 (2011). 세계관광지리. 현학사.

김학곤 · 한진수 (2010). 기업 및 여행형태 차이에 따른 여행사 서비스 품질이 고객만족 및 행동의도에 미치는 영향에 관한 연구. 관광 · 레저연구, *22*(*6*), 455-473.

김형용 (2005). 레저스포츠 참여 동기 및 제약과 재미의 관계. 국민대학교 박사학위논문.

김명희 · 강인호 (2007). 한류가 한국관광 이미지, 관광객 만족과 행동의도에 미치는 영향: 일본인 관광객을 중심으로. 관광연구, *22*(*3*), 359-380.

강인원 · 고호석 (2003), 문화관광축제의 활성화 방안에 관한 연구-축제행사의 운영 · 관리를 중심으로. 문화관광연구학회, 9-28.

이태희 (2001). 한국관광목적지 브랜드창출을 위한 브랜드지수 평가에 관한 연구. 관광학 연구, *25(3)*, (통권 제36호), ISSN-0533, 171-192.

박진우 (2008). 항공사 서비스품질차원의 영향에 관한 연구: 한국 및 호주 국제선 승객의 차이를 중심으로. 관광연구, *224*, 151-172.

송상호 (1994). 관광사업개론. 지문사.

신혜숙 (2005). 해양관광의 활성화 방안에 관한 연구. 호텔경영학연구, 14(3). 한국호텔경영학회.

손재영 (2002). 호텔 써머패키지 상품 선택속성에 대한 고객과 종사원 인식 차이에 관한 연구. 강원대학교 대학원 박사학위논문.

송영필 (2002). 지역 활성화 정책의 현황과 발전방안. 삼성경제연구소.

이선희 (1985). 여행알선영업론. 형설출판사.

이연택 (1994). 관광학연구의 이해. 일신사.

이태희 (2001). 한국관광목적지 브랜드창출을 위한 브랜드지수 평가에 관한 연구. 관광학 연구, *25(3)*, (통권 제36호), ISSN-0533, pp. 171-192.

유재경 (2006). 한류관광객의 몰입(flow) 결정요인에 관한 연구: TV드라마 촬영지 중심으로. 경희대학교 대학원 박사학위논문.

신민철 (2007). 골프연습장 유형별 이용자들의 서비스품질, 시장세분화. 고객만족 및 충성도의 관계. 세종대학교 대학원 체육학과 박사학위논문.

조장현 · 권종현 (2004). 유럽관광지 매력속성의 기대수준과 만족수준 평가 및 재방문 추천과의 관계 연구. 관광연구, *19(2)*, 19-34.

지식경제부 (2008). 국내 제1호 탄소배출권 거래 및 투자 전문회사 태동. 보도자료.

전국경제인연합회 (2006). 아시아 의료관광산업의 성공사례 및 시사점; 인도, 태국, 싱가포르 사례를 중심으로.

진수남 (2010). 제주도 관광 · 레저 경쟁력과 한방 의료관광 마케팅 진원 방향. 2010 제주의 관광레저 물산업과 한방 의료관광 융 · 복합을 통한 선도 산업발전 심포지움지.

전혜진 · 이희승 (2010). 해외 의료관광지 선택속성과 유형별 시장세분화에 관한연구. 관광 · 레저연구, *22(6)*, 7-23.

최승국 외 (2015.) 여행사경영론. 현학사.

최승국 · 오수경 (2004). 여행상품 개발에 관한 연구: 한방관광을 위주로. 관광정책학 연구, *10(1)*, 217-234.

한진수 · 윤설민 · 김홍렬 (2009). 의료관광을 위한 의료서비스 품질, 서비스 가치 및 고객만족 영향관계. 서비스경영학회지, *10*(1), 137-157.

한국문화관광연구원 (2009). 관광동향에 관한 연차 보고서, 2001~2008.

Alexandris, K., Tsorbatzoudis, C. & Grouios, G. (2002). Perceived constraints on recreational sport participation: Investigating their relationship with intrinsic motivation, extrinsic motivation and a motivation. *Journal of Leisure Research, 34*, 3.

Abramson (2006). The best money can buy: Medical Tourism in the U.S.A. New America Media, February, 2.

Andereck, Kathleen L. and Linda L. caldwell (1994). Variable selection in tourism Market Segmentation Models. *Journal of Travel Research.*

Connel, J. (2006). Medical tourism: Sea, Sun, Sand and surgery. *Tourism Management, 27(6)*, 1093-1100.

David Weaver and Laura Lawton (2002). *TourismManagement*(2nd ed). John Wiley & Sons, Ltd.

EU Commission (2008). Package of Implementation measures for the EU's objectives on climate change and renewable energy for 2020, SEC, 85/3

Engel, J. F., R. D. Blackwell & D. T. Miniard (1995). *ConsumerBehavior*(8th ed). Fort Worth. The Dryden Press.

Juan, L. Nicolau and Francisco, J. Mas (2008). Sequential choice behavior: Going on vacation and type of destination. *TourismManagement, 29*, 1023-1034.

Inskeep, E. (1991). Tourism Planning:An Integrated and Sustainable Developmen Approach, New York: Van Nostrano Reinhold, 1991, 75-106.

Goeldner, C. R. & Brent Ritchie J. R. (2006). *Tourism, principles, practice, philosophies*. John wilet & sons.inc.

Gursoy, D., Chen, M. H. & Kim, H. J. (2005). The US airlines relatives positioning based on attributes of service quality. *TourismManagement, 26*, 57-67.

Hu, U. & Ritchie, J. R. B. (1993). Measuring Destination attractiveness: A Contextual Approach, *Journal of Travel Research*, 32, 25-34.

Mill, R. C. & Morrison, A. M. (2002). *The Tourism system*. Kendall/Hunt Publishing Company.

Iso-Ahola, S. E. (1982). Towards a social psychology theory of tourism motivation: a rejoinder. *Annals of Tourism Research, 9.*

Johns, N. & S. Gyimothy (2002). Market segmentation and the prediction of tourist behavior: The case of Bornholm. Denmark. *Journal of vacation marketing, 40*(3), 316-327.

Law (1996). Health Tourism, A Business Opportunity Approach in Stephen J. Pafe(Ed, Health and International: Tourist). New York: Routledge.

Lee. C. & Lee. T. (2001). World Culture EXPO segment characteristics. *Annals of Tourism Research, 28(3)*, 812-816.

Neuhoff, Carsten (2008). Tackling carbon-How to price carbon for climate policy, University of Cambridge, May.

Stevens, Blair F. (1992). price value perceptions of travelers, *Journal of travel Reseatch.*

Reich, Dllenz (1993). Applied economics of hospitality production: reducing costs and improving the quality of decisions through economic analysis, Int. *Journal of Hospitality Management, 12(4).*

Travis, A. S. (1984). Social & Cultural Aspects of Tourism, UNDP Industry and Environment, 7(1).

Van Raaij, W. fred & Dick A. Fracken (1984). Vacation Decisions, Activities, and Satisfactions, *Annals of Tourism Research, 11(1)*, 101-112.

WTO · UNEP (2008). Climate Change: Responding to Global Challenge, Madrid: Spain.

www.kata.or.kr

www.knto.or.kr

www.traveltimes.com

www.travelocity.com

www.priceline.com

www.mke.go.kr

www.mosf.go.kr

www.me.go.kr

www.kemco.or.kr

www.seri.org

www.unfccc.de(기후 변화협약 공식 홈페이지)

찾아보기

기타

저/자/소/개

김도영

- 관광학 박사
- 경희대학교 호텔관광대학 관광통역과 졸업
- 경기대학교 대학원 관광학과 관광학 석사
- 경희대학교 일반대학원 호텔관광경영학과 관광학 박사
- CORNELL UNIVERSITY 호텔경영대학 미래호텔관광경영전문가과정 수료
- 홍콩 Polytechnic대학교 호텔관광경영 최고경영자과정 수료
- 이스라엘 히브리대학교 성서지리 전문가과정 수료
- 대림대학교 호텔관광외식조리계열 교수 역임
- 경희대학교호텔관광대학, 평택대학교경영학과 겸임교수
- 동양 미래대학 관광경영학과 겸임교수 역임
- 경기대학교대학원, 단국대학교대학원 강사 역임
- 경희대학교 관광개발연구소 연구위원 역임
- 관광레저 직무분야 NCS 개발/검토위원
- 현) 한양여자대학교 호텔관광학과 교수(학과장)

▮저서 및 논문▮

- 관광사업론, 관광상품기획론, 보건의료관광마케팅, 국제의료관광코디네이터, 여행업경영론 외 4권
- The impact of tour quality and tourist satisfaction on tourist loyalty: The case of Chinese tourists in Korea, Tourism Management 32, 외 4편
- 녹색산업시대의 관광한국 질적 제고에 관한 연구, 한국관광레저학회, 22(1) 외 20편

김한주

- 관광학 박사
- 한양대학교 사회과학대학 관광학과 졸업
- 경희대학교 경영대학원 관광경영학 석사
- 경희대학교 대학원 관광학과 관광학 박사
- 부산경상대학교 관광경영과 교수 역임
- (사)한국관광레저학회 부회장
- (사)한국관광학회 부회장
- (사)한국관광연구학회 · 호텔외식경영학회 이사
- (사)한국해양관광학회 상임이사
- (사)한국서비스산업진흥원 연구위원
- (사)한국호텔전문경영인협회 대구지회 감사
- (사)한국대학레크리에이션협회 자문위원
- 관광종사원자격 국가고시 평가위원
- (주)대한여행사 기획수배팀 팀장 역임
- 관광레저 직무분야 NCS 개발위원
- 현) 영남이공대학교 관광계열 교수

▮저서 및 논문▮

- 여행사경영과실무
- 워크시트관광학개론/관광자원론강의표준/워크시트예약수배실무
- 지역산업연관모형을 이용한 16개 시도별 관광산업의 경제적 파급효과 비교 분석, 관광레저학회(2014) 외 20여 편

김영미

- 관광학 박사
- 청주대학교 인문대학 국어국문학과 졸업
- 중국남개대학/동북대학 중국어학 수료
- 경희대학교 관광대학원 관광경영학과 관광학 석사
- 경희대학교 대학원 호텔관광학과 관광학 박사
- 문화재청 관광 중국어 전문해설사
- 산업체 교육기관 관광학 전문강사
- 한국관광연구학회 이사
- 경희대학교 여행벤처기업 (주)컨팩연구소 책임연구원
- 경희대학교 관광대학원 문화관광특별과정 강의 역임
- 한양여자대학교 호텔관광학과 외래교수 역임
- 현) 경희대학교 호텔관광대학 외래교수
  서울시 종로 젠트리피케이션 방지 및 상생협력위원회 위원

▮저서 및 논문▮

- 문화유산 관람 선택속성 요인이 관람객 만족에 미치는 영향에 관한 연구
- 문화유산 관람 선택속성이 관광 만족도와 행동의도에 미치는 영향, 호텔관광연구(2013)
- 문화유산 관광동기가 관광체험 및 관광만족에 미치는 영향, 한국관광연구학회(2014)
- 문화유산 관광동기가 체험 및 만족과 재방문의도에 미치는 구조적 영향관계
- 문화관광자원으로서의 4대고궁 관람 동기에 관한 차이 분석 연구 외 다수

김종은

- 문학박사(관광지리학 전공)
- 경희대학교 문리과대학 지리학과 졸업
- 경희대학교 대학원 관광지리학 전공 이학석사
- 성신여자대학교 대학원 관광지리학 전공 문학박사
- 경희대학교 호텔관광대학 관광학과 교수
- 미국 네바다 주립대학교 호텔관광대학 교환교수
- 경희대학교 대학원 호텔관광학과 주임교수
- 경희대학교 관광개발연구소 소장
- 한국 관광개발지리학회 회장
- 한국 관광연구학회 초대회장
- 관광통역안내사 국가고시 출제위원
- 서울시 도시계획 심의위원
- 대통령자문 국가균형발전위원회 전문위원
- 교육공로 대통령 녹조근정 훈장 수상

현) 경희대학교 호텔관광대학 관광학과 명예교수
한국관광연구학회 상임고문

저서 및 논문

- 교육부 검인정 교과서(한국지리 · 세계지리)
- 관광학개론/관광지리학/현대관광론
- 한국관광지리/관광학원론/현대관광의 이해
- 관광자원개발론/지속가능한 관광개발(역서)
- 관광자원해설론
- 관광자원으로서의 국립공원 이용밀도와 접근도에 관한 관광지리학적 연구
- 관광지 평가기법에 관한 실무적 연구 외 50여 편

(NCS 직무능력 수행준거에 의한)
관광학개론(제2판)

초판발행 2016년 3월 10일 **1판 1쇄**
2판발행 2020년 3월 10일 **2판 1쇄** | 2022년 3월 10일 **2판 2쇄**

지은이 김도영 김한주 김영미 김종은
펴낸이 최용구 | **펴낸곳** 도서출판 **이프레스**
주소 (04316) 서울시 용산구 원효로 89길 19(원효로1가)
전화 02) 537-1720(영업부), 537-1721(편집부), 537-1711(팩스)
이메일 epress01@naver.com | **홈페이지** www.epress1.com
등록 2009년 12월 10일 제16-2710호
기획마케팅 최용구 장만동 송대용 최충구 | **책임편집** 석기은 황가연 | **표지** SDY

ISBN 979-11-87570-59-2 93980
정가 22,000원